重 读 毛 泽 东

从 1893 到 1949

韩毓海 ———————————————————————— 著

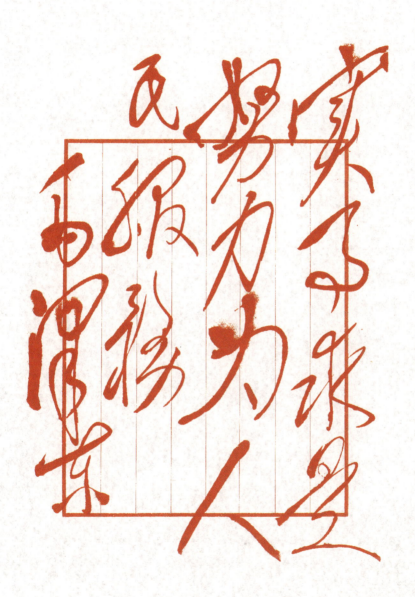

实事求是

高级领导人要有实力

毛泽东

哲学是对宇宙的惊奇

政治的标准是区分敌我

经济是以和平方式进行的

新的形式的斗争

战争是政治的延续

一盘散沙是无助的人民

人民是组织起来的铜墙铁壁

党是中国工人阶级的先锋队

士大夫是脱离实际、脱离群众的宗派

阶级是躁动于社会母腹中的婴儿

新世界是出现在海平面上的桅杆

江山是苍山如海

革命是朝阳如血

群众路线是到人民中去求良知

实践是地上本没有路

走的人多了便形成了路

运用矛盾是为了创造时势

一张白纸

好写最新最美的图画

人民战争是超常规的

革命者永远年青

从现在

学习做一个思想着的游击队员

想念青春，想念红星照耀中国的日子

想念斗争，想念他长征时代枯瘦的面容、革命家的腿

想念真理，想念雄关漫道

少年中国如麦浪般前赴后继

想念他忧思如海的目光

想念北斗星

想起他，就是他年轻时的模样

不是神坛上塑造的偶像

是了悟宇宙真相与真理的觉者

革命家、思想家、战略家

在中华民族血流成河、泪流如海的漫漫长夜

高举英特纳雄耐尔的旗帜

是全世界劳动者的导师和救星

2015 年 12 月 8 日

目录

掌上千秋史

现在交在读者手上的《重读毛泽东，从 1893 到 1949》，是计划中的《龙兴：1500 年以来的中国改革与革命》的第一卷，也是自 2010 年以来，我在北大开设的"中国千年史"课程的最后一部分。

这一部分课程的题目原本是"大翻盘：我们时代的政治、经济和思想起源"。

本课程所立足的，是对中华民族千年史的阅读与思考。

公元 907 年，中国历史上最绚烂的世界帝国——唐朝灭亡了。短短 53 年之后的公元 960 年，宋朝建立。从那时起到 1840 年，一个新的千年开始了。

自东汉以来形成的门阀士族、大姓郡望制度，随着唐朝的崩溃一同灭亡了，从中国制度的顶层设计来说，宋代以三司、二府，代替了唐代的"三省"制度，而实质上，则是科举制度造成的士大夫阶级代替贵族阶级，成为国家的治理者。

从基层看，唐代的均田、府兵制度也随之瓦解了，而代替它的则是募役、募兵制度。秦、汉、唐以来"兵农合一"的基层组织，从此不复存在，统治基层的从此成为家族、乡绅和胥吏——乃至毛泽东后来所谓的"土豪劣绅"。

宋代是中国古代商品经济发展的高峰。"北宋时，国家税收峰值达到 1.6 亿贯，是当时世界上最富裕的国家。那个时候，伦敦、巴黎、威尼斯、佛罗伦萨的人口都不足 10 万，而我国拥有 10 万人口以上的城市近 50 座。"

然而，区别却是根本性的：那个时候的伦敦、巴黎、威尼斯和佛罗伦萨，已经是武装起来的城市，因此，欧洲的城市资产阶级从一开始就是武装起来的阶级，欧洲的社会结构就是以武装的城市对抗世界，而宋代的城市则是不设防的"清明上河图"，富饶的中国，不过是官商勾结的城市与一盘散沙的农村。

就是从那时起，中国逐步形成了官僚买办资产阶级与土豪劣绅联合统治的治理体系，随着中国治理体系的衰败和治理能力的下降，中国的经济水平不断下降，直到 1840 年被西方帝国主义所击溃。

1913 年，严复曾经一语中的地说："中国之所以成为今日现象者，为善为恶姑且不论，而为宋人所造就，十八九可断言也"——这是经得住历史考验的、极为透辟的结论。

因此，要了解传统中国何以衰落，现代中国何以兴起，就必须重视宋代在中国历史上的转折作用。

宋朝，是一个自觉地否定历史的王朝。

宋朝的立国之本，概而言之，就是"矫唐之往，纠唐之过"，其基本制度设计，便是建立在"矫失以为得"这个"大纲大纪"的基础之上。于是，几乎不可避免的，对于宋朝来说，隋唐光辉灿烂的 326 年，就只剩下了 8 年的"安史之乱"，而为三百余年王朝治理者所念念不忘的，也大概只有这样一件事——汲取"安史之乱"深刻的历史教训。

宋朝的官吏队伍，在规模上远超历代。宋代的"官"是读书人，而宋代的"吏"则是基层的豪强。官有名无实，吏有实而无名，这就是所谓的官吏二分制度。

举凡王安石所痛陈的人才之"教、养、取、任"皆不得法，即作为治理者的士大夫阶级的不会干事、不愿干事、不能干事；举凡叶适所揭露的"官无封建而吏有封建"，即社会分裂为两张皮，并最终堕入一盘散沙——这些大宋"创制"的起因和用意，究其实质与根源，皆不过在"矫唐之往，纠唐之过"。

宋代的一统，乃是"小一统"，即它统一的不过是五代十国的那个区域，其周边始终有辽、金、西夏、蒙古环伺，故宋代士人的情绪是（内）忧（外）患，其开国基调则在"保守"二字，而其所保者，祖宗之家法规矩，其所守者，则为"小一统"之疆域。

南宋伟大的思想家叶适在《法度总论二》中曾这样沉痛地写道：

昔人之所以得天下也，必有以得之；其失天下也，亦必有以失之。得失不相待而行，是故不矫失以为得。何也？盖必有其真得天下之理，不俟乎矫失而后得之也；矫失以为得，则必丧其得。唐、虞、三代皆有相因之法，而不以桀、纣之坏乱而废禹、汤之治功；汉虽灭秦，亦多因秦旧。然大抵天下之政日趋于细而法日加密矣；惟其犹有自为国家之意，而不专以惩创前人之失计，矫而反之，遂以为功。

……

夫以二百余年所立之国，专务以矫失为得，而真所以得之之道独弃置而未讲。……二百年于此，日极一日，岁极一岁，使天下之人皆以为不知其所终，而不知陛下将何以救之哉？

"专务以矫失为得,而真所以得之之道独弃置而未讲","而不知陛下将何以救之哉?"这千古一叹,是对宋王朝的质问,也是对历史的质问。

当然,宋代也并非全靠"专以惩创前人之失计"过活。"唐、虞、三代皆有相因之法,而不以桀、纣之坏乱而废禹、汤之治功;汉虽灭秦,亦多因秦旧。"宋于唐制,自然也有相因与继承之处。其中最为突出者,便是承继唐"永贞革新"以来的改革精神,变唐初的"三省"(中书、门下、尚书)之贵族制度,而为具有现代治理色彩的"三司"(户部、度支和盐铁)制度,即欲使国之一统与国家能力的增强,建立在对于资源和资本(即今天所谓的"要素市场")的支配与有效利用之上。

但是,这项关键的现代转变并没有完成,而这就是因为此类改革违背了宋朝立国的"纲纪",于是便没有强有力的用人政策支持。而宋的"纲纪",也就是"矫失为得"的"祖宗之法",这种"祖宗之法"对于作为治理者的士大夫的要求,并不是立德立功,而是听话、守规矩,于是,那个"纲纪",说白了,就是司马光在《资治通鉴》开篇阐述的治理之道。司马光说,治国理政,"与其得小人,不若得愚人",因为"愚人"固然不能办事,但也不至于生事。

"夫以二百余年所立之国,专以矫失为得",因为惧"乱"、怕"生事",以至于把选拔"愚人"当作官员任用标准,而宋朝最终所得到的,必然就是矫枉过正,它得到的是历史的讽刺:"唐之失在于强,宋之失在于弱"。

而自宋朝以来的千年以降,中国历代王朝继承宋代这些"制度创制"的最后结果,便是光绪帝在 1901 年的《变法上谕》中迟到的觉悟:"我中国之弱,在于习气太深,文法太密,庸俗之吏太多,豪杰之士少。

文法者，庸人借为藏身之固，而胥吏倚为牟利之符。公事以文牍相往来而毫无实际，人才以资格相限制而日见消磨。误国家者在一私字，困国家者在一利字。"

中国历代王朝继承宋代这些"制度创制"的最后结果，便是鸦片战争的落后挨打，便是中华民族的积贫积弱。

日本人说，"唐宋之变"是中国走向近代的开端，但我以为那也是中国走向积贫积弱，走向落后挨打的开端。不必说，就是从那时起，我们民族的敌人，成了我们的"客户"。"日驱驰千里，斩首三万而归"的汉唐气象，从此远去；而"量中华之物力，结友邦之欢心"的阿Q精神，则浮出了历史地表。

王夫之《宋论》开篇即指出："帝王之受命，其上以德，商、周是已；其次以功，汉、唐是已。诗曰：'鉴观四方，求民之莫。'德足以绥万邦，功足以戡大乱，皆莫民者也。"而宋之大弊则在于：其以弱势取天下，上位全凭运气和偶然，"以德之无积也如彼，而功之仅成也如此"。于是，"夫宋之所以生受其敝者，无他，忌大臣之持权，而颠倒在握，行不测之威福，以图固天位耳"。

王夫之深刻地指出：宋之弊政，乃中华民族近千年之积弊；宋之亡，乃中华民族走向危亡之预示和先兆；宋之软弱无能，代表着三代与汉、唐传统之中断，宋之危亡，乃天下之危亡：

> 汉、唐之亡，皆自亡也。宋亡，则举黄帝、尧、舜以来道法相传之天下而亡之也。是岂徒徽、钦以降之多败德，蔡、秦、贾、史之挟奸私，遂至于斯哉？其所繇来者渐矣。

为什么有宋千年以降，中国的改革总是不能成功，而最终则逼出了近代以来波澜壮阔、天翻地覆的大革命？为什么有宋千年以降，中国万马齐喑，而五四以来，中国却风云际会、英雄辈出，一举呈现出"数风流人物还看今朝"的局面？

这里的一个原因就在于：宋代以来作为治理者的士大夫，几乎无人敢于立德，更无人敢于"立功"，甚至无人敢于说真话。所剩余者，无非就是沿着既成的规则，奴颜婢膝、吹牛拍马、想方设法往上爬——而这就是叶适所谓："士大夫之职业，虽皮肤寒浅者亦不复修治，而专从事于奔走进取"，而随着士大夫阶级从根本上的腐败，中国这种扭曲的治理体系，造成的只能是治理能力的崩溃。

如果说到腐败，这才是真正的腐败。

当然，千年历史，并不是没有先觉者挺身而出，力图制止这种顺流而下，也并不是没有勇敢者面对顺流而下的"大势"，运筹帷幄，力图翻盘。前有王安石、叶适上下呼号，中有王阳明横空出世、异军突起，直到《南京条约》签订之日，魏源尚在奋笔疾书《圣武记》。这些逆流而上、力求翻盘的努力虽然没有成功，但所谓鞠躬尽瘁、前赴后继者，正构成了千年以降，中国改革与革命的星星之火。

直到中国出了个毛泽东。

其实，无论是在世界历史还是在中国历史上，起先毛泽东都属弱势。他本是手无寸铁、身无分文的一介书生。这就是为什么毛泽东始终代表着世界上最弱势的人民群众，他始终站在最广大的人民群众一边，以公平正义之"人道"，对抗弱肉强食之"天道"，他说："人定胜天"，他的确创造了这样的奇迹，使弱者强大，使在历史中沉默无声的百姓堂堂正正站起来。

毛泽东是"拧沙为绳"的人。他以土地革命把中国基层组织起来，缔造了工农子弟兵。他以武装农民的方式组织农民，改变了千年以降中国基层一盘散沙的局面。他使秦、汉、唐的基层组织形式以现代的方式重生，他以波澜壮阔的革命实践证实了马克思最大胆的猜想：如果能以武装的农村包围武装的城市，那么，"亚细亚生产方式"就将战胜"日耳曼生产方式"。

在举世闻名的二万五千里长征中，毫无国际背景的毛泽东，成为第一位中国共产党独立自主选择的领袖，正如遵义会议，是中国共产党第一次独立自主召开的会议。而在他之前，中共的领袖都是由共产国际指定的。他深刻地指出了中国精英阶层的历史痼疾——主观主义、宗派主义和八股作风，并使中国共产党与这样的腐败作风做毫不妥协的斗争。

他把"理论联系实际、密切联系群众、批评与自我批评"作为党的规矩。他缔造的党，摒弃了士大夫阶级的积习，以人民的要求，代替了"祖宗的规矩"；他使"只见公仆不见官"的延安成为"圣地"；他以苦口婆心的整风，彻底改变了中国的治理体系，从根本上改善了中国的治理能力，使其重新焕发生机。

他从作为"弱势群体"的人民中走来，他从不屈不挠的长征中走来，他从洗心革面的延安作风中走来，他从"数千年未有之大变局"中走来，他从中国和世界历史的纵深处——神采奕奕地向我们走来。

毛泽东是继往开来的伟大学者。

他是《读史方舆纪要》最细致的读者，他把清代以来融历史、地理、语言学为一体的朴素学风，发扬到了极致，并成功地将之运用于残酷的战争。他第一个指出：第一次世界大战欧洲战场所形成的平原阵地战，完全不适合山地遍布的中国。毛泽东是现代运动战的鼻祖，他更把运动战发展为突击战、闪电战和游击战。战争中的毛泽东，如此变幻无穷、那样神出鬼没，从而改写了人类军事斗争的历史。毛泽东奠定了第二次世界大战以来，军事革命的基础和基本战争原则。

毛泽东创造了人民战争的战略思想。他使战士来自人民、信仰人民；他使战士懂得什么是政治，什么是马克思主义；他使人民军队成为一所大学校；他是思想家、哲学家，但更是一个在行军中思考的游击队员；他是马克思，是列宁，但他也是拿破仑。毛泽东军事思想，不仅影响了广大的第三世界，而且也深刻影响了第二次世界大战以来几乎一切伟大的军事家。

"东风压倒西风"，他改变了人类斗争的形势，"到疆场彼此弯弓月"，他引发了人类军事史上的革命。

2016年5月17日，习近平总书记在哲学社会科学座谈会上发表重要讲话指出："毛泽东同志就是一位伟大的哲学家、思想家、社会科学家。"这是极为深切的见解。

毛泽东是中国社会学的开创者之一。当这门学科初创时，是威廉·配第把人口调查视为发展生产力的基本要素，从而迈出了把人类史从自然史中剥离出来的关键一步。工业革命以来，是恩格斯对英国工人阶级状况的调查，使社会学在建立公开透明的民主制度方面起到了关键性作用。而正是毛泽东使社会学走出学院。他把人口、资源调查视为社会治理的基础；他把社会学的目标设定为组织社会运动、进行阶级分析；他使社会学成为一门与下层劳动者血肉相连的学问。

毛泽东是中国经济学的开创者之一。自亚当·斯密以来，西方经济的主题是：在资源稀缺的条件下如何形成效益。而毛泽东第一个指出：西方经济学面对的根本就不是中国的问题。因为近代以来，中国经济所面对的根本问题并非资源的稀缺，而是资本的高度稀缺。资本近乎为零——这是帝国主义、官僚买办资产阶级和土豪劣绅联合宰制中国的结果，而资本高度稀缺与国家工业化之间的矛盾，乃是中国经济发展所面对的根本瓶颈，是必须克服而此前的中国人却谁也没有能力克服的根本矛盾。

毛泽东创造了这样的奇迹。在资本稀缺的条件下，他领导建立了新中国完善的工业体系；在资本高度稀缺的条件下，他推动建成了工业化中国。毛泽东缔造了中国现代经济的顶层结构——以人民币为核心的财政金融制度，毛泽东建立了中国现代经济的基层结构——工农联盟的工业化体系，而这二者就是中国经济发展的根本基础。如果丧失了这两个根本基础，中国经济就根本不可能走出"宋代"。

毛泽东是社会主义法治的奠基者。他把中国的"礼制"传统，与现代"法治"传统结合在一起，缔造了党的领导、人民当家作主和依法治国相统一的社会主义法治。他发扬了《大同书》的理想，提出了"三个世界划分"的理论。他深入地思考了内涵在现代西方法律体系中的"正义"与"权利"之间的深刻矛盾。正如他把战争理解为"流血的政治"一样，毛泽东把法律理解为妥协的政治，即把法律状态理解为政治的一种相对平衡形式。像马克思一样，毛泽东尖锐地指出：现代西方法治体系建立在市民社会的基础之上，并掩盖了市民社会内部的政治矛盾。如果照搬西方市民社会的法律制度，中国就不可能抑制严重的两极分化和避免阶级斗争——无论过去还是现在。

毛泽东是伟大的哲学家。他抓住了认识与实践、知与行这一根本的哲学问题，他倡导实践对于认识的优先性，正如在他的早年，毛泽东就提出了"身体"之于"灵魂"的优先性的观点。他是王阳明，也是斯宾诺莎；他是康德，也是马克思。拿破仑征战的时候，黑格尔在写《精神现象学》，而毛泽东却是一边打仗，一边吃着野菜写出了《实践论》和《矛盾论》。

他强调自由对于必然的优先性，主张变化之于规律的优先性，倡导改造世界之于解释世界的优先性，他告诫共产党人要"心中有数"，然而他又说：自由并不等于对必然的认识，正是时势与变数，方才决定了道路曲折、前途光明。

正像马克思终结了德国古典哲学一样，毛泽东改变了中国哲学发展的方向，他把中国古典哲学引向了现代。

正像习近平总书记所指出的那样，毛泽东不仅缔造了新中国，不仅创立了人民当家作主的社会主义制度，而且，他也开创了新中国的社会科学体系以及文化、医疗、教育体系，他力主把文化、教育、医疗的重心放到基层，培养了一大批有社会主义觉悟的有文化的劳动者、社会主义事业的建设者，培养了一大批能够使中华民族重新屹立于世界文明之巅的新人、新青年。

毛泽东为人类社会提供了中国思想——毛泽东思想。

毛泽东创造性地运用历史唯物主义和辩证唯物主义的方法，深刻地阐述了中国社会制度在生产与交往（社会再生产）进程中的运动规律，批判地总结了中国传统文明，把中国文明还原到社会制度发展的进程中，恢复并发扬了中国文化的政治和科学内涵。他在波澜壮阔的现代历史进程中，缔造了中国社会科学，开辟了中国道路、中国制度、中国理论和中国文化的崭新境界。

毛泽东缔造了现代中国价值观——新中国的品格。这尤其表现为对于中国传统价值观的重估与再造。

五四新文化运动的倡导者、中国共产党的主要创始人陈独秀在《敬告青年》中，曾经把新道德概括为"六义"（自主的而非奴隶的、进步的而非保守的、进取的而非退隐的、世界的而非锁国的、实利的而非虚文的、科学的而非想象的），而毛泽东则把独立自主自力更生、追求进步勇于变革、不怕困难敢于斗争、宇宙胸襟与世界视野、发展生产与尊重劳动、推崇科学和崇尚平等，树立为新中国的伦理观和价值观。

他使古老的中国一变而为"少年中国""青春之中国"，在他的领导下，中国人民站起来了。

"世界是你们的，也是我们的，但归根结底是你们的。你们青年人，朝气蓬勃，正在兴旺发达时期，好像早上八九点钟的太阳，希望寄托在你们身上。"

正像一位外国评论家所指出的那样：近代中国湖南出了两个伟人，其中魏源是第一个使中国睁眼看世界的人，而毛泽东则是第一个使世界开眼看中国的人。

法新社曾经这样评论说："毛以一个小学教员创业，而到他去世时给世界四分之一的人类创造了整套全新的道德观和价值观。""他是第三世界政治的化身、穷国人民的伟大朋友、世界解放运动的灯塔。"

而日本首相大平正芳说，毛泽东对日本的了解，令人感到他具有"东洋之心"，一想到再也见不到他，就不胜寂寞与孤单。

澳大利亚《金融评论》则这样说："毛泽东同罗斯福、丘吉尔和列宁一样是本世纪的巨人之一。他也许是这四个人当中最伟大的一个。因为他的影响持续的时间将更长。50 多年前，他是中国的马克思。他后来领导造反、取得政权，于是成为中国的列宁。他的才干在空间和时间上一样影响深广。他是一个天才的基层组织家，在全中国点起革命的火焰；他是一位创造性的哲学家，给马克思主义以全新的、讲道德的、东方的形式；他是一位无与伦比的军事指挥家，他曾经说他胃口从来没有像在打仗时那么好；他是一位天才的诗人，他以古典的形式写诗词，他自己的一生就是波澜壮阔的史诗。在他的领导下，中国成为世界力量三角结构的一部分，同时又是要求重新分配世界力量的穷人十字军的先锋。他扭转了 500 年来'西风压倒东风'的世界结构。"

这些评价恰如其分。

而问题仅仅在于，做出这样恰如其分评价的，何以竟是外国人，甚至是毛泽东在这个世界上的敌人。

这究竟是为什么？

数千年的积习，压迫、不义、精心布置的欺诈，这一切所造成的软弱、自私、麻木、奴性、自欺和一盘散沙——对于人民的种种弱点，没有人比毛泽东和鲁迅认识得更为深刻。

鲁迅知道：一场革命不能洗刷如此的污泥浊水，但是，鲁迅依然赞成革命，他说：革命里面有血污，但是也有婴孩，他说：即使革命胜利后，自己在上海四马路穿着马甲扫大街，我还是赞成人民革命。

天之道，弱肉强食。由于毛泽东和鲁迅毕生站在弱者的立场上，由于他们"俯首甘为孺子牛"，因此，在一个"为士大夫治天下"的文化中，他们如此地被否定、被谩骂，被"打得粉碎"，几乎就是必然的。

马克思主张以人民当家作主的社会，打碎资产阶级国家，但是，马克思没有看到列宁所面对的帝国主义世界。

在武装到牙齿的帝国主义面前，社会主义必须建立强大的国家机器。于是，几乎是必然的，高度的国家积累占有了大量社会财富，劳动者的积极性日渐消磨。当毛泽东拒绝社会管理阶层以国家的名义获得特权的时候，管理层的不满则日益高涨。

当率领自力更生、发奋图强的中国打破了美苏两霸的包围封锁，准备把生产积累向社会倾斜的时候，心力交瘁的毛泽东去世了。他留下了站起来的新中国，人民当家作主的新社会，也留下了长期积累的不满、不解和不平。他留下了空前的财富积累，也留下了我们生命中不能承受之重。

于是，在他身后，众口铄金、积毁销骨。

在糖果与炮弹之间，人们选择糖果，这也许就是本能。而当毛泽东毅然引爆糖衣裹着的炮弹的时候，他清醒地知道，自己会被打得粉碎，但是他说："那也没有什么要紧，物质不灭，不过粉碎罢了。全世界一百多个党，大多数的党不信马列主义了，马克思、列宁也被人们打得粉碎了，何况我们呢？"

对待毛泽东的态度，决定了一个人的基本立场——即是否站在受苦受难的弱势群体、最广大的人民群众根本利益那一边。

而更重要的问题却在于：让人民群众分辨什么是自己的根本利益，这可能需要比较长的时间。

这就是为什么：否定毛泽东、否定鲁迅所造成的后果，将随着历史的延续而不断被认识到。

只是，其中一个后果却较少被重视，这便是：如果否定了毛泽东，就将会否定五四新文化运动确立的现代中国价值观，如果否定了毛泽东思想，现代中国哲学社会科学体系将随之坍塌，而所谓理论自信、道路自信、制度自信和文化自信，就将成为没有基础的空谈。

毛泽东青年时代曾写下过"携来百侣曾游"的壮阔诗篇，而他的晚年，却感叹着蒋捷的词章"旧游旧游今在否，花外楼，柳下舟，梦也梦也梦不到，寒水空流"。

"昔我来矣，杨柳依依；今我往矣，雨雪霏霏"。毛泽东离开了我们。正如联合国大会主席在 1976 年 9 月 10 日召开的联合国专门追悼毛泽东逝世的会议上致词所说："今天，世界失去了我们时代最英雄的人物——毛泽东，他改变了世界历史的进程，毛泽东不仅为自己的人民，也为世界人民打开了未来的门窗。"

今天，从党史、军史、中国革命史角度研究毛泽东的著作并不少见，而妖魔化毛泽东的野史，在美国和西方则都是畅销书。但是，从思想史、学术史、中国社会科学发展史角度研究毛泽东的著作，并不多。

今天的读者，也许对于毛泽东波澜壮阔的奋斗生涯并不缺乏了解，甚至对于毛泽东思想的基本内容也不缺乏了解，正像"毛泽东晚年犯了严重的错误""我们今天的成就，是建立在对毛泽东晚年所犯错误的纠正之上"——这些基本论断，想必大家都已充分了解。我们甚至可以套用上述严复的话说：中国之所以成为今日现象者，而为毛泽东所造就，十八九可断言也。

但我以为：我们所缺乏的，乃是毛泽东对于中国历史、世界历史那巨人式的总结、洞察、剖析和超越。

"雄关漫道真如铁，而今迈步从头越"，如果离开了中华民族五千年，鸦片战争以来 170 多年，新中国成立 67 年波澜壮阔的历史，而只盯着区区 10 年，那么，我们与宋人看绚丽的大唐又有什么区别？

如果如此"日极一日，岁极一岁，使天下之人皆以为不知其所终"，那我们与祥林嫂又有什么区别？

往事越千年，我希望今人能够把眼光放长远一点，因为历史提醒我们——不要陷入宋人小廉曲谨、自误误人的小聪明，即不要"矫失以为得"；因为历史反复告诫我们——"矫失以为得，则必丧其得"。

世界历史有周期，中国历史有周期。就中国而言，如果秦、汉、唐是一个周期，宋、元、明、清是一个周期，那么，自中国共产党诞生以来，中国和世界历史进入了一个新的周期，这个周期，就是由毛泽东的思想所开辟的，我们之所以不能否定毛泽东，说到底，就是因为我们今天依然还处在他所开创的这个历史周期里，我们不能拔着头发离开地球，是因为我们不能超越自己的历史。

2014 年 2 月 17 日，习近平总书记在省部级主要领导干部学习贯彻十八届三中全会精神全面深化改革专题研讨班开班式上发表重要讲话。

讲话收在《习近平谈治国理政》一书中，题为"不断提高运用中国特色社会主义制度有效治理国家的能力"。

在这篇重要讲话中，习近平总书记教诲我们要有宽阔的历史视野。他指出：我们必须面对的治理经验有三个部分，第一个部分是西方社会的治理经验；第二个部分是我们中国几千年来的治理经验；第三个部分是社会主义的治理经验。我们应该从这三种治理经验和教训当中，从宽广的历史视野来理解治理问题。

我以为，我们今天重读毛泽东，必须有习近平总书记所倡导的那种宽阔的胸怀、远大的历史视野和包纳四宇的思想风范。

毛泽东思想是千年以降，中国改革与革命思想的总结与集大成——这就是我的这本小书的主题。

我们之所以要到南湖去寻找"初心"，要到古田去寻找战斗意志，之所以要纪念长征，之所以要整顿党的作风，之所以要到西柏坡去重温"两个务必"，就是因为那里，是我们的精神家园。

如果这本书或许还有点价值，那么，其价值大概就在于此。

正像《五百年来谁著史：1500年以来的中国与世界》一书发愿于纽约一样，这本书的写作，缘于2015年纽约国际书展期间，我与Benchmark出版集团的约定。

当时，这家出版集团的领导汤姆·克罗夫特先生对我说：中国历史实在太长，如果从秦汉到宋是一个时期，宋至晚清是一个时期，鸦片战争以来是一个时期，那么，这三个大的时期的关系是怎样的呢？毛泽东究竟是怎样认识中国的呢？他的认识，对于美国人理解中国非常重要，而如果不理解毛泽东，就很难理解现代中国。

因为我赞成他的话，所以，回国后，我写了两本关于毛泽东的书，一本已经在美国、意大利、荷兰和尼泊尔出版，而这一本则是写给中国读者的。

有人说：你写写中国历史、马克思就行了，不自量力，你写毛泽东干啥啊？就不怕给人家你戴一顶红帽子？

鲁迅说，写书是战斗，自己写书，为的就是让某些人不高兴。

我也一样，某些人不舒服，我就高兴。

"沐猴而冠"。孙猴子不戴上红帽子，他会绝了妄念，去西天取经吗？

一个老百姓，没有羽毛可爱惜，不怕粉碎，不怕戴帽子。

"前途是光明的，道路是曲折的。"还是这两句老话。

2015年12月26日，是毛泽东诞辰纪念日，那一天，中共石家庄市委宣传部原常务副部长王惠周同志，领我去西柏坡还愿——因为这本书的初稿，那时刚刚完成。

当踏着慷慨低徊的乐曲，缓步走向毛泽东、周恩来、刘少奇、朱德、任弼时的塑像时，霎那间大雪骤降，漫天皆白。

"梅花欢喜漫天雪"，北国的雪，那是毛泽东所喜爱的。

"泪飞顿作倾盆雨"，鲁迅说，"那是死去雨，是雨的精魂。"

抬头仰视毛泽东忧思如海的形象，那一刻我感到，他原本离我们是那么的近。

感谢人民出版社——1921年，人民出版社与中国共产党一起诞生，而那一年，毛泽东28岁。

今天，通过人民出版社与中国少年儿童新闻出版总社卓越的团队合作，本书得以送到读者的手上，对此我深感荣幸。

4月21日晚，在开满鲜花的燕园，有一间会议室透出静谧的灯火——那是北大的研究生们在开毛泽东著作阅读会。

遥望不灭的灯火，心生感动与欢喜，不知怎的，想起了毛泽东所喜爱的清人严遂成的七律：

　　英雄立马起沙陀，奈此朱梁跋扈何。只手难扶唐社稷，连城犹
拥晋山河。

　　风云帐下奇儿在，鼓角灯前老泪多。萧瑟三垂冈下路，至今人
唱《百年歌》。

第一章　『地才』

公元 1893 年 12 月 26 日，毛泽东诞生于湖南省湘潭县韶山冲南岸上屋场。

这一天是西方的圣诞节，而按照中国的传统纪年方式，毛泽东的生辰应为癸巳年、甲子月、丁酉日、甲辰时（即当日上午 7—9 点），因此，日本学者竹内实在《毛泽东》一书中说："那是太阳在东方升起的时刻。"

与鲁迅一样，毛泽东生肖属蛇。"静若处子，动若蛟龙"，蛇也被称为"小龙"或"蛟龙"，毛泽东在世的时候，人们称他为天才，而毛泽东则针锋相对地把自己称作"地才"，拥抱大地本就是蛇的本性，毛泽东则把"大地"比作中国和人民。而"静若处子"就是含蓄低调，这正是毛泽东性格的重要方面。

毛泽东和鲁迅都推崇这样一句话："怯者愤怒，抽刃向更弱者，勇者愤怒，抽刃向更强者"，毛泽东和鲁迅是弱者中的最勇、最强者，他们毕生的努力，就是使世界上的弱者站起来，堂堂正正地做人。

1973 年 6 月 22 日晚，毛泽东在中南海游泳池住处会见时任马里共和国总统的穆萨·特拉奥雷。特拉奥雷说："我们非洲人都认为毛主席是天才，而且是有史以来唯一的天才。法国人教导我，拿破仑是有史以来唯一的天才，但我认为同毛主席对世界的贡献相比，拿破仑不及毛主席的三分之一。"毛泽东摇头说："你把我吹得太高了。我是地才，地就是土地吧。都是人民群众的经验，我做的总结。没有人民，啥事都干不成啊！请你少吹一点儿了，我的朋友啊，你也不要强加于我。"

一方水土养一方人。毛泽东就诞生在中国湖南的大地上。

湖南地理闭塞而风光秀丽，自古号称"四塞之国"，湘、资、沅、澧四水流入洞庭湖而又汇入长江，八百里洞庭的周边，蜿蜒着苍茫的五岭山脉和衡山山脉，这里有中国五岳之一的南岳衡山。在三湘四水美丽的大地上，覆盖着浓密的树木，苍翠的竹林、连绵的茶山和茂密的果园，散落着色彩斑斓的稻田、棉田、麻田和菜地。毛泽东诞生的时候，湖南已经有3000万人口，这里山高流急，民性倔强，"吃得苦，霸得蛮，不怕死，耐得烦"这四句话，是对湖南民风的经典概括。

湖南又称楚地，"惟楚有材"一句出自《左传》。楚地最著名的人物是屈原，他的诗篇以湖南的山河为背景，以香草美人为比兴，以长歌咏叹变四言，铿锵鼓舞。屈原是中国浪漫主义的鼻祖。毛泽东20岁时所做《讲堂录》笔记，后11页便是手抄屈原的《离骚》和《九歌》，而毛泽东本人的诗歌，也鲜明地继承了屈原的风格。

1975年7月，82岁的毛泽东在与芦荻谈到自己的一首诗时说："人对自己的童年、自己的故乡、过去的朋侣，感情总是很深的，很难忘记的，到老年更容易回忆、怀念这些。"

毛泽东当时谈到的那首诗，题为《七律·答友人》，写的正是湖南：

九嶷山上白云飞，帝子乘风下翠微。

斑竹一枝千滴泪，红霞万朵百重衣。

洞庭波涌连天雪，长岛人歌动地诗。

我欲因之梦寥廓，芙蓉国里尽朝晖。

虽说四周皆山，地理闭塞，不过近 1000 年来湖南却几乎成了中国思想文化的中心，把湖南看作中国的新儒学——理学和心学的主要策源地，其实也并不为过。

理学辩证法的开山人周敦颐即是湖南道州人，他是《太极图说》和《通书》的作者，他的《爱莲说》，至今仍是中国孩子们喜欢诵读的美文。公元 976 年创办的岳麓书院，是中国四大书院之一。1167 年，朱熹曾经在此与书院主持人张栻展开辩论，是为"朱张会讲"。1507 年，心学的创始人王阳明在此讲学弘法，明末清初的王船山以《读通鉴论》总结中国历史，晚清的魏源则以《海国图志》和《圣武记》开辟了思想和知识的新局。从此，湖南便以"经世致用"的新风引领中国的思想与学术，岳麓人更以"惟楚有材，于斯为盛"而自豪于乡曲。

水陆草木之花，可爱者甚蕃。晋陶渊明独爱菊。自李唐来，世人盛爱牡丹。予独爱莲之出淤泥而不染，濯清涟而不妖，中通外直，不蔓不枝，香远益清，亭亭净植，可远观而不可亵玩焉。

莲者，"廉"也。莲，是出淤泥而不染的圣贤品质的象征：

半亩方塘一鉴开，天光云影共徘徊。

问渠那得清如许？为有源头活水来。

与周敦颐、朱熹不同，毛泽东喜欢的是弱小而坚韧的花，他最喜傲雪的梅花，"梅花欢喜漫天雪，冻死苍蝇未足奇"，"都道无人愁似我，今夜雪，有梅花，似我愁"。

1907年夏天，毛泽东写了一首五言诗《咏指甲花》："百花皆竞放，指甲独静眠。春季叶始生，炎夏花正鲜。叶小枝又弱，种类多且妍。万草披日出，惟婢傲火天。渊明爱逸菊，敦颐好青莲。我独爱指甲，取其志更坚。"

那一年，毛泽东14岁。

"学而时习之，不亦乐乎"，理学思想的核心是：通过读书和学习，人人皆可成为圣贤，而圣人不过是肯用功学习的常人。毛泽东毕生提倡学习和"改造我们的学习"，他正是一个酷爱读书的湖南人。

1972年9月27日晚，毛泽东会见时任日本首相的田中角荣时说："我是中了书的毒了，离不开书。"他指着周围书架及书桌上的书说："这是'稼轩'（按，指《稼轩长短句》），那是《楚辞》。"于是在座的大家都站起来，参观毛泽东的各种藏书，田中角荣感慨道："今天使我感到，不能借口忙就不读书了，要好好读书才好。"毛泽东这时便说："没有什么礼物，把这个（朱熹《楚辞集注》）送给你吧。"

田中角荣后来回忆道，毛泽东这是借屈原的例子，含蓄地把美日关系比作秦与楚的关系，从而提醒我日本不要被美国所绑架。与美国混在一起，最终吃亏的还是日本。

"知者行之始，行者知之成：圣学只一个功夫，知行不可分为两事。"心学的创始人王阳明主张"五经皆史"，史即"事"也，人只有通过劳动、行动和做事才能表现他自己，空谈误人，空谈误国。毛泽东的《实践论》继承了王阳明的《传习录》，他毕生倡导"实事求是"，他是个辛勤工作直到生命最后一息的湖南人。

近代以来，湖南又以"湘军"闻名。曾国藩平定了太平天国，左宗棠平定了新疆，民国初期的湖南才子杨度，曾作《湖南少年歌》道："我家数世皆武夫，只知霸道不知儒。""中国如今是希腊，湖南当作斯巴达，中国将为德意志，湖南当作普鲁士。诸君诸君慎如此，莫言事急空流涕。若道中华国果亡，除非湖南人尽死。"

湖南其实是个"兵窝子"。

中国历史上长期文武分治，居于领导地位的士大夫阶级是个动脑不动手的阶层，而这种风气到了近代湖南方才为之一变。曾国藩的追求是"朝出鏖兵，暮归讲道"，"上马杀贼，下马读书"，而毛泽东则将此发展到极致——以思想和学问治军，将战争升华为哲学。

湖南独立的自由思想，不磨的斗争志节，培育了"掌上千秋史，胸中百万兵"的毛泽东。

韶山，是湘江边的一座大山，南岳主峰高达三千多米，韶山，是南岳七十二峰之一，韶山绵延 20 里长，如水流泻地，故名"韶山冲"。韶山的落脉处是一座树色苍茫的小山，叫"韶山嘴"，一条清澈湍急的泉水，经韶山嘴，弯弯曲曲，向东南奔去。在韶山嘴的对面，就是山水环抱的南岸，那里有一栋半瓦半茅的青色房屋，叫作"上屋场"。那时，在这所房子里住着两户人家，以堂屋的正中为界，一家姓毛，一家姓周。

毛与周，不分家。日后改变了中国和世界历史的那个属蛇的孩子，就诞生在这里。

韶山毛氏的兴起，可以追溯到明初征伐云南的时代，明洪武十三年（1380 年），韶山毛氏的始祖太华公，因为建立军功，由云南澜沧封官入湖南。而至今云南澜沧江畔，还有一个村子叫"毛家湾"，据说那里就是韶山毛氏的起家之地。

毛泽东的父亲毛贻昌，字顺生，号良弼，生于 1870 年。他当过兵，是个勤劳节俭、吝啬苛刻的富裕农民。毛泽东对父权、家长制向来缺乏好感，以至于"文革"期间，他曾经这样幽默地说："我的父亲如果活在今天，也许就要坐'喷气式'了。"

毛泽东的母亲文氏，1867年生于湖南湘乡四都唐家坨，此地与韶山冲相距十余华里，仅一山之隔。因在家中排行第七，小名叫文七妹。她没有念过书，长期以来，人们都认为她没有自己的名字，直到1966年，到韶山串联的红卫兵质问韶山毛泽东故居解说员高菊村说："毛主席在与斯诺谈话时，明明说过自己的母亲叫文其美，你怎么能说毛主席的母亲没有名字呢？"

其实毛泽东的母亲是有自己的名字的，而文七妹只是她的小名。1936年，毛泽东与初访保安的埃德加·斯诺谈话时的翻译黄华是河北人，因南北口音的不同，黄华遂把毛泽东母亲的小名翻译为了"文其美"。

毛泽东母亲的真名叫文素勤。1939年，毛泽民在苏联养病时，根据共产国际的要求，曾分别为自己和毛泽东填写了一份详细的履历表，而在母亲姓名一栏里，填写的就是"文素勤"。

文家家境小康，因为祖先葬在韶山冲，每年总要祭拜扫墓，就想在当地找个落脚点，于是，便将文素勤许配给了毛贻昌。

毛泽东的母亲善良、宽厚、美丽、智慧，长着中国女性最羡慕的梨子形脸庞和佛陀一样感人的眼睛。哲学家梁漱溟初识青年时代的毛泽东时，即为他俊美的形象所震动，称其"貌如妇人好女"。的确，毛泽东的相貌主要是遗传了母亲的形象。

在毛泽东诞生之前，文素勤生下了两男两女，但是，长子、次子和两个女儿都不幸夭折了，这对她造成了很大的打击。毛泽东刚刚出生，母亲便抱着襁褓里的婴儿，拜韶山龙潭前的一块巨石为"干娘"，并当即发愿：为保此子平安，立誓从此食素，永不杀生。

这块巨石名为"观音石"，从此，毛泽东有了乳名"石三伢子"。

毛泽东的母亲是一个虔诚的佛教徒，她甚至希望自己的儿子舍身为僧。母亲虔诚的信仰对毛泽东影响巨大，毛泽东少年时代，母亲文氏得了重病，于是，虔诚的儿子便上南岳衡山拜佛，以求母亲平安。

1959 年 6 月 25 日下午，毛泽东回到了阔别 32 年的韶山，这一次，他在故乡住了三天，28 日下午临行前，毛泽东请亲戚们吃了一餐午饭，他问道："亲戚们都请到了吗？"大家回答说："都到齐了。"而毛泽东环顾四周，幽默地说："不对呀！我的'石干娘'还没有来嘛！"

就在那一年的 10 月，毛泽东又对班禅大师说了这样的话："从前，释迦牟尼是个王子，他王子不作，就去出家，和老百姓混在一块，做了群众领袖。"

毛泽东在中国深刻的传统中诞生，这种传统包括在湖南兴起的新儒学，而且这种新儒学更融合进了强烈的佛学因素。这就特别表现为理学与心学的不同。朱熹认为，每个人通过刻苦读书便可成为圣贤，因此，他方才说"满街皆是圣人"。而王阳明则因为受到佛学的影响，他年轻时因"格竹子"以至于生病，从此便不再相信朱子那种读书静坐式的"格物致知"，转而主张"致知"就必须动手动脚，必须将心在事上磨炼，于是，王阳明认为劳动、做事就是修行，而那些毕生辛勤劳动的人就是圣人。

自唐代中期以来，中国便渐次消灭了贵族、门阀势力，于是，读书学习、立志成为"圣贤"的士大夫阶级，便成了社会的楷模和治理者。而随着士大夫这个阶级的腐化，明代的王阳明开始倡导从最基层的百姓身上去寻求"良知"的根源。正是这种"人人皆有良知"的思想与"众生平等"的信念相结合，最终开辟了中国历史前进的大道。

心学所说的"觉悟"便是"致良知"。当王阳明被发配到贵州龙场之后，他受到了当地少数民族群众的关怀和呵护，从而使他深深地认识到，蛮夷之众虽然语言不通、不知礼仪，但却有着淳朴善良的胸怀；他认识到，"天理"不应从外在讲求，因为"天理"就在基层人民群众的心中，追求"天理"，就是发现基层人民群众宽广善良的胸怀，而这就是"致良知"，也就是王阳明所谓的"龙场悟道"。

"龙场悟道"既是王阳明自身的觉悟，也是中国文明的一次觉醒和转变，毛泽东本人无疑也经历了与王阳明相类似的精神转变。当毛泽东和共产党人被蒋介石赶出城市，打入中国的穷乡僻壤之后，他们同样被基层贫困人民群众的良知所打动。于是，觉悟发生了，转变发生了。毛泽东和共产党人认识到："天理"与"人欲"不是对立的，实现和满足最广大人民群众的生存需求与愿望，便是追求和实现天理。

后来，毛泽东又说了一段极有"阳明精神"的话，他现身说法，讲述了自己转变、"悟道"，从基层人民群众身上发现"良知"与"文明"之根本的过程。他说："我是个学生出身的人，在学校养成了一种学生习惯，那时，我觉得世界上干净的人只有知识分子，工人、农民总是比较脏的……革命了，同工人、农民和革命军的战士在一起了，我逐渐熟悉他们，他们也逐渐熟悉了我。这时，只有在这时，我才根本地改变了资产阶级学校所教给我的那种资产阶级和小资产阶级的感情。这时，拿未曾改造的知识分子和工人、农民比较，就觉得知识分子不干净了，最干净的还是工人、农民，尽管他们手是黑的，脚上有牛屎，还是比资产阶级和小资产阶级知识分子都干净。"

"知天地为糠米，知毫末为山丘"，众生平等，卑贱者最聪明，劳动者是最高贵的人，"大都是小变来的"。

毛泽东青年时代读泡尔生《伦理学原理》批注说，"小即大"，"上即下"，"我即宇宙"，"万即一"，"我是极高之人，又是极卑之人"。后来他又说，"六亿神州尽舜尧"。

"我心光明"，皎洁如新月。在毛泽东那里，干净不干净，不是看表面，而是看良知，从这个角度说，革命，也便是"致良知"，面对受苦受难的人民群众，革命者需要一场洗心革面的、根本性的觉悟。

王阳明曾经说：父母即佛，心外无佛。据称，他以这样一句话，点醒了一位面壁三年的和尚，而那位苦行僧因此觉悟，立即就结束面壁，回故乡看望自己的父母去了。

毛泽东后来则说："人民是我们的观世音，共产党人是人民群众的小学生。"而毛泽东所说的"群众路线"的根底，也就在"致良知"。

"不忘初心，方得始终。"

毛泽东没有像母亲所期望的那样做和尚，而是成了革命家。1936年，他曾对斯诺这样说："我成为一个革命者，就是受到我母亲的影响。"

1955年，毛泽东又这样说："我们再把眼光放大，要把中国、把世界搞好，佛教教义就有这个思想。佛教的创始人释迦牟尼主张普度众生，是代表当时在印度受压迫的人讲话。为了免除众生的痛苦，他不当王子，出家创立佛教，因此，信佛教的人和我们共产党人合作，在为众生即人民群众解除压迫的痛苦这一点上是共同的。"

1910年，17岁的毛泽东挑着简单的行李，开始了人生第一次远行，从韶山出发，去邻县湘乡就读湘乡东山高等小学堂。父亲阻挠他，甚至逼迫他交出因为去湘乡上学而"误工"的工钱，而母亲支持他，于是，文家的亲戚帮助他筹措了这笔"工钱"。

临行前，毛泽东把一首诗悄悄夹在了父亲精心保管的账本里：

孩儿立志出乡关，学不成名誓不还。
埋骨何须桑梓地，人生无处不青山！

据说，这是西乡隆盛的诗。西乡隆盛，被称为日本乃至世界上"最后一个武士"。实际上，这本是一位日本高僧的诗作，西乡隆盛只是抄写了它。而毛泽东却把这首诗改了一个字，即把"学不成名死不还"，改为"学不成名誓不还"。

父亲精心保管的那个账本留了下来，1968 年被定为"绝密"资料，长期被封存于韶山纪念馆文物保管室。

这份账本详细记录了毛家的收支情况。1921 年 2 月，毛泽东率弟弟和妹妹离家投身革命后，韶山家里的房屋和 20 亩水田即由其外婆家和毛震公祠代管，账本的记录显示：由于苛捐杂税极为沉重，到新中国成立前夕，毛家已经欠银 4739 元，即使将家产全部卖掉，所得也只有 3380 元，仍背负着 1359 元的债务。因此，韶山土地改革之前，毛泽东家实际上已经沦为赤贫，而毛家在土地改革时被划为"富农"，毛泽东出身"富农"的说法是不确切的。

曾国藩是湘乡人，他极为重视在湖南和湘乡推行"新学"，东山高等小学堂便是一所新式学堂，而毛泽东则是这所学堂里唯一的湘潭人，他口音不同且衣着寒酸。但毛泽东入学时写的一首命题诗，却使举座皆惊，这首诗叫《咏蛙》：

> 独坐池塘如虎踞，绿杨树下养精神。
>
> 春来我不先开口，哪个虫儿敢作声？

毛泽东有"不动笔墨不读书"的习惯，在当时阅读的《新民丛报》关于"国家"问题处，留下了他如下批写："正式而成立者，立宪之国家也，宪法为人民所制定，君主为人民所拥戴。不以正式而成立者，专制之国家也，法令为君主所制定，君主非人民所心悦诚服者。前者，如现今之英、日诸国；后者，如中国数千年来盗窃得国之列朝也。"

这是他第一次讨论传统王朝与现代国家的区别，以及宪法与人民的关系。

毛泽东在东山高等小学堂只读了半年，便继续挑着他简单的行李，去了更远的地方——湖南省城长沙。那一年，辛亥革命爆发了，毛泽东受到革命的鼓舞，短暂地参加了新军，退伍后，他花了一块钱投考了湖南全省高等中学堂（后改名省立第一中学），并以第一名的考试成绩被录取。在那里，他写了一篇题为《商鞅徙木立信论》的作文，而这是目前所能见到的毛泽东早年唯一一篇作文。

在这篇写于1912年上半年的作文里，毛泽东继续讨论了法律、国家和人民之间的关系问题。毛泽东认为：中国之衰落，乃是因为治理者脱离实际、脱离群众，是因为中国的治理体系脱离了治国理政的内涵，文者"纹"也，一旦离开了治国理政的内容，所谓"礼制"就将退化为形式主义的雕饰和虚文，正是从这个角度出发，毛泽东批评了"礼制"的虚文，而推崇"法治"之实际。

在他看来，所谓"法治"的基础就是社会现实生活；法治的目标，就是保障人民权利、实现国家富强和增进社会福祉。根据这样的观点，毛泽东高度评价了商鞅的"农战"法令，他认为商君法的实质，就是"农战"面前的人人平等：

> 商鞅之法良法也。今试一披吾国四千余年之记载，而求其利国福民伟大之政治家，商鞅不首屈一指乎？……其法惩奸宄以保人民之权利，务耕织以增进国民之富力，尚军功以树国威，孥贫怠以绝消耗，此诚我国从来未有之大政策，民何惮而不信？

而法家思想立足于社会实际，它的核心在于组织社会，就是把社会组织成一个战斗与生产的共同体。

尽管深受儒家和佛家思想的影响，中国传统中最为毛泽东青睐的一"家"，无疑便是法家。在留下的第一篇作文里，毛泽东之所以高度肯定商鞅和法家，是因为商鞅颁布的"农战"法令面向经济、军事等社会实际，更具有深刻的平等思想："官无常贵，民无终贱"；"王子犯法，与庶民同罪"；没有谁是天生高贵的，只有那些辛勤劳动和英勇战斗的人才是值得尊重的。而"商君法"的实质，就类似于毛泽东后来所说的"各尽所能，按劳分配"。

青年时代的毛泽东极为推崇"大小远近若一"的平等思想，《易经》中所蕴涵的辩证法思想的启示，使他坚信在弱小者身上体现着变革的动力和创造性的力量，因此，毛泽东毕生都坚定地站在弱小者一边。

正是在湖南省立第一中学时期，毛泽东阅读了严复的《天演论》，而那个时候，他独辟蹊径地洞穿了《天演论》与唐代思想家刘禹锡之《天论》的联系，后来，毛泽东多次说过，不读《天论》，就不可能读懂《天演论》。直到晚年，毛泽东还把刘禹锡的《天论》印成大字本，自己反复阅读，并以之教育党的高级干部。

刘禹锡在《天论》中这样写到：

> 大凡入形器者，皆有能有不能。天，有形之大者也；人，动物之尤者也。天之能，人固不能也；人之能，天亦有所不能也。故余曰：天与人交相胜耳。
>
> 其说曰：天之道在生植，其用在强弱；人之道在法制，其用在是非。
>
> 阳而阜生，阴而肃杀；水火伤物，木坚金利；壮而武健，老而

耗眊，气雄相君，力雄相长：天之能也。阳而蒸树，阴而挈敛；防害用濡，禁焚用光；斩材窾坚，液矿硠铗；义制强讦，礼分长幼；右贤尚功，建极闲邪：人之能也。

人能胜乎天者，法也。法大行，则是为公是，非为公非，天下之人蹈道必赏，违之必罚。当其赏，虽三旌之贵，万锺之禄，处之咸曰宜。何也？为善而然也。当其罚，虽族属之夷，刀锯之惨，处之咸曰宜。何也？为恶而然也。故其人曰："天何预乃事耶？唯告虔报本，肆类授时之礼，曰天而已矣。福兮可以善取，祸兮可以恶召，奚预乎天邪？"

"天之道在生植，其用在强弱；人之道在法制，其用在是非。"上述这些论断，如果概括起来讲，其中的意思乃是说：天之道，就在弱肉强食，而人之道，则在公平正义。而所谓"天与人交相胜"，就是指人类社会是在公平正义与弱肉强食之间的斗争中发展的。而只有当社会丧失了公平正义的时候，人们才把弱肉强食的法则当作自然法。

"人能胜乎天者，法也。法大行，则是为公是，非为公非"，"人定胜天"——毛泽东极为推崇的这句话，其实就来自刘禹锡的《天论》，它意味着：革命，就是以公平正义的法则对抗弱肉强食的法则，与达尔文的进化论、赫胥黎的《进化论与伦理学》、严复的《天演论》所揭示的宇宙法则不同，毛泽东青年时代的这种洞见，最终使他开辟了中国革命的法则。

"生乎治者人道明，咸知其所自，故德与怨不归乎天；生乎乱者人道昧，不可知，故由人者举归乎天，非天预乎人尔"——这些话今天读来尤其令人感慨、深思，人民相信自己的力量，而不仰赖于天，这是因为人民自己就是天；而在一个毫无公平正义的社会里，人除了像窦娥那样呼天抢地之外，还有什么求告之所呢？

1945 年，一个叫西德尼·里滕伯格的美国青年来到中国，他遇到了一件令他终生难忘的事：一个喝醉了酒的美国士兵，故意驾车撞死了一位名叫李木仙的中国女孩，结果，法庭却判决他只需赔付 26 美元。事后，女孩的父亲却又退回了 6 美元，因为这个可怜的父亲以为，按照中国的惯例，这 6 美元是经手此事的"法官老爷"必须收取的"好处费"。

这就是旧中国的法律。

西德尼·里滕伯格的中文名叫李敦白，他是毛泽东的朋友，也是第一个加入中国共产党的美国人。

李敦白如今已经 94 岁了。他说：之所以永远不能忘怀这件事，就是因为在 1949 年之前的中国，这是再平常不过的事，在旧中国的法律制度下，老百姓命如草芥。他之所以还要讲述这件事，是因为它告诉我们，什么是"革命"，毛泽东发动的革命究竟改变了什么。

讲述它，就是为了提醒中国人民记住人类历史上最伟大的革命，而经历过这样一场伟大革命的人民，势必任何人间奇迹都能创造出来；经历过这样一场伟大革命的人民，不应该以眼前的任何成就而骄傲和沾沾自喜。

李敦白之所以不能忘怀这件往事，更是因为他坚信：为了对抗那个腐败、不公、人如草芥的旧世界，就像"人定胜天"不能被忘记一样，毛泽东和他的革命思想就不能也不应该被忘记。

"弱肉强食"乃自然法则，"扶危济困""天下为公"则是人间的法则。只有了解这一点，方才能理解毛泽东的法治思想。

1931 年 11 月，刚刚当选中华苏维埃共和国中央临时政府主席的毛泽东，第一次主持立法，就是制定和颁布了《中华苏维埃共和国宪法大纲》，以及《中华苏维埃共和国土地法》《中华苏维埃共和国劳动法》。
根据《中华苏维埃共和国土地法》，中国的女性和无地的农民第一次拥
有了土地所有权以及选举权和被选举权，实现了由法律保证的平等。

当时毛泽东这样说：

> 同时，广大的妇女群众参加了生产工作。这种情形，在国民党
> 时代是决然做不到的。在国民党时代，土地是地主的，农民不愿意
> 也不可能用自己的力量去改良土地。只有我们把土地分配给农民，
> 对农民的生产加以提倡和奖励以后，农民群众的劳动热情才爆发了
> 起来。

《中华苏维埃共和国劳动法》规定工人有监督生产的权利，可以享
受免费医疗、失业津贴、伤残抚恤、婴儿补助、困难救济、丧葬津贴。

工农和女性获得了上述权利，这在中国历史上是第一次。

与此同时，毛泽东还主持制定了《中华苏维埃共和国暂行税则》，
这项法律规定：中央苏区必须把土地税收的五分之一用作教育经费。毛
泽东和他的老师徐特立，还直接参与编排了一套完整的教育大纲，其中
除了数学、语文外，还有生理卫生、园艺、商品、速记和演讲课程。

在语文课本里，苏区的小学生们念的是这样的"毛版"《新三字经》：
"天地间，人最灵，创造者，工农兵，男和女，都是人……"

1953年，新中国第一次进行人口普查，统计人口为601912371人。
在此基础上进行了选民登记，并进行了中国历史上第一次普选。

1954年9月20日，中国历史上第一部建立在全民普选基础上的宪
法在毛泽东主持下诞生，而此前全国有1.5亿人参加了这部宪法草案的
讨论。

1954 年宪法奠定了新中国的基本制度框架，它是对世界各国，特别是对中国历史经验的深刻总结。

正像 1787—1788 年美国立宪时存在着"联邦党人"与"非联邦党人"之间的激烈斗争一样，在中国历史上，也长期存在着"郡县论"与"封建论"的论战与斗争。

在晚清以来的立宪改革中，所谓"议会派""立宪派""地方自治派"，其实也就是"封建派"，因为这种所谓立宪思想的基础便是清初的顾炎武、黄宗羲等人所倡导的"封建论"。而这一思想的实质，就是要求王朝国家通过"放权让利"，以换取地方势力和社会精英的支持，维护自身的统治。

与晚清的"立宪派""封建派"不同，毛泽东属于"郡县派"，1973 年 8 月 5 日，毛泽东在与江青谈话时说，历代有作为、有成就的政治家都是法家，他们都主张法治，厚今薄古。秦始皇统一中国后，便有人建议他把胜利成果分给功臣亲贵，实行分封制，但是，秦始皇拒绝了，因为如果那样做，就会使天下重新陷入杀伐与分裂，因此，柳宗元方才说："始皇负扆以断天下，子孙为庶人"，"秦之为制，公之大也"。

接着，毛泽东念了新写的《七律·读〈封建论〉呈郭老》："劝君少骂秦始皇，焚坑事业要商量。祖龙魂死秦犹在，孔学名高实秕糠。百代都行秦政法，十批不是好文章。熟读唐人封建论，莫从子厚返文王。"

如果把这首诗放在美国历史的语境里，那么毛泽东所倾向的就是"联邦党人"，即亚历山大·汉密尔顿、约翰·杰伊和詹姆斯·麦迪逊那一派。因为美国独立战争之后，同样面对着各州、各利益集团要求瓜分胜利成果的趋势。

毛泽东主持制定的 1954 年宪法，与 1787—1788 年在费城通过的美国宪法都是为了避免新生的国家重新陷入一盘散沙，必须以法律和制度的形式，扼制地方和精英势力的分权，无论这种分权采取的是"封建"（封疆建储）、经济和财富独占还是议会专权的方式。

1954年宪法与美国的宪法都规定了军事、外交、财政税收和信用权的统一，使"人民"成为唯一的主权者，而地方和精英势力则必须受到"唯一主权者"的扼制。

在新中国宪法中，工农构成了"人民"的主体，这是因为他们是革命和国家建设的主要承担者，中国军队由工农子弟构成，是捍卫国家独立与安全的基石。中美两国宪法也都设置了常备军和民兵制度，为的就是杜绝军功贵族阶层的出现。

工农联盟的制度设置当然也汲取了苏联宪法的特点，但以少数民族自治制度代替单一加盟共和国制度，则是对苏联宪法的修正。

1954年宪法与苏联宪法的另一个重大不同在于，毛泽东认为：法治不等于民主，无产阶级专政也不等于国家专政。而民主与法治的统一，就是使人民群众成为立法者和国家的主人。

1976年，毛泽东这样说：许多事情，最好是发动群众组织自己处理，群众的眼睛是雪亮的，靠政府包办不是好办法，政府只宜根据群众要求从中协助，做自己能做的事情。

毛泽东主张法治、推崇法家，但是毛泽东的法治思想绝非照搬外国、照搬西方，而是根植于中国的大地，是中国历史传统的升华。

毛泽东所说的"法"，不是黑格尔所谓市民社会的法，而立法保护人民的权利，也不等于保护私有产权。正因为人民具有普遍利益，所以人民内部的矛盾可以用民主的方式得以解决。当然，人民的普遍利益与市民社会的特殊利益之间存在矛盾，在毛泽东看来，这种矛盾可以通过团结资产阶级一起进步的方式得到解决，而只有当社会中产生了一个特殊的阶级，并且力图将自己的利益凌驾于人民利益之上时，这个阶级与人民群众之间的矛盾才必须以"革命"的方式去解决，而这个意义上的革命，不是打碎法律，而是打碎代表特殊阶级利益的法律，其目的恰恰是为了维护法律的基础——人民当家作主。

法律是平衡社会矛盾的重要工具，但它也是掩盖和制造社会矛盾的工具，法律不能代替政治，因此，毛泽东方才说"造反有理"。

毛泽东不仅是新中国的立法者，他也是洞悉宇宙真相的觉者。

毛泽东这样说过：有人说自由是对必然的认识，认识了必然就自由了吗？没有实践嘛！离开了实践，就谈不上自由。

在毛泽东看来，世界是有规律的，但世界又是变化发展着的。用中国的说法，规律与必然性是"数"，而发展变化和偶然性就是"势"，观察世界，必须同时认识到规律与变化、必然性与偶然性、数与势这两个方面。

相对于读书求知，毛泽东更为强调行、实践、变化、偶然性和"势"的作用，这令人想起马克思在他的博士论文《德谟克利特的自然哲学和伊壁鸠鲁的自然哲学的差别》中所提出的自然哲学观：无论自然史还是人类历史的发展都不是一条直线，原子的运动趋势不是下落与互相吸引，而是在这两种力量作用下的"偏斜运动"。

因此，所有的运动、实践都是对直线的偏离，实践就是运动，运动就是斗争和博弈，离开了力量之间的斗争，就没有事物的运动，也就没有历史运动，从这个意义上说，当然就不能说"自由是对必然的认识"，因为斗争改变宿命，自由是对必然的超越。

2015年，屠呦呦成为第一位获得诺贝尔科学奖的中国籍科学家。在获奖演说的结尾，她惊人地引用了毛泽东的话："中国医药学是一个伟大的宝库，应当努力发掘、加以提高。"当毛泽东的这段手书出现在卡罗林斯卡医学院会议厅的大屏幕上时，许多人都在想这究竟意味着什么。

这意味着：屠呦呦的实践打破了一种神话、一种所谓的必然性：中医不如西医、中医不能现代化，如果不照搬西方的模式，中国的科学研究就不可能对人类作出开创性贡献。

风起于青萍之末，千里之堤毁于蚁穴。从表面上看，一个大的事物似乎是不变的，或是难以改变的，但是从事物的内部、从其至微至小去观察，事物是在不停地运动着的，因此，变化的依据就在于事物内部那些微小的东西——这表明，正是在微小的事物中，包含着巨变的能量。

1974年5月3日，毛泽东与诺贝尔奖得主李政道谈论宇宙本源问题，当时，毛泽东坚持说，基本粒子不"基本"，因为它一定是可分的。

1977年，在夏威夷举办的第七届世界粒子物理学讨论会上，诺贝尔物理学奖获得者谢尔登·格拉肖则说了这样一段话：

> 洋葱还有更深的一层吗？夸克和轻子是否都有共同的更基本的组成部分呢？许多中国物理学家一直是维护这种观念的。我提议：把构成物质的所有这些假设的组成部分命名为"毛粒子"（Maons），以纪念已故的毛主席，因为他一贯主张自然界有更深的统一。

毛泽东不会想到，他自己会为生命科学和理论物理学的发展划出一个时代。而他也不可能想到，他与李政道的缘分，还会以另外一种方式延续下去。

2015年，香港科技大学教授李中清通过大数据分析提出，在过去的150年里，中国的教育结构发生了四次大的变化：

1865—1905年，即清政府废除科举之前，超过70%的教育精英是官员子弟，他们主要来自全国各地的"绅士"阶层。

1906—1952 年，超过 60% 的教育精英是地方专业人士和商人子弟，他们主要来自江南和珠三角地区。

1953—1993 年，这是中国历史上极为特殊的时期，因为在这个时期，约超过 40% 的教育精英来自全国的无产阶级、工农子弟。

1994—2014 年，超过 50% 的教育精英来自各地区的有产家庭和特定的重点高中。

这是一个意味深长的长时段统计。

按照一种流行的见解，恰恰是毛泽东的"教育革命"打乱了中国精英教育体制，而在他的时代，中国因为没有办成"世界一流大学"而使教育进一步落后于西方，更何况，毛泽东还把高级知识分子驱赶到中国的基层，从而耽误了他们宝贵的青春。

实际上，正是在毛泽东的主持下，中国石油大学、中国地质大学、中国农业大学、中国林业大学等一系列面向现代化的学校得以创办，中国航空航天大学在 1958 年就制造了中国第一颗人造卫星、中国第一架喷气式飞机。新中国成立伊始，毛泽东也曾经设想按照莫斯科大学的模式创办世界一流大学，这就是中国人民大学。但是，当这种美好的设想因随之而来的中苏分裂而被迫放弃后，毛泽东转而希望以有限的资源，在中国基层、特别是农村创办一大批优秀的中小学、职业学校，使中国的教育和医疗面向基层、面向人民群众，他更鼓励中国的优秀大学到基层和偏远地区去办分校，以改变中国文化教育资源分配严重不平等、不均衡的状况。

而上述统计工作无可辩驳地说明了一个事实：如果没有毛泽东的"教育革命"，1977 年恢复高考后，就不会有如此众多的、来自基层的工农子弟考入北大、清华等著名高校。而当他们把个人命运的改变，仅仅归因于改革开放恢复高考的时候，这些人似乎完全忘记了，如果没有毛泽东把教育的重点放到基层的方针，即使高考制度一直存在延续，其与传统科举制度的差别也不会很大，而作为来自基层的工农子弟，他们这些当年的"天之骄子"的命运，将与今天的农民工子弟没有任何差别。

而完成上述统计分析工作的李中清教授，就是著名物理学家李政道的儿子。

今天，毛泽东这个名字依然令人感叹——有人出于热爱，以至于说起他不禁热泪盈眶；当然，也有人是出于憎恨，甚至说起毛泽东来"恨得要死，怕得要命"。而无论热爱还是憎恨，却都说明了这样一个事实：毛泽东时代，是中国历史上最为天翻地覆的时代，而这一切，都是中国历史上最伟大的革命所带来的。

南怀瑾说，毛泽东的革命创造了中国历史上数千年所未有、人类历史上所未见的三大奇迹：一是看病不要钱，二是上学不要钱，三是干部与老百姓"共穷"。尤其是第三条，干部与人民群众同甘共苦——这是在人类历史上从来没有，也不可想象的。干部不但以身作则参加劳动，且生活方式与劳动者几无不同——这是空前的平等。

"喜看稻菽千重浪，遍地英雄下夕烟"，小民可以创造历史，"群众是真正的英雄"。

"春风杨柳万千条，六亿神州尽舜尧"，人人皆可为佛陀，"人民是我们的观世音"。

"一切反动派都是纸老虎"，"哪里有压迫，哪里就有反抗"。

"中国人民站起来了"，"人民万岁，万万岁！"

像历史上那些开天辟地的伟人一样，毛泽东的思想是早熟的，更是特立独行的，而他的思想就形成于湖南这片人杰地灵的沃土。如果说有一个经世致用的"湖湘学派",或者有一种"湖南学风",毛泽东毫无疑问是集大成者。

毛泽东是中国传统文化的批判者、阐释者,更是最伟大的继承者。

"学习""致良知""众生平等""组织起来"和"造反有理"——来自儒家、佛家与法家的这几个方面的教诲,便是毛泽东所认定的中国传统的精华。而他对于传统的态度和理解,一旦形成,终生都没有发生过根本性的变化。

1945 年的毛泽东留下了这样一张照片——他头戴八角帽,脖子上随意地围着格子围巾,与一群蓬头垢面的农民挤在一起看戏。

这张照片后来出现在美国的杂志上,并被冠以令人感慨的命名:"大地与革命"。

第二章

『惊奇者，人类之生涯也』

毛泽东写的《商鞅徙木立信论》那篇雄文得了 100 分，国文老师为此写了 7 条夸赞的批语，也许这并不稀奇，因为毛泽东的作文总是得100 分。

这份落款为"普通一班毛泽东"的作文原件幸运地保存了下来，国文老师在批给全体同学"传观"时这样写道："实切社会立论，目光如炬，落墨大方"，"精理名言，故未曾有"。文末的总评说："有法律知识，具哲理思想，借题发挥，纯以唱叹之笔出之，是为压题法，至推论商君之法为从来未有之大政策，言之凿凿，绝无浮烟涨墨绕其笔端，是有功于社会文字。"

国文老师更这样赞叹且预言说："历观生作，练成一色文字，自是伟大之器，再加功候，吾不知其所至。"

毛泽东一直坚持着老师的嘱托和期望，他历来主张文章必须"实切社会立论"，文字必须"有功于社会"，他历来把"浮烟涨墨"视为八股习气，因此，他以为无论新八股还是老八股，都在打倒之列。

然而，在湖南省立第一中学也仅仅是读了半年，毛泽东就又离开了这里，因为他要思考"宇宙"和"人的天性"这类大问题，而这种题目，恰恰是学校教不了他的。

学校使毛泽东感到厌倦的更主要原因其实是：当时的新式学堂流行的是社会达尔文主义，它把达尔文《物种起源》中对生物学的研究移植到人类社会，"物竞天择，适者生存"——据说，在这样的世界里，人与动物没有什么区别。

显然，这种把人等同于"生物"和"动物"的思想，与毛泽东所受到的深刻的中国传统教育相抵触，这造成了青年时代毛泽东第一次思想和精神的危机。毛泽东第一次对西方思想产生了怀疑，其实就是从他毅然从湖南省立第一中学退学这个时期开始的。

离开学堂，毛泽东为自己制订了一个严格的自修计划，他每天到湖南省立图书馆去读书，早上图书馆一开门就进去，中午只是买两块米糕充饥，算作午餐，直到图书馆关门才出来。就这样，毛泽东的读书自学持续了半年之久。

湖南省立图书馆门厅里，挂着一幅《世界坤舆大地图》，毛泽东每天走到地图前，总要驻足良久，陷入沉思：世界如此之大，如果这只是一个奉行丛林法则的动物世界，它能够存在下去吗？如果世界上的人生活得如动物和生物一样，这种人生有意义吗？这样的世界难道不应该改造吗？

那时，毛泽东最关心的问题是："究竟什么是人的天性？"

什么是人的天性呢？中国的圣贤说，人之性取之于天，而康德说，人有先天认识能力和先验道德能力，但毛泽东却说，人要依赖物质而生存，而对于物质的依赖，则使"受苦性"和"被动性"成为了人的先天性。

那么，推动历史发展的，究竟是人精神的主动性，还是受苦受难的被动性呢？

毛泽东说，人们只有在逆境中才能焕发出精神的力量，只有在受苦受难中才能激发出求生斗争的勇气，主动性是在被动的逆境中产生的——而这就是意志，因此，在毛泽东看来，历史发展的推动力量就是意志。

1951年，已经成为中央人民政府主席的毛泽东，在北京与新民学会成员周世钊等人谈到这一幕时，依然感慨万千。他说：

> 说来也是笑话，我读过小学、中学，也当过兵，却不曾见过世界地图，因此就不知道世界有多大。湖南图书馆的墙壁上，挂有一张世界大地图，我每天经过那里，总是站着看一看。
>
> 世界既大，人就一定特别多，这样多的人怎样过生活，难道不值得我们注意吗？从韶山冲的情形来看，那里的人大都过着痛苦的生活，不是挨饿，就是挨冻。有无钱治病看着病死的；有交不起租谷钱粮被关进监狱活活折磨死的；还有家庭里、乡邻间，为了大大小小的纠纷，吵嘴、打架，闹得鸡犬不宁，甚至弄得投塘、吊颈的；至于没有书读，做一世睁眼瞎子的就更多了。在韶山冲里，我就没有看见几个生活过得快活的人。韶山冲的情形是这样，全湘潭县、全湖南省、全中国、全世界的情形，恐怕也差不多！
>
> 我真怀疑，人生在世间，难道注定要过痛苦的生活吗？
>
> 决不！这种不合理的现象，是不应该永远存在的，是应该彻底推翻、彻底改造的！总有一天，世界会起变化，一切痛苦的人，都会变成快活的人，幸福的人！……我因此想到，我们青年的责任真是重大，我们应该做的事情真多，要走的道路真长。从那时候起，我就决心要为全中国痛苦的人，全世界痛苦的人贡献自己的全部力量。

从上述决绝的语气中，我们依然可以感受到充塞在青年毛泽东心灵里的那种巨大痛苦和抱负，而在那个时候，母亲的信仰或许再次浮现在他的脑海里。只不过，当这个 20 岁的青年以深邃的目光凝视这个物竞天择、适者生存的动物世界时，他的心却不是寂灭、消沉下去，而是一日日地澎湃、长大起来。

毛泽东在自修时苦苦思索的问题是：如果说宇宙的本源就是"物质"，那么，"人类文明"的地位究竟何在呢？如果人是一种生命的存在，那么人又与生物和动物有何区别呢？

那时的毛泽东就像一个修炼武功秘籍的少年一样，把自己封闭在图书馆里废寝忘食，苦苦思索着"宇宙大本大源问题"的答案，而一时却没有令自己满意的结论。

图书馆半年"闭关"之后，毛泽东又在几所学校报了名，并分别交了一块钱的报名费。这些学校五花八门，有商校、警察学校，甚至还有一所学习造肥皂的学校。最终，毛泽东选择报考了湖南省立第四师范学校，因为那里不收学费且膳宿费低廉。

毛泽东后来说："有两个朋友也鼓励我投考，他们需要我帮助他们准备作文，我替那两位朋友写了作文，也为自己写了一篇。三个人都录取了——因此，我实际上是考取了三次。那时候我并不认为我为朋友代笔是不道德的行为，这不过是朋友之间的义气。"

显然，这个时候的毛泽东还没有像后来那样，把"同志"当作一个最庄严的称呼，他还没有用"同志"这个词来代替"朋友"一词，他也还没有像后来那样，将同志之间共同的信仰置于哥们儿情义之上。

毛泽东报考师范学校的主要原因是，他经过深思熟虑认为自己此生最适合做教员。实际上，直到晚年他还说："我的理想是做教员，没想到要做党的主席。"他还说过："四个伟大，讨嫌！统统去掉，只留下一个 Teacher，就是教员。"

毛泽东入学一年之后，湖南省立第四师范学校与第一师范合并，更名为湖南省立第一师范学校。1913—1918 年，毛泽东在湖南省立第一师范学校读了五年书，他对这所学校的感情很深，毛泽东后来赞美这所学校说："我没有读过大学，但湖南省立第一师范学校，比较当时一般大学的水平却要高得多。"

毛泽东入学 60 年后的 1973 年，海伦·斯诺（埃德加·斯诺的夫人）访问了湖南省立第一师范学校，她这样惊叹说："湖南省立第一师范学校是 1912 年建立起来的极为现代化的学府，它的建筑是整个华中地区最好的，是体现辛亥革命精神的少有的几个纪念地之一。它巨大的拱门，与屹立在上海的英国维多利亚建筑十分相似。可以想象，年仅十几岁的毛泽东，1911 年来到长沙，看见这座西方化的大楼，高高耸立在古城店铺中间的时候，会感到多么的敬佩！"

"一师是所好学校"，但并不是因为这所学校有大楼，而是因为这里有好老师。正是在湖南省立第一师范学校，毛泽东对"宇宙问题"的思考终于有了答案，他形成了自己的人生观和宇宙观。

1917 年秋天，24 岁的毛泽东一面听杨昌济老师的修身课，一面在这门课的教材《伦理学原理》上做了大量的批注。《伦理学原理》是德国哲学家泡尔生的代表作，译者是杨昌济的好友蔡元培。而毛泽东的批注则结合这部作品，系统地阐述了自己的人生观和宇宙观。

宇宙的本源是什么呢？毛泽东回答说：宇宙的本源就是变化。他这样写道：

> 世上各种现象只有变化，并无生灭成毁也。生死也皆变化也。既无生灭，而只有变化，且必有变化，则成于此必毁于彼，毁于彼

者必成于此，成非生，毁非灭也。生于此者，必死于彼，死于彼者，必生于此，生非生，死非灭也。

既然宇宙的本源是变化，既然"毁非灭也""死非灭也"，那么，对于变化、成毁乃至死亡，便不应取消极悲观之态度。

没有变化，就没有自由。

康德说，自由乃天赋人权，他所说的自由就是指精神自由，而所谓精神自由植根于两个方面：其一是人有认识能力，其二是人有欲求能力。而这里的欲求，当然也是指精神欲求。

因此，泡尔生方才说，人的精神，由理智与知识、情感与意志这两方面构成。

什么是人的意志呢？毛泽东说：意志，就是指人的精神欲求能力，首先也就是指人对于变化所怀抱的积极态度。

毛泽东还极为独异地说，意志起源于"好奇心"。

泡尔生在《伦理学原理》中这样写道：人生如攀高山涉大海，人生如探险，充满逆料，但这也正是人生之奇绝之处，"平和"并不是人生所要追求的境界。

而毛泽东则在这一段的旁边批注道："此数句可证人类以惊奇为贵。惊奇者，人类之生涯也。"

"惊奇者，人类之生涯也"，毛泽东立志追求波澜壮阔的人生。

当时之中国，正处于"数千年未有之大变局"中，而毛泽东则倡议拥抱这样的时代。他呼吁以强大的意志，去直面这样一个令人震惊和"惊奇"的时代。他认为，失败不可怕、变局不可怕，既然"死非灭""毁非灭"，故"巨变"不足畏，而只有不变和僵化才是最可怖的，人从僵化的"平和"进入逆境，这决不是一件坏事：

国家有灭亡，乃国家现象之变化，土地未灭亡，人民未灭亡也。国家有变化，乃国家日新之机，社会进化所必要也。今之德意志即从前之日耳曼也，土地犹是也，人民犹是也。吾尝虑吾中国之将亡，今乃知不然。改建政体，变化民质，改良社会，是亦日耳曼而变为德意志也，无忧也。惟改变之事如何进行，乃是问题。吾意必须再造之，使其如物质之由毁而成，如孩儿之从母腹胎生也。国家如此，民族亦然，人类亦然。各世纪中，各民族起各种之大革命，时时涤旧，染而新之，皆生死成毁之大变化也，宇宙之毁也亦然。宇宙之毁决不终毁也，其毁于此者必成于彼无疑也。吾人甚盼望其毁，盖毁旧宇宙而得新宇宙，岂不愈于旧宇宙耶！

《伦理学原理》认为，变化可以唤醒古老的民族，震惊则可以促使之觉醒。而反过来说，一个民族的退化，一个时代的衰老，就是因为它对于世界丧失了新奇与震惊的感觉，从而归于麻木：

征之历史，国民皆不免有老衰萎缩之时，若思维行为一定之习惯，若历史沿袭之思想，若构造，若权利，与时俱增。于是传说足以阻革新之气，而过去足以压制现在，对待新时代之能力，积渐消磨，而此历史界之有机体，卒不免于殄灭。当是时也，各人又安有能力，用以生殖传衍，本旧文明之元素，以构新历史之实质耶？人类全体亦然。虽非历史所能证明，而以此论推之，知其不免于绝灭。征之物理学，恒星及太阳系，皆当历生长老死之阶段。其生也，自他星体而分离，由是发展焉，成熟焉，经无量数之生活，而乃老衰焉，萎缩焉。若地球，若人类，亦莫不然。

毛泽东则认为，中国正处在这样的时刻，他说，中国人之麻木，就在于其缺乏意志力，而所谓缺乏意志力，就是指中国人缺乏面对变化的勇气，丧失了对变化着的世界的"好奇心"和"惊奇感"。

而这样的人生是僵死的人生。

泡尔生还说：假如人生可以规避一切危难、一切失策，那么，所谓努力、冒险，所谓对于胜利的喜悦和对于失败的沮丧，也都会随之被消灭殆尽，而那样的人生还有什么乐趣呢？

如果胜利不由斗争而得来，那种"无抵抗之成功，则必深厌之"，就好比下棋知道每局必胜，打猎已知每猎必获，如此一来，下棋和打猎还有什么乐趣可言呢？

而毛泽东在这一段批注道："此缘吾人有好变化、好奇之心。人不能有俄顷不变化者。"

泡尔生说，理性主认识，而实践则主意志，而伦理学的要旨在于实践、在于行动。

因为在毛泽东看来，当下之中国，并非缺乏读书人，而在于读书人缺乏行动能力。中国的问题在于读书人头脑保守僵化，他们沉溺于固定的知识范式和程式中不能自拔。中国缺乏的也不是一般的知识，而是批判地对待知识的态度和求变的勇气。

在毛泽东看来，中国人的精神世界里所缺乏的不仅是智识与聪明，更是求变的热情与意志。

人的欲求和意志，只有在不足、不满和逆境中才能充分焕发出来，因此，泡尔生把人类斗争的意志称为"抵抗力"。他说，正是通过抵抗外在的压力，人方才创造了崭新的自我与崭新的世界，故"世界一切之事业及文明，固无不起于抵抗决胜也"。

如果土地能自动长出庄稼，就无所谓农业；如果自然气候适应人体，那么就无所谓建筑；如果上天把一切都替我们准备好了，就无所谓人类文明；如果我们所居住的世界是仙境，那么，人类恐怕还处于蒙昧状态。

正因为我们居住的不是仙境，所以，在改造世界的过程中，人类的意志力才得到发展，正如洪水使我们建造堤坝，火灾使我们改进建筑一样——正是抵抗严酷现实的斗争的意志推动了人类文明的创生。

而毛泽东在这一段旁，慨然批注道："河出潼关，因有太华抵抗，而水力益增其奔猛。风回三峡，因有巫山为隔，而风力益增其怒号。"

多年之后，日本思想家竹内好在《近代的超克》一书中，正是从意志（即"抵抗力"）的角度阐释了毛泽东思想，并比较了中日两国在面对"西方冲击"时的不同反应。他以为，面对西方的冲击，中日两国的表现是截然不同的，中国是"回心型"，而日本则是"转向型"。

所谓"转向型"，就是不经抵抗，顺流而下，顺应潮流；所谓"回心型"，则是通过增强自我的意志与"抵抗力"，通过不断改造自我、建设自我、重塑自我，而与潮流相对抗。

马克思在《德意志意识形态》中进一步指出，"思想、观念、意识的生产最初是直接与人们的物质活动，与人们的物质交往，与现实生活的语言交织在一起的。人们的想象、思维、精神交往在这里还是人们物质行动的直接产物。表现在某一民族的政治、法律、道德、宗教、形而上学等的语言中的精神生产也是这样。人们是自己的观念、思想等等的生产者，但这里所说的人们是现实的、从事活动的人们，他们受自己的生产力和与之相适应的交往的一定发展——直到交往的最遥远的形态——所制约。意识在任何时候都只能是被意识到了的存在，而人们的存在就是他们的现实生活过程。"因此，所谓自由意志，只能在社会制度的发展过程中去寻找。

在青年时代的毛泽东看来，人生就是人的生命活动，人只有通过活动才能表现自己，实现自己，而人类活动所依凭的，也只能是"国家社会种种之组织，人类之结合"。

他在《伦理学原理》批注中这样写道：

> 人类之目的在实现自我而已。实现自我者，即充分发达吾人之身体及精神之能力至于最高之谓。达此目的之方法在活动，活动之所凭借，在于国家社会种种之组织，人类之结合。故所谓为他人而著书，诚皮相之词。吾人之种种活动，如著书之事，乃借此以表彰自我之能力也。著书之时，前不见古人，后不见来者，振笔疾书，知有著书，而不知有他事，知有自我，而不知有他人，必如此，而后其书大真诚，而非虚伪。

毛泽东说：人生的目的就在于将精神和身体之能力发挥到极致，欲达此目的，需以天地为舞台，以国家社会组织为凭借。从那时起，毛泽东便立志寻求这样的组织形式。

泡尔生又说，正是随着人类势力的增加，外界抵抗之减弱，所谓的"仙境"和"大同世界"终将形成。

而泡尔生的这种看法，却是毛泽东不能同意的。

他这样批注说："此不然。盖人类之势力增加，外界之抵抗亦增加，有大势力者，又有大抵抗在前也。"

毛泽东随即便提出了这样的观点：宇宙的本源是变化，而变化的根源则在差别，没有差别，也就没有变化，而没有变化，就没有宇宙与人生。

他据此质疑佛教所谓"平等即无差异"之说："人世一切事，皆由差别比较而现，佛言泯灭差别，不知其于道德界善恶问题如何处之？"

变化的根据就是差别，所以，没有差别的世界是不存在的。而这就意味着：所谓"大同世界""自由平等博爱之说"，就像泡尔生所谓的"仙境"一样，也都是不存在的，毛泽东说，与其说那是理想，不如说那是一种"谬误之理想"：

> 然则不平等、不自由、大战争亦当与天地终古，永不能绝，世岂有纯粹之平等自由博爱乎？有之，其惟仙境。然则唱大同之说者，岂非谬误之理想乎？
>
> 人现处于不大同时代，而想望大同，亦犹人处于困难之时，而想望平安。然长久之平安，毫无抵抗纯粹之平安，非人生所堪，而不得不于平安之境又生出波澜来。然大同亦岂人生所堪乎？吾知一入大同之境，亦必生出许多抵抗之波澜来，而不能相处于大同之境矣。是故老庄绝圣弃智、老死不相往来之社会，徒为理想之社会而已。陶渊明桃花源之境遇，徒为理想之境遇而已。即此又可证明人类理想之实在性少，而谬误性多也。是故治乱迭乘，平和于战伐相寻者，自然之例也。伊古以来，一治即有一乱，吾人恒厌乱而望治，殊不知乱亦历史生活之一过程，自亦有实际生活之价值。吾人揽史时，恒赞叹战国之时，刘、项相争之时，汉武与匈奴相争之时，三国竞争之时，事态百变，人才辈出，令人喜读。至若承平之代，则殊厌弃之。非好乱也，安逸宁静之境，不能长处，非人生所堪，而变化倏忽，乃人性之所喜也。

这段话令人深思，因为它无疑通向毛泽东晚年所谓"天下大乱，达到天下大治"的辩证法。但更重要的却是毛泽东在此所阐释的深刻道理——沉迷于安逸和宁静，是通向僵化保守之歧途，畏惧变化与斗争，乃是腐败堕落之征兆，不敢正视矛盾，则是陷入蒙昧的根源。

没有压力，就没有动力；没有危机，也就丧失了契机。有"大势力"，必有"大抵抗"。只是在巨大的压力和危机面前，人类才能焕发出自我创新的能力。

因此，承认变化、矛盾和斗争，此"非好乱也"，因为这就是宇宙的真谛，是人心的本来。

正是站在宇宙论的角度，24岁的毛泽东深刻地思考了死亡。

毛泽东认为，死亡也有其伦理学意义，正是死亡体现了宇宙变化的实质，正是死亡提示我们变化之不能停止，正是死亡告诉我们有未知之世界在，也正是死亡提示我们，我们所拥有的知识总是有限的。

人死了，变化就停止了吗？毛泽东说：死并非变化之终结，死亡乃人生"未尝经验之奇事也，何独不之好乎"。"人类者生而有好奇之心，何独于此而不然？"

直面死亡——毛泽东的"好奇心"可谓大矣。正是基于这种博大的好奇，他指出：人对于现实世界的认识是没有完结的，以宇宙之广大，现实世界不过只是宇宙之一隅而已。除现实世界之外，尚有其他未知之世界在，而死亡就时刻提醒我们那个未知世界之存在，真正的大知，根源于永恒直面未知世界之"大好奇"。

与黑格尔不同，毛泽东认为世界不会被认识和理性所终结，历史不会停止，斗争将永远继续。

而毛泽东的这种觉悟，正可谓是"大智"导向了"大勇"。

在中国思想中，如此深刻地思考死亡的文献是不多的，何况当时做出这种深刻思考的毛泽东只有24岁。

24岁的毛泽东这样说：

宇宙间非仅有人生一世界，人生之外之世界，必尚有各种焉。吾人于此人生之世界已种种经验之，正应脱离此世界而到别种世界去经验。人生不死，长性于此老旧之世界，无论无时代之变易则无历史之生活，其内容非吾人所能想象，即曰能之，永远经验一种生活，有何意味乎！倘以为死乃痛苦之事乎？是殊不然。吾人未有死之经验，如何知其有痛苦？且吾以理推之，以为死之事未必痛苦也。盖生死为两大界，两界之中间由生递嬗至死，其事当必至渐，其距当必至微。老人安然寿终，在一种自然状态之中，其事当必如此，然则有何痛苦哉？吾尝推人之所以甚畏死者，非以其痛苦乃以其变化之剧大也。人由生之界忽然而入死之界，其变化可谓绝巨，然苟其变化之后，尚可知其归宿之何似，则亦不至起甚大之畏惧。今乃死后之事毫不可知，宇宙茫茫，税驾何所？此真足以动人生之悲痛者也。虽然，吾意不如此焉。人类者生而有好奇之心，何独于此而不然？吾人不常遇各种之奇事而好之乎？死也者，亦吾有生以来一未尝经验之奇事也，何独不之好乎，无论其无痛苦，即有痛苦，此痛苦诚亦奇境，虽前途黑暗不可知，此黑暗不可知之世界，不诚又一奇境。或者乃惧其变化之巨，吾则以为可贵，于人生世界之内，向何处寻此奇伟之巨变，于人生世界所不能遇者，乃一死遇之，岂不重可贵乎？大风卷海，波澜纵横，登舟者引以为壮，况生死之大波澜何独不引以为壮乎！

　　死"亦吾有生以来一未尝经验之奇事也"。故死不足畏，而直面死亡，不过是直面一不可知之"奇境"；敢于直面"黑暗不可知"，也就是敢于直面宇宙的本源，就是敢于直面无穷尽的未知世界，这便是以包纳宇宙的襟怀，直面人生的波澜壮阔、跌宕起伏。

而这不禁让我们想起毛泽东后来的那些名言：

"中国人连死都不怕，还怕困难吗？"

"人固有一死，或重于泰山，或轻于鸿毛。"

"死人的事是经常发生的，但是我们想到人民的利益……就是死得其所。"

"我赞成这样的口号，叫作'一不怕苦，二不怕死'。"

"生得伟大，死得光荣。"

"大风卷海，波澜纵横，登舟者引以为壮，况生死之大波澜何独不引以为壮乎！"这就是毛泽东24岁时的襟怀。

青年时代的毛泽东还认为，既然人的精神是由知识与理智、情感和意志这两方面构成，则知识水平的提高，并不意味着情感与意志能力的提升。而实际上鲁迅也表述过同样的观点：有知识的人，未必有意志。而且，鲁迅还曾这样自我剖白说，自己正是因为看事太细，所以不易勇往直前。

在青年毛泽东看来，理智与知识，不能脱离情感与意志。

欲求健全之精神，不仅需要追求知识，更需养成情感、锻造意志。欲求健全之精神，就需要使知识与意志紧密地结合起来。后来他更指出，这也就是使知识分子与劳动者更加紧密地结合起来，因为劳动者受苦受难、不脱离生产活动，相对于知识者而言，劳动者的意志力往往更为坚韧。

毛泽东毕生手不释卷，但是他却认为：一个人并非学了点知识就可以称为"知识分子"，知识分子的使命也绝非把书读好就可以了。

在毛泽东看来，有知识的人更需要提升自己的素质，更需要培养自身的热情、信仰与意志。他在《伦理学原理》批注道，"宗教可无，信仰不可少"，劳动者固然要努力学习文化科学知识，以不断提高自己的"素质"，但有知识者却更应该不断磨炼自身的意志，以保持旺盛的热情与坚定的信仰。

有"知识"者，未必就有"觉悟"、能"觉悟"，而仅靠读书，并不能使人觉悟，"死读书"可以造就各式各样的职业者，但它却绝不可能造就一大批人类正义事业的"接班人"。

要造就人类正义事业的接班人，首先就必须使他们直面人生、宇宙的意义何在这种根本问题，就必须使青少年从小关心天下、宇宙、国家大事，就必须使他们"在大风大浪里锻炼成长"。

1964 年 7 月 5 日，毛泽东与侄子毛远新交流冬泳的体会，并留下了一席禅宗"棒喝"式的对话。

毛远新说："冬泳好，因为天气很冷，在水里比待在岸上更暖和，还是在水里更舒服。"

毛泽东闻之却摇头叹息说："你就喜欢舒服，怕艰苦。你就知道为自己着想，考虑的都是自己的问题。你父亲（毛泽民）在敌人面前坚强不屈，丝毫不动摇，就是因为他为了多数人服务。要是你，还不是双膝下跪，乞求饶命？我们家许多人，都是被国民党、帝国主义杀死的。你是吃蜜糖长大的，从来不知道什么是苦。你将来不当右派，当个中间派，我就满足了，你没有吃过苦，怎么能当'左'派？"

1960 年 2 月初，毛泽东阅读苏联《政治经济学教科书》（下册）第35 章"从社会主义逐步过渡到共产主义"一节，书中这样写道："体力劳动和脑力劳动的本质差别的具体表现是：大多数工人的文化技术水平还低于工程技术人员的水平，而大多数庄员（指集体农庄）的文化水平还低于农艺师的水平。如果要消灭体力劳动和脑力劳动间的本质差别，就必须把工人和庄员的文化水平提高到工程技术人员和农艺师的水平。"

而毛泽东慨然批注道："有问题。只提文化技术水平，不提思想政治觉悟。"

毛泽东更进一步阐述了知识与能力、觉悟的关系：

> 文化高低和才智大小这两件事情不是一致的东西。旧社会的规律是：被压迫的阶级文化程度低，一般地说他们知识少，但是比较聪明些，原因就是他们参加生产劳动，联系社会生活，他们的社会生活知识丰富；压迫的阶级，他们的文化水平高，书读得多，一般地来说他们的知识多，但是他们比较愚蠢些，原因是他们脱离生产劳动，脱离社会生活。刘邦能够打败项羽，是因为刘邦和贵族出身的项羽不同，比较熟悉社会生活，了解人民心理。科学发明也不一定出于文化高的人。许多工程师并没有发明，而普通工人反而有发明。当然，我们并不是否认工程师和工人的差别，不是不要工程师。历史上常常是文化低的打败文化高的。在我们的国内战争中，我们的各级指挥员，从文化上说，比国民党的那些从国内和国外军事学校出来的军官低，但我们打败了他们。列宁说过，先进的亚洲，落后的欧洲。亚洲当时文盲多，欧洲当时知识分子多，文化水平比较高。
>
> ……
>
> 社会主义社会里，情况不同了。可是我们还要看到这么一个问题，就是这个社会里的高薪阶层是有危险性的，也就是他们的知识虽然多些，文化虽然高些，然而同工人、农民比较起来，他们同样是愚蠢些。我们的干部子弟，一般说来，就不如非干部子弟。他们的架子很大，优越感很强，可是没有生产经验，没有社会经验。这个问题我们必须警惕，如果我们及早注意，是可以解决的。

在当时一班先进的中国人看来，要变革中国，则必须启蒙，而"启蒙"，也就是发展人类的知识与理性。毛泽东明确地反对这样的观点，他认为启蒙思想只重视人的理性与知识，却忽视和压抑了人的情感与意志。一个无暇对宇宙、人生意义进行思索的人，所学知识也都是无根游谈。

正像卢梭所指出的那样，如今学生读书，并不是因为他们爱知识，而是为了掌握一门谋生或投机取巧的本领，知识和理性的进步压抑了人类的天性。实际上，在当今的世界上，每个人都违背着自己的情感、意志乃至良知去行动，人人皆是在"理智"的驱使下，被迫去做自己不愿意做、违背自己自由意志的事情——其实，这也就是马克思所说的"异化"。马克思后来说，这种异化在工人阶级身上表现得最为深重，现代资本主义劳动违背了工人的自由意志，"劳动创造了宫殿，但是给工人创造了贫民窟。劳动创造了美，但是使工人变成了畸形"。

当然，青年时代的毛泽东还没有像后来的马克思那样，把对人类精神异化的思考推进到社会经济领域。但是，他却像青年时代的马克思一样直面人类精神的异化，并提出：要改造这种异化，当务之急是改造哲学和伦理学，而不是追求某种具体的科学与知识。

在各种知识中，为什么哲学与伦理学是最为要紧的呢？

因为哲学是关于宇宙本质的学说，哲学之知，方才是大知。

毛泽东这样说，真正的思想所面对的应是宇宙、人生的大本大源问题。要变革中国，当求"本源"而非"枝节"。毛泽东的这种议论，使我们想起王阳明的话：

> 盖"知天"之"知"，如"知州"、"知县"之"知"，知州则一州之事皆己事也，知县则一县之事皆己事也，是与天为一者也。

那么，伦理学为什么重要呢？因为伦理学认为：人先天具有精神的欲求，而康德说，这种先天的精神欲求，就是利他的欲求，也就是把他人当成目的而不是手段，这就是人先天的道德能力——用毛泽东的话来说，这就是"主观之道德律"。

道德为什么是先验的呢？究竟什么是毛泽东所说的"主观之道德律"呢？

康德从几个方面论述了这个问题。

首先，什么是道德，这不是用经验能够描述的，正如在经验的世界里，只有各种各样的叶子，而没有"树叶"这种东西一样。而我们只能从人类总体的历史进程中，才能认识什么是道德，才能明白道德为什么是人类的"先天能力"。

他说：如果仅从眼前看，人类似乎是利己的，是把他人当作手段，把自我当作目的的，但是，如果从整个人类历史的总体视野看，如果把人类当作一个整体来看，那么，人类就好像是在盖一座大房子，他们祖祖辈辈辛勤劳动，但只有最后一代人才能享受住进这所大房子的幸福，于是，正是从人类整体历史角度看，我们才能发现——为后代、为他人而工作，这乃是人类这个物种的一种本能，是其先天能力。

其次，康德强调：这种先天的道德能力，与后天的道德律令和道德约束不同，后天的道德律令和道德约束，必须依赖于他人和社会的评价，而先天的道德能力，则完全发自本心，发自初心，它不依赖于他人与社会的评价。

主观之道德律，与客观之道德律并不相同——如果说康德深刻地影响了毛泽东，那么，其影响最鲜明的地方就在这里。

在读泡尔生的《伦理学原理》所作批注中，毛泽东这样区分了先天的道德欲求，与后天的道德约束："道德非必待人而有，待人而有者客观之道德律，独立所有者，主观之道德律也。吾人欲自尽其性，自完其心，自有最可宝贵之道德律"。

"功成不必在我"。日本第一个马克思主义理论家幸德秋水曾经说过，"立言者，未必即成千古之业，吾取其有千古之心"，凡百折不挠者，必发自初心、本心。青年时代的毛泽东在读《伦理学原理》批注中也这样写道："利精神在利情与意，如吾亲爱之人吾情不能忘之，吾欲救之则奋吾力以救之，至剧烈之时，宁可使自己死，不可使亲爱之人死。如此，吾情始洽，吾意始畅。古今之孝子烈妇忠臣侠友，殉情者，爱国者，爱世界者，爱主义者，皆所以利自己之精神也。"

"人总是要有一点精神的"，这是毛泽东在中共八届二中全会上讲过的名言。他还说过，这种精神，就是全心全意为人民服务的精神，就是毫不利己专门利人的精神。

为人民服务，毫不利己专门利人——这就是发现初心和本心，这样去做，对于个人而言，似乎等于什么也得不到，但如果这样去做，我们所能够得到的，就是康德和毛泽东青年时代所说的真正的"幸福"——"精神之幸福"。

也许有人会说：这样去做，确实也有一种好处，那就是可以得到他人的承认与赞美，起码死后会获得一个好名声。实际上，这样说的人就是黑格尔。黑格尔与康德不同，他认为所谓精神的欲求，其实就是人们"希望获得他人承认"的欲求，即我们努力工作，乃是为了获得他人的承认、赞美，起码是为了死后获得一个好名声。

但是，康德、毛泽东乃至马克思想必绝不会赞成这样的看法。

康德有一篇名文，就叫《死者的好名声》，其中这样说：追求精神之幸福，乃人之天性，因此便是人之初心，是"人格"的组成部分。一个追求精神之幸福者死后，人们可能赞美他，也可能诋毁他，但这都不重要，重要的乃是——人们能否从那个"追求精神之幸福者"的人生中，参悟"追求精神之幸福"乃至高之幸福，能否通过对这个人一生追求的思考，获得对于人的天性、人之"初心"的觉悟。因此，那些赞美他的人，并非是在赞美他一生的功业，而是在赞美人之初心，是在赞美精神追求之幸福；而那些诋毁他的人，也并非在诋毁他的事业，而是因为他们泯灭了初心，他们那样做，就是在诋毁精神追求之幸福。

先天的道德欲求，如果用中国古典的说法，就叫作"初心""良知"。

而在"初心"这个问题上，黑格尔在很大程度上歪曲、矮化了康德所谓精神的欲求，而青年时代的毛泽东，却是与康德一致，并因此而批评黑格尔、泡尔生的。毛泽东与康德一样强调"先天道德欲求"，与"后天道德约束"之间的不同。因为在康德和毛泽东那里，这种先天的道德能力，是完全发自本心的，是完全发自人的初心。

毛泽东认为，改革与革命的动力，就在启发人民的觉悟，就在唤醒人民的"初心"。

他这样说：夫本源者，即宇宙之真理，宇宙真理，各具于人人心中，掌握了宇宙真理这个大本大源，方才能动人之心，天下之心皆动，则天下之事可为也。

他在给黎锦熙的信中这样写道：

> 欲动天下者，当动天下之心，而不徒在显见之迹。动其心者，当具大本大源。今日变法，俱从枝节入手，如议会、宪法、总统、内阁、军事、实业、教育，一切枝节也。枝节亦不可少，惟此等枝节，必有本源……夫本源者，宇宙之真理。天下之生民，各为宇宙之一体，即宇宙之真理，各具于人人心中……今吾以大本大源为号召，天下之心其有不动者乎？天下之心皆动，天下之事有不能为

者乎？……当今之世，宜有大气量人，从哲学、伦理学入手，改造哲学，改造伦理学，根本变换全国之思想……此如大纛一张，万夫走集；雷电一震，阴曀皆开，则沛乎不可御矣！

王阳明说："大道即人心，万古未尝改。"正义的事业之所以是不可阻挡的，就是因为它植根于人的先天道德欲求，植根于人之"初心"。

在《伦理学原理》批注中，毛泽东又说：人人心中有良知，只要各自发现自己内心的天理良知，则人人皆可为圣贤，人人皆可为英雄豪杰：

> 大凡英雄豪杰之行其自己也，确立伟志，发其动力，奋发踔厉，摧陷廓清，一往无前。其强如大风发于长合，如好色者朱之性欲发动而寻其情人，决无有能阻回之者，亦决不可有阻者。尚阻回之，则势力消失矣。吾尝观大来勇将之在战阵，有万夫莫当之慨，发横之人，其力至猛，谚所谓一人舍死，百人难当者，皆由其一无顾忌，其动力为直线之进行，无阻回无消失，所以至刚至强也。众生心性本同，豪杰之精神与圣贤之精神亦然。泡尔生所谓大人君子非能以义务感情实现，由活泼之地感情之冲动而陶铸之，岂不然哉，岂不然哉！

发现了良知，就是发现了天理、人道和正义，故那些为人类正义事业而斗争者，就是"我与天为一"者，只有这样的人，方才是"有大气量人"。

当年的毛泽东在《伦理学原理》批注中这样写道：世界上的学问，分为"理论"与"实践"两种，"前者属于知识而已，后者又示人利用其能力以举措事物，而适合于人生之正鹄者也"。

"伦理学之正鹄在实践，非在讲求"，"此言学皆起于实践问题，故皆范于伦理学"。

而 20 年后，毛泽东在《实践论》中则这样指出：实践这种认识活动的基本特点，主要的不是"实现预想的目的"，而是"在实践中发现前所未料的情况"。

用毛泽东青年时代的话来说，实践，就是不断勇于面对变局和发现宇宙和人生之"奇境"，就是在逆境中开辟前进的道路。

当年，他在《伦理学原理》批注中这样说：宇宙即差异，差异导致运动。

而 20 年后，他在《矛盾论》中则说，矛盾的普遍性，是指世界的本质就是差异，矛盾是绝对的，变化是绝对的。

我们当然不能说，毛泽东在 24 岁时就已经形成了他的思想，而在此后的 20 年里，毛泽东的思想没有发生实质性的变化。但是，读《伦理学原理》批注后的确可以看出：当时只有 24 岁的毛泽东，已经开始尝试在中国传统思想与西方思想的矛盾和有机统一的基础上，创立一种"新学"。这种"新学"虽说还不是后来的"毛泽东思想"，但很显然，毛泽东立足于宇宙和世界大势，开一代学风和文风，创立一种崭新学说的抱负，在他 24 岁的时候，就已经呼之欲出了。

在湖南省立第一师范，毛泽东被同学们称作"毛奇"，意思就是"宇宙中的奇男子"。

老师们格外赏识他，而对他影响最大的两位老师，则是教授伦理学的杨昌济和教授国文的袁仲谦。在保留下来的听课笔记中，毛泽东记录了国文老师的见解：

古者为学，重在行事，故曰行有余力，则以学文；夫子以好学称颜回，则曰不迁怒，不贰过，盖行事之大难者也。

钱穆曾经说过："中国传统，重视其人所为之学，而更重视为此学之人。"而湖南省立第一师范，特别是杨昌济、袁仲谦两位老师传授给毛泽东的，与其说是知识和学问（理论），不如说是对待生活和人生的态度，是独立思考和埋头苦干的品质（实践）。

在青年毛泽东那里，"大气量人"就是能于人心中发现"良知"的人。"良知"者，"在天为日，在地为电，在人为心"，故游乎自然天地之间，方可培育强大的精神和身体能力。

毛泽东的听课笔记里这样写道：

闭门求学，其学无用。欲从天下国家万事万物而学之，则汗漫九垓，遍游四宇尚已。

……

游之为益大矣哉！登祝融之峰，一览众山小；泛黄渤之海，启瞬江湖失；马迁览潇湘，泛西湖，历昆仑，周览名山大川，而其襟怀乃益广。

袁仲谦和杨昌济，都把培育和塑造学生的精神与身体能力作为教育之根本。而为了发现、培育心灵和意志的力量，杨昌济还发明了一套独特的锻炼方法：他废止朝食，行深呼吸，主张静坐，常年行冷水浴，冬天也不间断。

在学习、追随老师方面，毛泽东则有过之无不及。暑假期间，他与另外两个同学同住在湘江岸边岳麓山上的爱晚亭中读书，每天仅吃新蚕豆饭一顿，既废朝食，也不晚餐。毛泽东更把"浴"扩大范围，在太阳下，大风里，暴雨下，赤膊而立——毛泽东把这叫作"日浴""风浴"和"雨浴"。

岳麓山上有一副对联："西南云气来衡岳，日夜江声下洞庭。"在岳麓山上，爱晚亭下，毛泽东等一天早晚的生活，便是体操、静坐、读书、看报和讨论问题。夜里，他们就露宿在草地上，彼此离得远远的，以与宇宙相接，吸纳天地之气。

天地乃发扬精神与身体能力之舞台，毛泽东在当时的日记中这样写道：

> 与天奋斗，其乐无穷。与地奋斗，其乐无穷。与人奋斗，其乐无穷。

在24岁的毛泽东看来，中国固然面临"数千年未有之大变局"，但此不足畏也，不足叹也，不足悲观丧气也。

恰恰相反，这种变局，正为青年一代提供了焕发斗争意志和"抵抗力"的千载难逢的大舞台。

面对大厦将倾，面对江河日下，毛泽东呼唤他的学友们站起来，"到中流击水，浪遏飞舟"。

在第四师范读书时的听课笔记《讲堂录》中，还记载了20岁的毛泽东这样一段极有洞见的话：

> 中国固自由也，人民与国家之关系，不过讼狱、纳赋二者而已，外此无有也。故曰：日出而作，日入而息，凿井而饮，耕田而食，帝力何有于我哉！惟无关系也，故缺乏国家思想、政治思

想。中国自由，西国专制；中国政法简，租赋轻，西国反之（满清不专制）。

被征服的民族不自由，言其近例，台湾朝鲜是也。

中国待属国甚宽，苞茅贡聘之外，余均听其自治，越南、高丽是也。越南归法，5人聚语者有禁，藏兵器者有禁，夜不得闭户，便巡察也。高丽归日，事事听其主治，而民戢戢如群羊矣，盖其苦尤有甚于台湾也。

"中国自由，西国专制"，这一论断无论在当时还是今天，都属于极为"反潮流"的见解。

1912年，退学寄居在湘乡会馆的毛泽东，在湖南省立图书馆阅读了大量的西方典籍。他广泛涉猎了严复翻译的亚当·斯密的《原富》、孟德斯鸠的《法意》、卢梭的《民约论》、约翰·穆勒的《穆勒名学》以及赫胥黎的《天演论》，更阅读了大量古代希腊、罗马的经典著作，从而对于西方社会科学有了系统的了解。

其中，亚里士多德的《政治学》中关于"政治是自由人的联合"的思想，对毛泽东造成的冲击尤其巨大。毛泽东认识到，儒家学说实际上是立足于血缘关系之上的伦理思想，而不是政治思想。因此他说，中国只有家庭、家族观念，而没有国家思想和政治思想。毛泽东思考政治问题，实始于此。

什么是"好"呢？亚里士多德说：所谓"好"，不是指好财、好色，而是指一个好的城邦。好的城邦，就是追求公平正义的联合体，政治所追求的就是公平正义，而这就是城邦政治的本质，因此，城邦与家族、企业，政治家与"家长"以及家计"管理者"是完全不同的。亚里士多德说：

政治家所治理的人是自由人；主人所管辖的则为奴隶。家务管理由一个君主式的家长掌握，各家家长以君臣形式统率其附从的家属；至于政治家所执掌的则为平等的自由人之间所托付的权威。

亚里士多德还说，政治的目的不是生活和谋生，而是创造"优良的生活"，所谓"优良生活"的准则就是公平正义的原则，政治组织不是谋生的组织，而是为了公平和正义而斗争的共同体。他还说：创造公共财产和守护公共财产，是政治存在的基础，"既然是一个政治组合，竟然完全没有一些公有的东西，这当然是不可能的"。

在毛泽东看来，中国的衰落，就在于社会缺乏政治组织能力，这就表现为国家与人民之间几乎没有关系，人们追求的是子女财货，而不知道对于公平正义的追求，高于对财货的追求，于是，中国就没有现代国家思想和政治思想。而毛泽东青年时代形成的这种真知灼见，今天读来依然令人耳目一新。

1917 年 10 月 8 日，毛泽东被选举为第一师范学友会总务兼教育研究部部长，此前，这个职务一直是由教师担任的。而毛泽东上任伊始，即提出应创办一个工人夜校，他的理由是：

现时学校大弊，在与社会打成两橛，犹鸿沟之分东西。一入学校，俯视社会犹如登天；社会之于学校亦视为一种神圣不可捉摸之物。

中国社会的分裂，就表现为脑力劳动者与体力劳动者之间的巨大差别，而现代科学技术不产生于中国，就是因为中国的读书人鄙视动手，从而使得知识与实践、科学技术与生产力不能结合在一起，更在于知识者与劳动者，是判然分离的两个阶级。青年时代便形成的这一观点，毛泽东坚持了一生。

"大学之道在明明德，在新民。"王阳明说，"新民"就是"亲民"，而与天下人同心同德，就是"明明德"，也就是"亲民"。

因此，要改造中国，就必须从加强国家组织能力入手，而要加强国家组织能力，则必须建立一个新的社会组织，而这样的新的社会组织，必须是政治组织。正像希腊的政治组织由"公民"组成一样，毛泽东认为，这样的新的社会组织，应该由"新人"或者"新民"组成。

1918 年 4 月 14 日，是个星期日。这一天，毛泽东等 14 人，在蔡和森家开满桃花的庭院里，成立了新民学会。新民学会起初的宗旨是"革新学术，砥砺品行"，后来，根据毛泽东的提议，学会宗旨改为"改造中国与世界"。

新民学会最终发展到 80 名成员，大多数成员后来成为中国共产党的主要创始人（如毛泽东、何叔衡）以及早期领导人（如蔡和森、蔡畅、向警予、罗学瓒、罗迈、陈章甫、夏曦等），他们中的相当一部分人都在残酷的革命中牺牲了。

这就是 24 岁时的毛泽东——他以《伦理学原理》批注开一代学风，发扬初心，力倡实践与斗争；他通过对中国和西方历史的比较，提出了中国之衰败在于"抵抗力"（国家和社会政治组织能力）低下的独特见解；他从组织新民学会、创办工人夜校入手，立志去创造一个新社会和新世界。

这就是 24 岁时的毛泽东——1917 年暑假，他和另外一个同学（萧子升）不带一文钱，徒步走遍长沙、宁乡、安化、益阳、沅江五县，行程 900 多里，进行历时一个多月的农村调查。

他后来这样回忆说："我的朋友和我只愿意谈论大事——人的天性，

人类社会，中国，世界，宇宙！"

那时，除了政治、哲学和伦理学著作之外，这个沉思着时间与空间这种"大本大源"问题的青年，最喜欢读的是历史与地理著作。1915年9月6日，毛泽东在给萧子升的信中这样深刻地说：

> 观中国史，当注意四裔，后观亚洲史乃有根；观西洋史，当注意中西之比较，取于外乃足以资之内也。地理者，空间之问题也，历史及百科，莫不根此。研究之法，地图为要；地图之用，手填最切。

1912年，19岁的毛泽东第一次看到了世界地图，而在湖南省立第一师范学校，一套顾祖禹的《读史方舆纪要》，则使他熟记并深深地爱上了中国的山河。

一册山河。在此后的革命生涯中，他所写下的辞章，乃是史地与审美的完美统一，而其中体现的则是他不屈不挠的战略思想。

1925年，时任中国共产党中央局执行委员及国民党中央候补执行委员的毛泽东，再次来到长沙，他漫步湘江畔，再登爱晚亭，感慨系之，吟成《沁园春·长沙》一首，再现了第一师范时代"立此大心"、结识"大气量人"时的豪情壮志：

> 独立寒秋，湘江北去，橘子洲头。看万山红遍，层林尽染；漫江碧透，百舸争流。鹰击长空，鱼翔浅底，万类霜天竞自由。怅寥廓，问苍茫大地，谁主沉浮？
>
> 携来百侣曾游，忆往昔峥嵘岁月稠。恰同学少年，风华正茂；书生意气，挥斥方遒。指点江山，激扬文字，粪土当年万户侯。曾记否，到中流击水，浪遏飞舟？

第三章

从『兄弟』到『同志』

1918—1923 年，世界和中国发生了天翻地覆的大变革。在历史的激流中，冥冥之中的那只巨手，几乎是猝然间将毛泽东托举起来，使他经历了人生中第一次巨变。

正是在此期间，俄国爆发了十月革命，德国爆发了工人阶级起义，终结了第一次世界大战，而中国则爆发了五四运动，诞生了中国共产党。

在这短短的五年间，毛泽东的父母和恩师杨昌济相继去世，从此他的身边再无长者。

在短短的五年里，他获得了令他终生骄傲且心碎的爱情，他成为一个伟大女性的丈夫，也成为一个伟大儿子的父亲。

在短短的五年之中，毛泽东由湖南长沙的一介书生，成为中国共产党的创始人之一，随即又成为中国国民党的主要领导人；由一个小学教员，成为中国政治领域和思想文化领域中冉冉升起的新星、巨星。他由"本原"奥密的沉思者，变成了社会改造者。

这五年决定了毛泽东的一生，注定了毛泽东的人生不会在宁静的校园里度过，从此后，他便永远不可能像他自己所期望的那样，当一个

"教书先生"了。

而这巨变如风暴走过夏季宁静的原野，来得如此迅疾而猛烈，事先几乎毫无征兆。

1918年6月，毛泽东和新民学会的大部分成员先后毕业，而摆在他们面前的最现实的问题，便是升学或者就业。新民学会的成员都是抱负远大的青年，他们的共同意见自然是继续学习深造，而且是出省乃至出国去深造。而恰好就在这个时候，一个机遇摆在了他们面前——留法勤工俭学。

留法勤工俭学这件事，与李石曾这个人物最有关系。李石曾的父亲是前清军机大臣李鸿藻。李家非常有钱，李石曾1902年随驻法公使孙宝琦赴法留学，他在巴黎巴斯德学院的毕业论文是《大豆的营养研究》，李石曾毕业后在法国经商，办了一系列企业，其中最著名的是巴黎豆腐公司。他从家乡河北蠡县招募了一批老乡，在巴黎生产几十种豆制品，而恰逢当时法国流行素食主义，结果豆腐公司赚了大钱。蠡县，因此也被称为北方的侨乡。

李石曾因把中国的豆腐引进到法国而发了大财，但他的抱负却是要做一个有思想、搞文化的"儒商"。他和蔡元培共同参与第一次世界大战期间负责招募和遣散中国赴法劳工的劳务中介机构——惠民公司的经营，并在吴稚晖等人的协助下，在巴黎办了一本《旅欧杂志》，宣传"四海之内皆兄弟"和劳动互助，当时，这就叫作无政府主义学说。而如果用今天的话来说，李石曾经营的那些机构，便是"非政府组织"（NGO）。

第一次世界大战结束后，法国效法美国，想把"庚子赔款"的一部分退还给中国，并计划在法国办一所大学，专门吸收中国学生去留学。作为著名的华商和非政府组织负责人，加之在中法两国的政界都广有人脉，这件好事就落在了李石曾的头上。于是，他专门办了一个银行，把法国的庚款存入其中，并创办了中华教育文化基金会，来经营这件事。

1916年，蔡元培担任北京大学校长，即于当年聘任李石曾为生物系教授。

1918年6月，毛泽东的恩师杨昌济应北京大学之聘，举家迁居到了北京，居住在鼓楼附近的豆腐池胡同9号。而两个月后，即这一年的8月15日，毛泽东、蔡和森、萧子升、罗章龙等"杨门弟子"一行二十余人，便浩浩荡荡追随导师而来。这是毛泽东第一次出省，也是他第一次来到北京。

他们是有备而至。

按照当时民国教育部的规定，师范生毕业后须立即工作，不能继续升学。而此时的杨昌济则告诉弟子们说，他们虽然丧失了进入北京大学或中国其他大学深造的机会，但却可以去法国勤工俭学。

经杨昌济的托付，北京大学校长蔡元培介绍毛泽东等4人，与李石曾在其位于香山的别墅见面。在看了毛泽东起草的赴法勤工俭学计划书后，李石曾当即答应：为湖南青年先办三处留法预备班，分设于北京大学、河北的保定和蠡县。

尽管执笔了留法勤工俭学计划书，但毛泽东本人并没有出国留学的打算。

在1920年3月14日致周世钊的信中，毛泽东说，欲改造中国，有两件事是最为急迫的：其一，是对中国历史上的治理经验加以系统整理与批判；其二，是做实地调查研究，而这两项当务之急的工作，都不能在国外做。

毛泽东不愿出洋留学的另外一个重要原因是：他放心不下母亲的病。此前，毛泽东曾经给萧子升写信说："然母病在庐，倚望为劳，游子何心，能不伤感！"而旅途中的他不禁这样感慨："刁斗再发，余音激壮，若斗若击，中夜听之，不觉泣下。"在赴京前，毛泽东写信给两个舅舅，感谢他们照料病重的母亲，并打算在秋收之后，接母亲去省城长沙治病。

毛泽东是借钱来北京的，他必须生活。一个说法是杨昌济直接找校长蔡元培批了一个条子给当时的北大图书馆主任李大钊（但今天的北大档案馆并未留下这样的资料），而另一个说法则是时任北大图书馆馆长的湖南同乡章士钊出手相助——但无论如何，当时接受了毛泽东这个贫寒书生的人，便是长他4岁的李大钊。

1918年10月间，毛泽东被李大钊安排在北大图书馆当了助理员，他每天的工作便是打扫卫生，并负责在第二阅览室登记新到的报刊和阅览者的姓名。当时北大教授的月薪一般为二三百元，毛泽东的月薪只有8块银元。1936年，毛泽东在与斯诺谈话时念及此处，依然十分感动，他说，这8块银元是李大钊的特殊照顾，8块银元的"工资很不低"。

没有读过大学的毛泽东，就这样成了北京大学的管理者，虽然是最低一级的管理者，他管理的是15种中外报刊，而这些报刊在当时是非常宝贵的。

毛泽东非常认真地对待这份工作，与当时的知识分子不同，毛泽东从不鄙视体力劳动。而当时在毛泽东身边匆匆走过的北大贤达们并不知道，早在一年之前（1917年4月1日），这位个子高高、沉默寡言的图书管理员，就已经在《新青年》杂志第3卷2号上发表了《体育之研究》这篇特立独行的文章。那篇文章指出，中国知识分子的痼疾，便是体力与脑力的脱节，它使知识流于空说而不能实行，这是知识与实践相脱离的一种表现。

值得注意的是，在中国知识界提倡思想启蒙和精神独立的时代，毛泽东关注的却是"身体"。实际上，毛泽东的这篇文章深受斯宾诺莎的影响，毕竟，《伦理学原理》也是斯宾诺莎的《伦理学》所开创思考的延续。

斯宾诺莎在《伦理学》中说：人们只是把自己可以理解、可以想象的世界称为有序的，"他们还说，天创造万物，次序井然；这样一来，他们不知不觉地便认为神也有想象了；他们的意思似乎是说，神为了便于人的想象起见，特别创造万物使其井然有序，以便使人们想象。但他们没有考虑到，天地间远超乎想象以外的东西，实无限地多，而我们的想象力毕竟薄弱，足以使我们想象惑乱的东西也不可胜数"。

斯宾诺莎伦理学的革命色彩，深深地影响了毛泽东，这意味着：宇宙和自然根本无所谓有序还是无序，而人却只是把自己能够理解的、对自己有利的世界说成是有序的，而把自己不能理解的、不能适应的、对自己不利的世界称为混乱和无序的——而斯宾诺莎的言下之意是说：人们往往把一个新的世界称为无序的，因此，人们就往往倾向于把革命、造反理解为动乱和违法。

斯宾诺莎的哲学之所以给西方思想带来了深刻的革命，还是因为自柏拉图以来，哲学就是关于精神和心灵的学问，而在斯宾诺莎看来，精神和心灵却不过是身体的一部分，而且是最柔软、最脆弱、最敏感、最易变的那一部分。

斯宾诺莎的著名观点是：心灵和精神是人类欲望的源泉，而人要不被盲目的欲望所左右，靠理性的冥想是不行的，因为这要靠强健的身体。斯宾诺莎因此把"强健之身体"比作政治实践和政治行动。他说：这正如要制止人们在私欲的驱使下胡作非为、自相残杀，这靠上帝的律令是不行的，斯宾诺莎说——因为这要靠"将私人各自报复和判断善恶的自然权力，收归公有，由社会自身执行，这样社会就有权力可以规定共同生活的方式。而我这里指的不是法律和理性，法律的有效实施也不能依靠理性，而必须凭借刑罚，像这样建立在坚实地自我保存力量上的社会就叫国家，而在国家保护下的人就叫公民"。

在当时先进的中国人都在研究心灵和精神问题，如中国的国民精神问题时，毛泽东却认为精神和心灵不过是身体的一部分，毛泽东在这篇特立独行的文章中提出了"野蛮其体魄，文明其精神"的主张，他认为只有强健的身体，才能使人克服飘忽不定的欲望。而这种哲学的源头，当然就是斯宾诺莎。

毛泽东后来说，"野蛮其体魄"使他大为受益，正是依靠着这样的身体，他才走完了二万五千里长征路。

而70岁时，毛泽东再次畅游长江，那时，他号召共产党到大风大浪里去，洗掉身上的腐败与污垢。

《体育之研究》这篇文章发表时的署名并不是毛泽东，而是"二十八画生"。

历史就是这样充满机缘巧合，毛泽东参加中共一大时正是28岁——那恰是13位与会代表的平均年龄，而自1921年中国共产党创立到1949年新中国成立，也正好是28年。

而另一个机缘巧合是：恰在北大图书馆新来的"毛助理员"到任整整100年前的1818年5月5日，卡尔·马克思诞生于莱茵河畔的古罗马旧都特里尔城。

恰在马克思诞生100周年的时候，毛泽东来到了北大图书馆。

毛泽东也就是这样结识了李大钊，在中央公园，他亲耳聆听了李大钊《庶民的胜利》的演说，并阅读了李大钊发表在《新青年》上的文章《布尔什维主义的胜利》，他第一次知道，世界上有马克思这样一个人，第一次听说，"神圣"的不是上帝，而是"劳工"。

1919 年 11 月 27 日，北京大学在中央公园举办庆祝协约国战胜大会，李大钊是 7 个登台演讲人之一，他的演说惊世骇俗，正是在那次演讲中，李大钊指出："一战"绝不是协约国的胜利，而是德国和俄国的工人阶级联合起来，制止了资本家之间的战争，"一战"是劳动者阶级的胜利。

李大钊还说，法国革命伸张的不过是国家主义，而俄国和德国工人的革命伸张的则是国际主义和世界主义，它划出了人类历史的新纪元。

李大钊这样说：

原来这回战争的真因，乃在资本主义的发展。国家的界限以内，不能涵容他的生产力，所以资本家的政府想靠着大战，把国家界限打破，拿自己的国家做中心，建一世界的大帝国，成一个经济组织，为自己国内资本家一阶级谋利益。

俄、德等国的劳工社会，首先看破他们的野心，不惜在大战的时候，起了社会革命，防遏这资本家政府的战争。联合国的劳工社会，也都要求平和，渐有和他们的异国的同胞取同一行动的趋势。

这亘古未有的大战，就是这样告终。这新纪元的世界改造，就是这样开始。资本主义就是这样失败，劳工主义就是这样战胜。

世间资本家占最少数，从事劳工的人占最多数。因为资本家的资产，不是靠着家族制度的继袭，就是靠着资本主义经济组织的垄断，才能据有。这劳工的能力，是人人都有的，劳工的事情，是人人都可以做的，所以劳工主义的战胜，也是庶民的胜利。

北国的深秋，红叶尚未落尽的中央公园，永恒地定格了这位演讲者的形象。

而李大钊演讲的题目，就是"庶民的胜利"。

随后，1919年《新青年》杂志第6卷的5、6两期，连续推出了"马克思主义专号"，李大钊的长文《我的马克思主义观》是压卷之作，而这篇长文，则预示着中国化的马克思主义的曙光，出现在了历史的地平线上。

今天，重拾这电光石火般的文字，我们不禁感慨万千。

与后来那些自以为能够背诵马克思恩格斯的词句，就可以在二十几岁掌握马克思主义真理的博古、王明不同，李大钊在这篇文章的开头，即以高度严谨的学术态度这样宣告：

> 一个德国人说过，50岁以下的人说他能了解马克思的学说，定是欺人之谈。因为马克思的书卷帙浩繁，学理深晦。他那名著《资本论》三卷，合计2135页，其中第一卷是马氏生存时刊行的，第二第三两卷是马氏死后他的朋友恩格斯替他刊行的。这第一卷和二、三两卷中间，难免有些冲突矛盾的地方，马氏的书本来难解，添上这一层越发难解了。加以他的遗著未曾刊行的还有很多，拼上半生的工夫来研究马克思，也不过仅能就他已刊的著书中，把他反复陈述的主张得个要领，究不能算是完全了解"马克思主义"的。

在马克思主义传播史上，是李大钊第一个提出：马克思与恩格斯的思想、观点并不完全一致，马克思的著作与思想都是没有完成的。那种认为马克思的思想已经完整地存在在那里的说法，是根本上不符合实际的。因此，研究马克思主义，就必须老老实实地读马克思的原著，马克思主义博大精深，而一个人拼上半生的功夫研究马克思，才能把他"反复陈述的主张得个要领"。

李大钊指出，马克思最大的贡献，就在于他引发的"经济思想史的革命"，而此前的人类思想，均没有马克思那种世界历史的视野。所谓历史唯物论，其实质就是从生产和交往活动的角度，深刻地叙述欧洲史和人类历史。

李大钊说，黑格尔把人类历史描述为伦理（自由意志）发展的历史，而马克思则把人类历史描述为生产与交往活动发展的历史，这便是他们之间的根本区别。

什么是政治呢？马克思把政治理解为占有和分配社会财富的手段，社会财富分配的不同方式，决定了不同的制度形式，人们为了占有和分配劳动成果而划分为不同阶级，因此，政治制度不过是不同的社会所有制形式——离开了这种对于政治的理解，就不能理解阶级斗争学说，因而也就不能理解马克思主义的政治内涵。

李大钊从生产与交换发展的高度观察欧洲历史、世界历史，他认为，十字军东征是为了打开东方市场的大门，其目的与其说是宗教的，不如说是经济的；路德改革的动力是抗拒罗马教廷的重税；东罗马帝国的兴起，与向东方求财富有关；法国的资产阶级革命，在于争取公平税收。欧洲一切大变革的动因，不在精神，而在经济：

> 由历史的唯物论者的眼光去看，十字军之役也含着经济的意味。当时繁盛的意大利共和国中，特如 Venice 的统治阶级，实欲自保其东方的繁富市场。宗教革新的运动，虽然戴着路德的名义，其时的民众中，也似乎有一大部分是意在免去罗马用种种方法征课的重税（那最后有道理的赎罪符也包在内）。基督教的传布，也是应无产阶级的要求做一种实际的运动。把首都由罗马迁至 Byzantium（就是现在的康士丁堡），与那定基督教为官教，也是

经济的关系。这两件事都是为取罗马帝国从来的重心而代之。因为当时的中产阶级，实为东方富有财势的商贾阶级，势力很厚。他们和那基督教的无产阶级相合，以与罗马寄生的贵族政治分持平衡的势力，而破坏之。法国大革命也全是因为资本家的中级势力，渐渐可以压迫拥有土地的贵族，其间的平衡久已不固，偶然破裂，遂有这个结果。就是法国历史上迭起层兴的政治危机，单由观念学去研究终于神秘难解。像那拿破仑派咧，布尔康家正统派咧，欧尔林家派咧，共和党咧，平民直接执政党咧，他们背后都藏着很复杂的经济意味。不过打着这些旗帜互相争战，以图压服他的反对阶级，而保自己阶级经济上的利益就是了。这类的政治变动，由马克思解释，其根本原因都在殊异经济阶级间的竞争。

李大钊运用马克思主义的世界史观，批判了黑格尔抽象的"世界精神"理论，他通过描述围绕着生产、交换和分配的斗争，来解释罗马帝国的兴衰、基督教运动的实质乃至法国资产阶级革命的起源。李大钊对西方历史的解说，为当时的中国知识界和思想界带来了革命性的震撼。

这篇讲述唯物史观的文章，视野之开阔，学理之深淳，令后来者为之神往，更为之汗颜。

李大钊的《我的马克思主义观》最为开创性的贡献，就在于对马克思的《资本论》做出的深刻解读。

李大钊第一个指出：《资本论》这部著作的诞生，标志着"资本时代"的到来。

《资本论》序言指出，资本就是"以货币形式为完成形态的价值形式"，在资本的时代，世界上的万事万物的"价值"都是以货币形式来表达的，因此，在生产过程中所产生的剩余价值，就被理解为货币投资产生的利息。

李大钊创造性地写道：

> 马氏的余值说与他的资本说很有关系。他的名著就是以"资本"这个名词被其全编，也可以看出他的资本说在他的全学说中占如何重要的位置。

李大钊还说，所谓"不变资本"，就是指一定数量的货币，而"可变资本"，则是指使这些货币变成投资：

> 马氏为什么分资本为不变与可变二种呢？就是因为以利息普遍率说为前提。
>
> 马氏所说的不变资本，也不是说形态的不变，是说价值的不变。在一生产经过中变其形态的资本，为流通资本，不变其形态的资本，为固定资本。然几经生产以后，就是固定资本，也不能不变其形态。没有永久不变形态的资本。永久不变的，只是它的价值。一万元的资本，千百年前是一万元，千百年后还是一万元。这项资本中永久不变的东西，就是这一万元的价值。

李大钊论述道：马克思揭示了——真正使资本产生出利润的东西，并不是一定的货币，而是社会化的生产与交换活动，生产越发展，交换越发展，创造出的社会财富就越大。

但是，随着生产与交换的发展和社会化，已经没有谁可以用自己的钱来投资于如此庞大的生产和交换活动了，实际上，资本时代占支配地位的"资本家"，都是在利用社会募集的财富进行投资，但是，这些利用社会财富进行投资的资本家，却把所产生的利润统统归之于自己和私人，显而易见，这样的制度已经不能适应并且严重阻碍生产与交换的发展了，于是，正是在"资本的时代"，私有制已经不可能继续存在下去了。因为严格地说，资本，从来都具有社会性质，与"财产"不同，"资本"本来就是属于全社会的。

因此，共产主义并不是一个取消私人财产的制度，而是一个使社会财富投资于社会生产，并把产生的利润回归于社会的制度。共产主义也不是要消灭财产、消灭资本，而是要消灭"资本主义"——即资本为少数私人所垄断的制度形式。

因此，马克思和恩格斯在《共产党宣言》中方才这样说：

> 资本是集体的产物，它只有通过社会许多成员的共同活动，而且归根到底只有通过社会全体成员的共同活动，才能运动起来。
>
> 因此，资本不是一种个人力量，而是一种社会力量。
>
> 因此，把资本变为公共的、属于社会全体成员的财产，这并不是把个人财产变成社会财产。这里所改变的只是财产的社会性质。它将失掉它的阶级性质。

李大钊指出：正因为资本主义私有制是一种盗窃公共财富，同时盗窃公共投资所产生的巨大利润的制度，因此，这种荒谬制度要想存在下去，仅仅靠欺骗是不行的，今天，这种制度之所以能够存在下去，就是因为西方的城市市民，一开始就是武装的市民，就是因为资产阶级以战争国债的形式绑架了国家，归根到底，就是因为资产阶级是一个武装起来的阶级，而要改变这个武装起来的阶级所支配的制度，那就必须通过革命，即以革命的方式推翻资产阶级的专政。

李大钊继续论述道：现代战争的根源，就在资本家阶级和资本主义生产方式本身。在工业国家，这种战争的日常化形式，就表现为工人阶级与资本家之间的阶级斗争。而这种斗争的实质，却被各民族国家之间的商业战争、文明冲突所掩盖了。

当世界已经被生产—销售—消费组织为一体的时候，创造了现代财富的劳动者却为了资本家的利润而自相残杀，这是现代人类苦难和悲剧的根源。

只有劳动者联合起来才能制止人类的自相残杀——马克思的思想最终在第一次世界大战中得以实现。1917 年 11 月，俄国工人阶级夺取政权，随之退出世界大战。1918 年 10 月底，德国基尔港水兵发动兵变，呼应德国工人起义，德国也爆发了革命，德皇宣布退位，11 月 11 日，德国宣布投降，第一次世界大战因此结束。

正是第一次世界大战的终止证明：只有马克思的学说才能制止人类陷入自相残杀，而且，社会主义革命是在马克思的家乡德国与列宁的故乡俄国同时爆发的，如果不是德国爆发革命，仅凭俄国的十月革命，第一次世界大战也不会被终止。

因此，我们要了解马克思主义，必须原原本本地读马克思的著作，李大钊说——我们甚至必须老老实实地学习德语。

"始作俑者，其无后乎。"重读这篇文献，也许更须承认，由于教条主义的影响，我们今天对于《资本论》的理解，依然远远没有达到当年李大钊的深度。

而今重读李大钊的这篇文章，我们依然会醍醐灌顶一般地感受到：中国化的马克思主义在起步阶段，就站在了怎样的高度，而中国化的马克思主义，从一开始便与教条主义有着怎样的天壤之别。

而此时的中国正在为摆脱"数千年未有之大变局"而苦苦挣扎。举凡日本的明治维新、普鲁士的军事制度以及美国的宪政，先后成为中国的效仿对象，但是，"上穷碧落下黄泉"，这些改革的努力全都失败了。

那时的毛泽东，虽然对世界的苦难充满不平，但是，他却还不懂得像李大钊那样，从唯物史观的角度去分析这种苦难产生的根源。

多年后的 1945 年 2 月 15 日，毛泽东在延安的中共中央党校发表了《时局问题及其他》的演讲，他这样说：

> 我讲同志们今天你们很幸福，我们那个时候中国社会给我们的知识很少很少，什么叫作帝国主义者也不知道，什么叫共产党也不知道，世界上有没有马克思，好像也没有，连马克思的名字都没有听到讲过。1914 年至 1917 年这几年中，中国人民就在那么一个中国的情况之下，至于 1914 年之前就更不用说了……

1920 年 3 月 11 日，由李大钊组织发起的中国第一个马克思学说研究会在北京大学成立，成员有邓中夏、高君宇、刘仁静、何孟雄、朱务善、罗章龙、张国焘等 19 人，其中，出身于北洋水师的王荷波因为懂一点德语，也参加了这个研究会，他是研究会中唯一的士兵。

而读书会唯一的士兵成员王荷波，在 1927 年的"八七会议"上当选为中共中央纪律监察委员。中国共产党的纪律检查制度，就是在那次会议上诞生的。

这个研究会，其实就是一个马克思著作读书会，当年的那些先行者们以德文和日文，逐字逐句地阅读马克思的原著——他们还把一起读书的小屋命名为"亢慕义斋"。

"亢慕义斋"，取义于德语"共产主义小屋"的音译。

也就是在李大钊发表《我的马克思主义观》的那一年，即 1919 年

3 月，共产国际（第三国际）成立大会在莫斯科召开，全俄中国工人联盟学校校长刘邵周、该联盟主席张永奎，作为在俄华人代表出席了大会，并受到列宁接见。

1920 年 8 月，第三国际刚刚成立还不到一年，27 岁的共产国际远东局特使格列高里·纳乌莫维奇·维经斯基（化名吴廷康）便来到中国，他通过北大的一位俄语外教（谢尔盖·波列夫伊）找到李大钊。也正是在沙滩红楼北大图书馆李大钊的办公室里，维经斯基与李大钊首次谈到要在中国建立劳动者阶级政党，而李大钊立即介绍维经斯基去上海联络陈独秀。

1920 年 6 月间，即维经斯基来华数月前，陈独秀、俞秀松、李汉俊、施存统、陈公培等五人，便已经在上海开会，筹备成立中国社会共产党。在拜会了陈独秀后，维经斯基在上海创办了"外国语学社"，召集当时的进步青年去苏联东方劳动者共产主义大学学习，而最早通过这个学社去苏联学习的有刘少奇、任弼时、罗亦农、萧劲光等人。

当陈独秀来信征询，即将创立的党是否应叫"中国社会共产党"时，李大钊则回信说："不，我们的党，应该举起'亢慕义'之旗，就叫中国'共产党'！"

李大钊一锤定音。中国共产党从"亢慕义斋"走来。

北大图书馆是个好地方。

毛泽东所管理的阅览室，就在李大钊办公室的旁边。

1920 年 11 月 17 日，《北京大学月刊》公开刊登了马克思学说研究会的成立启事。

而那时的北京大学就是这样成为中国化的马克思主义的诞生地，就是这样成为中国共产党的摇篮。

中共最早期的干部，很多出自北大的"新青年"：邓中夏、何孟雄、张国焘、罗章龙、张太雷、伍中豪、刘仁静、谭平山、彭述之等，毛泽东是其中的一个，也是最著名的一个。

谭平山，1917年考入北京大学哲学系，1920年毕业。他是广东高明人，是孙中山的同乡，1909年加入同盟会，进入北大前已经担任过雷州中学校长。他是五四运动的学生领袖，从北大毕业后，协助陈独秀创立了中国共产党广东支部。在中共三大上，谭平山和毛泽东一起当选中央局五人成员，大革命时期又与毛泽东一起，以共产党员身份加入国民党，担任国民党中央组织部部长。在八一南昌起义时，谭平山、周恩来与主张推迟起义的张国焘发生剧烈争执，因为参加南昌起义，谭平山被国民党开除出党，同时，因为开罪于张国焘，又被中共开除出党。1930年，谭平山创办中国国民党临时行动委员会，继续坚持孙中山的革命纲领，而那个组织就是1947年成立的中国国民党革命委员会的前身。

刘仁静，1918年考入北京大学理科预科，后在哲学系、英文系学习。他是中国第一个能够以德文阅读马克思原著的人。张国焘与刘仁静都是北大理科预科学生，他们是两个参加了"中共一大"的北大学生。

罗章龙，1918年9月入北京大学法科预科，后入哲学系德文预科，他1917年毕业于长沙第一联合中学，是新民学会成员。因为没有像毛泽东那样上师范，所以他幸运地获得了继续升学、进入北大就读的机会。罗章龙在"中共三大"上被选举为中央局执行委员。后因反对米夫、王明在中共六届四中全会上的作为，走上了另立组织的歧途——毛泽东曾经不无遗憾地说：这个人后来转向了。

何孟雄，1919年入北大理科旁听，他与刘仁静、罗章龙、张国焘和邓中夏一样，是由李大钊发起的中国第一个马克思学说研究会的成员。何孟雄曾担任中共第一任北京地委书记，他也是在中共六届四中全会上奋起反抗王明路线的人，1931 年被国民党杀害于上海龙华，年仅32 岁。

邓中夏，1917 年 3 月以邓康之名考入北京大学国文门，早刘仁静一届，他是毛泽东在北大工作期间最谈得来的朋友，是中国工人运动和湘鄂西苏区的主要领导人，他长期遭受王明教条主义的迫害。1933 年被国民党杀害于南京雨花台，年仅 39 岁。

伍中豪，1922 年考入北京大学文学院，当时只有 17 岁。他是比林彪更年轻的红军纵队司令，1930 年战死于赣南苏区，年仅 25 岁。

邓中夏、伍中豪，名字大气磅礴，而其中都有一个中字。他们都毕业于今天的北京大学中文系。

而北京大学早期共产党员中入校最早者，大概要算 1916 年进入北大理科预科的张国焘。

世界上几乎没有一所学校像北京大学那样，与一种思想、一个国家和一个政党的命运联系得如此紧密。

正如毛泽东所感叹的那样，在北京大学，在马克思诞生整整 100 周年之后，他方才第一次知道世界上有马克思这个人，有十月革命这回事。如果没有来到北大，没有近距离地与李大钊、陈独秀相处，他几乎很难成为后来的那个以"伟大的马克思主义者"著称的毛泽东。

虽然在当时，毛泽东还分不清"庶民的胜利"与"布尔什维主义的胜利"之间的区别；分不清以建立"非政府组织"的方式改造中国，与以建立"无产阶级专政"的方式改造中国之间的区别，或者说，"无政府主义"与"马克思主义"之间的区别。

在那时的毛泽东脑海里，"四海之内皆兄弟"的思想还没有被"无产阶级同志"的信念所代替。

正是在北京大学，那些敢想敢干的湖南青年收获了他们想要的，与毛泽东同行的新民学会成员几乎都得到了公费留法的机会，毛泽东也不例外。而使他放弃留学的诸多原因中，大概还有一个鲜为人们所提及的原因，那就是他在北京陷入了与恩师的女儿杨开慧的爱情。

半年后，当毛泽东离开北京的时候，就开始与杨开慧热烈地通信，在信中，杨开慧称毛泽东"润"，而毛泽东则称杨开慧"霞"，"霞姑"是杨开慧的乳名。

在当年那个寒素的青年的记忆中，北京之行是惊心动魄的，而古老的北京更是美丽而浪漫的。而这种美丽与浪漫，如洁白的梅花盛开，如冬树挂珠的晶莹，充满着青春的气息，是永远说不完、说不尽的。

后来，在陕北保安挂满作战地图的阴暗窑洞里，毛泽东对来访的斯诺这样深情地回忆起北京的北海和中山公园，而那里就是他听李大钊演说的地方，那里就是他与杨开慧曾经漫步的地方。

毛泽东说：

> 在公园里，在故宫的庭院里，我却看到了北方的早春。北海上还结着坚冰的时候，我看到洁白的梅花盛开。我看到杨柳倒垂在北海上，枝头悬挂着晶莹的冰柱，因而想起唐朝诗人岑参咏北海冬树挂珠的诗句："千树万树梨花开"。北京数不尽的树木激起了我的惊叹和赞美。

1919 年 3 月，在北京的毛泽东接到舅舅的来信，得知母亲的病情加重了，他于 3 月 12 日离开北京赶回湖南，并想中途绕道上海为第一批留法的湖南青年送行。而到了南京，他发现自己竟然不名一文，更糟糕的是，他仅有的一双鞋子也被贼偷走了。

不过，好运又一次解救了他。在南京火车站，毛泽东意外地遇到了新民学会的成员易礼容，他借钱给毛泽东，于是，毛泽东买了一双鞋和一张到上海的车票。3 月 31 日，在目送朋友们登上去法国的轮船之后，毛泽东立刻启程返回湖南，于 4 月初赶到母亲病床前亲侍汤药。

毛泽东知道，作为长子，家庭的重担落在了自己的肩上，他必须挣钱养家了，于是，回湖南后的当月，毛泽东便开始在长沙修业小学担任历史老师，"修业"是一个有着佛教色彩的美好名字，这是他人生中第一个正式的职业。

毛泽东回到湖南一个月后，五四运动爆发了，长沙成立了新的湖南学生联合会。1919 年 7 月 14 日，湖南省学生联合会的刊物《湘江评论》创刊，毛泽东担任了该刊物的主编。

当然，毛泽东并不是两手空空地回到家乡，北京之行虽然短暂，却使他知道了世界上有马克思、有俄国十月革命，还有马克思所说的"人类解放"和"世界革命"这种大事。

于是，在《湘江评论》创刊宣言的开头，毛泽东这样写道：

> 自"世界革命"的呼声大倡，"人类解放"的运动猛进，从前吾人所不置疑的问题，所不遮取的方法，多所畏缩的说话，于今都要一改旧观。不疑者疑，不取者取，多畏缩者不畏缩了。这种潮流，任是什么力量，不能阻住，任是什么人物，不能不受它的软化。

《湘江评论》创刊宣言里还说："世界什么问题最大？吃饭问题最大。什么力量最强？民众联合的力量最强。什么不要怕？天不要怕，鬼不要怕，死人不要怕，官僚不要怕，军阀不要怕，资本家不要怕。"

同时，毛泽东更指出，中国的问题是：人们"迷信鬼神，迷信物象，迷信运命，迷信强权。全然不认有个人，不认有自己，不认有真理"。

从那之后，毛泽东便放弃了文言写作，虽然他的典雅文章总是令人交口称赞，并使他在学校里得 100 分。从新文化运动的大本营北京大学归来，毛泽东改用白话写作。只是与当时的白话文章不同，毛泽东的文章里依然有中国古文波澜起伏的气势，大气磅礴的肌理，自《湘江评论》时代起，他开始创造出对现代汉语影响巨大的"毛文体"。

而《湘江评论》的创刊宣言就是这样的例子，它的结尾以四个感叹句、四个设问句破题：

> 时机到了！世界的大潮卷得更急了！洞庭湖的闸门动了，且开了！浩浩荡荡的新思潮已奔腾澎湃于湘江两岸了！顺它的生，逆它的死，如何承受它？如何传播它？如何研究它？如何施行它？这是我们全体湘人最切最要的大问题，即是《湘江》出世最切最要的大任务。

与马克思 30 岁时的作品《共产党宣言》不同，26 岁的毛泽东撰写的《湘江评论》创刊宣言所喊出的，更像是共产主义者同盟的前身——正义者同盟的口号："普天之下皆兄弟"。

在 26 岁的毛泽东看来，统治者（贵族、资本家）并不是敌人，他们也是与大家平等的人，只要他们能回心向善，也会成为我们的兄弟。

那时的毛泽东似乎把革命想得太容易了，他显然把统治者想得太善良了，在他看来，鼓舞了中国早期革命者的俄国十月革命，其实不过是一场城市政变，而它的奇迹般的胜利，则加强了毛泽东的乐观主义。

而毛泽东在这里所说的"新思潮"，还并不是马克思主义——更准确地说，不是列宁主义。那时，毛泽东的思想还在无政府主义与列宁主义之间徘徊，而相对来说，他更倾向于无政府主义学说，即建立各种非政府组织——工会、农会、女权会、商会、学生会、教师联合会乃至警察联合会，并由这种"小联合"，逐步走向"民众的大联合"。

在当时的毛泽东看来，改造社会并不一定要采用革命的或者无产阶级专政的方式。在他看来，强者、贵族、资本家的优势，不过是比弱者和劳动者更早地明白了"联合起来"的道理，他们所掌握的，不过是知识的联合、金钱的联合、武力的联合三种方法而已，而民众一旦知道了联合起来的道理，由于民众的人数多，所以，民众的大联合，就自然会战胜统治者的"小联合"。

1919 年 7 月 21 日，毛泽东在《湘江评论》第二号上发表了《民众的大联合》。在这篇文章里，他这样比较了马克思主义和无政府主义：

> 平民既已将贵族资本家三种法子窥破，并窥破他们实行这三种，是用联合的手段，又觉悟他们的人数是那么少，我们的人数是这么多，便大大地联合起来。联合以后的行动，有一派很激烈的，就用"即以其人之道还治其人之身"的办法，同他们拼命地倒担（捣蛋——作者注）。这一派的首领，是一个生在德国的，叫作马克思。一派是较为温和的，不想急于见效，先从平民的了解入手。人人要有互助的道德和自愿工作。贵族资本家，只要他回心向善能够工作，能够助人而不害人，也不必杀他。这派人的意思，更广，更深远。他们要联合地球做一国，联合人类做一家，和乐亲善——不是日本的亲善——共臻盛世。这派的首领，为一个生于俄国的，叫作克鲁泡特金。

当时的毛泽东像自己的母亲一样，主张"劝善"，主张"助人而不害人"，因而他认为克鲁泡特金的"意思"，比马克思"更广，更深远"。

在《民众的大联合》中，他甚至天真地举了十月革命的例子这样说：

> 至若军营里的兵士，就是他们的儿子，或是他们的哥哥，或是他们的丈夫。当拿着机关枪对着他们射击的时候，他们便大声的唤。这一片唤声，早使他们的枪弹，化为软泥。不觉得携手同归，反一齐化成了抵抗贵族和资本家的健将，我们且看俄罗斯的貔貅十万，忽然将鹫旗易了红旗，就可以晓得这中间有很深的道理了。

马克思认为，统治阶级、资产阶级首先是武装起来的阶级，反抗这种武装起来的统治阶级，就决定了革命的残酷和暴力性质，而当年的毛泽东却认为，暴力可以被慈悲所感化，武装到牙齿的统治者的良心可以被唤醒。

《民众的大联合》这篇文章使人感到震动的地方在于，它把"天地与我为一""天下事皆己事"这一主张，以更加磅礴的气势和更加通俗的语言喊了出来：

> 咳！我们知道了！我们醒觉了！天下者我们的天下。国家者我们的国家。社会者我们的社会。我们不说，谁说？我们不干，谁干？刻不容缓的民众大联合，我们应该积极进行！

毫无疑问，这个时期仍然主张"劝善"、相信人性向善的毛泽东，还只是一个温和的社会改良派，而远不是后来那个雷霆万钧的革命家。

然而，正像当时那个世界的转变是迅疾的那样，毛泽东的成长也是很迅速的，他从一个温和的社会改良派，转变为一个革命家，前后大概只用了不过几个月的时光。

《湘江评论》刚出了4期，便被湖南军阀张敬尧查封了，湖南省学生联合会也被勒令解散，而这一切都是在荷枪实弹的士兵的打砸中完成的。这是毛泽东人生中所遭受的第一次严重打击，当冰冷的枪口指向他和他的同伴的时候，毛泽东的"劝善"梦想破灭了。

张敬尧没有工夫听毛泽东讲那些大道理，他也根本不想与毛泽东平等，更不要说与他称兄道弟了。

张敬尧比无政府主义者们强的地方在于，他清醒地知道：财产的差别必将导致权力的差别。因此，这种差别不能用所谓"劳动和互助"的方式得到解决，而只能以政治斗争的方式得到解决。

简而言之，张敬尧这个军阀也许比青年毛泽东更懂得马克思主义的基本道理——"民众的大联合"与进行"阶级斗争"并不是一回事，民众、学生怎么能与官老爷"平等"呢？上等人与下等人怎么能是兄弟呢？如果要辩论，那就让枪杆子去辩论吧。

这就是张敬尧的逻辑。

如果说有谁把毛泽东由一个温和的改良派推向了革命派，那么这第一个人便是湖南军阀张敬尧。

毛泽东终于认识到：大声疾呼，不可能唤停机关枪的扫射，政治制度的改造与"民众的大联合"不是一回事，仅靠启发人民的觉悟，不可能消灭私有制，因为任何统治都不是靠说教，而是靠枪杆子才确立起其地位的。所谓"貔貅十万，忽然将鹫旗易了红旗"的事，近乎天方夜谭。

人生的打击接踵而至，这一年的10月5日，毛泽东的母亲文素勤病逝了，毛泽东怀着悲痛欲绝的心情奔回韶山，在母亲灵前长跪不起，日夜守灵，并流泪写下了《祭母文》。

母亲出殡那天，毛泽东写下了两副泣母联，其中一副是：

疾革尚呼儿，无限关怀，万端遗恨皆须补；

长生新学佛，不能住世，一掬慈容何处寻？

送走了母亲，毛泽东也告别了过去的人生，他从此不再一味地相信"劝善"，不再迷信普天之下皆兄弟。11月26日，毛泽东怀着悲怆的心情回到长沙，立即着手重建湖南省学生联合会，并发誓将张敬尧驱逐出湖南。

12月6日，毛泽东发动湖南各校总罢课，湖南省学生联合会代表长沙1.3万名学生向全国发出"张敬尧一日不去湘，学生一日不回校"的誓言。

同日，毛泽东率湖南驱张请愿团，离开长沙奔赴北京。

从此，那个温和寡言、写得一手典雅古文的书生与母亲一起离去了，"长生新学佛，不能住世，一掬慈容何处寻？"——而那个学佛的孩子没有丢下笔，但这支笔却从此变成了无坚不摧的猛烈炮火。

既然纯洁的精神不能"住世"，那么，这个污浊的旧世界也就不值得留恋和"改良"。现实逼迫毛泽东最终选择了《民众的大联合》中所提出的第一种方法——"以其人之道还治其人之身"。他从此立志要以革命的方式去求人民的解放，而这正是马克思30岁时在《共产党宣言》中许下的诺言。

《共产党宣言》有这样一个《哈姆雷特》式的开头："一个幽灵，共产主义的幽灵，在欧洲游荡。"

这个开头提出的，其实就是著名的"哈姆雷特问题"：To be or not to be。但是，将其理解为"活着还是死去，这是一个问题"则是错误的，因为在哈姆雷特看来，这句话的真正意思其实是："报复还是不报复，这是一个问题"。

只有读懂了《共产党宣言》开头的这句话，才能真正读懂《共产党宣言》结尾的那段话：

> 共产党人不屑于隐瞒自己的观点和意图。他们公开宣布：他们的目的只有用暴力推翻全部现存的制度才能达到。让统治阶级在共产主义革命面前发抖吧。无产者在这个革命中失去的只是锁链。他们获得的将是整个世界。
>
> 全世界无产者，联合起来！

青年毛泽东就是这样，跨越了他自己的"哈姆雷特问题"。

1949 年，在中国革命胜利的时候，毛泽东再次回顾了他自己性格的关键性转变：

> 宋朝的哲学家朱熹，写了许多书，说了许多话，大家都忘记了，但有一句话还没有忘记："即以其人之道，还治其人之身。"我们就是这样做的……如此而已，岂有他哉！

在北京，毛泽东再次见到了他的恩师，但此时的杨昌济却已重病不起，起初只是被诊断为胃病，而随后德国医院的大夫却发现杨昌济的身体免疫系统出了大问题，且腹腔器官均已衰竭，他已不久于人世。

在病榻上，杨昌济给后来的北洋政府教育总长章士钊写了一封堪称"遗书"的信，向他推荐毛泽东和蔡和森。信中说："吾郑重语君，二子海内人才，前程远大，君不言救国则已，救国必先重二子。"

杨昌济临终前郑重写下的这封"托孤信"，寄望的竟是他的两个学生，而对于自己的一双儿女却未及交代。

1920年1月17日，杨昌济在北京病逝，在痛失慈母之后，毛泽东又失去了精神上的父亲，他从此只能在没有人生导师的世界上孤独前行。

一周之后，毛泽东的父亲毛贻昌也去世了。这一次，毛泽东既没有赶回湖南，似乎也没有表现得痛不欲生。那一年，毛泽东27岁，父母和师长几乎是在一瞬间离他而去，巨大的痛苦使他艰于呼吸视听，这个27岁的青年无从咀嚼这种痛苦，因为人生的遭际和家庭的重担，如塌方一样落在了他的肩上。他知道，痛苦无济于事，虽然他现在的处境是一贫如洗、四面楚歌，可是他必须扛起自己肩上的责任。

1920年1月25日，阴雨绵绵，杨昌济的丧仪在北京宣武门外法源寺举行，法源寺是客居北京的湖南人的栖身之所。二十多年前，湖南浏阳人谭嗣同与广东人梁启超便是在此寺相逢，并结拜为兄弟。1917年，毛泽东的湘潭同乡齐白石亦客居于此寺，以卖画、刻字为生。

谭嗣同在戊戌变法失败后慷慨赴死，"谭嗣同之死"具有根本性的象征意义，这个巡抚的儿子被自己所属的阶级杀害了，只是因为他想跪着求改革。

毛泽东在法源寺送别自己的恩师，"地狱不空，誓不成佛"，毛泽东发下宏愿，继续走上了为众生求解放的道路。

在送杨昌济的灵柩回湖南的半途中，毛泽东再次在上海停留，为的是送第二批湖南学生赴法勤工俭学。为此，一贫如洗的他不得不卖掉唯一的冬衣，方才凑足了一张去上海的车票。在上海，毛泽东靠给人洗衣服谋生。他当时只是这样写信告诉长沙的朋友说："洗衣并不累，但却要来回坐公共汽车收衣服、送衣服，于是，挣得的辛苦钱就这样浪费了。"

1921 年 1 月 16 日，在新民学会与文化书社举行的常会上，毛泽东还这样说过："我很想学一宗用体力的工作，如打袜子、制面包之类，这种工作学好了，向世界任何地方跑，均可得食。"

1920 年 6 月，穿着已经洗得发白的蓝长衫的毛泽东，在上海拜访了《新青年》杂志的主编陈独秀。而此前，陈独秀恰好刚刚与李大钊介绍来的维经斯基见了面。

在这个世界上，毛泽东可能是第一个喊出"陈独秀万岁"的人，他们相见恨晚。

1919 年 6 月 11 日，陈独秀因为在北京散发传单被捕，毛泽东即在《湘江评论》创刊号上发表了《陈独秀被捕及营救》，文章结尾说：

> 我们对于陈君，认他为思想界的明星……他曾说，我们所以得罪于社会，无非是为着"赛因斯"（科学）和"兑莫克拉西"（民主）。陈君为这两件东西得罪了社会，社会居然就把逮捕和禁锢报给他。也可算是罪罚相敌了！……陈君之被逮，决不能损及陈君的毫末。并且是留着大大的纪念于新思潮，使他越发光辉远大。政府绝没有胆子将陈君处死。就是死了，也不能损及陈君至坚至高精神的毫末。陈君原自说过，出试验室，即入监狱。出监狱，即入试验室。又说，死是不怕的。陈君可以实验其言了。我祝陈君万岁！我祝陈君至坚至高的精神万岁！

他们见面的地点，是法租界环龙路老渔阳里 2 号（今南昌路 100 弄 2 号），那里是安徽都督柏文蔚的公馆，在柏公馆，毛泽东与陈独秀谈话至晚上 8 点多。这两个书生，一个曾经因为"劝善"而几乎送命，而另一个则因为主张科学和民主进了班房，惺惺相惜、痛定思痛，共同的遭际教育了他们，使他们认识到："批判的武器不能代替武器的批判"。他们共同认为，只有马克思主义才能使中国摆脱当时的思想困境。

当时的中国思想界，胡适和李大钊正在进行"问题与主义"之争，而在毛泽东看来，这二者固然不能偏废，但是，研究学问只能解决一些具体问题，却无助于中国问题的根本解决。

于是，在1920年11月一封新民学会内部的通信中，毛泽东为大家做出了这样的分工：

> 我意我们新民学会会友，于以后进行方法，应分为几种：一种是已出国的，可分为二，一是专门从事学术研究，多造成有根柢的学者，如罗荣熙、萧子升之主张。一是从事于根本改造之计划和组织，确立一个改造的基础，如蔡和森所主张的共产党。一种是未出国的，亦分为二，一是在省内及国内求学的，当然以求学储能做本位。一是从事社会运动的，可从各方面发起并实行各种有价值之社会运动及社会事业。

什么是"根本问题、根本改造"呢？那就是政治制度的改造，也就是改造政权，而改造政权的基础，就是建立一个政党。

当时，与胡适观点不同的人也不仅是李大钊，更包括哲学家张君劢，张君劢认为，胡适所谓的"科学方法"实际上不过是些机械的教条，这些机械的教条根本不可能解决"人生观"问题，而张君劢与胡适的这场争论，随后被综合为"科学与玄学"的争论。

陈独秀同时批判了"科学"与"玄学"两派，他指出：真正的科学方法是唯物史观，而不是胡适所说的那些庸俗的教条。要切实变革社会，那就必须了解经济发展的历史；而要变革人们的思想与精神，那就必须懂得思想、精神和意志这些"玄学"派所主张的东西，究竟是怎样在特定的经济社会环境中形成与发展的。而当下的中国，无论"科学派"还是"玄学派"，他们都对经济思想史缺乏起码的修养，他们之间的争论，不过是"五十步笑百步"而已，这些争论，也不过都是空谈，他们的方法，实际上都是玄学，而不是科学。

李大钊在《庶民的胜利》中已经指出，社会主义就代表着"民主"的方向，而如今五四新文化运动"总司令"的陈独秀则说：所谓"赛先生"(科学)，其实也就是马克思的唯物主义学说。

五四的先驱者们，就是这样从宣传"科学与民主"，走向了倡导马克思主义。

与陈独秀的这次长谈，是毛泽东一生的转折，毫不夸张地说，这也是中国现代历史的一次转折，他们共同认识到：取消政治的无政府主义观点是完全的空谈真理必须落实为政治，现代政治必须以真理为指导——于是，就在那次谈话中，陈独秀提出：要立即在中国创建以马克思主义为指导的政党——共产党。

1936年，毛泽东对斯诺说，当时的陈独秀"对我的影响也许超过了其他任何人"。他还说："到了1920年夏天，在理论上，而且在某种程度的行动上，我已经成了一个马克思主义者了，而且从此我也认为自己是一个马克思主义者了。"

1920年6月11日，张敬尧被驱逐出湖南。7月，毛泽东离开上海返回长沙，并于8月初回到韶山。

湖南并未独立，湖南的政治丝毫也没有变好。无政府主义的思想就这样随风而去。"春风南岸留晖远，秋雨韶山洒泪多"，南岸上屋场的老屋犹在，但父母却已双亡，毛泽东与弟弟们商议说：留在家里种田是没有出路的，大家必须一起出去做事，欠别人的债，马上还清，而别人欠我们的，则一笔勾销。就这样，毛泽东带着弟弟和妹妹离开了故乡韶山。

从 1920 年 9 月起，毛泽东被母校湖南省立第一师范学校聘任为校友会会长，并任该校附属小学主事。毛泽东一生中获得的第一个"官职"便是小学校长，而他上任后题写了一副对联——"世界是我们的，做事要大家来"，挂在附小礼堂。

这不过是对"天下事皆己事也"的又一通俗阐释。

"文革"期间，湖南省立第一师范学校拟将这句话当作校训，而毛泽东得知后却拒绝他们这样做，他的理由是：这句话原是写给小学生的，虽曰对联，却未讲对仗，给孩子写的话，必须用孩子们能接受的语气，但这却不适合成人。

新中国成立后，小学校长出身的毛泽东又给孩子们写了一句意思相近的话：全中国的少年儿童团结起来，做新中国的新主人。

1959 年 6 月 22 日，曾经的小学校长毛泽东来到故乡的韶山小学。他检查了孩子们的作业，嘱咐他们一定要学会使用汉语拼音，嘱咐他们课后要劳动，不要忘记去放牛。一起照相时，故乡的小学生给毛泽东戴上了红领巾，当时毛泽东高兴地说："我现在是小学生了，不是中学生了。"

毛泽东安排小弟泽覃、妹妹泽建到附小读书，安排大弟泽民担任附小的庶务，他切实地履行起大哥和家长的责任，而由毛泽东照料的弟弟和妹妹，也都跟随大哥走上了革命的道路。这是一条牺牲之路，毛泽东的弟弟和妹妹，后来都为"天下事"——中国革命牺牲了。

后来，毛泽东痛切地回忆说，他当年没有很好地照料弟弟妹妹，更没有一心一意地当校长，因为他当时把主要精力都放在"天下事"——

宣传马克思的学说和筹备创立共产党组织上去了。有一次，当小弟泽覃抱怨说"马克思主义不是毛家祠堂，你的祖宗也不是马克思"时，毛泽东气愤地骂了泽覃，甚至要找根棍子去打他。

毛泽东的兄弟最终成了与他一起为劳动阶级的事业而献身的"同志"，毛泽东一家满门忠烈。

1920年7月31日，长沙《大公报》发表了毛泽东起草的《发起文化书社》启事。在这篇启事里，毛泽东第一次明确地提出，五四新文化运动并没有说清楚什么是"新文化"，而现在我们终于知道：关于生产劳动的文化，劳动者阶级的文化，才是新文化，而这种新文化，就是马克思主义。

毛泽东说，现在全中国全世界都还没有这种新文化，"只有一枝新文化小花发现在北冰洋沿岸的俄罗斯"。中国最大的积贫积弱不是别的，而是思想和知识的匮乏，"湖南人现在脑子饥荒实在过于肚子饥荒，青年人尤其嗷嗷待哺"，而解决这种脑子的饥荒，就是创办文化书社的缘起。

8月2日，长沙文化书社宣告成立，毛泽东是27个投资人之一，他们一共捐资400元，其中以新民学会的女会员陶毅捐资最多。而刚刚返回湖南不久的杨开慧闻讯，立即动员母亲把父亲丧葬费的结余全部捐献出来，使书社的启动资金增加到了519元。

毛泽东担任书社的筹备员，易礼容则是临时经理，他们两人一个主外，一个主内。负责文化书社店面经营的易礼容，就是那个在南京火车站借钱给毛泽东买鞋子的人。

毛泽东表现出惊人的经营才干，经由陈独秀、李大钊等人的信用担保，书社得以从各大出版机构批量订购书报、杂志，而免去了押金。长沙文化书社成为当时经营最好的书店之一，也是销售《新青年》《每周评论》最多的书店之一。

1920 年，毛泽东在湖南省学生联合会的骨干成员中，发起建立了社会主义青年团，那时他提出：驱逐张敬尧、实行湖南自治，这些不过都是"小事"。而当萧子升来信提议"改造东亚"时，毛泽东则回信说：问题在于改造中国与世界，"东亚无所取义"。

毛泽东说：要在世界上建立新制度，首先必须有新政党，因为政党是制度建设的基础。

这一年的冬天，毛泽东与杨开慧结婚了。他们没有举行任何仪式，用毛、杨二人的话来说，这就是"不做俗人之举"。杨开慧当时这样写道：

> 从此我有了一个新意识，我觉得我为母亲而生之外，是为他而生的。我想象着，假如一天他死去了，我的母亲也不在了，我一定要跟着他死！假如他被敌人捉着去杀，我一定同他去共一个命运！

而事实证明，这绝非纯情少女被爱情冲昏了头脑时所说的话，因为这些话里毫无浪漫的成分，它很现实地表明：与真正的爱情一样，政治信仰涉及生死。

当然，毛泽东青年时代的兄弟中，毕竟也还是有"俗人""空谈家""政治浪漫派"的，并非所有的"兄弟"都可以成为政治上的"同志"。

1921 年，新民学会的主要成员萧子升从巴黎经北京返回了长沙，萧子升就是那个与毛泽东一起徒步考察了湖南五县的同学。萧子升与毛泽东、蔡和森，被称为"杨门三杰"，只不过，杨昌济临终向章士钊推荐的救国人才中，却没有萧子升。

萧子升后来说，杨先生之所以早逝，就是因为他所发明和倡导的斯巴达式的生活修身方式，损害了他的健康。

　　萧子升是第一批赴法勤工俭学的成员，也是新民学会派往北京联系赴法勤工俭学的代表，他生性温和而懦弱，被毛泽东戏称为"萧菩萨"。

　　不过，萧子升却很得李石曾的信任，并担任了李石曾的秘书。1927年，李石曾成为蒋介石发动反革命政变的主要支持者之一，他随即成为蒋介石政权里的高官，并提拔萧子升做了农政部次长。

　　分别仅仅两年，毛泽东、萧子升二人却发现：他们彼此的思想和境遇都发生了截然相反的变化。他们彻夜长谈，最终却因为不能取得一致的意见而相对流泪。

　　杨度曾经说过："毛泽东能够征服他的听众，并使他们着迷。他具有一种说服别人的可怕的力量，很少有人能不被他的话语所打动。"

　　但是，这一次，萧子升却没有被毛泽东所打动。

　　毛泽东认为，要改造中国，就必须改造中国的制度，就必须改造中国的政权，欲求众生平等，必求劳动者的解放，而这必须通过斗争，为了劳动者的解放事业，我辈须勇于牺牲。

　　而萧子升依然还是坚信无政府主义，他不相信政治，萧子升认为与其改造政权，不如改造民众，何况改造政权会引发革命，而革命会带来牺牲，而他宁愿没有牺牲，通过文化和教育的逐步改良来获得后代的幸福。

　　毛泽东嘲笑说："你这种理想，一千年也不可能实现，那种不能实现的理想等于空说，说来说去，你这个人就是怕苦怕死而已。"

　　而萧子升则回答："人皆怕苦怕死，我死无益，我也不想把自己降格为劳工。你既说我空说，那我愿意等一千年，愿意空说一千年。"

　　直到1921年夏他们还在争论，于是，他们一起搭船离开长沙，在船上继续争论。

萧子升回忆说："那是最后一个夜晚，我们同床而睡，一直谈到黎明，毛泽东一直劝说我加入共产党，他说，如果我们全力以赴，不要一千年，只要30年至40年的时间，共产党就能够改变中国。"

历史证明，毛泽东的预言极为精准，但当时的萧子升却认为，这不过是天方夜谭。

那天乌云密布，山雨欲来，两个赤诚的兄弟从洞庭湖出航沿江而下，毛泽东和萧子升共处一个舱室，毛泽东睡下铺，萧子升睡上铺。第二天一早，萧子升醒来时，他发现下铺空着，当他走出舱室时，看到毛泽东独自站在甲板上，手里拿着一本书——《资本主义制度大纲》。

萧子升在武汉中途下船，替李石曾办事去了，而毛泽东则继续航行去了上海，毛泽东、萧子升二人从此分道扬镳。

此番分手，地老天荒，萧子升后来说："我当时知道，那次毛泽东去上海，是为了参加一次会议，但我并不知道这次会议，就是中国共产党的第一次全国代表大会。而我也不像毛泽东那样认为这次会议很重要。"

像萧子升一样，当时也许没有谁认为这次会议很重要，彼时中国最重要的两位马克思主义者，陈独秀和李大钊都没有参加这次会议。李大钊是因为忙于北京大学的校务不能与会（一说是因为受伤住院），而陈独秀则由于不满共产国际代表事先未与他充分沟通便仓促开会，且当时他刚刚担任了广东教育委员会的委员长，便借口不能抽身，只是派了他的代表周佛海来参加会议。

当时的他们想到牺牲了吗？也许想到了。但是，他们必定没有想到：胜利来得如此迅疾，而牺牲却竟然是如此的惨烈。

而当中国共产党经过25年的浴血奋战，成为主宰中国命运的决定性力量之后，1945年4月21日，在中共七大预备会议上，面对着经历了长期革命斗争锻炼的党的精华，毛泽东引用了《庄子》中的一句话，如此感慨万千地形容了中共一大：

"其作始也简，其将毕也巨。"

根据张国焘后来的回忆，陈独秀的私人代表周佛海其实并不是来开会的，而是与一个名叫杨淑慧的富家女从广东逃婚来到上海，当时，他们就住在中共一大会址旁边的旅馆里。

28年过去，岁月荏苒，巨变沧桑，由于战乱的毁坏，上海建筑的外貌已经发生了很大的变化。而中国革命胜利后，也正是经过杨淑慧的指证，上海的党组织才最终确认了当年中共一大开会的会址。

而那时的周佛海，已经成为汉奸，病死在监狱中。

中共一大的13个代表里面，最终有7个脱党。但是，今天的我们似乎并不能说，他们当时做出脱党的决定，那不是出于"理性选择"。

如果"理性选择"是趋利避害，那么，在血与火的考验中，脱党的选择就是理性的。

如果"理性选择"就是保存自己，那么，选择在1921年、1927年、1935年加入中国共产党，那就是完全不理性的。

虽说像胡适、李石曾那样，口头上"不谈政治"，但事实上，他很快就参加了国民党，并且当上了高官，那时的萧子升敢于不听"大哥"毛泽东的话，就是因为在当时的萧子升眼里，中国革命怎么看起来都不像是"理性选择"。

但是问题在于：仅凭经验主义、功利主义和政治自由主义，能解释中国共产党为什么能够成事、能成开天辟地之大业吗？

对于萧子升所谓"理性选择"，毛泽东多年之后做出了回答，因为中国革命是精卫填海，是夸父逐日，是愚公移山。而在萧子升之流眼里，这些却皆不过是浪漫主义的神话。

毛泽东在中共七大闭幕词里这样说过：

中国古代有个寓言，叫做"愚公移山"。说的是古代有一位老人，住在华北，名叫北山愚公。他的家门南面有两座大山挡住他家的出路，一座叫做太行山，一座叫做王屋山。愚公下决心率领他的儿子们要用锄头挖去这两座大山。有个老头子名叫智叟的看了发笑，说是你们这样干未免太愚蠢了，你们父子数人要挖掉这样两座大山是完全不可能的。愚公回答说：我死了以后有我的儿子，儿子死了，又有孙子，子子孙孙是没有穷尽的。这两座山虽然很高，却是不会再增高了，挖一点就会少一点，为什么挖不平呢？

愚公批驳了智叟的错误思想，毫不动摇，每天挖山不止。这件事感动了上帝，他就派了两个神仙下凡，把两座山背走了。

现在也有两座压在中国人民头上的大山，一座叫做帝国主义，一座叫做封建主义。中国共产党早就下了决心，要挖掉这两座山。

我们一定要坚持下去，一定要不断地工作，我们也会感动上帝的。这个上帝不是别人，就是全中国的人民大众。全国人民大众一齐起来和我们一道挖这两座山，有什么挖不平呢？

什么叫"其作始也简"？敢不敢革命，敢不敢为劳苦大众牺牲自己的一切，这就是"其作始也简"。

敢于为真理和信仰而死，还是仅仅说说而已——这就是简单的区别，但却是根本的区别。

"其作始也简"，而在那个时代，加入共产党的标准确实很简单，这个标准就是：你是否愿意为天下受苦人而牺牲自己。

历史证明，领导中国共产党改造中国的，并不是什么博学鸿儒，而是具有批判的思想、行动的意志、不怕牺牲的新青年。

中共一大结束一个月后，即在上海成立了中国劳动组合书记部，作为公开领导工人运动的机关。1921年10月，又在长沙成立了湖南分部，毛泽东任主任。

尽管经熟谙德文的刘仁静的反复坚持，中共一大将"争取实现无产阶级专政"写入了党纲，但事后证明，在与会的13位代表当中，率先身体力行这一纲领的人，便是毛泽东。

在《伦理学原理》批注中，毛泽东写道：空说无益，"学皆起源于实践问题"。

毛泽东不是空谈家，他立即组建了安源路矿工人俱乐部，而擅长经营的易礼容，则协助毛泽东创办了安源路矿工人消费合作社，并发行了中国第一只红色股票。在安源，创办了长沙文化书社的毛泽东和易礼容，又共同开创了"劳动者持股"这种新型的所有制形式。

当时的易礼容是湖南省除毛泽东、何叔衡之外的第三个共产党员。

一年之后，毛泽东发动了1.7万名安源路矿工人举行罢工。毛泽东认为：罢工之成败，端赖是否能够取得社会舆论的广泛支持与同情，必须采用"哀兵必胜"的策略，必须提出哀而动人的口号。于是，刘少奇为工人俱乐部提出了"从前是牛马，现在要做人"的口号。

1922年9月18日，在地方商会的调停下，工人俱乐部与资方代表签订协议，工人要求的条件得到满足，安源路矿工人大罢工取得成功，这支哀兵胜利了——这是中国历史上第一场大规模的工人运动。

1927年9月，当毛泽东发动秋收起义时，他手中掌握的武器，其实就是安源矿警队的那几百支枪。安源路矿工人大罢工的骨干力量，又成为毛泽东创建中国工农红军的基础。

1915 年，毛泽东曾经在长沙的报纸上，以"二十八画生"之名征友，结果是来了"三个半"人，一个是罗章龙，另外两个人的名字，他后来忘记了，而那"半个"是李立三，因为他听了毛泽东的话之后，没有表态就走了。

李立三后来说，当时他是被毛泽东的博学所震撼，感到自己读书太少，在谈话时竟一句也接不上来，因此，只好自惭形秽地离开了。

1922 年 7—9 月间，李立三协助毛泽东领导了安源路矿工人大罢工，而另一个在罢工中协助毛泽东的人是刘少奇，他来自湖南宁乡。刘少奇少年奇才，因喜读书，且在家中又排行第九，所以绰号"刘九书柜"。

李立三，原名李隆郅，湖南醴陵人。1923 年，与他一起在上海领导工人运动的北大学生邓中夏说："隆郅，你的名字太复杂了，一般工人不能认得，不如改了为好。"看到工会门口站着三个人，邓中夏便说："你就改叫'三立'吧。"李隆郅说："'三立'太俗了，我改叫李立三吧。"

当时，他们谁也没能想到，"立三"这个名字，日后会与"中共六大"后形成的一条"左"倾冒险主义路线联系在一起，而载入史册。

李立三也是第一批留法勤工俭学的成员，与萧子升不同，他因"思想过激"而遭到李石曾和吴稚晖的排斥。1921 年 10 月，李立三、蔡和森、陈毅等 103 名留法学生，被法国当局驱逐回国。到达上海之后，蔡和森即被留在上海党中央工作，而李立三则被派回到他的故乡湖南。

在见到毛泽东三天之后，李立三便跟随毛泽东去了安源，开始领导安源的工人运动。

李立三与蔡和森，既是毛泽东青年时代的校友，也是周恩来留法期间的学友。正像谈到毛泽东与刘少奇的关系，就不能不从他们与易礼容、李立三一起领导安源路矿工人大罢工说起一样，讲到毛泽东与周恩来的关系，也不能不追溯到他们与李立三、蔡和森的共同友谊。

今天想来，日后那些改造了中国的"同学少年"，似乎生来即是有缘的。

1922年10月23日，杨开慧因为难产，紧急住进了美国耶鲁雅礼协会在中国创办的长沙雅礼医院（湘雅医院前身），该院的产科大夫李振翮也是新民学会的成员，他为杨开慧做了剖腹产手术。次日清晨，毛泽东的长子毛岸英在雅礼医院诞生。

毛岸英出生的时候，毛泽东正在领导2000名长沙泥木工人举行罢工，他正吹着哨子走在工人游行的队伍里，没有及时赶到产房。而当时的党中央对他的行动，也没有表示任何声援与支持。关键时刻，唯一能够帮助他的人，只有新民学会的成员李振翮。

51年后，即1973年8月2日晚，80岁的毛泽东在中南海游泳池住处，会见了青年时代的友人——美籍华人科学家李振翮博士和夫人汤汉志。他们感慨万千，彻夜长谈。

李振翮说："现在中国人地位提高了，我们在国外也觉得他们看得起中国人一些了。"

毛泽东回答说："其原因之一，就是中国赶跑了日本帝国主义。第二就是打败了美国的走狗蒋介石，他跑到台湾去了。再就是派志愿军到朝鲜，打败了美国人。"

然后，毛泽东动情地说："现在开慧不在了，岸英也牺牲了。我这个人不行了。腿也不行了，气管也不行了，眼睛也不行了，耳朵还可以。两个月前我还能看书，两个月以来就困难了，比如对你们吧，大致看得清楚，细部我就看不清了。"

李振翮说："主席的一举一动都同全世界有关系。"

毛泽东则幽默地说："自从尼克松总统到中国，就在这个地方（用手指汤汉志坐的位置），跟他谈了一次话，还有基辛格博士，后头又跟尼克松谈了一次，从此名声就不好了，说我是右派，右倾机会主义，勾结帝国主义。我喜欢美国人民。我跟尼克松也讲过，我们的目的是打倒帝国主义、修正主义、各国反动派，帮助各国人民起来革命。我是个共产党员，目的就在于打倒帝修反。现在还不行，大概要到下一代。"

1950 年 11 月 25 日，新婚不到一年，刚刚过了 28 岁生日的毛岸英战死在朝鲜疆场。

毛岸英战死后，周世钊问毛泽东："岸英为你吃了那么多苦，他已经够苦的了，你怎么舍得让他去朝鲜战场！"

毛泽东沉思良久，徐徐回答道："老百姓的孩子可以血洒疆场，我毛泽东的儿子为什么就不行呢！我是中国共产党的主席，我的儿子不上战场，以后国家有难，谁还会派自己的儿子去上战场呢！"

也就是在那次与周世钊的谈话中，毛泽东重述了青年时代立下的宏愿——"为全中国、全世界受苦的人贡献自己的一切"，并追忆起新民学会的那些"同学少年"。

为人类而牺牲自己——这是马克思 17 岁中学毕业时所写作文中立下的志愿，而这也是第一批中国共产党人的信念。

他们牺牲，当然是为了追求幸福，既是大多数人的幸福，也是自己精神的幸福。

1901 年，由基督教青年会的 12 名会员组成的耶鲁大学"德怀特·霍尔"小组，提出了雅礼协会的最初计划，正是这个计划，导致了长沙雅礼中学、湘雅医学院以及护士学校的诞生。

耶鲁大学位于美国康涅狄格州纽黑文市，那里曾经是新教徒的避难所。1854 年，中国第一个留美学生容闳在此光荣毕业。

"雅礼精神"的宗旨是"创造现世财富，追求精神幸福"，用马克斯·韦伯的话概括来说，这就是"全心全意地创造财富，但自己却绝不享受这些财富"。

1972年年底，海伦·斯诺重访中国时，访问了毛泽东长子的诞生地长沙湘雅医院。当时，她感慨地谈到了雅礼精神与中国第一代共产主义者精神品格的联系，她说："在古老的中国文明中，唯利是图是根深蒂固的，非物质的动机对旧时代的中国人来说几乎是不可思议的。正是共产党人，首先给中国带来了真正的精神价值——为了崇高的目的，可以做出任何自我牺牲。"

她还说，共产党人的精神，与现代"大学精神"有着某种联系——"实际上，毛泽东主义的原理，同上面列出的剑桥、牛津、耶鲁的原则有相同之处，只是某些方面更适合中国的实际罢了。从受英国教育的杨昌济老师那里，从他第一位妻子那里，毛泽东学到了这些原理。"

这一解释，或许有助于我们理解毛泽东是在怎样的环境中成长的。而像李振翩这样的"雅礼精神"的服膺者，何以会成为新民学会的会员，而大多数新民学会的会员，为什么会成为共产党人。

海伦·斯诺从一个特殊的角度，思考并讲述了什么是"大学精神"、什么是早期共产党人的精神品格、什么是精神幸福。

1931年，新民学会的主要创始人蔡和森因叛徒出卖，牺牲于广州军政监狱，年仅36岁。

1976年11月，新民学会的另外一个主要创始人萧子升病逝于乌拉圭。

自从与毛泽东分道扬镳之后，萧子升一生都在逃避和"逃跑"，他最终逃到了南美洲。而这个"逃避者"晚年著书，深情地描述了与毛泽东徒步走遍湖南五县的经历。

1976年9月9日，毛泽东在北京逝世。毛泽东与萧子升生于同年，也均享年 83 岁。

毛泽东奋斗了一生，而萧子升则空说了一世。毛泽东当年的这位"兄弟"，并未成为他的"同志"。

当新民学会的主要成员李振翩得知毛泽东逝世的消息后，含泪写下这样的诗句："仰望巨星今不见，长使世人泪满襟。愿化悲痛为力量，加紧服务为人民。"

1984 年 11 月 16 日，世界著名细菌学和病毒学专家李振翩在美国逝世，享年 86 岁，当时的中国国务院总理发去唁电，时任美国副总统的乔治·布什打电话向汤汉志表示慰问。

李振翩毕生致力于以医学救世济民，临终前一天还在实验室埋头工作。

1927 年大革命失败后，新民学会的另一个主要创始人易礼容被国民党追捕，于 1929 年流亡日本，一度与党失去了联系。抗战爆发后，易礼容回国。新中国成立后，毛泽东在给他的回信中，回顾了早年的斗争岁月，同时又以同志的态度，请易礼容认真向组织说明脱党后的一切活动。此后，易礼容在全国总工会工作，而他的搭档，还是当年一起领导安源路矿工人大罢工的李立三。

1968 年 11 月 5 日，因为受到刘少奇的牵连，易礼容被投入秦城监狱，那一年，易礼容已是 70 岁高龄。1975 年，经毛泽东亲自干预，易礼容被释放出狱，1978 年，易礼容案彻底平反。

1997 年 3 月 28 日，易礼容在北京逝世，享年 99 岁。

他是最后一个去世的新民学会的会员。在中共中央的悼词中，他被称为"易礼容同志"。

恰同学少年，风华正茂，书生意气，挥斥方遒。指点江山，激扬文字，粪土当年万户侯。曾记否，到中流击水，浪遏飞舟。

"其作始也简，其将毕也巨。"

不忘初心，方得始终。

今天看来，如果没有毛泽东，如果没有新民学会那些"同学少年"，如果没有"嘴巴大得能塞进一个拳头"的李立三，如果没有善于经营、胆大心细的蔡和森、易礼容，如果没有立志"宁可一日不吃饭，不可一日不学习"的"刘九书柜"（刘少奇），中共能否像毛泽东当年向萧子升预言的那样，用三四十年的时间就能取得全国政权，恐怕尚在未定之天。

可以肯定的是，如果没有长沙新民学会这些"指点江山，激扬文字"的新青年，仅凭"中共一大"那13个代表，中国共产党的命运一定会是另外的一幅画卷。

毫无疑问，革命是惨烈的，政治是严酷的，但是，他们从来没有逃避惨烈与严酷。在信仰、真理、路线问题上，他们毕生都没有过丝毫的妥协与退让，因为他们之间的关系不是哥们儿兄弟，他们不是利益集团——而是为了真理而斗争的同志。

同志——王阳明曾经使用过的词，新民学会的会员们用这个词来称呼彼此。

同志之间，只有思想、路线分歧，没有利益之争。

第四章

『说空话』与『办实事』

1922 年 7 月，中国共产党在上海召开第二次全国代表大会，因忙于工人运动而四处奔走的毛泽东没有出席这次会议。

1936 年，忆起中共二大，毛泽东对斯诺这样解释说："我本想参加，可是忘记了开会的地点，又找不到任何同志，结果没能出席。"

中共二大通过了加入共产国际的决议案，根据共产国际的指示，党把实现无产阶级专政当作"最高纲领"，而党的使命则是实现"最低纲领"，即建立一个"民主的联合战线"。

实际上，使毛泽东放弃与会的主要原因，可能就是他对党放弃支持工人运动而感到困惑不解，因此他方才说，自己当时"找不到任何同志"。

毛泽东没有听从共产国际的命令，而是继续独自领导了粤汉铁路工人大罢工，而这次罢工，同样奇迹般地取得了胜利。在当时，除了易礼容、李立三、刘少奇等几个一起领导工人运动的湖南战友之外，毛泽东在党内确实找不到任何同志。

导致当时中共中央政策迅疾转向的，是苏联和共产国际态度的转变。

1919 年共产国际一大召开后，首先是西伯利亚形势发生了巨大变化，苏维埃的劲敌高尔察克政权垮台，俄共中央在广袤的西伯利亚地区成立了"缓冲国"——远东共和国，而最早来中国尝试建立共产主义组织的维经斯基，就是被俄共中央远东局海参崴分局外国处派来的，而不是被莫斯科的共产国际派来的。

苏联政府、共产国际、俄共中央远东局——它们并不是相同的组织，这是我们研究这个时期历史时，首先必须注意的关键点。

共产国际一大确立了"列宁路线"，即凡参加共产国际的各政党，只是共产国际的支部，共产国际执委会"完全有权罢免由各政党选举产生的领袖，而代之以自己选定的领袖"。

尽管当时规模仅次于俄共的德国共产党的领袖罗莎·卢森堡不赞成这一路线，她希望建立一个以世界革命群众为基础的国际组织，而不是一个以俄国共产党为基础的国际组织，不过，卢森堡的意见被否决了，列宁路线支配了共产国际，而这就是为什么在 1943 年 5 月 25 日共产国际解散之前，中共领袖必须得到共产国际的认可，共产国际有权罢免中共选举出来的领导人。

与此同时，西欧各国爆发的力图建立苏维埃政权的工人起义纷纷失败了。在整个西方，苏联陷入了发达资本主义国家和帝国主义势力的重重包围之中。为了打破这种封锁，苏联布尔什维克转而希望在亚洲找到盟友。

正是在这种形势下，列宁发表了《落后的欧洲和先进的亚洲》一文，他指出：欧洲的资产阶级已经陷入全面的反动，而亚洲的资产阶级还在同人民一起反对反动势力，所以，目前共产党人不应该继续追求"世界革命"，而应该与亚洲的资产阶级联合起来，进行反对帝国主义的"资产阶级民主革命"。

共产国际二大就是在这样的背景下召开的，时间是 1920 年 7 月 19 日至 8 月 7 日，地点是彼得格勒。这次会议的主题便是讨论民族和殖民地问题，重点则是亚洲问题。

就是在这次会议上，出生于荷兰鹿特丹的印尼东印度公司雇员马林脱颖而出，他取代俄共远东局的维经斯基，成为共产国际中国事务的主管者。

马林原在荷兰东印度公司工作，他成功创办了印尼民主同盟，并创造了使这个同盟与印尼伊斯兰同盟成员互相加入的"印尼模式"，而这个由马林提出的处理亚洲问题的"印尼模式"，在共产国际二大上得到列宁的肯定。

1921 年 6 月，共产国际执委会从莫斯科派出自己的驻华代表，而这个人就是马林，由于深得列宁的赏识，马林在共产国际二大上当选为共产国际执行委员会委员和殖民地问题委员会秘书。会后，经列宁提议，由马林担任共产国际驻华代表。

马林于 1921 年 7 月到达上海后，便建议立即召开中共一大，而此前，与中国的马克思主义者接触的俄国人，则是来自俄共远东局的维经斯基，李大钊、陈独秀所接触的俄国代表，当然也是维经斯基，与作风细致、善于与中国人打交道的维经斯基相比，下车伊始便指手画脚的马林，是个类似钦差大臣的角色，而陈独秀之所以没有参加中共一大的一个重要原因，就是因为他并不熟悉马林这个人，而马林下车伊始就决定立即召开中共一大，他这样做，事先也并没有与陈独秀充分沟通。

实际上，中国的共产主义者与共产国际第一次直接沟通，是在 1921 年 6 月 22 日召开的共产国际第三次代表大会上，当时，维经斯基的翻译和助手张太雷、杨明斋，从远东共和国的伊尔库茨克到莫斯科参加了这次会议，瞿秋白作为记者采访了这次会议，张、杨二人虽然采用了中共代表团的名义，包括瞿秋白在内的三人当时都身在俄国，而那个时候，中共一大还没有召开，中国共产党也没有成立——而他们三人都还不是中国共产党党员，因此，严格说来，他们三人并不能真正代表中国共产党。

与此同时，除了俄共远东局、共产国际执行委员会之外，苏联政府也在通过自己的渠道与中国建立关系，而对于苏联政府来说，他们面对的局面尤其复杂——这是因为当时的中国存在南北两个政府，其中北洋政府是被世界公开承认的政府，孙中山则立志要推翻北洋政府，但孙中山的广东政府并不被世界承认。当然，那个时候的苏联政府自己，也不被英美等国所承认。

局势如此复杂，以至于苏联政府对于中国的政策便是"脚踩两只船"，即既公开与北洋政府建立外交关系，同时又与南方孙中山政权之间发展关系。

1922年1月，俄共中央和共产国际为了对抗华盛顿会议，在莫斯科召开了远东各国共产党及民族革命团体第一次代表大会，简称"远东大会"。这时，刚刚成立的中国共产党，则派出了以中共中央局委员张国焘为团长的44人代表团出席会议。就是在这次会议上，列宁专门接见了张国焘，而张国焘就这样成为中共党内第一个、也是唯一一个被列宁单独接见过的人，他在中共党内的特殊地位，也因此确立——张国焘长期以为他自己与共产国际有特殊关系，几乎可以代表国际正确路线，其理由庶几在于此。

中共一大结束后，马林便于1922年4月赶回莫斯科，他此行之目的，就是为了说服共产国际支持他把"印尼方案"运用到中国，即使共产党加入孙中山的国民党，实行国共合作。

马林成功地说服了列宁和共产国际执行委员会，为了使马林能够在中国推行他的方案，苏联在"共产国际驻华代表"头衔之外，又委任了马林两个新职：其一是《共产国际》和《国际新闻通讯》驻远东记者，其二是苏联政府驻华全权代表越飞的助手。这样，马林便既是共产国际的驻华代表，又成为苏联政府驻华代表的助手，党政大权集于一身。

马林于 1922 年 8 月回到中国，当时，中共二大刚刚闭幕不到一个月，马林遂要求中共中央立即召开特别会议，以专门讨论国共两党合作问题，这就是著名的西湖会议。

当时的共产党人完全有理由怀疑来去匆匆的马林。这个人究竟是来协助成立中国共产党呢，还是来说服共产党加入国民党呢？在后来看来，这确实是个问题。

1922 年 8 月 28 日至 30 日，西湖会议在杭州召开，参加者有李大钊、陈独秀、张国焘、蔡和森、高君宇，翻译是张太雷。马林主持了会议，但是，马林随即发现，在中国推行他的"印尼方案"难度很大，首先就是因为张国焘、蔡和森坚决反对，他们二人认为，国民党藏污纳垢，让共产党加入国民党，只能毁了新生的中国共产党。

最终，在李大钊的全力劝说下，西湖会议口头上赞成了马林的方案，但是，就是在那次会议上，马林与中共的两位主要"少壮派"领袖——张国焘、蔡和森之间的关系，从此变得不可调和。

而苏联政府与孙中山之间的关系，却建立得出乎意料的顺利。

1922 年 8 月，曾经参与领导了十月革命的越飞，以苏联副外交人民委员的身份，出任驻华全权大使。1922 年 9 月 18 日，越飞还在长春写信给马林说：他的目标是要促成孙逸仙—吴佩孚联合政府，并使张作霖承认这个政府。而在与北方军阀吴佩孚就外蒙古和中东铁路问题谈判失败后，越飞方才转而依靠南方的孙中山和国民党。

当时的孙中山偏居广州，他唯一的依靠力量陈炯明也叛变了，他领导的国民党是乌合之众，广东政府风雨飘摇，他几乎没有什么依靠力量了。而苏联政府恰恰就是在这个时候，向山穷水尽的孙中山抛出了橄榄枝。

1923 年 1 月，《孙文越飞宣言》发表。在这个宣言中，苏联政府和孙中山一致认为：中国不存在社会主义生存发展的土壤，苏维埃制度不能引进中国。中国革命的目标不是社会主义，而是打倒军阀。

《孙文越飞宣言》发表后，1923 年 3 月 8 日，俄共（布）中央政治局召开会议，就中国问题做出四项决定，其中第三项是"认为可以给孙逸仙约 200 万墨西哥银元的资助"，并派遣教官来广州，以帮助国民党建立黄埔军校，让国民党用苏联提供的枪炮，去打拒绝与苏联合作的吴佩孚。

苏联的援助乃是国民党建军的基础，而如果没有黄埔军校，当然就不会有后来的蒋介石。

1923 年 8 月 16 日，孙中山派出了一个特别代表团访问苏联，团长即是 36 岁的蒋介石，团员中有共产党人张太雷，而当时的蒋介石竟然告诉苏联人说，自己正在刻苦研读马克思的《资本论》，而这为他博取了共产国际的极大好感。

1925 年，蒋介石的儿子蒋经国进入刚刚成立的莫斯科中山大学学习，蒋经国当时只有 15 岁，是中国留学生中年龄最小的，而蒋经国所在班级的党小组长，就是大他六岁的邓小平，当年的"小蒋"身高 1.55 米，班级排队，他和邓小平总是排在一起。

1923 年，列宁已经病重，负责俄共中央事务的人是斯大林，而斯大林极为欣赏军人出身的蒋介石，他当然不会想到，蒋介石会用苏联给他的枪去杀共产党。

1921—1923 年恰恰又是中国工人运动的第一个高潮，除了毛泽东成功领导的安源路矿工人大罢工和粤汉铁路工人大罢工之外，张国焘和项英等人领导了京汉铁路工人大罢工。1923 年 2 月 7 日，京汉铁路工人大罢工被镇压之后，张国焘以中共中央执行委员会委员身份到莫斯科汇报有关情况。

张国焘到莫斯科后，在与共产国际东方部主任萨法洛夫、远东局负责人维经斯基和红色工会国际负责人罗佐夫斯基接触中，他终于发现苏联对于马林提出的"印尼方案"并不完全赞同，对于国共合作意见也不一致。

张国焘本来就与维经斯基关系很好，而在西湖会议上又与马林交恶，回国后，张国焘便举着共产国际的旗号，指斥马林是右派，他自己所带回的才是正确的国际路线，而共产国际内部的分歧，就这样被爱好"党争"的张国焘带回了中共内部。

毛泽东在《湘江评论》创刊宣言中曾经说，中国人的老毛病就是迷信强权、迷信祖宗、迷信洋人，"全然不认有个人，不认有自己，不认有真理"。

实际上，当时共产党内的两派所迷信的，都是共产国际和苏联。而共产国际、俄共远东局、苏联政府所发出的不同信号，则使新生的中国共产党无所适从。

既然主张国共合作的是共产国际，反对全面依靠国民党的也是共产国际，在马林与维经斯基等人的分歧面前，中国共产党何去何从呢？

中国共产党怎样才能做到独立自主呢？

中共之所以能坚持一定程度的独立自主，当然在于其从成立伊始就有着自己的干部基础，而这一基础是由两部分人构成：其一是长沙新民学会的会员，其二是留法勤工俭学的成员，而他们都是五四运动造就的新青年。

这两部分成员，先后会合于北京大学和法国里昂大学，随后又由于领导中国早期的工人运动而走到了一起。

但是，仅仅依靠这些新青年，中国共产党就能站得住吗？而这才是个真正的问题。

1923年4月，毛泽东被从长沙工人运动的前线，调到上海中共中央工作。6月上旬，毛泽东离开上海到广州，参加中共三大预备会议。

中共三大是在中国工人运动陷入空前低潮时召开的。就在这一年，爆发于河南并席卷中国北方的京汉铁路工人大罢工，被军阀吴佩孚残酷地镇压下去了，成千上万的工人惨遭屠杀，长期经营的中共北方组织，在一夜之间就被破坏殆尽。

血淋淋的事实迫使中共认识到：在军阀的武力面前，中国工人阶级的力量是如此弱小，而貌似轰轰烈烈的工人运动，竟然如此不堪一击。

这一次，主持中共三大的中共中央总书记陈独秀坚定地站在了马林一边，这主要就是因为苏联选择的中国盟友是孙中山和国民党，《孙文越飞宣言》便是苏联策略的体现，苏联支持中国的"资产阶级民主革命"——它被称为"国民革命"。

但是，这就意味着，中国革命的领导者不是共产党，苏共指示中共：共产党的使命只是配合国民党进行国民革命，而在国民革命中，共产党要一切服从国民党。

陈独秀这位总书记，也就是这样跟随马林，成了中共的"取消派"。

对于年轻的中共领导层而言，1923年是令他们心碎的一年。这些人参加共产党，原本就是为世界革命的大同理想所鼓舞，是因为共产党是工人阶级的先锋队。而今，他们却被告知：世界革命像蓝天一样遥远，共产主义将被永远推迟，而那或许是一个永远也不可能实现的理想。中国要进行的是资产阶级革命，而在那场革命中，共产党不过是国民党的附庸。

在中共三大上，马林和陈独秀要求中共全部加入国民党，以国民党的名义开展一切活动，而张国焘和蔡和森则坚决反对，他们认为英美资本的影响，使中国的资产阶级不具有民族革命的性质，中国资产阶级就是英美帝国主义的走狗，是买办势力。因此，共产党独立进行革命才是唯一出路。

张国焘更指责马林歪曲共产国际指示：共产国际的指示是让已经加入国民党的同志"留"在里面，还没有加入的——尤其是从事工人运动的同志，不必再加入。而蔡和森表示，他自己完全赞成张国焘的意见，坚定地与张国焘站在一起。

这是一次"信仰"的危机吗？如果说是，那么，这种"信仰"的危机，在后来的中共历史上曾经出现过多次。

何况，这还不仅仅是一场信仰危机，因为这更是一次组织危机。

就是在这次会议上，张国焘公开主张共产党的北方组织必须独立行动，即共产党在北方不应该发展国民党势力，中共北方组织必须打出共产主义和中国劳动组合书记部的旗帜，独立领导中国革命。

于是，刚刚诞生不久的中国共产党，第一次面临党内分裂的危险。

张国焘第一次热衷于搞分裂，就是在党的三大上。

而此时的马林则运用共产国际的权威，火上浇油，毫不妥协地打压中国共产党内的工人运动派。根据马林的建议，为了支持国民党的资产阶级革命，苏联更是把中国工人运动的领袖们调到莫斯科中山大学学习，实际上等于把这些人"雪藏"起来，为的就是防止他们的"过激行动"破坏苏联与国民党的合作，或者说，防止中国的工人运动影响资产阶级革命的顺利进行。

项英、李立三、张国焘、蔡和森、向忠发等早期中国工人运动领袖，就是这样先后被派往了苏联。

如果不是蒋介石后来背叛革命，这些中国早期的工人领袖们也许就这样终老异乡，一生默默无闻。而1928年之后，这些人当然也不会再有机会被陆续派回中国，代表共产国际去打击"山沟里的马克思主义者"毛泽东了。

作为当时中国最著名的工人运动领袖，毛泽东竟然没有被派往苏联，这的确算是一个极大的例外。

固然，毛泽东本人一向对吃"洋面包"不感兴趣，但更重要的是：在共产国际看来，毛泽东似乎并不能算是一个纯正的布尔什维克，他领导的安源路矿工人大罢工与京汉铁路工人大罢工的性质完全不同。总体来说，毛泽东领导的不过是一系列和平的劳资谈判，毛泽东主张的"工人持股"和劳资合作，是资产阶级能够接受的。毛泽东不算是"激进派"，他这样的人留在中国，对国共合作有好处。

毛泽东自己后来也多次说过：在中国政治舞台上，他只能算是个"中间派"，他的立场，最多算是"中间偏'左'"而已。

毛泽东不是留学生，他没有搅和进共产国际内部的纷争，正是这个例外成全了毛泽东，也成全了中国革命和中国共产党。

毛泽东也正是在士气极其低落的中共三大上，首次提出了他别具一格的设想。在现实的逼迫下，毛泽东力图去创造一种学说，这种学说奇迹般地重新叙述了马克思列宁主义。

这一学说，后来被称为"毛泽东思想"。

在中共三大上，毛泽东究竟提出了什么样的主张呢？

张国焘后来在《我的回忆》中这样说："毛泽东所提出的，其实就是农民问题。"中共三大讨论的问题，"都是在会前已经再三讨论过的，只有农民运动，是一个新提出来的问题。在中共的历次讨论中，直到三次代表大会，代表才重视这个问题，尤以毛泽东为然"。"毛泽东的发言是强调农民革命的重要性，进而指出中共不应只看见局处广州一隅的国民党，而应重视全国广大的农民。"

张国焘还回忆说："毛泽东向大会提出，湖南工人数量很少，国民党员和共产党员更少，可是漫山遍野都是农民，因而他得出结论，任何革命，农民问题都是最重要的……中国国民党在广东有基础，无非是有些农民组成的军队，如果中共也重视农民运动，把农民发动起来，也不难形成像广东这类的局面。这种看法，是毛泽东这个农家子对于中共极大的贡献。"

正是在中共三大这次两派相争的会议上，毛泽东的意见脱颖而出，他指出，在中国这样一种外有帝国主义，内有军阀横行的处境下，不必说夺取全国政权，就是为了维护中共的生存，仅靠工人在城市里起义也是办不到的，因为这要依靠"党军"，而如果不发动广大的农民入伍，"党军"则无从建立。

国民党之所以被苏联看好，就是因为它目前掌握着一定数量的"党军"，而这些"党军"的来源，不过就是共产党人彭湃在广东海陆丰地区进行农民运动的成果。

毛泽东同时还预言，国民党不可能将国民革命进行到底，因为国民党的干部特别是军队里的干部，基本上都是地主和乡绅的子弟。让他们去打击军阀是可以的，而让他们代表农民、组织农民去革地主和乡绅的命，则是完全办不到的。

孙中山固然有"平均地权"的良好愿望，可他的这一良好愿望，却必然使豪绅地主成为打击的目标。因此，孙中山的这种革命思想，不可能依靠国民党来实现。

可见，国民党并没有苏联所想象得那么有实力，如果没有共产党人动员农民入伍，国民党甚至在广东也根本不能立足。

革命者的第一要务是能够在残酷的环境里生存下来，这决定了中国革命的基本方式必须是武装的军事斗争，而不是社会运动和城市罢工，而这是由中国的国情所决定的。

毛泽东的这种主张是极其务实的，而他关于农民是"党军"来源的呼吁，则立即引起了国民党"左"派的重视，此后不久，毛泽东便担任了国民党中央党部主办的广州和武汉农民运动讲习所所长。

但是，与毛泽东不同，当时年轻的中共领导层恰恰是"不务实"的。当时的中共中央由一批洋派的知识分子组成，他们空怀高远的理想。在他们眼里，毛泽东一身土气，而毛泽东如此轻易地放弃工人运动、城市运动和社会运动，简直就是个没有理想的"机会主义者"。

的确，当时的毛泽东没有上过大学，也没有写过书，即使写了，那时恐怕也没有谁愿意给他出版。毛泽东来自农村，他没有在大城市长期生活过，更没有留学的经历，在这方面，他根本不能与蔡和森、瞿秋白、李立三、张国焘和刘少奇相比。陈独秀之所以重用他，只是因为他老实肯干、能吃亏、会办事而已，而在陈独秀眼里，毛泽东实际上不过就是个农家秀才。

瞿秋白后来固然曾为毛泽东的《湖南农民运动考察报告》作序，陈独秀也提出了关于土地革命的见解，但那时中国的大革命已经接近尾声，面临失败。

黑格尔的思考终结于资产阶级，列宁和斯大林的思考止于工人阶级，而毛泽东却是在一个全新的起点上思考的。对当时执迷于工人和知识分子运动的中国共产党领导层来说，让他们接受毛泽东——一个"农家子"的思想，而不是将其视为"异端邪说"，那几乎就是不可能的。

这里起码有如下几个原因：

其一，毛泽东的设想不但与共产国际的指示——看起来也与马克思的经典学说背道而驰。马克思主义是以工人阶级为主体的学说，而在那里根本就没有农民的地位。

其二，当时的中共领导层主要由知识分子组成，且是由受西方影响的高级知识分子组成，他们与中国的下层特别是农民相隔甚远。这些人几乎不了解农村与农民，他们对于农民的印象，就是愚昧、落后、保守和自私。

其三，这些受西方影响的知识分子，对中国传统的治理经验缺乏认识，在这些"反传统主义者"眼里，中国传统几乎全是糟粕。

难怪张国焘当时曾这样讽刺说，那个一身土气的毛泽东，还生活在黄巢、朱元璋和李自成的时代，而黄巢当年占领了广州，就一把火把整个广州城烧掉了。农民是很愚昧的，他们根本不知道什么是苏维埃，农民还以为苏维埃就是苏兆征（中共著名的工人运动领袖）的儿子呢！

当时的中共领导人大多是城里人，他们不但与农村和农民有隔阂，而且他们还是读书人，由于中国长期以来文武分途，他们更鄙视"武人"。

而毛泽东在中共党内的独特性，恰恰也就表现在这里。1915 年 8 月，毛泽东在致萧子升的信中说："尝诵程子之箴，阅曾公（即曾国藩）之书，上溯周公孔子之训，若曰惟口兴戎，讷言敏行，载在方册，播之千祀。"

这就是说，中华文明共同体是通过周公协助武王伐纣建立起来的。

尽管毛泽东也曾相信过无政府主义学说，但是，从青年时代起，毛泽东便认为，西方文明从根本上说是立足于军事组织之上的，而中华文明创生伊始，同样也是立足于军事组织之上。

1917 年 8 月 23 日，在致黎锦熙的信中毛泽东又指出，当今学习西方的议会、宪法、总统、内阁、实业、教育，但所学者皆不过是西方的枝节，而这就是因为没有看到，现代西方文明是建立在军事组织之上的。

于是，毛泽东接着说了如下著名的话："愚于近人，独服曾文正，观其收拾洪杨一役，完满无缺，使以今人易其位，其能如彼之完满乎？"

简而言之，曾国藩令毛泽东佩服的地方有两点：其一是组织人心，其二是组织军队。

更重要的则是：曾国藩能够通过组织、收拾人心而组织军队。

回顾中国历史，毛泽东认为，中国之衰落：一是起于士大夫阶级的空洞说教不能组织人心，二是肇始于这个读书人的阶级不知"武事"，更不能组织和领导军队。

毛泽东推崇中国历史上的法家而批评儒家，原因也正在于此。

1937年清明节，国共两党共祭黄帝陵，毛泽东撰《祭黄帝文》，在中华民族到了最危险的时候，他又这样痛切地感叹中华民族"武德"之丧失："懿维我祖，命世之英，涿鹿奋战，区宇以宁。岂其苗裔，不武如斯：泱泱大国，让其沦胥？"

"不武如斯"的中华民族，怎能在这个虎狼世界里生存呢？

而在1923年的毛泽东看来，中国共产党因为学习了马克思主义真理，固然能够鼓动人心、组织人心，但若不能组织军队，这实在是一个极大的弱点。而在这一点上，那个时候中共的觉悟甚至还不如曾国藩和国民党。

这个弱点，恰恰也是中华文明衰落的一个重要原因，若不从根本上改正这个弱点，也就不能使中国共产党与历史上的士大夫阶级真正决裂。

如果说当时年纪轻轻的毛泽东，在见识上有什么超越那些大知识分子的地方，也许关键就在这一点上。

但是，中共三大之所以听任毛泽东在会议上发表"奇谈怪论"：进行国民革命，同时在国民革命中不遗余力地争取共产党的领导地位——这只是形势所迫、迫于无奈，而绝非赞成毛泽东的意见，更没有被毛泽东的主张所说服。历史证明，毛泽东要说服共产党接受他的主张，要付出血的代价，他还有很漫长的路要走。

　　中共三大最终选举陈独秀、毛泽东、罗章龙、蔡和森和谭平山五人组成中央局，陈独秀为中央局委员长，毛泽东为中央局秘书，会议规定：本党一切函件，须由委员长及秘书签字。

　　其中，谭平山是因为与孙中山关系良好入局，选择他就是为了推动国共合作。毛泽东、罗章龙属于李大钊和陈独秀弟子中的实干派，而蔡和森则是留学生派的代表。

　　令人惊叹的是，中共三大所形成的中央局五位成员中，"杨门弟子"竟然占了三位，他们是：毛泽东、蔡和森和罗章龙。

　　毛泽东希望历次党的代表大会都能开成一次高水平的思想路线讨论会，以"不断推进伟大的思想解放，使党在思想上团结起来"。但是，中共三大显然还不是一次制定成熟思想路线的会议，而在当时的中共领导层看来，30岁的毛泽东可能什么都有，但就是没有学问和思想。

　　当时欣赏毛泽东主张的，的确并不是共产党，而是国民党"左"派，即以孙中山、廖仲恺、胡汉民和汪精卫为代表的那一派。他们认为，通过满足农民的土地要求，以组织发动农民入伍，建立党军，这是国民革命成败的关键。

　　尽管在毛泽东看来，国民党"左"派的姿态是虚假的，他们重视农民运动，只不过是因为农民是国民党建军的兵源，而一旦国民党建军成功，农民运动便会被否定——不幸的是，毛泽东对于国民党"左"派的这种判断很快就变成了事实。

无论怎样，在当时的共产党里，毛泽东确实是国民党能够和愿意接受的人才。而那时的国民党能够认识到"枪杆子"的重要性，仅此一点，就显得比同时期的中共更成熟、更务实，也更了解中国。

在中共三大上，中共党内唯一见过列宁的张国焘出局了，这是他反对马林的代价，但出乎意料的是，在中共三大结束之后不久，马林也被莫斯科召回，这只能是苏联和共产国际内部斗争的结果，而斯大林派长期在美国做地下工作的鲍罗廷代替了他。鲍罗廷的使命是直接去广州担任孙中山的军事顾问，帮助国民党改组、建军。

历史证明，对国民党和孙中山帮助最大的人，其实就是这位特工出身的鲍罗廷，而且，把原本在国民党内湮没无闻的蒋介石扶上位的，也正是这个鲍罗廷。

可以这样说：在历任俄国"钦察大臣"中，对中国革命和中国共产党伤害最大的是两个人：一个是鲍罗廷，一个是米夫。前者扶植了蒋介石，后者扶植了王明。

鲍罗廷到达广州后，首先说服孙中山放弃仓促北伐的决定，他认为，当务之急是把国民党改造为一个真正的政党。鲍罗廷指出，孙中山之所以屡战屡败，这里的根本原因就在于，他所领导的国民党只是一个松散的帮会，而根本不是一个政党。

正如鲍罗廷所指出的那样，国民党的问题在于：

> 党和党员没有任何联系，没有在他们当中散发书刊，没有举行会议，没有说明孙中山在各个战线上的斗争目标，国民党作为一支有组织的力量完全不存在。

鲍罗廷第一次告诉孙中山，什么叫"党建"，而如果不把党建设好，国民党不但不能担负起国民革命的重任，而且还将一败涂地，但现在的问题在于"党建"究竟是什么，这对孙中山本人来说竟然都是闻所未闻。

鲍罗廷下面的话深深地震动了孙中山，因为他这样批评国民党说：

现在它既没有纲领，也没有章程，没有任何组织机构。它偶尔发布由孙签署的诸如民族主义、民权主义、民生主义等一般性题目的宣言，根本不涉及当前的事件，不对它们作出解释，也不利用这些事件来发展和巩固党。这些宣言作为趣闻被刊登在几家报纸上，然后国民党又沉睡一年又一年。

这就是为什么国民党虽然比共产党成立得早，但是，作为一个现代政党的国民党，却比共产党成立得晚。而在国民党由松散的帮会向现代政党转化的过程中起了关键性作用的，就是斯大林派来的鲍罗廷。

正是鲍罗廷帮助孙中山为国民党制定了章程，提出了革命纲领，正是鲍罗廷告诉孙中山，党的组织与党的纪律就是党的生命。

孙中山终于认识到，共产党比国民党高明的地方无他，就在于党的建设和军队建设这两条。而孙中山之所以下定决心真诚地与共产党和苏联合作，其根本原因也就在于此。

而孙中山之后的国民党领袖，却竟然再无一人能有孙中山这样的见识。

孙中山革命了一生，但是他毕竟觉悟得太晚，他毕生最后的努力，就是在鲍罗廷和共产党的帮助下，召开了国民党第一次全国代表大会，而那时离中国共产党的成立，已经过去了三年半的时间。

1923 年 12 月底，毛泽东赴广州参加即将召开的中国国民党第一次全国代表大会。

孙中山正是在国民党一大上发现了毛泽东的才华，因为毛泽东在会上巧妙地掌握了会议选举环节，成功说服国民党右派接受了共产党员加入国民党的决议。

毛泽东晚年说，我自己 30 岁的时候被孙中山先生起用，而我们共产党人也要像孙中山先生那样，支持和信赖年轻人干革命啊！

在那次会议上，毛泽东被孙中山指定为章程委员会审查委员，并被选举为国民党中央执行委员会候补委员。

而当时的蒋介石却只是列席了国民党一大，也就是说——他连大会正式代表都不是，当毛泽东在大会上慷慨陈词的时候，蒋介石只能在台下默默听着。

实际上，在国民党内，毛泽东原是蒋介石的"老领导""老上级"。

1924 年国民党一大期间，孙中山召蒋介石来广州，也并非是让他来开会，而是另有重用。孙中山任命蒋介石担任黄埔军校的筹备委员会委员长，但十分可惜的是，当时的蒋介石觉悟很低，他看不上区区一个军校的筹备委员会委员长的职务，于是，没有当上国民党一大正式代表的蒋介石愤然掼了乌纱帽。

1924 年 2 月 21 日，蒋介石向孙中山递交了辞呈，且未经批复，蒋介石便郁闷地回溪口老家去了。

对于国民党建军这件事，当年的毛泽东可要比蒋介石积极多了。正是经过毛泽东的推荐，蒋先云成为黄埔军校的第一期学员，蒋先云 1921 年 10 月加入中国共产党，是毛泽东在湖南发展的第一批党员之一。蒋先云、贺衷寒、陈赓号称"黄埔三杰"，这"三杰"中，后来只有贺衷寒一个人跟随了蒋介石。

按照孙中山的部署，必须把广东的党建经验推行到上海，而毛泽东就是这样受孙中山的托付，到上海负责国民党的党员重新登记，即上海国民党的"整党""党建"工作。

1924 年 2 月中旬，毛泽东离开广州，到国民党上海执行部工作，担任组织部秘书。随即，这一年的 3 月 13 日，毛泽东参加国民党上海执行部第三次执行委员会议，会议部署了黄埔军校的招生工作，毛泽东再一次参与了国民党的"建军"。

毛泽东最初参与"整党"，所要整顿的是国民党，而不是共产党，他一开始参与"建军"，则是建设黄埔军校，而不是建立工农红军。

毛泽东加入国民党，就是按照孙中山的部署，去改造国民党，而那个时候，毛泽东所代表的就是国民党"左"派，而在当时的共产党左派如张国焘、蔡和森眼里，努力帮助国民党担负起国民革命重任的毛泽东，他的立场则是偏右的，甚至是"机会主义"的。

而从那时起，在中共党内，毛泽东的头上就被冠以两顶帽子——"机会主义"和"右倾"，而这两顶帽子一直戴到了遵义会议召开之前。

1970 年 10 月 14 日下午，毛泽东在人民大会堂会见法国前总理德姆维尔和夫人，他回顾自己一生的革命生涯时这样说："我是中间派，中间偏'左'，我这个人不算什么'左'的人。"

1973 年 6 月 24 日，毛泽东又跟周恩来说："我们又是现实主义者，说许多空话，不如做一件实事。"

1972 年 7 月 24 日，毛泽东在谈到国际问题时又这样说："我们外交部有条路线，中'左'路线，喜欢'左'派和中间派，就不喜欢右派。世界上右派当权，你怎么办呢？而我呢，都喜欢，特别喜欢右派，尼克松这类人，我就说服我周围的这些人。"

"说许多空话，不如做一件实事"，毛泽东并不是"左"派或者右派，他是他自己所说的"实事求是派"。

然而，正如毛泽东多次说过的那样，妥协容易，斗争也不难，最难的是以斗争求团结，而我们对于国民党的基本态度，向来就是以斗争求团结。

做"实事求是派"是一件极不容易的事，这意味着毛泽东同时要招架来自"左"派和右派的猛烈攻击。毛泽东在中共党内"变得名声不好"，被说成是"右派"和"右倾机会主义"，并非源自他晚年打开中美关系大门，实际上，他变得"名声不好"，被说成"右倾"，是从中共三大就开始了。

说服共产党不易，而与国民党打交道、改造国民党则更难了。毛泽东在上海主持的国民党党员重新登记工作，受到了叶楚伧等国民党老右派的强烈抵制，年轻的毛泽东，根本就不在这些老政客们的眼里。整顿这些腐败老朽，连孙中山都难以做到，当时只有30岁的毛泽东就更是勉为其难了。

看来，在中国办一件"实事"，实在是太难了，而同时为两个党服务，又实在是太累了。毛泽东对来自国民党右派的攻击可以满不在乎，但要忍受共产党同志对他的打击和污蔑，可就不是一件容易的事了。在那个时候，孙中山刚刚去世，而党内唯一同情毛泽东的李大钊也到莫斯科参加共产国际代表大会去了，在国共两党舆论的压力下，陈独秀不想也不能再挺他眼里能干的毛泽东了。

拼命工作而又遭受"夹板气"的毛泽东在1924年终于病倒了，他咯血不止，诊断结果是胃出血。他向陈独秀请了假，陈独秀如释重负地放毛泽东回湖南休养去了。

在随后召开的中共四大上，毛泽东被从中央局中选了出去，代替他的人便是陈独秀在北大的得意门生彭述之，陈独秀认为彭述之比毛泽东强，主要是因为彭述之外语极好，曾经陪同陈独秀参加共产国际代表大会，而陈独秀认为，借助彭述之，他能够更好地与共产国际沟通。

而当时的中共中央局成员，即相当于后来的中央政治局常委。自中共四大起，毛泽东便离开了中共中央的最高决策层，而直到 10 年后，在遵义会议上，毛泽东方才又一次当选为中共中央政治局常委。

中共是在遭受了巨大的挫折和碰壁之后，方才把"实事求是"当作行动指南的。

第五章 『谁主沉浮』

马林走了，而接任他的共产国际驻华总代表一职的不是别人，正是维经斯基。

维经斯基是陈独秀的老朋友，也是张国焘的支持者。维经斯基对共产党与国民党合作，始终持保留态度，在这个问题上，他与马林和鲍罗廷意见相左。

维经斯基参加了中共四大和中共五大，在他的主导下，张国焘重新回到了中共中央的领导层。维经斯基主张保持共产党的独立性，但是，这种独立性却是消极的，中共四届二中全会做出如下决议：第一，不让新党员——特别是工人党员加入国民党。二，共产党要把工作重心放在群众工作上，当然要保留在国民党工农部和军队政治部的位置，但在其他领域则不一定要进入国民党的领导机构。

而此时的鲍罗廷则是完全站在国民党的立场上，为了维护国民党的利益，他不惜与国民党内的右派妥协，而在孙中山去世后，鲍罗廷则成为国民党在共产国际内部彻头彻尾的代言人。他鼓动建立了"国际联络委员会"，使国民党直接与共产国际建立联系。他主张共产党不要参与军事工作。为了无条件地与国民党合作，鲍罗廷甚至走到了要取消共产党的地步。

共产国际在中国问题上，就是这样分裂为两派：维经斯基是"独立派"，而鲍罗廷等人则是"取消派"，正是这两派主导了中共四大、五大期间的中国共产党。

毛泽东显然不属于这两派当中的任何一派，因为他是"改造派"，毛泽东在孙中山、李大钊的支持下加入国民党，就是为了改造国民党，也正是毛泽东对国民党的改造，引发了国民党右派的极大不满。正是他对于国民党改造事业的积极投入，使中共内部的"独立派"认为：毛泽东对国民党的事务，比对共产党的工作更积极。

更主要的是，毛泽东主张共产党要抓农民运动、要抓枪杆子的思想，是共产党内的"取消派"和"独立派"都不能接受的，而这也恰恰是为国民党右派所最为憎恨的。

年纪轻轻的毛泽东，就是这样得罪了国共两党内部的"实力派"。

从 1924 年年底到 1925 年 8 月，毛泽东在中国政治舞台上消失了，他退隐到故乡韶山，在这近一年的时间里，他什么也没有写，也几乎没有发出任何声音。

退隐似乎成为毛泽东人生历程中的一个特点——每当要做出惊天动地的决断时，他都会像蛇一样蛰伏一个时期，在沉潜中独自思考，或者说，孤独地思考。

在长达近一年的时间里，毛泽东究竟在思考些什么呢？

他思考的是中国历史、中国社会的特殊发展规律。

基于这种思考，毛泽东对中国革命的性质，对于什么叫作"国民革命"，做出了与苏联和共产国际完全不同的判断。

这种离经叛道的判断太具有爆炸性了，而它又是如此深深地攫住了毛泽东的思想，"把酒酹滔滔，心潮逐浪高"，孤独至极的毛泽东只能归于沉默。

毛泽东认为，实践就在于发现"奇境"，即面对新情况、解决新问题。而马克思列宁主义的生命力，就在于它是一种批判的思想。对待马克思列宁主义，必须具体问题具体分析，而绝不是盲从。

马克思主义不是黑格尔主义的"绝对知识"，而是"诘难之思想"。后来，毛泽东在《实践论》中这样概括说：

> 客观现实世界的变化运动永远没有完结，人们在实践中对于真理的认识也就永远没有完结。马克思列宁主义并没有结束真理，而是在实践中不断地开辟认识真理的道路。

自青年时代起，毛泽东就认为："吾国二千年来之学者，皆可谓之学而不思。"

所谓"学而不思"也就是盲从，就是"循习惯之势力，而笃信之、服从之耳"。毛泽东说，"学而不思之学派"，造成的是"有信仰而无诘难之社会"。

中国缺乏的不是知识，而是批判地对待知识的态度。

当时，无论共产党和国民党都有章程、有纲领，但是，在毛泽东看来，这种章程和纲领所缺乏的是独立自主的思想路线的支撑，而无论国民党还是共产党的思想路线，都没有建立在对于中国和世界发展规律的认识之上。

在毛泽东看来，当时的中国共产党之所以左右摇摆，就是因为她还不是一个在思想上成熟的党。

1921年8月，刚刚参加了中共一大的毛泽东回到长沙，住在船山学社，便立即着手创办湖南自修大学，他为自修大学提出的宗旨是"自己看书，独立思索""共同讨论，共同研究"。在毛泽东看来，共产党人应该是在人民思想中的学者。

而在大革命时代，毛泽东所批判的，便是苏联关于人类社会发展规律的认识。

斯大林在1921年发表的《论中国革命的前途》中，把马克思对人类历史发展的复杂分析，简化为机械的"五种社会形态"的递进，这五种社会形态分别是：原始社会、奴隶社会、封建社会、资本主义社会和社会主义社会。

正是根据这样的观点，斯大林对中国社会性质做出了机械而简单的判断：中国是封建社会；中国需要资产阶级革命；在中国，资产阶级是最进步的阶级。

而斯大林的上述思想，其实就是中国共产党的指导思想。

毛泽东不能同意这样的观点，但那个时候的毛泽东自然也不可能知道：所谓"五种社会形态说"，根本就不是马克思的观点。

当时号称在刻苦研读《资本论》的是蒋介石，他在日记里吹嘘说，自己读《资本论》到了"废寝忘食"的境界。而毛泽东，则主要不是通过阅读马克思的著作，而是通过独立思考而接近了马克思的观点。马克思与毛泽东的共同点，就在于批判的思想，就在于不顾一切地投入思想的斗争，而在中国社会性质这个问题上，即是如此。

与列宁和斯大林不同，马克思在《政治经济学批判（1857—1858年手稿)》中提出：中国并不是西方那种"封建社会"，中国早就完成了国家的统一和市场的统一，不存在西方那样的封建壁垒、贸易和市场壁垒，中国市场很大，商人纵横南北，获利很多。但是，也正因为中国"商业资本"的过度发达，方才造成了其"工业资本"之不发达，即商人不必通过投资产业，就可以获利发财。

而这正是"工业革命"未发生于中国的一个原因。

于是，与西方式的"封建主义"和"资本主义"相区别，马克思发明了"亚细亚生产方式"这个理论范畴，以此来概括中国的特殊性。

尽管当时的毛泽东不可能读过马克思的《政治经济学批判（1857—1858年手稿)》，但与列宁和斯大林相比，毛泽东与马克思对中国社会特殊性的分析，在大的方向上却惊人地一致。

毛泽东也认为，中国并非简单的封建社会，中国社会有资本主义性质。

中国的官僚具有资产阶级性质，因为他们是营利的官僚，而中国基层的土豪劣绅也同样具有资产阶级性质，因为他们也是营利性的基层事务承包人。中国的官僚其实并不代表"国家"，中国的官僚阶级是一个"营利性的组织"，即马克斯·韦伯所谓的"家产制的官僚"。正如斯诺后来所说的那样，"在中国，当官只是为自己谋利赚钱的一种方式而已"。

因此，毛泽东把中国的官僚阶级称为特殊的"资产阶级"——"官僚资产阶级"，而近代以来，官僚资产阶级更与帝国主义相结合，从而形成了"官僚买办资产阶级"。

在中国历史上，最早发现中国的官僚是一个具有自身特殊利益的"营利性的组织"，而非代表刻板无效的行政体系的人，并不是毛泽东，而是雍正皇帝。因此，雍正发动了大规模的反腐败运动，以整肃官商勾结和营利性的官僚。但是，雍正的改革与新政最终失败了。

而毛泽东具有独创性的发现是："具有中国特色的资本主义"，即官僚资本主义的基础与根源，乃是基层事务的承包人，是土豪劣绅。而要摧垮官僚资本主义，就必须从基层摧毁土豪劣绅，并以农民自己的组织来代替土豪劣绅对于中国基层的控制。

要提高国家组织效率，就必须从提高社会自身的组织能力入手，靠雍正那种自上而下的反腐败运动，只能短暂地触及官僚，而不能从根本上解决中国社会一盘散沙的问题。

中国历代所施行的自上而下的"反腐败运动"，为什么会反复地陷入失败呢？这里的根本原因就在于：中国的基层社会没有组织，奉行的是丛林法则。于是，国家要动员和控制社会，就非要依靠官僚不可。而官僚控制基层社会的抓手就是基层的土豪劣绅，一旦官僚与基层的土豪劣绅结合在一起，那么，国家与皇权便对他们彻底无可奈何了。

中国国家之无效率，正是因为基层社会没有组织，由于基层人民没有自己的组织，所以，他们也就不能抵抗土豪劣绅的掠夺和压榨；由于基层无组织，所以国家欲动员社会，便只能依靠官僚和基层的土豪劣绅，而一旦营利的官僚与基层的土豪劣绅结合，中国就会出现军阀割据的局面。

此时的毛泽东所做出的，乃是他毕生最重要的发现之一：自一千年以降，在中国基层社会形成的"乡绅"阶层，已经由中国基层社会的组织力量，逐渐堕落成为榨取和破坏中国基层的毁坏性力量，而用毛泽东的话来说，乡绅阶层，已经堕落为"土豪劣绅"。因此，组织农民的过程，同时也就是以农民自己的组织——农会、妇女会等，来取代和打倒一千年来的乡绅阶层的过程；这同时也是一个从最基层出发，重新组织中国、改造中国的过程。

毛泽东对中国传统的了解极为独特，从少年时代的《商鞅徙木立信论》到青年时代的读《伦理学原理》批注，毛泽东已经形成对于中国文明精髓的精深理解。在《讲堂录》中，他便指出了中国之衰落，便在于社会组织能力下降这个关键问题。

毛泽东自少年时代即推崇法家。在他看来，中国基层组织的强化，就源于商鞅变法时提出的"令民为什伍，而相收司连坐"的户籍什伍制度，这就是郡县制的实质。而唐代的府兵制，也是建立在这样牢固的基层组织的基础之上。然而，宋代以降，统治者为了根除基层民众有组织的反抗，以"募役法"等手段，解散了基层社会的组织，改由"乡绅"对基层进行统治，从而形成了"国家能力不下乡"的局面。

而青年时代的毛泽东就已经指出：这就是造成中国基层社会没有国家思想、政治思想的根源，这也就是近代中国陷入一盘散沙的根源。

那么，中国的资产阶级是否就等于"民族资产阶级"呢？显然不是如此，因为中国东南沿海的资产阶级，是随着明代中叶白银的大规模进口而崛起的，更是随着近代通商口岸和不平等条约的成立而壮大的，这样的资产阶级与其说一开始就具有"国际"色彩，还不如说他们具有强烈的"买办"特征，就这一点来说，他们往往是站在国际资产阶级乃至帝国主义一边，来反对中华民族利益的，在中国资产阶级阵营中，"买办资产阶级"占据着很大的比重，这些反对中华民族利益的"买办资产阶级"绝不能被视为"民族资产阶级"。

乡绅堕落为土豪劣绅，土豪劣绅与买办资产阶级相勾结，买通了上层的官僚资产阶级——近代以来，正是这种悲剧性的恶性循环，为帝国主义宰治中国提供了前提和条件。

在国际共产主义运动中，毛泽东是作为一个具有强烈批判色彩的思想家横空出世的。与斯大林不同，在毛泽东看来，中国的资产阶级并不是一个整体，因为中国有最坏的资产阶级——官僚买办资产阶级，因此，一概认为中国资产阶级革命是进步的，这是不正确的。

若笼统地以为革命要依靠资产阶级，则可能会把革命的领导权稀里糊涂地交给最坏的资产阶级——官僚买办资产阶级。

中国革命之所以需要无产阶级来领导，由组织起来的农民作为主力军，就是因为中国内有官僚买办资产阶级、土豪劣绅，外有帝国主义的这种特殊的国情。

因此，中国革命并不是一场由资产阶级领导的反封建革命，因为帝国主义、官僚买办资产阶级和基层的土豪劣绅——这三个互相勾结的势力，才是导致近代中国瓦解的内因和外因，这三者才是中国革命的对象。

中国革命的性质究竟何在呢？

这便是后来毛泽东所概括的——无产阶级领导的，人民大众的，反对帝国主义、封建主义和官僚买办资本主义的人民大革命。

而官僚买办资产阶级——这是毛泽东毕生最重要的发现之一，毛泽东与官僚买办资产阶级的斗争，持续了一生。

也正是通过批判的思考，毛泽东得出了这样的结论：农民是中国革命的主力军。

无论现在还是过去，毛泽东关于农民和农民运动的观点都被视为"非马克思主义"的，因为在绝大多数马克思主义者那里，马克思主义是以工人阶级为主体的学说，而农民是保守的力量，现代化进程就是消灭农民和农村的运动。

但是，这样的"马克思主义者"所坚持的，恰恰又不是马克思本人的观点。

马克思认为，资本主义固然是一个"去农民化"和"去农村化"的进程，而社会主义则不然。

马克思指出，欧洲社会的发展，经历了"古代共同体—农业共同体—资产阶级市民社会"的转变，但是，这条道路并不具有普遍性。

从"农业共同体"向资产阶级市民社会的过渡，是一种基于战争和殖民的暴力转变。同时，这一进程，也是以诸如"羊吃人"的方式消灭欧洲的农民为代价的，更是以非洲的奴隶贸易、美洲的奴隶种植园为代价展开的。用马克思的话来说，这种毁灭农民与农村的暴力进程，便是欧洲式的"市民社会"摧毁"人类共同体"的过程。

亚当·斯密也指出：如果不是"百年战争"彻底摧毁了欧洲的农业，那么，欧洲会走一条以农业带动制造业，再以制造业带动贸易的道路，而这条道路，要比欧洲后来对外扩张性的发展道路更自然、更优越、更健康。

这就是说，如果排除暴力的外部干扰，人类文明发展原本可以走以农业的发达促进制造业发展的道路，即走一条更加健康的城乡协调发展道路。

马克思认为，中国的发展方式在起点上便与欧洲不同。为了分析中国特殊的生产方式，马克思方才发明了"亚细亚生产方式"。马克思指出，"亚细亚生产方式"的特点是：以共同体所有制为主，以私人所有制为辅。

在《政治经济学批判（1857—1858 年手稿)》中，马克思更提出了这样的观点：中国不但是世界上最大的"农业共同体"，还是一个"天然的共同体"。由于中国土地干燥，所以耕种离不开大型的公共水利工程，中国之所以能够保持统一，正是因为一个大型的水利工程——大运河把中国联系在一起。因此，马克思认为：中国这样一个"天然的共同体"与以土地私有化为基础的"日耳曼共同体"相比，性质完全不同。

1868 年，马克思系统地阅读了历史学家毛勒对于"日耳曼共同体"的研究，并做了大量的摘录。在那里，马克思指出：从历史上看，"以私人所有制为主、共同体所有制为辅"的"日耳曼共同体"，并不比"以共同体所有制为主、以私人所有制为辅"的"亚细亚共同体"发展得更好。恰恰相反，实际上，在漫长的历史时期，后者发展得更好，也更有普遍性。

马克思更明确地指出：如果没有外部暴力的干扰，以"共同体所有制为主、以私人所有制为辅"的所有制形式，不必向欧洲式的"市民社会"转化也可以实现向现代文明转型。换句话说：现代化进程，并不必然是一个"去农民化""去农村化"和"去共同体化"的进程，而社会主义进程，就是一种不以牺牲农民和"农业共同体"为代价而进行的现代转变。

马克思预言：社会主义的目标是消除城乡差别，而不是消灭农村。

在马克思看来，这条"更好的现代化道路"是否可行，在很大程度上要视中国这个"天然的共同体"的现代命运而定。

因此，马克思引用黑格尔的"两极相联"定理指出：中国和中国革命的命运，将决定西方和全人类的命运。

若用毛泽东后来的话来说，那就是：中国的社会主义现代化，绝不是"城市消灭农村"的过程，恰恰相反，中国模式的社会主义现代化，"应该把农村建设得更好，比城市还要好"。

但是，与马克思完全不同，恩格斯、列宁，特别是斯大林却都认为：农民代表着小生产和小私有制，因此，城市消灭农村，工业消灭农业，市民社会消灭"农业共同体"，这就是一种历史发展的必然和进步。

与马克思不同，列宁、斯大林都没有对"亚细亚生产方式"、对"农业共同体"做过全面的研究，因此，他们也都没有全力探索过"农民集体所有制"这种现代所有制形式。

于是，他们认为，人类只有一条发展道路，那就是西方式的发展道路。

在中国，最早提出应该重视农村和"农业共同体"的人同样是李大钊。1919 年 2 月，李大钊在《晨报》上发表《青年与农村》一文，他指出：

> 我们中国是一个农国，大多数的劳工阶级就是那些农民。他们若是不解放，就是我们国民全体不解放，他们的痛苦，就是我们国民全体的痛苦；他们的愚暗，就是我们全体国民的愚暗；他们生活的利病，就是我们政治全体的利病。

而在农民和"农业共同体"问题上，毛泽东固然受到了李大钊的影响，但他却极大地发展了李大钊的预见。

如果从这个角度去理解毛泽东的思想，那么，我们就会发现，在马克思之后的共产党领袖中，只有毛泽东的思路是与马克思高度契合的；也只有毛泽东立足中国文明的传统，从消灭三大差别的角度，发展了马克思的社会主义现代化思想。

毛泽东认为，正是从历史唯物主义的角度看，中国农村便不是一个纯然封闭的封建结构；中国的农民，并非西欧或者俄国的农奴。长期以来，中国北方的棉花、烟叶，南方的茶叶，就是为市场乃至世界市场而生产的。这些农产品属于商品，而西方帝国主义正是通过贷款和投资的方式，通过乡村的土豪劣绅对农民进行剥削。中国农民并不是单纯地依附于封建领主的"纳贡者"，而是现代市场经济下的"债务奴隶"。毛泽东像李大钊一样认为，中国"大多数的劳工阶级就是那些农民"，中国社会既具有半封建性质，也具有半殖民地、资本主义性质。

当然，20世纪20年代的毛泽东对于农民潜力的重视，毕竟与马克思有所不同。马克思重视中国这个"天然的共同体"与"日耳曼共同体"之间的区别，为的是思考一条超越西欧资本主义形式的、更好的现代化道路；而毛泽东重视农民运动，则是因为在他看来，只有农民运动才能使当时的中国避免陷入最坏的结局。

在当时的毛泽东看来，国民革命要成功，之所以需要一场农民革命、农村革命、土地革命，乃是因为农民革命、农村革命所针对的就是军阀统治的根基。军阀统治的根基在基层、在地方，它是通过榨取、控制地方发展起来的；而离开了对于地方和农村的掠夺，离开了地方和农村在财政和人力上的支持，军阀的统治就不能维持。

1926年9月1日，毛泽东为《农民问题丛刊》写了题为"国民革命与农民运动"的序言，他在这篇文章中提出：军阀的总根基就是土豪劣绅，军阀不过是大的土豪劣绅而已。因此，要完成资产阶级民主革命——国民革命，就必须铲除军阀的根基——土豪劣绅。而要实现中国的现代转化，就必须改变为土豪劣绅所把持的中国社会的基层结构。

此时，毛泽东青年时代对于中国社会和中国文明的认识也已经发生了深化：一方面，他推崇能文能武、能够通过组织"人心"而组织军队的曾国藩；另一方面，他认为曾国藩也就是乡绅地主阶级的代表，是镇压农民运动的刽子手，湘军和"新军"就是军阀的源头。

显然，毛泽东的贡献，绝不仅是张国焘所说的：毛泽东这个"农家子"发现了农民、提出了农民问题。毛泽东的贡献在于，他立足中国历史，极为深刻地揭示出：近代中国社会瓦解的根源，就在于基层社会没有组织能力，而要进行社会改造，就必须扎扎实实地从组织最基层的社会做起，从增强社会自身的"抵抗力"做起。

毛泽东正是从这样的角度去认识组织起来的农民和农民运动的，借用一句人们耳熟能详的话来说，在毛泽东看来，方兴未艾的农民运动，才是中国真正的"数千年未有之大变局"。

毛泽东的思想剧烈地压缩了中国历史。自秦到唐，中国用了一千年的时间才解决了"皇权土地所有制"的问题。自唐末至清末，中国又用了一千年，才实现了"地主土地所有制"。而毛泽东的设想则是，在尽可能短的时期内，以暴风骤雨般的方式，把农民组织起来，通过建立中国现代土地集体所有制，推动土地的社会化生产，在"工农联盟"的基础上，实现社会主义性质的现代化。

毛泽东对于中国历史所作的唯物主义分析，是与马克思本人的思想高度契合的。

因为马克思是在亚细亚、日耳曼、资本主义三种生产方式的比较中，建立起他的经济社会理论的。他的这种思考，对于理解今天的中国与世界，依然是有深刻的启发意义。

中国的封建与西欧的 Feudal 的根本区别究竟是什么呢？

中国的"封建"，意思就是"封疆土、建诸侯"。

而马克思说：feudal，特指的就是日耳曼生产方式，什么是 Feudal（日耳曼生产方式）呢？那就是指：日耳曼统治者就像中世纪的骑士那样，住在城市据点和碉堡里，并从那里对广大的农村进行统治，正是日耳曼生产方式，在历史上首次划出了武装的城市与纳税的、被解除了武装的农村之间的对立，武装起来的"城市市民"与劳动纳税的"农村公民"之间的对立，后来，随着资本主义生产方式的兴起，城市市民才垄断了"公民"一词，而广大的农民则被从"公民"中开除出去。

实际上，在古希腊和罗马，人们也正是因为拥有共同的土地和参加战斗而成为公民。古希腊和罗马的公民，起初指的也是武装起来的农民。

马克思认为，西方社会发展的断裂，就是由日耳曼蛮族占领所造成的。作为游牧民族，日耳曼生产方式既不依靠农民当兵，也不依靠土地收获，而只是依靠城市堡垒和据点，通过征税和手工业生产而与农村进行"交换"。在日耳曼时期——中世纪，欧洲经济社会围绕着武装定居点得以重建，这种定居点逐步扩大为武装城市——占领者只把定居点里的人视为"公民"，于是马克思说："在日耳曼的形式中，农民并不是国家公民，也就是说，不是城市居民。"

马克思说，资本的原义是"头"，它起初的意思就是"人头税"。

城市是中世纪的产物，而武装的城市与纳税的乡村的对立，是日耳曼生产方式的特点，这又是由军事占领造成的。

正是日耳曼生产方式造成了契约式的统治，所谓 Feudal Contract 的实质是：农民通过提供劳动产品以换取领主的保护，农民不再承担军事任务，因此不再是政治力量，不再是武装力量的基础，也不再是政治性的"公民"，而是沦为纯粹的生产者与交换者。

在《共产党宣言》中，马克思指出：所谓历史唯物主义——即"生产与交换成为支配历史的决定性力量"，只是从这一刻方才正式开始，而现代资本主义生产方式，无非是从中世纪"生产与交换的契约制度"中发展而来。

于是，随着日耳曼人的入侵，西方的古代就结束了，这是因为随着税收和城市手工业的兴起，货币交换发展起来了，而为了巩固共同体而进行的交往——朝贡，先是被契约交换，随后逐步被殖民主义和国际贸易所替代。

马克思极为深刻的创见是：西欧的资本主义生产方式，乃是从日耳曼生产方式（Feudal）中发展出来的，而不是从一般意义上的商品货币经济中发展出来的，换句话说，只有在日耳曼生产方式这种"武装城市"与"纳税乡村"的对立中，才能产生西欧式的资本主义，而从中国的"封建"中、从古希腊和罗马制度中，都是不可能产生西欧那种资本主义的——尽管中国一直有发达的商品货币经济，罗马也并不缺乏布鲁土斯这种最精明的放债人。

借此，马克思提出了一系列发人深省的问题：在欧洲，从什么时候开始，土地被当成牧场，农民被从国家、国家公民中开除出去？而作为市民城市里的商人和手工业者，怎样代替了农民的"国家公民"地位，而欧洲的农民——随后就是工人阶级则失掉了这样的地位？而这一切，都是欧洲农民被解除了武装有关。

这就是马克思所说的资本主义的前史。实际上，卢梭和尼采对于世界经济史的研究，与马克思的上述思路是一致的。在他们那里，古代的终结，就意味着蛮族入侵带来的资本主义生产方式的兴起，它带来了土地所有制的根本变化。

可见，土地问题、农民问题、土地革命，"土地所有制"——这原本就是马克思所思考并提出的现代社会主义革命的重要内容。

重新武装农民，通过土地革命，使武装起来、组织起来的农民和农村重获国家公民地位，这种"反日耳曼化革命"，其前途必然是社会主义，而不是资本主义。而只有当这种可能性完全丧失了的时候，或者说，只有在完全被"日耳曼化"了的欧洲，社会主义运动才主要地表现为工人阶级运动和武装的工人革命。

但是，绝大多数马克思的追随者，却完全没有马克思这样的世界经济社会发展视野。这当然包括恩格斯，也包括斯大林，更包括几乎所有的西方马克思主义者和西方左派，那些人不但是不同程度上的西方中心论者，而且，他们也很少思考：今天的欧洲已经是"日耳曼化的欧洲"，而非古希腊和罗马的欧洲，欧洲的居民已经是接受了基督教的蛮族，而原来的欧洲和"欧洲人"都已经不存在了。

在《政治经济学批判（1857—1858 年手稿)》中，马克思这样比较了古代与现代、亚细亚生产方式与资本主义生产方式：

哪一种土地所有制等等的形式最有生产效能，能创造最大的财富呢？我们在古代人当中不曾见到有谁研究过这个问题。在古代人那里，财富不表现为生产的目的，尽管卡托能够很好地研究哪一种土地耕作法最有利，布鲁土斯甚至能够按最高的利率放债。人们研究的问题总是，哪一种所有制方式会造就最好的国家公民。财富表现为目的本身，只是少数商业民族——转运贸易的垄断者——中才有的情形，这些商业民族生活在古代社会的缝隙中，正像犹太人生活在中世纪社会中的情形一样。

因此，古代的观点与现代世界相比，就显得崇高得多，根据古代的观点，人，不管是处于怎样狭隘的民族的、宗教的、政治的规定上，总是表现为生产的目的。在现代世界，生产表现为人的目的，而财富则表现为生产的目的。

在资产阶级经济以及与之相适应的生产时代中，人的内在本质的这种充分发挥，表现为完全的空虚化；这种普遍的对象化过程，表现为全面的异化。

因此，一方面，稚气的古代世界显得较为崇高。另一方面，古代世界在人们力图寻求闭锁的形态、形式以及寻求既定的限制的一切方面，确实较为崇高。古代世界是从狭隘的观点看来的满足，而现代世界则不给予满足；换句话说，凡是现代世界表现为自我满足的地方，它就是卑俗的。

在毛泽东看来，中国历史的一个重大变化，就是宋代以降，国家以"募役制"代替了基层的兵役制，使中国立足于保伍制度的基层制度，一变而为家族制度、乡绅制度和土豪劣绅制度，而要结束中国的一盘散沙局面，其要害就在于把完全商业化了的基层组织，改变为武装组织、政治组织，组织中国的核心在于组织基层，组织基层的核心在于组织农民，组织农民之关键，就在于武装农民。

毛泽东说，一旦从这个高度去认识农民革命，也就自然解决了"好得很"和"糟得很"的问题；也就明白了农民革命不是打家劫舍，不是痞子造反，而是从基层去建立一个现代新国家的必由之路。

他这样概括说："谁能够组织农民，谁就能够组织中国；谁解决了土地问题，谁就能动员和组织农民。"

在后来的中国革命历程中，毛泽东将这些话又反复说过多次。

毛泽东是这样一个马克思主义者——像马克思本人一样，他是以批判的方式来建立起自己的思想的。在思想路线问题上，毛泽东无疑是"好斗"的，他晚年在谈到林彪的问题时说："在原则问题上，我一辈子从来没有妥协过。对于列宁和斯大林也是如此，何况林彪。"

毛泽东毕生厌恶人们称他为天才，这是因为脚踏实地、实事求是才是他的品格，因此，他更喜欢称自己是"地才"。

不过，毛泽东的思想的确太超前了，30岁时，毛泽东的思想不仅超越了同时代的那些大知识分子，超越了同时代的中国共产党人，而且也超越了共产国际和斯大林，更不必说是维经斯基、马林和鲍罗廷之流了。

实际上，也就是从那时起，从李大钊到毛泽东——沿着他们的独立思索，一条中国化的马克思主义道路日渐清晰起来，而这条道路逐渐地与苏联版的马克思主义渐行渐远，二者之间的分歧变得日益不可避免。

那个时候，毛泽东已经认识到，中国只能走一条与西方、与苏联不同的发展道路。毛泽东认识到：一个政党，有章程、有纲领还是远远不够的，因为中国共产党的章程、纲领，必须建立在对中国社会历史发展规律的深刻认识之上，即问题的关键在于形成一条正确的思想路线，如果没有正确的思想路线，有纲领有章程也不能真正施行。

这种说法有些惊人吗？或许是的，而这就是为什么直到今天，敢于和能够坦率地说到这一点的，恐怕也只有路易·阿尔都塞、魏斐德、卡尔·施密特等少数西方学者。

毛泽东后来曾经说自己年轻时很自信，"自信人生二百年，会当水击三千里……但又不很自信，总觉得山中无老虎，猴子称大王"。

鸦片战争摧毁的不仅是一个古老的王朝，更是中国人的思想、理论和道路自信。

而毛泽东思想所建立的，也不仅是一个新的国家、新的社会，更是中国人的思想、理论和道路自信。

可惜，当时的毛泽东不可能知道，他独立思考的结果与马克思本人的论断是高度契合的。当时的毛泽东只是以为，他的思想既然不符合共产国际的指示，因此也就是不符合马克思主义的。

毛泽东喜欢鲁迅的诗："万家墨面没蒿莱，敢有歌吟动地哀。心事浩茫连广宇，于无声处听惊雷。"

毛泽东毕生都是一个孤独的思想者，而这首诗，确实能够代表毛泽东毕生的心境。

1924—1925 年，毛泽东之所以陷入了长期的沉潜与孤独，以至于近一年都没有发出声音，也只能从这个角度得到理解。

1925 年 5 月 15 日，一个在上海日商内外棉纱厂做工的名叫顾正红的工人，被日本工头枪杀了，顾正红恰好是杨开慧在上海举办的工人夜校的学生。6 月，远在韶山的毛泽东在当地成立了一个"雪耻会"，不过，当时他的作为似乎仅限于故乡韶山附近。

但是，这一事件却随之演化为上海和广州轰轰烈烈的工人运动。帝国主义国家及其在华开办的企业成为愤怒的工人、市民和学生攻击的目标，而这就是五卅运动。

五卅运动终于提供了一个历史契机，它把以工农为主体的社会运动，与反对帝国主义的民族主义运动紧密地结合在了一起。五卅运动同时鼓舞了国民党和共产党，从而使国共合作有了真正的基础。随着反帝运动高潮的到来，国民党在广东发动了北伐战争。

国民革命从此正式拉开序幕，而这就是1925—1927年的大革命。

1925年8月，应国民党中央党部的召唤，毛泽东离开湖南韶山，回到广州参与国民党二大的筹备工作。

而那个时候的国民党，已经走到了分裂的关头。

也就是在这个月的20日上午，国民党"左派"领袖廖仲恺在广州国民党中央党部门口遇刺身亡，胡汉民随即被逐出广州，孙中山临终前指定的"顾命三杰"：廖仲恺、胡汉民和汪精卫，一死，一走。主事的只剩下了形单影只的汪精卫一人。

此时的鲍罗廷积极弄权，主导成立了掌握国民政府的三人"特别委员会"，这个"特别委员会"由汪精卫、蒋介石和许崇智组成，原本连国民党一大正式代表都不是的蒋介石，第一次跻身于国民党的最高领导层，这完全是由于鲍罗廷积极运作的结果。鲍罗廷之所以扶持蒋介石上台，则是因为蒋介石作为苏联援建的黄埔军校校长，是鲍罗廷的代理人。

随后，蒋介石便与汪精卫联手，赶走了许崇智，而国民党中央终于形成了蒋、汪主政，鲍罗廷当后台老板的局面。

以此为标志，国民党右派已经开始全面掌权，这就是为什么迅疾到来的轰轰烈烈的"革命高潮"，似乎没有使毛泽东感到欣欣鼓舞。在返回广州的途中，毛泽东在中共湖南省委书记郭亮的陪同下，重游了青年时代读书游泳的旧地岳麓山和爱晚亭（1920年，郭亮与毛泽东一起领导了湖南第一纱厂的工人运动），而与被革命形势所鼓舞的郭亮不同，毛泽东的心情与其说是激昂的，毋宁说是沉郁中夹杂着些许的悲怆。

在重游故地时所写下的那首著名的《沁园春·长沙》中，毛泽东心事浩渺地发出了这样的感叹："问苍茫大地，谁主沉浮？"

究竟谁才是主宰中国命运的力量呢？

是共产国际所说的资产阶级吗？

是为斯大林和广州国民政府顾问鲍罗廷看好的蒋介石吗？

是当时的中国共产党所领导的工人运动吗？

农民，能够成为中国革命的主力军吗？

中国社会的性质究竟是什么？

中国革命的正确道路究竟在哪里？

这一连串问题表明：当时的毛泽东，对大革命的前途并不乐观。尽管此时的毛泽东还不可能预见到，仅仅两年之后，郭亮的头就会被蒋介石砍下来，挂在长沙的城门上。但是，毛泽东的确很清楚地意识到：无论国民党、共产党还是共产国际，他们对于突如其来的"革命高潮"背后所蕴藏的深刻危机，还缺乏真正的思想理论的准备，而且关键在于——他们对于中国社会的性质、对于中国革命性质的理解都是不正确的。

大革命的前途并不明朗。暴风雨就在前面。

经过了长达半年多的沉潜和思考之后，毛泽东的心境已经大不相同。后来他多次说过，革命不是请客吃饭，更不是当官做老爷，革命需要"五不怕"：不怕杀头、坐牢、老婆离婚，不怕丢官和开除党籍。

毛泽东是在接到廖仲恺遇刺的消息后，奉命赶往广州的。他当然明白局势已经危急到了何种程度。实际上，毛泽东是在预见到革命可能失败的前提下，毅然投身到大革命之中去的，而这是他与许多革命者的一个重要区别。日本思想家丸山升后来曾经这样说过，毛泽东与鲁迅一样，正因为他们是"失败者"，因此才成为最彻底的革命者、真正的革命者——而丸山升的这句话，的确是非常深刻到位的。

20世纪20年代末至30年代初，中国思想界爆发了"中国社会性质"问题的论战，这场论战的实质，就是要从理论上探索一条不同于西方发展方式的"中国道路"。而这场论战所讨论的问题，很多都是毛泽东当年曾经思考过的。

不过，那个时候的毛泽东已经不能作为学者和思想家参加这场论战了。

那个时候的毛泽东已经成为被蒋介石追杀的"共匪"，他只能用枪杆子去探索一条中国人自己的发展道路了。

第六章

『朋友』与『敌人』

1926 年 1 月，国民党二大在广州召开。

在那次会议上，毛泽东再次当选为国民党中央执行委员会候补委员，他得了 173 票。

而在国民党中央执行委员会委员选举中，时任北伐军总司令的蒋介石则得了 248 票——只差 10 票就是全票。那时的蒋介石，把支持国共合作，甚至把革命和共产主义挂在嘴边，他和鲍罗廷配合得天衣无缝。

而仅仅一年多之前，蒋介石还不屑于黄埔军校筹备委员会委员长的职务，如今，他终于尝到了军权在握的好处。

"精卫填海，介石补天"，在国民党二大上，蒋介石脱颖而出，成了国民党的希望之星。

1925 年 10 月 5 日，经汪精卫推荐，国民党中央党部任命毛泽东担任国民党中央宣传部代理部长。

在离开了共产党的核心决策层之后，毛泽东却成为国民党中央的主要领导人之一。

如果说，李大钊和孙中山是两个发现并支持毛泽东的人，那么，陈独秀和汪精卫，则是两个先后任用过毛泽东的人。

陈独秀欣赏毛泽东，是因为他认为含蓄低调的毛泽东不尚空谈，能办实事。

而汪精卫看好毛泽东，很大程度上是因为他最了解心狠手辣的蒋介石。

与其说当时的国民党"左"派希望用共产党来制衡国民党右派，还不如说，汪精卫希望用毛泽东来制衡蒋介石。

尽管蒋介石因担任黄埔军校的校长而掌握了枪杆子，但随即被擢升为国民党中央宣传部代理部长的毛泽东，却在很大程度上掌握了国民党的话语权。

蒋介石是浙江奉化人，他与毛泽东是在几乎截然不同的历史传统中长大的。

在中国历史上，浙江是长江南岸唯一的京畿之地。南宋定都于临安（杭州），浙江一度成为中国的政治和经济中心。由于国都有禁军、厢军和官僚组成的庞大的消费者群体，从而给都城周围带来了巨大的经济利益。自南宋以来，浙江便是出大商人的地方。南宋初期，明州（宁波）和永嘉（温州）出身的考官最多，故这一地区产生的进士和官员也最多，与此同时，浙江也以出胥吏著称，鲁迅的家乡绍兴，便以盛产"刀笔师爷"闻名。

元代末年，随着海运的发展，浙江又形成了海帮、盐帮，明代的倭寇首领王直、许栋等，皆以浙江双屿岛为活动基地，从清代到民国，浙江的帮会势力都很强大。

如果说毛泽东的家乡湖南出兵、出书生、思想家，那么，蒋介石的家乡则出巨商、文豪、大官和"刀笔师爷"。近代浙江，还是江湖帮会的策源地。

直到19世纪初，杭州和宁波的地位方才被上海超越，但那时的上海依旧还是浙江人的天下，上海最大的银行家虞洽卿是浙江宁波人，上海最大的帮会头目黄金荣的祖籍则是浙江余姚。

蒋介石并不是孙中山指定的接班人，最早看好蒋介石的人是鲍罗廷。而正是由于鲍罗廷高度推崇蒋介石，斯大林方才把蒋介石视为"革命军人"。

孙中山以同盟会起家，而同盟会本身具有强烈的帮会色彩，孙中山的革命资本，很大程度上来自上海的美国华裔牧师查理·宋的支持，而查理·宋则是洪门会的大哥，他的资金则主要来自洪门会的商业网络。

蒋介石也是在上海崛起的，除了有着深厚英美背景的宋氏家族的支持之外，蒋介石崛起所依据的社会力量，就是浙江的财阀和江湖势力。

而在倒向英美，彻底把国民党搞成一个帮会之前，蒋介石最大的后台不是别人，就是鲍罗廷和斯大林。

由于鲍罗廷的担保，斯大林甚至还怀抱着一个极为天真的设想——希望蒋介石能够加入共产党。

1926 年 10 月 26 日，苏共政治局在斯大林的主持下，通过了一份给中共的指示，禁止在中国展开对于资产阶级右翼和蒋介石的斗争，并明确地反对发动农民运动。

这份指示强调说："只要一直存在帝国主义者和北方的危险，同他们的斗争不可避免，国民党就应该会珍惜自己的盟友和志同道合者。立即在农村发动国内战争，在同帝国主义者及其在中国的代理人的战争正在紧张进行的情况下，会减弱国民党的战斗力。"

而那个时候，距离蒋介石发动"四一二"反革命政变已不到一年，当时斯大林想的却是如何使共产党不要影响蒋介石的"战斗力"。

斯大林与中国的资产阶级有一点是相同的，那就是他们都不了解中国庞大的农民群众。像马克思所说的无产阶级一样，在他们那里，农民就是令人恐惧的"幽灵"，而农民运动更是个火药桶，是无法把握的存在，是暴民运动和痞子运动。

蒋介石与毛泽东都是孙中山的学生。他们都认同孙中山的名言：当务之急，乃是解决中国一盘散沙的问题。

但是，至于如何解决这个问题，毛泽东与蒋介石的立场则是针锋相对的。

毛泽东认为，这种"一盘散沙"之根源，就在于中国基层的人民没有组织，中国社会缺乏组织能力；而蒋介石对基层的态度是鄙视和恐惧，他认为中国人无赖、缺乏管教、素质太差，因此，中国社会缺乏的就是"秩序"。而中国基层百姓在蒋介石的眼里，不是"匪"就是"暴民"。

毛泽东认为中国人民需要组织起来，如此才能成为自己命运的主宰；而蒋介石则认为中国需要一个强权、一个手握皮鞭的家长。共产主义学说在蒋介石那里，无非就是一种"暴民理论"。

毛泽东和蒋介石都喜读王阳明，毛泽东从王阳明那里得到的是"我心即是民心"的光明心学，而蒋介石则从王阳明那里学到了行大于知的"胡行"。

毛泽东和蒋介石都曾佩服曾国藩，但实际上，毛泽东只是从曾国藩组织基层、组织军队的方法中获得了启示——如此而已；而蒋介石得到的却是曾国藩的"真谛"，那就是通过镇压"暴民"，以暴力恢复由儒教支配的王朝旧秩序。

在 1945 年重庆谈判时留下的那张著名的合影中，蒋介石像个僵硬的钢柱，而毛泽东则如同舒展的翠竹。蒋介石一生害怕群众，视人民群众如暴徒；而毛泽东则毕生相信群众，他的名言是人民群众是"水"，共产党是"鱼"。

从《蒋介石日记》来看，蒋介石此人实际上胆子不大，他的日记中布满了焦虑与恐怖。

蒋介石被视为"革命军人"，但实际上，他也是一个正统的儒教徒和基督教徒，他所做的就是以暴力的方式恢复旧秩序，或者说，是以革命的名义行反革命之实。

马克思在《路易·波拿巴的雾月十八日》中的话，仿佛就是为蒋介石这个人准备的：

> 二月革命被一个狡猾的赌徒的骗术所葬送，结果，被消灭的不再是君主制度本身，而是一个世纪以来的斗争从君主制度方面夺取来的自由主义的让步。结果，不是社会本身获得了新的内容，而只是国家回到了最古的形态，回到了宝剑和袈裟的极端原始的统治。

事实上，蒋介石这个斯大林所欣赏的"革命军人"一旦羽翼丰满，国民政府就再也无法控制他了。

国民党二大召开仅仅一个月前，布尔什维克十四大召开，俄共（布）改名为联共（布）。

改名不能掩盖联共内部的斗争加剧，而这种斗争就是以季诺维也夫、加米涅夫、托洛茨基为首的一派，与斯大林为首的一派的斗争，这种斗争日益白热化，必然反映到苏联在中国路线上的分歧。

在广州，这种分歧表现为鲍罗廷与苏联军事顾问团团长季山嘉（尼古拉·弗拉基米尔洛维奇·古比雪夫）之间的矛盾，季山嘉是个直率的军人，他对鲍罗廷一边倒地支持国民党，完全放任蒋介石持不同意见，据季山嘉的观察，蒋介石是个野心勃勃、内心完全不可捉摸的人物，这个人具有野心家和赌徒的性格，好大喜功的鲍罗廷完全被他蒙骗了。季山嘉的这种意见反映到莫斯科，联共中央决定让鲍罗廷回国述职，并派出布勃诺夫使团来广州实地了解情况。

事实证明，季山嘉的担心不仅不是多余的，而且事情比他想象的还要严重。鲍罗廷回国不久，布勃诺夫使团刚到广州，蒋介石便于1926年3月20日制造了"中山舰事件"，他谎称共产党要发动兵变，利用中山舰绑架自己去苏联，蒋介石下令包围了汪精卫的住处和使团所在地，并缴了广州工人纠察队的枪。

蒋介石原本指望，政变一旦成功，其他将领就会与他合作，但事实证明他想错了，广州公安局长吴铁城、军事部长和第二军军长谭延闿、第三军军长朱培德立即表态不支持蒋介石。国民革命军的大多数将领都反对他，这些人虽然并不赞成"左"派，但他们谁也没有把蒋介石当作孙中山的继承人来拥戴，在他们眼里，蒋介石上位完全靠鲍罗廷支持，鲍罗廷一走他就发动政变，这正是他心虚的表现。

蒋介石投机本性毕现，他马上放弃了铤而走险，他立即解除了对使团的包围，甚至向被捕的纠察队员赔礼道歉。

莫斯科对此的反应是极为震动，在听取了鲍罗廷的汇报后，斯大林做出裁决，必须安抚和支持蒋介石，并把季山嘉调回国。

鲍罗廷回到广州后，在国民党右派张静江家中，与蒋介石频繁会晤，他们共同做出决定：国民党组织必须调整，以清除蒋介石的对立面，共产党不能批评蒋介石，不能担任国民政府的领导人，国民党员不能加入共产党，必须把加入国民党的共产党员的名单全部交给蒋介石。这样一来，共产国际派来的鲍罗廷，已经完全成为帮助蒋介石取消共产党的得力工具。

1926年5月15日至22日召开的国民党二届二中全会，实际上就是把鲍罗廷和蒋介石的方案制度化，就是在这次会议上，蒋介石等人联名提出了《整理党务案》，要求把共产党从国民革命军中清除出去，而且他还提出：共产党员不能再继续担任国民政府的要职。

会议结束后，中共党员毛泽东、林伯渠、谭平山分别辞去了他们担任的国民党中央宣传部代理部长、农民部长、组织部长职务。

尽管毛泽东的国民党宣传部长职务只当了一年，但在当时的国民政府主席汪精卫看来：如果还有一个人能够与蒋介石对抗，那么这个人也就是毛泽东了。

汪精卫看好毛泽东，并不仅是因为毛泽东能掌握笔杆子，也不仅是因为毛泽东极有思想，还因为毛泽东能够办农民运动讲习所。

几乎是在国民党通过蒋介石的《整理党务案》的二届二中全会召开的同时，毛泽东主持的广州农民运动讲习所，于 5 月 3 日在广州市的番禺学宫正式开班上课了。

农民运动讲习所开课 25 门，每届授课实习 4 个多月，毛泽东所担任课程最多，而学员们所学习的主要是社会调查的方法和军事工作。

半年之后，毛泽东又主办了设在武汉的国民党中央农民运动讲习所。

毛泽东开办的农民运动讲习所孕育了中国 2800 个农会，遍及 11 省，它成为日后中共再造乾坤的熔炉。

北大中文系学生伍中豪就是在广州农民运动讲习所认识了毛泽东，在听了毛泽东几堂课后，这位北大高材生便心悦诚服地对毛泽东说："我这辈子跟定你了！"

而在北伐军十一军政治部工作的刘谦初，当时正在跟湖北道台的孙女张文秋谈恋爱。刘谦初像伍中豪一样仰慕毛泽东，1927 年 4 月的一个晚上，刘谦初突发奇想，对张文秋说："我们一起去看毛所长怎么样？"

于是，这对恋人就这样手拉手敲开了武昌都府堤 41 号毛泽东的家门。

开门的是杨开慧，说明来意后，毛泽东热情地接待了他们。而当时毛泽东的一双儿子，正是活泼好动的年龄，杨开慧抓了一把花生，才把他们领开了。

1930 年春天，张文秋生下了一个美丽的女儿，因当时刘谦初正担任中共山东省委书记，故为女儿起名思齐，取怀念齐鲁大地之意。

1931 年 4 月，刘谦初被捕牺牲，1937 年，张文秋携女奔赴延安。

1949 年 10 月 15 日，在中华人民共和国开国大典结束后不久，刘思齐与毛泽东的长子毛岸英共结连理。

而此时，刘谦初、杨开慧早已牺牲，毛泽东与刘谦初仅此一面，杨开慧与张文秋也是仅此一面。无论是毛泽东夫妇，还是刘谦初夫妇，他们都不会想到，1927 年 4 月在武汉，那个初春的晚上，他们见到的竟然是未来的亲家。

这只能说是上天的安排。

毛泽东主持的农民运动讲习所，就是共产党的"黄埔军校"。

而黄埔军校校长蒋介石偏偏遇到了农民运动讲习所所长毛泽东，这也只能说是上天的安排。

毛泽东是伟大的演讲者，他总是能够征服自己的听众，而与毛泽东不同，蒋介石则沉默寡言，没有什么思想，蒋介石迷信枪杆子，他只崇拜掌握了枪杆子的自己。

也许是认识到了自己的这个缺陷，1943 年，蒋介石精心策划，终于隆重推出了由陶希圣捉刀代笔的《中国之命运》一书，这算是蒋介石一生中最大的学术成果。而这本著作最大的理论创建，便是关于乡绅的论述。

蒋介石认为：中国文明的基础，不是经济，不是政治，而是"德性"。所谓"德性"，也就是他所说的"八德"和"四维"：

> 这一部悠久的历史，基于中华民族固有的德性，复发扬中华民族崇高的文化。我们知道：中国国民道德的教条，是忠孝仁爱信义和平，而中国立国的纲维，为礼义廉耻。

而这"四维""八德"的承载者，便是乡绅。乡绅是中国基层社会的组织力量、社会保护力量。乡绅代表的是中国基层社会的自组织性，在蒋介石看来，以家族代替阶级、以伦理代替政治、以道德乡愿化解社会不公，这正是中国文明优于西方文明之处。

如果说蒋介石也有理论，那么所谓"蒋介石理论"的核心，便在于此处。

那时的蒋介石，其实是希望用这部著作来回答大革命时代的"笔杆子"毛泽东对于他的挑战。据此，蒋介石把毛泽东的思想称为"暴民的思想"，而他自己的"思想"则是"绅士的思想"。

而在乡绅问题上，毛泽东的思想确与蒋介石截然相反，毛泽东认为，中国社会治理失败的过程，就集中表现为乡绅堕落为"劣绅"这个过程。

近代以来，随着帝国主义入侵和中国的"自强"运动，传统意义上的乡绅发生了根本性的转变。由于与近代化相伴随的国家赋税的空前加剧和税收的困难，传统的乡绅日益无法担负代替国家向地方榨取的"重任"。正是在这样的情况下，乡土中国的空间结构随之发生了重大变化，这就是乡绅的淡出和"劣绅"的进入。

所谓"劣绅"，往往是以包税人的面目出现，搜刮乡里，无恶不作，随着国家对基层的榨取，中国的基层已经"黑社会化"了。毛泽东认为：如果不能以农民的自我保护组织"农民会"来填补这种乡土中国权力结构的真空，那么，中国农村将成为"劣绅"的天下。

美国学者杜赞奇，则从一个特定的角度印证并丰富了毛泽东的现代中国农村理论。他指出，与晚清和民国财政收入的逐年增加相伴随的，是一个地方和乡村无政府状态蔓延的同步过程，而这是由于近代国家为了税收的渴望，方才启用和依靠乡村和地方黑社会组织，杜赞奇把这种黑社会组织称为"营利型经纪人"。

杜赞奇指出，尽管正式的国家机构可以依靠这些非正式的"营利型经纪人"来推行自己的政策，但它却无法控制这些非正式机构。于是，国家对于基层的榨取与基层社会的"黑社会化"乃是一个同步的过程。

毛泽东与蒋介石并非生来有仇，在大革命时代，毛泽东与蒋介石是一文一武两颗最耀眼的明星。蒋介石的原配夫人叫毛福梅，按照中国传统的说法，蒋介石的原配夫人——蒋经国的生母——与毛泽东"五百年前是一家"。

但是，在毛泽东看来，中国的衰落，就是由于基层被"黑社会化"的"劣绅"所把持，中国的上层则为官僚买办资产阶级所统治。而蒋介石所代表的，正是这样的一个旧中国的治理体系。

要推动中国治理体系和治理能力的现代化，那就非得革蒋介石的命不可。

毛泽东与蒋介石之间的矛盾是阶级矛盾，是敌我矛盾，他们之间斗争的成败关系中国的现代命运，这是你死我活的斗争。

如果说，遇到鲍罗廷是蒋介石的大幸，那么，遇到毛泽东，算是蒋介石倒霉。

1925 年 12 月 1 日，在国民革命军第二军司令部编印的《革命》半月刊第四期上，刊发了时任国民党中央宣传部代理部长毛泽东的文章《中国社会各阶级的分析》。这篇文章被当时的《中国农民》和《中国青年》转载，而当时的中共总书记陈独秀，却拒绝在党的机关刊物上发表这篇文章。

对当时的陈独秀来说，毛泽东的这篇文章属于离经叛道，散布的都是"非马克思主义观点"；但在后来的西方思想家眼里，这篇文章却因为简洁地抓住了马克思主义的精髓，至今依然还是"曲高和寡"。

《中国社会各阶级的分析》后收入《毛泽东选集》，成为选集中的第一篇文章。

历史证明，这篇文章不仅是指导国民革命，而且也是指导整个中国革命的纲领性文献。这篇文章在毛泽东思想的形成过程中具有里程碑意义。

那一年，毛泽东 32 岁。

如今，中国的青年当中读过这篇文章的似乎已经不多了。而对这篇文章认识最为独到的人，却是德国思想家、法学家卡尔·施密特。

20 世纪 60 年代，整个西方社会都被越南战争所震慑，正是为了思考毛泽东的游击战争的理论，施密特于 1963 年发表了《游击队理论》一文；同年，他又再版了《政治的概念》一文。这两篇文章，从特定的角度重新讲述了毛泽东的《中国社会各阶级的分析》。

毛泽东的文章和教诲为什么是重要的呢？施密特说，这就是因为现代西方社会出现了一种强烈的"非政治化"趋势，而其突出表现就是以伦理的、审美的标准，特别是以经济的标准代替、取消政治标准。

那么，究竟什么是政治的标准呢？施密特指出，如果说艺术的标准是美与丑，伦理的标准是善与恶，经济的标准是盈与亏，政治的标准，就是毛泽东在《中国社会各阶级的分析》开头所说的那句话："谁是我们的敌人？谁是我们的朋友？这个问题是革命的首要问题。"

政治的标准就是区分敌与我。

施密特坦承：政治中当然存在着联合、存在着妥协，但是，从根本上说，这种联合和妥协都属于政治战术，而非政治战略。从战略上说，政治就是斗争，在联合与妥协的时候，绝不能忘记这是对立面之间的有条件的联合与妥协，绝不能忘记：对于政治而言，联合与妥协是相对的，而矛盾与斗争则是绝对的——而这一点，就是毛泽东告诉我们的真理。

作为法学家，施密特认为，法律的基础是政治，法律力图将政治斗争的双方稳定在一个程序性的框架内，但是，任何法律框架的稳定性都是暂时的。法律不能凭空产生，更不是抽象的公平正义的体现，因为法律是在处理危机和冲突中形成的，它是处理危机和矛盾的手段，这种手段不能代替目的，这种表象不能代替实质，而实质则是斗争的双方始终处在对立的状态。

施密特与毛泽东的政治立场截然不同，但是，在政治不可能被取消，在当代社会中，它只能被伦理、审美和经济所遮蔽这一点上，二者则是一致的。

施密特指出：人们往往把毛泽东的这篇文章理解为纯粹的政策和策略，而这乃是一种致命的错误。实际上，《中国社会各阶级的分析》是20世纪最伟大的政治理论文献，它在政治理论上的地位，堪与马基雅维利的《君主论》和马克思的《共产党宣言》相媲美。

施密特认为，毛泽东这篇文章的深刻之处，就在于回答了"世界的实质是什么"以及"政治实质上是什么"这两个问题。而对于革命的策略乃至社会各阶级的分析，相对而言，是建立在上述两个重要思考的基础上的。

这是一篇划时代的政治哲学文献，而关于政策与策略的论述只是这篇文章的表面。

首先，毛泽东对于"阶级是什么"的理解是与"世界是什么"的回答联系在一起的，而实际上，只有从后者出发，才能真正理解前者。

"世界是什么？"在毛泽东看来，世界就是"差异"。世界上是永远存在差异的，毛泽东说，就社会而言，差异就表现为社会差别和社会等级。

世界的本质是差异，而差异就是发展变化的根源，施密特说，这也是马克思从黑格尔辩证法中汲取的东西。

矛盾和差异推动了世界的发展与变化，不过，毛泽东又认为，这种变化并不总是意味着革命。

毛泽东与马克思和黑格尔的另一个相同之处，就是对"量变质变规律"的把握。

毛泽东说，当社会差别和社会差异还不至于影响社会成员"过日子"的时候，这种差异和差别就不是"对抗性"的；而社会"等级"，也还不至于发展为对立的"阶级"——这个时候的社会冲突，就不会表现为"政治冲突""阶级斗争"和社会革命。

后来，毛泽东在《矛盾论》中，进一步对这一思想进行了哲学总结。他说：所谓"矛盾是普遍的"，是指"差异"是永远存在的，但是，这并不意味着这些矛盾和差异都是对抗性的，换句话说，不意味着它们都是"政治性"的，存在矛盾和差异的地方，并不意味着"阶级斗争"的条件已经成熟和具备。

正是延续着这样的思考，后来的毛泽东又写出了《关于正确处理人民内部矛盾问题》和《论十大关系》这样的著作。前者认为，人民内部矛盾是可以在法律的框架里解决，而敌我矛盾则不行。而这两篇著作中的思想，与《中国社会各阶级的分析》以及《矛盾论》乃是一脉相承的。

这表明：毛泽东的思想从诞生起就是成体系的，是一贯的。

而《中国社会各阶级的分析》的第二个核心，便是回答了"什么是革命"这个问题。

所谓革命，只是在社会差异发生了"质变"时方才出现的，或者说，革命只出现在社会矛盾转变成"对抗性"的历史过程中。这个过程，就好像水在加热至95度时还是液体，而到了100度就气化了一样，这就是所谓"从量变到质变"的过程——毛泽东后来说，社会的发展，总是由政治的状态进入法律的状态，再由法律的状态进入政治的状态，即总是由斗争走向联合，再由联合走向斗争，这一过程，决定了中国社会发展的"阶段性"。

对于社会而言，所谓革命状态，就是社会上一部分人作威作福，而另外一部分人则活不下去那样一种状态，即所谓1%对99%的状态。到了这个时候，社会关系就转变为"敌我关系"，社会差异和社会差别，就转化为"对抗性的矛盾""敌我矛盾"。

只有身处这样的状态的时候，我们方才是处于"政治状态"之中，而处于政治状态的人，所要做的第一件事便是区分敌友。因为所谓"朋友"就是让我活下去的人，而"敌人"则是使我活不下去的人。

所以，这篇文章一开头，毛泽东便如此急迫地写道：

> 谁是我们的敌人？谁是我们的朋友？这个问题是革命的首要问题。中国过去一切革命斗争成效甚少，其基本原因就是因为不能团结真正的朋友，以攻击真正的敌人。革命党是群众的向导，在革命中未有革命党领错了路而革命不失败的。我们的革命要有不领错路和一定成功的把握，不可不注意团结我们的真正的朋友，以攻击

我们的真正的敌人。我们要分辨真正的敌友，不可不将中国社会各阶级的经济地位及其对于革命的态度，作一个大概的分析。

从世界的实质，就是矛盾和差异的视野出发，通过把握"量变质变规律"这个辩证法的核心，毛泽东方才展开了中国社会各阶级的分析。

除了上述方法论上的贡献之外，这篇文章的另一个重大贡献在于对于国民革命的思考。

国民革命的目标，究竟是要建立一个民族国家，还是要建立一个人民国家？这又是一个根本的问题。

要想搞清楚什么是国民革命，首先必须了解什么是"国民"。

"国民"这种说法，乃是法国大革命的产物，它意味着"主权在民"，严格地说就是：主权来源于"民族—人民的集体意志"（collective national-popular will），而它的理论基础，当然就是卢梭的《社会契约论》。

现代国家主权来源于"民族—人民的集体意志"（collective national-popular will），那么，为什么要在"民族"与"人民"之间加一个"一字线"呢？简单地说，这就是在提示国家的阶级性质。因为在欧洲，"民族"（nation）这个说法，原本是指地方贵族议会，而不是指人民。议会，首先是由地方贵族构成，而后由资产阶级构成。那么，第三等级、资产阶级和贵族能否代表民族、能否代表人民呢？而这个"一字线"所给出的，正是意味深长的提示，它提示着：法国大革命只是开启了现代政治共同体，但是这个共同体中却隐含着国家与民族、资产阶级与人民之间的矛盾。而卢梭的《社会契约论》则是通过将"臣民""国民"和"人民"混同起来，掩盖了"国民"与"人民"的根本区别。

在欧洲政治史上，深刻地揭示了这一内在矛盾的，是共产党人安托尼·葛兰西。他指出，如果说，在"帝国"的框架里，所谓"民族"其实就是指地方贵族和资产阶级的话，那么，意大利的资产阶级上层就既不代表意大利民族，也不代表意大利人民，因为他们是"国际化"的，是站在国际资产阶级一边的，他们往往是意大利民族和人民的敌人——如果用毛泽东的话来说，他们就是意大利的买办阶级。

而最深刻地论述了这一问题的，就是毛泽东在1925年撰写的《中国社会各阶级的分析》，毛泽东在这篇文章中指出，中国的民族资产阶级可以分为两个部分，其上层是官僚买办资产阶级，他们是帝国主义的帮凶，另外一部分代表民族利益，是人民团结的对象。毛泽东后来又说：旧民主主义革命是资产阶级革命，新民主主义革命是人民团结资产阶级进行革命，因此，我们方才说：新民主主义国家就是"民族—人民的集体意志"的体现。

那么，什么是社会主义革命呢？毛泽东认为：社会主义革命，就是通过解决现代国家内涵的"民族—人民""资产阶级—劳动人民"之间的矛盾，建立一个人民当家作主的人类共同体，建设社会主义国家，不等于建立民族国家，这意味着，社会主义革命的目标，不是建立资产阶级与人民群众"共和"的国家。

收入《毛泽东选集》的第一篇文章，再次表明：毛泽东的思想是一以贯之的，毛泽东思想是一个前后彼此联系的整体。

毛泽东说：在中国，最坏的势力就是官僚买办资产阶级和土豪劣绅，他们是革命者的敌人。民族资产阶级和小资产阶级介于敌人与朋友之间，他们的特点是怀疑动摇。工人阶级是革命的领导力量，可惜人数很少。在中国，农民占人口的绝大多数，农民就是那些活不下去的人，而绝大多数人处于活不下去的状态，这就是中国革命得以爆发的根本前提。

只有最广大的农民才是革命可以依靠的真正力量。所谓国民革命的实质，就是要把农民提升为"国民"，使广大的中国农民成为"国民"之主体。

但是，在毛泽东看来，大革命所依赖的对象却并不是绝大多数活不下去的农民。大革命依靠的是蒋介石，而蒋介石代表的却是革命的真正对象——官僚买办资产阶级和土豪劣绅。

虽然轰轰烈烈的大革命已经开始了，但是，革命者对于"革命"还没有从思想上做好准备，而无论国民党还是共产党，依然还处于"政治上不成熟"的状态。因此毛泽东指出：轰轰烈烈的大革命，就是一场"虚假的革命"。

大革命为什么会失败？第一次国共合作为什么会失败呢？

这就是因为蒋介石集团代表的是上层的"营利型官僚"（官僚买办资产阶级）和基层的"营利型经纪人"（土豪劣绅），他们是中国最坏的势力，而当时的共产国际和共产党却把它们视为革命的依靠力量。

事实证明了毛泽东的判断。

1925年9月，北伐军攻克武昌，1926年1月，国民政府由广州迁至武汉，但蒋介石随即提出，党政中央应该与北伐军司令部在一起，必须立即迁往南昌。

蒋介石要求把国民政府迁往南昌是假，而反对武汉政府的最高权力机构——党政联席会议是真，因为这个党政联席会议里，没有蒋介石的位置。

而斯大林给鲍罗廷的命令依然是：安抚和迁就蒋介石，坚决不能与蒋介石翻脸。

1927年春，正值大革命高潮，负责中央农民运动讲习所工作的毛泽东在武汉写了一首格调悲怆的词。在唐代，中国人把西域的来客，称为"菩萨蛮"，而毛泽东这首词的词牌名，就叫《菩萨蛮》，而这似乎意味着，他自己在中国政坛和思想界中的地位，如同"西域来客"一样属于异端。

> 茫茫九派流中国，沉沉一线穿南北。
>
> 烟雨莽苍苍，龟蛇锁大江。
>
> 黄鹤知何去？剩有游人处。
>
> 把酒酹滔滔，心潮逐浪高！

在当时的毛泽东看来，斯大林放任蒋介石加强"战斗力"的结果，只能是使蒋介石更快、更加赤裸裸地举起屠刀。

而由于当时的武汉政府拒绝集中兵力东征对抗蒋介石，所以，靠武汉革命政府的力量已经不能制约蒋介石，在当时十分危急的形势下，只有武装农民才能挽救革命，而只有抓住农民，共产党才可能有力量与蒋介石抗衡。

农民是沉默的"幽灵"，是历史进程中最大的变数，是革命得以持续下去的根本动力。不了解这个"幽灵"，就不会对革命的前途做出正确的判断。

1927年3—4月之间，即在蒋介石发动"四一二"反革命政变前夜，毛泽东发表了《湖南农民运动考察报告》。毛泽东在《湖南农民运动考察报告》中，把农民运动这个"幽灵"的降临，称为"暴风骤雨"。他这样写道：

> 很短的时间内，将有几万万农民从中国中部、南部和北部各省起来，其势如暴风骤雨，迅猛异常，无论什么大的力量都将压抑不住。他们将冲决一切束缚他们的罗网，朝着解放的路上迅跑。一切

帝国主义、军阀、贪官污吏、土豪劣绅，都将被他们葬入坟墓。一切革命的党派、革命的同志，都将在他们面前受他们的检验而决定弃取。站在他们的前头领导他们呢？还是站在他们的后头指手画脚地批评他们呢？还是站在他们的对面反对他们呢？每个中国人对于这三项都有选择的自由，不过时局将强迫你迅速地选择罢了。

《湖南农民运动考察报告》堪称中国的《共产党宣言》，而它的第一节，就叫"组织起来"。

正像毛泽东所说的那样，农民运动这个"幽灵"的降临，迫使每个中国人必须做出选择。

而正是在这种选择面前，革命者分裂了。

当时的中共中央认为，革命形势发展得太快了，需要稳一稳，停一下，需要"维持现状"，当务之急是需要维持国共合作。

也正是在这历史的关键时刻，中国的资产阶级和自由主义者们急剧右转，投向了反革命的怀抱。

正是对于幽灵般的农民的恐惧，导致了中国资产阶级和自由派主张以恐怖的手段对待农民运动。

在中国的统治集团眼里，人民从来就不可怕，作为最弱势群体的农民就更不可怕了，而只有组织起来的、被政治化了的农民，只有武装起来的农民，才是令他们寝食难安的"幽灵"。

1927年2月，蔡元培、李石曾、吴稚晖、张静江等人，以国民党中央监察委员的身份，做出了清党、分共的党务案，他们就是为"四一二"反革命政变背书的人。

更加可悲的是：这些以"兼容并包""蔼然长者"留名后世者，其实也就是主张杀了他们自己昔日的同事、朋友陈独秀和李大钊的人，就是支持蒋介石屠杀青年的人。

对于绅士阶级来说，"下层人"终究是令他们恐怖的。而诸如陈独秀、李大钊、毛泽东这些昔日的同事、学生背叛了绅士阶级，而投向了"暴民"，这些人就比"暴民"更加危险、更加恐怖，于是，这些人必须杀掉。

正是对人民的恐惧导致了暴政——中国的历史也就是这样再次陷入了悲剧性的循环。

今天看来，北京大学的故事、五四运动的故事、大革命的故事，正如戊戌变法的故事一样，并不是什么"救亡压倒了启蒙"的传奇。历史并没有后世所传说附会的玫瑰色彩，启蒙的神话掩盖了民族与阶级矛盾，但民族与阶级终究是存在的。鲁迅说过，真的猛士，敢于直面淋漓的鲜血，敢于正视惨淡的人生。鲁迅无非是在提示青年学生阶级斗争的残酷性、政治的残酷性。

温情脉脉的师生关系，道貌岸然的学术嘴脸，也就这样被"兼容并包"的蔼然长者们一把扯了下来，而代替"启蒙"神话的，是血淋淋的阶级关系与阶级斗争。

老师杀学生，校长杀教师。鲁迅说，当他看到"投书告密，助官捕人"的是道貌岸然的"蔼然长者"时，他对中国知识分子的信心破产了。启蒙的神话，破灭了。

当《湖南农民运动考察报告》发表的时候，如同毛泽东所预言的那样，大革命作为一场"虚假的革命"已经全盘失败了。这篇文章发表数日之后，蒋介石便发动了"四一二"反革命政变，这一次，蒋介石汲取了"中山舰事件"仓促起事的教训，事发前，1927年3月26日，蒋介石任命白崇禧为沪松卫戍司令，蒋接受白崇禧的建议，把驻守上海，有革命色彩的国民革命军第一军第一师调走，留下由北洋军阀部队班底凑成的 26 军,然后,武装黄金荣、杜月笙手下的帮会组织"中华共进会",对上海工人纠察队和共产党组织大开杀戒。

蒋介石先武装起了帮会,共产国际才迟迟想起武装农民。

这时,斯大林派来接替维经斯基担任共产国际总代表的罗易刚刚到达武汉,而这个对这个毫无了解,政治斗争经验极差的年轻人下车伊始,就把共产国际的紧急指示交给了汪精卫,这个紧急指示要求中国共产党:立即进行土地革命,迅速组织起农民的军队,向蒋介石开战。

由罗易送到敌人手里的斯大林的这封电报,成为压倒国共合作的最后一根稻草。它标志着国民革命的最终失败。因为这份报告给汪精卫背叛国民革命,屠杀共产党提供里借口,武汉的国民党"左"派随之也背叛了工农运动,千百万工人和农民被残酷屠杀,大批共产党人倒在血泊里。

就在那时,上海社会主义小组的发起人之一施存统,在《中央日报》发表长文,公开宣布脱离中国共产党,而中共一大代表李汉俊被捕后从容就义,他是第一个牺牲的一大代表,而中共一大就是在他的家里召开的。

从 1927 年 4 月 12 日开始,在上海,针对共产党人的大规模的、有组织的屠杀进行了 3 天。蒋介石为第一次国共合作举行了血淋淋的葬礼。

而仅仅几个月之后,1927 年 12 月 1 日,蒋介石与宋美龄在上海举行了基督教婚礼。在大革命的葬礼之后举行的盛大婚礼是个象征,通过这次政治联姻,蒋介石投入了英美帝国主义的怀抱。

蔡元培充当了这场盛大婚礼的证婚人。他应该算作"清党"的功臣,从此以后,他便坐稳了"国民党元老"的位置——站稳了他的阶级地位。

叫声"校长"太沉重。北京大学的前校长与黄埔军校的校长就是这样一唱一和地走到了一起——所谓文韬武略，统治阶级的权力不容侵犯。

以流氓青洪帮起家的蒋介石组成了维护社会秩序的"神圣队伍"，他得到了绅士阶级们的欢呼和拥护，整个中国在刺刀下鸦雀无声。

斯大林和共产国际对于蒋介石的背叛感到震惊，而中共的反应却是"束手无策"。

大革命的失败印证了马克思的名言：批判的武器不能代替武器的批判。

大革命的失败印证了毛泽东的判断：中国的官僚买办资产阶级将会与帝国主义、土豪劣绅勾结起来，背叛革命，屠杀工人、农民和共产党人。

1942 年，毛泽东在延安中央党校的演讲中这样感慨地说：枪是可以杀人的。我们党明白这个道理，付出了许多血的代价。

他后来更沉痛地指出：正是害怕群众，妖魔化群众运动，导致了镇压群众。毛泽东说："什么人镇压学生？什么人镇压群众？袁世凯、段祺瑞、蒋介石才镇压群众，共产党人能害怕群众吗？共产党人能镇压群众吗？!"

1927 年 8 月 13 日，毛泽东带着全家从武汉秘密潜回长沙。所谓潜回，是因为此时的毛泽东已经"自我罢免"了在国民党中的一切职务。虽然他此时的身份是中共中央的特派员，但当时中共中央的指示却是要去发动城市暴动，而不是进行农村起义。

对于莫斯科关于立即进行土地革命，武装农民，反抗蒋介石的"紧急指示"，陈独秀表示根本没有条件执行，随之，陈独秀和他的学生彭述之一起，离开了中国共产党。

1927 年 8 月 31 日，毛泽东一家深夜回到了位于长沙郊外的板仓杨家。由于路途颠簸，年幼的毛岸英趴在毛泽东的背上睡着了，幼小的岸英绝不会知道，未来有什么样的命运在等待着他。而毛泽东放下儿子，甚至没有来得及与妻子杨开慧说道别的话，就匆匆地消失在夜幕中。

杨开慧的保姆陈玉英后来这样回忆说："当时我正在生病，睡在床上起不来。后来，听说是毛主席送他们回来的。毛主席从屋后的竹山翻过来，脚都没歇，又翻过后山走了。"

1927 年 8 月 31 日夜，毛泽东踏上了去安源的列车，月黑风高，山遥水远，毛泽东与杨开慧就此永别。

1930 年 11 月 14 日下午一时，经蒋介石的手令，时年 29 岁的杨开慧被湖南军阀何健枪杀于长沙识字岭。她身中数枪，手指深深地陷入泥里。

自此一别，毛泽东永失"骄杨"。

1923 年年底，毛泽东曾经抄写了唐人元稹的一首名为《菟丝》的诗给杨开慧。

诗曰：

> 人生莫依倚，依倚事不成。
> 君看菟丝蔓，依倚榛与荆。
> ……
> 下有狐兔穴，奔走亦纵横。
> 樵童砍将去，柔蔓与之并。
> ……

而这首诗在杨开慧心中造成了巨大的误解。因为当时的毛泽东正准备去广州参加国民党一大，杨开慧误以为毛泽东抄写这首诗的原因是官做大了，厌倦了自己，是负心的表现。

实际上，毛泽东早已经明白：革命不是请客吃饭，革命是一个阶级推翻另一个阶级的暴力行为，政治是流血牺牲的斗争，他自己选择的这条道路，意味着慷慨赴死，而杨开慧嫁给了自己，就等于选择了牺牲。

当年的毛泽东就是怀着这样的心情，告别杨开慧去参加"国民党一大"的。

临行前，他把一首《贺新郎》夹在了杨开慧阅读的书中：

> 挥手从兹去。更那堪凄然相向，苦情重诉。眼角眉梢都似恨，热泪欲零还住。知误会前番书语。过眼滔滔云共雾，算人间知己吾与汝。人有病，天知否？
>
> 今朝霜重东门路，照横塘半天残月，凄清如许。汽笛一声肠已断，从此天涯孤旅。凭割断愁丝恨缕。要似昆仑崩绝壁，又恰像台风扫寰宇。重比翼，和云翥。

"汽笛一声肠已断，从此天涯孤旅。"

1924年，时任中共中央组织部部长的毛泽东在上海领导工人运动，杨开慧在中央妇女部工作。那时，杨开慧心中最大的愿望就是能够留下一张全家福，然而，在秘密工作的环境里，连出门都需要请假，拍照更是不允许的。最终，中共中央妇女部主任向警予破例批准杨开慧带着两个儿子在照相馆里照了一张照片。这张冒险拍摄的照片，成为杨开慧留下的与两个孩子在一起的唯一影像记录。

那一年，杨开慧23岁，毛岸英2岁，毛岸青1岁。

毛泽东没有出现在照片里，毛泽东与杨开慧不但没有结婚照，他们连一张合影也没有留下来。

在那张照片里，杨开慧腕上戴着精致的坤表，两个孩子则穿着舒适的童装，杨开慧的眼神慈和而忧郁。而仅仅6年之后，这个出身于中国上流社会的知识女性，便因为忠实于父亲的教诲和丈夫的信仰，因为立志服务于中国的劳苦大众，被蒋介石当作暴徒、匪属虐杀了。

毛泽东谈不上是一个孝子，甚至不是合格的丈夫、合格的父亲。因为每当需要牺牲的时候，他首先想到的是自己和自己的亲人。毛泽东一家有6位亲人为中国革命献出生命，而这在世界无产阶级劳动者的领袖中绝无仅有。

从个人角度出发，毛泽东没有任何理由去推翻他自己担任高官的国民政府，然而，毛泽东这样做了。这是因为像新民学会中的绝大多数成员那样，毛泽东在风华正茂的时代便立志发愿，要为全世界受苦的人贡献自己的一切。

国共合作破裂了，正像毛泽东所预言的那样，是蒋介石率先宣判共产党人为"阶级敌人"。

1927年，目睹了蒋介石清党清共的大屠杀之后，鲁迅沉痛地说："我一生从未见过如此杀人的，而被杀的竟都是书生，他们所犯的罪，无非是写了几篇文章，宣传了某种学说。"

一向不闻国事的中国工农大众，正是从反动派的屠杀中见识了什么是政治，而毛泽东从血光、火光、泪光和刀光中站立起来，他因此认识到了一个真理：枪杆子里面出政权。

1964年5月17日，毛泽东在接见意大利和奥地利友人时说："我打了25年仗，由于偶然性，我没有被敌人打死。在1927年以前，我是没有准备打仗的。在城市里工作的人，知识分子，留恋城市，舍不得离开城市跑到乡村去，包括我自己也是这样。人们说我怎么英明，那是假的，是帝国主义和蒋介石使我在城市中存在不下去。他们用恐怖的杀人办法，逼得我和许多同志向敌人学习，蒋介石可以拿枪杀伤我们，我们也可以拿枪去杀伤他们。"

1927年9月9日，毛泽东在湘赣边界发动了秋收起义，决定用枪杆子反抗工农阶级的政治敌人。

> 军叫工农革命，旗号镰刀斧头。
>
> 匡庐一带不停留，要向潇湘直进。
>
> 地主重重压迫，农民个个同仇。
>
> 秋收时节暮云愁，霹雳一声暴动。

1927年9月9日，对于毛泽东和中国而言，这似乎是一个咒符般的日子。就在这一天，毛泽东在奔赴秋收起义指挥部途中，经过浏阳张家坊时，被民团抓住，所幸，清乡队不了解毛泽东的真实身份，在被押送去团防部的路上，毛泽东机智脱险，于当日赶到江西铜鼓肖家祠。

在那里，毛泽东宣布：立即武装起义，向国民党反动派发起进攻。

"汽笛一声肠已断，从此天涯孤旅。凭割断愁丝恨缕。要似昆仑崩绝壁，又恰像台风扫寰宇。"

秋收起义在中国历史上，第一次打出了"工农革命军"的旗帜，从那一刻起，伟大的中国革命方才真正开始。

这是漫长的革命，这是最后的斗争。

第七章

父老与『子弟兵』

1927 年 9 月 19 日，毛泽东率领秋收起义残部 1500 人到达了浏阳文家市。浏阳的西边是长沙，长沙的西边是毛泽东的故乡韶山，而浏阳的东边，则是江西永新，那里通往一座森林茂密的大山，叫井冈山。

　　根据毛泽东的建议，起义部队放弃了进攻长沙的计划，但接下来的问题是他们要去哪里。

　　9 月 20 日清晨，在文家市里仁中学的操场上，毛泽东给这支疲惫不堪的部队打气鼓劲，当时他幽默地说："我们现在力量很小，好比是一块小石头，蒋介石好比是一口大水缸，总有一天，我们这块小石头，要打破蒋介石那口大水缸。"

　　于是，那些刚刚脱离了死亡线的造反者们，听了这番话，高兴得欢呼起来。

　　里仁中学的名字，取自《论语》，但这支集中在文家市里仁中学的破败队伍却不是来祭孔的。千百年来，孔子教诲中国人说：蔑视皇帝、老师和长者的命令，就是蔑视人间秩序，就必须受到严厉惩罚。而今，正是为了蔑视这样的人间秩序，这些造反者们以开会和投票的方式决定：必须逃离这样的人间、背离这样的秩序，他们决心去建立一个新世界。

1972年年底，海伦·斯诺访问这里时，不禁浮想联翩。正像英国清教徒以武力反抗国教（圣公会）一样，毛泽东以武力反抗儒教的基础——地主制度。自宋代以来，儒教作为中国的国教已经存在了一千年了。她说：

就是在这个古老的儒家祠堂里，毛泽东曾经宣布蔑视世界上一切上帝和地主。

针扎不入、水泼不进的崇祖制度，使一切新思想都成为禁忌；背离长者言训和国教者，均被视为不肖子孙。这种制度，把一切新的思想，拒之于中华国门之外——谁接受新思想，谁的头就得落地。如果毛泽东还是一个年轻的共产党员时被捉住，那么，他也会像他的其他朋友那样被杀掉。蒋介石不会使新思想合法，谁要当共产党，或者被怀疑为共产党员，就是犯了杀头罪。

在西方国家，获得思想的自由，也只是到了近代才成为可能。皮特勒斯·拉姆斯因在几乎所有的法国胡格诺教徒中传播"异端邪说"而在巴黎被处决。正是英国清教徒，第一次用武力捍卫了这一思想，进行了从1642年至1660年期间绝无仅有的一次著名的民主革命。

他们在一个新的大陆上，创造了一个崭新的文明社会——美国。

在中国历史上，毛泽东实际上扮演了拉姆斯、克伦威尔、马克思和列宁的角色。

正是在湖南浏阳这所古老的宗祠里，毛泽东于1927年向1000名英勇的青少年讲话，把他们武装起来，他们的武器主要是红缨枪和"红缨枪思想"。正是这个会议通过投票决定，必须继续革命，必须毫不妥协地继续蔑视一切上帝、祖宗、所有的压迫和反革命势力，正是这个会议通过投票决定，向着客家人聚居的绿林——井冈山根据地进军。

我以渴望的目光，看了看那条新修的主路，经过里仁学校，进入江西境内10公里，沿着井冈山山脉蜿蜒而去，而这条路的起点，就是文家市。

但是，奔向井冈山的道路，绝没有海伦所设想的那样平坦。

在从浏阳向莲花进军过程中，秋收起义总指挥卢德铭战死，而原国民革命军第一师师长余洒度、原三团团长苏先俊以向湖南省委汇报工作为名，脱离了起义军。余洒度离开起义部队后，立即投降了国民党，后官至训政处处长，而苏先俊在1928年被敌人抓获，他被捕后，出卖了中共湖南省委书记郭亮，郭亮被杀后，他的头被挂在了长沙城门上示众。

1930年7月，红三军团攻克长沙，苏先俊被彭德怀抓获处决。

罗荣桓是唯一一位参加过秋收暴动的"十大元帅"之一。他后来回忆说，在莲花，部队被敌人打散了，好不容易收拢起十几个人，到老乡那里买来吃的，连筷子都没有，只能用手抓饭吃，饭后，大家都疲惫地躺在地上，这时毛委员精神抖擞地说，现在开始点名，毛委员第一个站起来喊："1！"于是大家都跟着毛委员一一报数，疲惫的军心就这样重新振作起来。

在部队失败后，毛泽东提出了三项主张：一，大家自愿去留。二，在部队中设立各级党组织和党代表，三，连、营、团设立士兵委员会。

这是一个全新的军事制度。

"浏阳河，弯过了几道弯，几十里水路到湘江，江边有个什么县呐，出了个什么人，领导人民得解放……"

"人民子弟兵"这个崭新的制度，就是从浏阳河畔的文家市走出来的。

1927 年 9 月 28 日，毛泽东率领秋收起义的部队，到达位于江西永新的三湾村，此地位于永新、井冈山、莲花和湖南茶陵四县交界处。这支军队原本号称"工农革命军第一军"，但由于人数实在太少，于是，经过在江西永新县的三湾村整编之后，改叫"第一师"第一团，团长是陈浩。

而当年的王阳明，也正是在江西永新这个地方举起义旗，招募义兵，整编起一支队伍，向着宁王朱宸濠开战的。

永新离井冈山有六十公里，当时，井冈山上有两个"绿林好汉"领导的农民武装，这两个好汉，一个叫袁文才，另一个叫王佐。把这个信息告诉毛泽东的，是江西省委派来的联络员宋任穷，他赶到了文家市，把省委的密信交给了毛泽东。

当得知要毛泽东率领部队来井冈山时，袁文才起初是有疑虑的，他写了一封内容婉转的信给毛泽东，"毛委员，鄙地民贫山瘠，犹汪池难容巨鲸，片林不栖大鹏，贵军驰骋革命，应另择坦途。敬礼，袁文才叩首"。

这封以大字写在宣纸上的信，被毛泽东夹在了一本光绪年间印行的《四书》里，幸运地保存下来，后在湖南株洲旧书市场上，被收藏者发现。

但我们现在已经不知道毛泽东当年给袁文才写了怎样的回信，我们只知道，正是毛泽东的这封回信深深地打动了袁文才，他说："毛委员是真正有才学的人，看了他的信，真是胜读十年书啊！"

袁文才派来与毛泽东接头的代表叫陈慕平，因为他在广州农民运动讲习所听过毛泽东的演讲，就是他把毛泽东的回信交给了袁文才。

无论在当时还是后来，很多人都认为，毛泽东此举其实就是投靠了土匪，毛泽东自己则当了"山大王"。因此，按照经典的马克思主义理论，毛泽东并不是依靠工人，甚至也不是依靠农民，而是依靠"流氓无产者"起家的。

毛泽东确实是在井冈山起家的，但他依靠的却是一支历史上从来没有过的军队，这支军队后来被称为"人民子弟兵"。

而"人民子弟兵"这个名称的精髓，就深深地根植于中国历史上的军事制度之中。因为"子弟"这种说法，所面对的是"父老"。刘邦入咸阳，曾经"与父老约法三章"，而项羽兵败垓下，也曾经说了这样一句话："无颜面见江东父老。"

要了解究竟什么是"父老"，就必须了解秦、汉、唐的中国基层制度，这个制度的核心，就是保伍制度，即五家为一保，选拔最为忠勇的基层负责人，在墨家学说里，他们也被称为"侠"。在普通老百姓眼里，他们便是立足乡村共同体扶危济困、替基层百姓打抱不平的"好汉"，他们代表的就是基层百姓的"民心"。

这些人平时维持治安，战时应召入伍，用今天的人所能理解的话，所谓"父老"，就是基层的"复员军人"，就是军烈属。而宋代以降，国家以募役法代替了兵役制，以基层的家族制度代替了保伍制度，基层有朱熹的乡规民约，但没有了军事编制，基层有的是乡绅，而没有了"军烈属"。王安石变法，就是要在基层建立保甲保马制度，而明代王阳明的一个重要贡献，就是在江西的客家人中，恢复了秦汉唐的保伍制度，并立足这样的制度，建立了一支民兵武装。

江西永新一带，是历史上被官府和地主所压迫的客家人的故乡。

与毛泽东一样，王阳明也正是在江西永新，通过收拾人心起家，开始了一介书生的戎马生涯。

当时的王阳明认为，当务之急就是重建乡村。而重建乡村的办法，并不是像朱子那样，标榜一个专门针对乡村的秩序（乡规民约），并自上而下地推行于乡村，而是针对基层社会的现实矛盾，使每一个"当下之我"、使每一个基层小民，发挥出乡村主体的作用——这就是"致良知"。

用毛泽东的说法，这就叫发动群众、依靠群众。

1917 年 8 月 23 日，在致黎锦熙的信中，毛泽东曾经写道："圣人，既得大本者也；贤人，略得大本者也。"1973 年 1 月，毛泽东在中共中央政治局会议上又曾经这样说：鲁迅是"圣人"，而我只是"贤人"。

贤人不是士大夫，士大夫代表官场和官家，代表刑名和利诱，而贤人代表百姓，代表基层的民心，贤人就是基层群众的领袖。

正是由于有了"贤人"的存在，中国基层乡村的治理理想，便不再是刑名和利诱，而是思想教育，也就是启发基层人民的觉悟——这就是"致良知"。

这种思想主张待共同体的成员如"学生""子弟"，而不是如"百姓"。大而言之，它昭示着中国两条政治路线的分野：一条"胥吏"对"百姓"，一条"贤人"对"子弟"，或"老师"对"学生"。而只有后一条路线，即以百姓为"父老"，方才能够带出了"子弟兵"，只有"老师"对"学生"，才能培养真君子。

所谓大本大源，也就是天理良知，圣人是天道的承载者，而贤人则是天理的发现者。

毛泽东正是从最基层人民群众那里，发现了天理与良知。

这些话，朱子、陆九渊、王阳明乃至曾国藩都说过，他们也都曾立志做这样的贤人，或做"文侠"，或做"武侠"，行侠仗义，从基层改造中国。

而这种治理依靠的自然是文化和信仰，它所针对的是共同体成员的"心"而不是"身"。所以，它主张用做学问的方式搞治理，主张读书与治理不可分为两事，这便是"一边打仗、一边生产、一边读书"；这便是"学生也是这样，以学为主，兼学别样"；这便是"知者行之始，行者知之成，圣学只一个功夫，知行不可分作二事"。

简而言之，它强调政治工作的办法与搞学问无异，根本上均在于"调查研究""与民同心"，因此，毛泽东提倡用开会和思想教育的方式解决群众问题。通过"批评与自我批评"，造成"必也使其无讼乎"这样生动活泼的政治局面。

王阳明当年认为，这样的政治、这样的治理，也就是"三代之治"的理想。

三代尤远，而我们今天所知道的，其实就是毛泽东书里写到的那些鲜活的主张、那些古老而年青的语句，以及共产党当年在井冈山、陕甘宁、太行山的实践。它表明：宋明新儒学的最大贡献，便是使读书人深入基层，从基层出发重新组织社会。而继承了儒家思想这一精华的就是毛泽东。

什么叫作"与父老约法三章"呢？怎样才能以做学问的方法从事政治工作呢？那就是发挥人民群众的主动性和创造性，就是问计于民，就是到人民群众中去寻找解决问题的办法——这个方法，也就是调查研究。

调查研究，便是"致良知"的基本方法。

1930年，在莫斯科召开的中共六大刚刚结束不久，毛泽东在闽西苏区写下了《反对本本主义》，提出了"没有调查，就没有发言权"的论断，他还尖锐地说："以为现在的斗争策略已经再好没有了，党的六次全国代表大会的'本本'保障了永久的胜利，只要遵守既定办法就无往而不胜利。这些想法是完全错误的，完全不是共产党人从斗争中创造新局面的思想路线，完全是一种保守路线。"

毛泽东反对把党代会的决议当"本本"来对待，他认为党的章程与决议，必须体现党的思想路线，而党的思想路线，必须是科学的结论。没有科学的支撑，就不能形成正确的思想路线。

在《反对本本主义》中，毛泽东再次强调了什么是科学的方法，所谓科学方法的基础就是观察，就是亲身的观察，亲身的观察，就是调查研究，而不是朱子所说的静坐读书，格物致知，离开了调查研究，就不能致知。

认识不能从唯一正确的规律出发，从"本本"出发，不能从自己一个人的感受出发，要获得正确的认识，必须凝视他人的目光，倾听他人的声音，因为真实的世界，是由不同的眼睛，不同的声音共同构成的。

调查研究可以采用归纳法，也可以采用演绎法，所谓归纳法，就是指理论是从现实材料的分析得来，所谓演绎法，就是通过调查研究来检验理论。这二者之间又是相通的：在归纳的时候，调查研究者必须制定调查规则，否则得到的只能是现象和随感，在演绎的时候，一定要围绕问题和主题，否则就会把调查会开散了。

于是，这篇文章的最后部分，详细地阐述了"调查研究"的办法，说明了怎样以做学问的方式搞治理，共分七条：

（1）要开调查会作讨论式的调查

只有这样才能近于正确，才能得出结论。那种不开调查会，不作讨论式的调查，只凭一个人讲他的经验的方法，是容易犯错误的。那种只随便问一下子，不提出中心问题在会议席上经过辩论的方法，是不能得出近于正确的结论的。

（2）调查会到些什么人？

要是能深切明了社会经济情况的人。以年龄说，老年人最好，因为他们有丰富的经验，不但懂得现状，而且明白因果。有斗争经验的青年人也要，因为他们有进步的思想，有锐利的观察。以职业说，工人也要，农民也要，商人也要，知识分子也要，有时兵士也要，流氓也要。自然，调查某个问题时，和那个问题无关的人不必在座，如调查商业时，工农学各业不必在座。

（3）开调查会人多好还是人少好？

看调查人的指挥能力。那种善于指挥的，可以多到十几个人或者二十几个人。人多有人多的好处，就是在做统计时（如征询贫农占农民总数的百分之几），在做结论时（如征询土地分配平均分好还是差别分好），能得到比较正确的回答。自然人多也有人多的坏处，指挥能力欠缺的人会无法使会场得到安静。究竟人多人少，要依调查人的情况决定。但是至少需要三人，不然会囿于见闻，不符合真实情况。

（4）要定调查纲目

纲目要事先准备，调查人按照纲目发问，会众口说。不明了的，有疑义的，提起辩论。所谓"调查纲目"，要有大纲，还要有细目，如"商业"是个大纲，"布匹"，"粮食"，"杂货"，"药材"都是细目，布匹下再分"洋布"，"土布"，"绸缎"各项细目。

（5）要亲身出马

凡担负指导工作的人，从乡政府主席到全国中央政府主席，从大队长到总司令，从支部书记到总书记，一定都要亲身从事社会经济的实际调查，不能单靠书面报告，因为二者是两回事。

（6）要深入

初次从事调查工作的人，要作一两回深入的调查工作，就是要了解一处地方（例如一个农村、一个城市），或者一个问题（例如粮食问题、货币问题）的底里。深切地了解一处地方或者一个问题了，往后调查别处地方、别个问题，便容易找到门路了。

（7）要自己做记录

调查不但要自己当主席，适当地指挥调查会的到会人，而且要自己做记录，把调查的结果记下来。假手于人是不行的。

"开调查会"这就是"与父老约法三章"的办法，这也就是以做学问的方法从事政治工作。

毛泽东就是这样一位伟大的社会科学家，他反复强调，共产党要学习的不是文件，不是"本本"，而是社会科学的方法。

1961年3月23日，在广州召开的中央工作会议上，毛泽东再次感慨万千地谈到了这篇文章，他说，平日袖手看文件，那是解决不了任何问题的，要解决问题，就"一定要亲身从事社会经济的实际调查，不能单靠书面报告"。而文件里的东西，基本上都是教条，"教条主义这个东西，只有原理原则，没有具体政策，是不能解决任何问题的，而没有调查研究，是不能产生正确的具体政策的"。

毛泽东当时还说："第一次使我晓得中国监狱全部腐败情形的是谁呢？就是湖南衡山县的一个狱吏。我跟他谈了一两天，他谈我记。我首先讲明来意，就是要调查这个班房里头情况怎么样，他就讲了各种复杂情形。可惜这个调查材料没有了。上井冈山后的两次典型调查材料也损失了。损失了别的不伤心，损失了这些材料我比较伤心。"

正是根据这样的社会调查方法，毛泽东得出了中国农村社会是有资本主义性质的"阶级社会"的结论，在 1933 年 10 月的《怎样分析农村阶级》中，毛泽东指出，地主就是"依靠高利贷剥削为主要生活来源"的阶级，地主富农的主要剥削方式包括"管公堂和收学租"，并包揽诉讼和替政府收取苛捐杂税。贫农一般要出卖小部分的劳动力，而工人则完全要靠出卖劳动力。

近代以来，湖南的岳麓书院出了两位伟人，魏源是第一个睁眼看世界的中国人，而毛泽东则是第一个使世界睁眼看中国的人。

近代先进的中国人无不"寻求富强"，而在毛泽东之前，湖南产生的最伟大的"富强论"者就是邵阳人魏源。而毛泽东却反对离开"王道"谈"富强"，受王阳明的影响，毛泽东认为王道在人民心中。

魏源与毛泽东，都是伟大的战略家和思想家。不同的只是，毛泽东是革命家，他领导了世界上最波澜壮阔的革命，并最终取得了胜利；魏源是改革家，他力图推动世界上最古老的王朝实行改革，但那场改革却失败了。

魏源的一生是个悲剧，当他的名声和著作在日本几乎家喻户晓的时候，而在故乡中国，知道他名字的人却寥寥无几。

魏源呕心沥血所做之《海国图志》《圣武记》和《元史新编》，不但没有唤醒沉睡的中国，反而成为帝国主义国家——特别是日本入侵中国的参考书。

毛泽东与魏源在战略思想上是相通的，基于近代中国的处境，他们发明了以弱胜强的战略战术，这就包括诱敌深入、防御战中的进攻战、集中优势兵力以歼灭敌人，以及"打到敌人后方去"，等等。

魏源的战略思想不为当时所用，这是中华民族的大悲剧，而他的思想最终却在毛泽东手里发扬光大，并形成了中国革命战争的宏图战略，这则是中华民族之大幸。

在战略方面，毛泽东从魏源那里汲取了很多，值得注意的是，毛泽东与魏源对中国士大夫阶级痼疾的诊断也是一致的。

魏源的名言是："自古有不王道之富强，无不富强之王道。"儒家和士大夫阶级空谈了几千年王道，但却使王道脱离了富强，这是历史的大悲剧。

魏源以为王道不能脱离富强，毛泽东则认为富强的基础就是王道。王道不是刑名利诱，更不是"三纲五常"，而是人民群众心中存在着的天理良知。到群众中发现良知的办法，就是调查研究。

而毛泽东更以一种特殊的方式实现了"王道"与"富强"的统一，从而使王道建立在了富强的基础上——毛泽东推行的"王道"朗朗上口，可歌可泣，被称为"三大纪律八项注意"。毛泽东更把这种"王道"建立在一支前所未有的军队的基础上，而这支军队叫"中国工农红军"。

以军队推行王道，以王道节制军队，这是毛泽东的发明。

在奔赴井冈山的途中，毛泽东为他的部队规定了行军纪律：说话要和气，买卖要公平，不拿群众一个红薯——而这就是著名的"三大纪律八项注意"的雏形。

当秋收起义部队在浏阳文家市进行整编时，毛泽东又为这支军队创造了一种新的组织形式：即以党的组织和士兵委员会来打破旧军队的科层制。

毛泽东是经历了九死一生，方才把秋收起义的部队带上了井冈山的，就在他与袁文才接洽的时候，驻守在湘赣边界茶陵的起义部队几乎哗变，第一师第一团团长陈浩趁毛泽东不在军中，打算拉着起义部队投靠国民党军第十三军军长方鼎英。

当时毛泽东脚伤未愈，他拄着拐杖从井冈山赶到茶陵，就在毛泽东生日的那一天，他在茶陵召开起义部队营以上干部紧急会议，当场揭露陈浩的叛变行为，撤销他的职务，立即予以枪决，就这样，毛泽东在千钧一发之际，才终于把这支队伍从茶陵拉到了宁冈。

1927 年 11 月，中国工农革命军第一军第一师在宁冈龙江书院创办了教导队，由吕赤任教导队长。吕赤，原名吕希贤，参加革命后改名为吕赤，毛泽东亲自主持教导队授课。而这个创办于龙江书院的教导队，也就是后来的红军大学、抗日军政大学的前身，今天，它已经发展成为世界一流的军事学府——中国人民解放军国防大学。

国防大学，就是从龙江书院中走出来的。

龙江书院，这是一个多么有中国气派的名字。

日本思想家宫崎市定的名言是：以为毛泽东凭一个人的天才就改变了中国，这是因为人们不了解毛泽东是站在了中国多少圣贤的肩膀上。毛泽东的伟大，不过是因为他使得"中国道路"得以延续，并且发扬光大。

而另一位日本思想家沟口雄三则说："近代以来的中国道路，既不落后于西方，当然也没有超越西方，因为中国只是走在自己的道路上。过去如此，现在如此，将来必然还是如此。"

其实，近代湖南倒是出了两个润之（芝），一个自然是毛润之，另一个乃是晚清"中兴四大名臣"之一——胡润芝（胡林翼，号润芝，其他三人为曾国藩、左宗棠和彭玉麟）。且有"泽东"，亦有"泽南"。钱钟书的父亲钱基博先生在《近百年湖南学风》中讲到湘军及其创始人罗泽南，他以为湖南学风之要害全在"以思想建军"，"以学问治世"，而其关键，一言以蔽之，就在于知识分子、读书人与工农兵相结合：

或问（泽南）制敌之道，曰："无他，熟读《大学》'知止而后

有定，定而后能静，静而后能安，安而后能虑，虑而后能得'数
语，尽之矣。《左氏》'再衰三竭'之语，其注脚也。"亦本周敦颐
主静察机之说。其治军以不扰民为本。视东南安危，民生怨苦，如
饥溺在己，与其所注《西铭》相符。军行所至，士民欢腾，或输敌
情，或诉所欲，馈肉饷饭，如家人父子，得道多助，屡破大敌，而
善以寡击众。众人化之，荷戈从军，蔚然成风。时为之语曰："无
湘乡，不成军"。藉藉人口，而不知无泽南，无湘军。惟泽南以宋
儒之理学治兵，以兵卫民，皎然不欺其志。此湘军所以为天下雄，
而国人归颂焉。倘好驰马试剑，漫事以从军攫富贵，豪闾里，而不
体泽南之以宋儒理学治兵，以兵卫民之指，意气自雄，是则泽南之
志荒，而湘之所以为勇者亦耗矣。自来言宋儒理学，往往小廉曲
谨，可以持当躬，而不足以任大事。顾泽南义勇奋发，本之间学。
朝出鏖兵，暮归讲道。中间屡遭惨败，而志不挠，气益壮，讨部众
而申儆之，或解说《周易》以自遣云。

按照钱基博的说法，理学作为经世之学，有着强烈的战略式战争诉
求。近代中国的"经世学统"开于江苏，而大成于湖南，"三大纪律八
项注意"其实便是以宋儒理学治军的典范。他尤其指出，宋儒的缺点便
是将学问与读书考试相结合，从而堕入"小廉曲谨"，"以持当躬"。而
唯有将学问与保家卫国相结合，将知识和知识分子与人民相结合，方才
可以上马杀敌，下马读书，朝出鏖兵，暮归讲道，方才足以"任大事"、
成大事。

以理学治军，就是以王道治军，而这首先便要恢复理学乃至儒学的
斗争精神。"军队是所大学校"，毛泽东不仅创立了中国工农红军，而且，
他更振奋了中华民族的武德——即战斗精神。

在毛泽东的革命兴起之前，中华文明的武德差不多已经失落了近千年了。

大致说来，春秋时代，军人以贵族为主，自然是很被尊重的，故而有"武士"和"武德"之说。而军人、武士被尊重，并不是因为他掌握暴力，而是因为他有能力制止暴力。"武德"的解释来自楚庄王，他提出"武"的字义便是"止戈"。

看看《商君书》最重要的篇章《农战》，便知我国历史上最健康的尚武时代便是秦。"又战斗来又生产，三五九旅是模范"，有这样的民风、这样的制度，自然便有天下无敌的军队。西汉因为继承了秦"农战"的传统，因此才能够击溃匈奴，但是，因为西汉偏重亲戚权贵，秦以战功行赏罚的制度，即使在武帝时代，却也已经被严重破坏了。在如此重亲贵、轻功臣的背景下，再希望延续三军用命、为国死战的"秦制"，"此实难矣"。

果然，到了东汉时代，汉人一般都不愿当兵也不能当兵，兵源多依赖内附的外族，所谓"五胡乱华"之根源，因此早已种下。

唐代建国，府兵制是基础，其核心是选拔品质优秀的农家子入伍。故每次征兵，都是在基层选拔积极分子的仪式；每次退伍，又起到了在基层壮大积极分子的作用。可惜武后以来，均田制败坏，国家不再重视基层，转而重视"文辞""进士科"，轻视边疆，重视中原，轻武重文，漠视武德，结果铸成安史之乱。这哪里是偶然的呢？

唐末，国家已经无力动员基层，从此便将基层征兵工作，委之于胥吏。这些胥吏则是王安石所谓的"奸邪无赖之徒"，于是私兵泛滥。当兵如奴隶、配军，为防止兵士逃走，往往在其面上刺字。故自唐末、北宋以来，直到国民党统治时代，"拉壮丁"就等于征兵。李华的《吊古战场文》是唐代的好文章，其中哭天抢地的悲叹，不过凝结为宋代时的两句俗语"好男不当兵、好铁不打钉"而已，可见中国之积弱，又哪里是一朝造成的呢？

当兵光荣、光荣者方能当兵，这是共产党在中国所造成的新气象。而一切不抱偏见者，便不能不承认这种事实：共产党的一个伟业，就是结束了落后挨打；毛泽东的一个成就，就是振奋了中华民族的武德。

"三大纪律八项注意"就是武德的体现。

中国的士大夫阶级一直希望"收拾人心"，但是，所谓"收拾人心"于他们而言，却不过是以儒家的教条去训导基层百姓，而真正的"收拾人心"，就是与基层群众在一起同甘共苦。

1965 年 8 月 3 日，毛泽东接见法国总统戴高乐的特使、文化事务国务部部长马尔罗。马尔罗问毛泽东说："我认为在毛主席之前没有任何人领导过农民革命获得胜利，你们是如何启发农民这么勇敢的？"

毛泽东淡然回答："这个问题很简单。我们同农民吃一样的饭，穿一样的衣，使战士们感觉我们不是一个特殊阶层。我们调查农民阶级关系，没收地主阶级的土地，把土地分给农民。"

1956 年 11 月 15 日，毛泽东在中央委员会全体会议上发表讲话，当时他说："我赞成在和平时期逐步缩小军队干部跟军队以外干部的薪水差额，但不是完全平均主义。我是历来主张军队要艰苦奋斗，要成为模范的。1949 年在这个地方开会的时候，我们有一位将军主张军队要增加薪水，有许多同志赞成，我就反对。他举的例子是资本家吃饭 5 个碗，解放军吃饭是盐水加一点酸菜，他说这不行。我说这恰恰是好事。你是 5 个碗，我们吃酸菜。这个酸菜里面就出政治，就出模范。解放军得人心就是这个酸菜……我们长征路上过草地，根本没房子，就那么睡，朱总司令走了 40 天草地，也是那么睡，都过来了。我们的部队，没有粮食，就吃树皮、树叶。同人民有福共享，有祸同当，这是我们过去干过的，为什么现在不能干呢？只有我们这样干了，就不会脱离群众。"

就在这次讲话中，毛泽东说了如下著名的话："人是要有一点精神的，无产阶级的革命精神就是由这里头出来的。""根本的是我们要提倡艰苦奋斗，艰苦奋斗是我们的政治本色。"

这不禁令人想起柏拉图在《理想国》中的名言：共同体的守护者是那些灵魂里有黄金的人，因此，他们就不需要现实世界里的金银。

柏拉图还说，灵魂里的黄金，就是德性。

1927 年的 12 月 26 日，毛泽东在茶陵挫败了秋收起义的哗变，终于把这支革命的火种带向了井冈山。在茶陵，他过了一个极为不平凡的生日。

1928 年 1 月，毛泽东布置部队从遂川县城分兵下乡，与此同时，他还宣布了工农革命军的"六项注意"：还门板、捆铺草、说话和气、买卖公平、不拉伕、请来伕子要给钱、不打人不骂人。

1928 年 4 月下旬，朱德、陈毅率领南昌起义的残余部队来到井冈山，与毛泽东的队伍会师，成立了中国工农革命军第四军，朱德为军长，毛泽东为党代表。在随后的庆祝两军会师的大会上，毛泽东发表讲话，首次宣布了"三大纪律""六项注意"。

"朱毛会师"的牵线人是毛泽覃。大革命失败后，身在国民革命军第四军的毛泽东的小弟毛泽覃逃到了南昌，并最终追上了周恩来率领的南昌起义部队，周恩来派他到叶挺的部下工作。1927 年年底，朱德派毛泽覃去井冈山与毛泽东取得联系，毛泽覃最终成功地找到了自己的哥哥，也把南昌起义的残部带上了井冈山。

井冈山方圆八百里，却只有 8 个村子，缺吃少穿，饥饿从一开始就伴随着革命，缺医少药，受伤便等于死亡。毛泽东在 1928 年 10 月所做

《中国的红色政权为什么能够存在》一文中这样写道：井冈山根据地的困难，"有时真是到了极度。红军一面要打仗，一面又要筹饷。每天除粮食外的5分钱伙食费都感到缺乏，营养不足，病得甚多，医院伤兵，其苦更甚"。

那时，红军的主要食物就是南瓜，米饭很少能够吃到，而他们的口号竟然是："打倒资本家，天天吃南瓜！"

与理学家推崇的"主静察机"不同，毛泽东主张红军只有在运动中才能捕捉战机。从1927年10月到1929年2月，在一年半的时间里，就是在井冈山这个地方，红军克服了难以想象的困境，战胜了数倍于己的敌人，而当红军撤离井冈山时，由原来的一千人，发展到了一万余人。

毫无疑问，这是人类军事史上的奇迹，而造成这一奇迹的就是毛泽东"人民子弟兵"的建军思想，它最终凝结为著名的"三大纪律八项注意"。

1928年5月25日，中共中央宣布，工农革命军定名为"中国工农红军"，毛泽东和朱德领导的第四军，从此被称为"红四军"。这一年的年底，彭德怀、滕代远率领平江起义的部队来到井冈山，与红四军会合。

中国人民解放军的十大元帅中，有五位出自红四军，他们是：朱德、林彪、彭德怀、陈毅和罗荣桓。

更多的人在极其残酷的斗争中牺牲了，绝大多数是倒在了战场上，但也有人是被自己人所清洗。在莫斯科召开的中共六大形成了以工人为主体的领导层，而其中不少人认为，井冈山就是个土匪窝子，红四军不是由布尔什维克组成，而是由流氓无产者掌权。而在被当作土匪清洗的人中，就包括王佐和袁文才。

1928 年在莫斯科召开的中共六大提出了《农民运动决议案》第七章父老与"子弟兵"和《苏维埃政权组织问题决议案》，其中有一个内容就是：对所有在暴动期间帮助过共产党的土匪头子，必须清洗掉。

这表明：那时的共产国际和中共中央，对于中国传统和中国社会缺乏深入了解，对于什么叫"父老"，何谓"子弟兵"惘然不知。对中国传统和基层所蕴含的革命性力量缺乏了解。

1929 年 1 月 14 日，蒋介石发兵 3 万"会剿"井冈山，毛泽东、朱德率 3600 余名红四军主力离开井冈山，希冀以此"调虎离山"。刚上山的彭德怀负责留守，而王佐和袁文才则负责协助他，朱德、毛泽东离开后，留守的部队便发生内讧，王佐和袁文才在被追杀的路上，一个被击毙，一个跳到河里被活活淹死。

这表明："本本主义"地执行中共六大的决议，对于中国革命事业造成了怎样的损失。

1965 年 5 月 29 日，毛泽东重上井冈山，接见了井冈山群众代表。毛泽东拉着王佐和袁文才遗孀的手说：王嫂子、袁嫂子，你们可好？我是毛泽东啊！

袁文才的遗孀谢梅香端详了良久，方才说：毛委员，是您！您回来了，您胖多了……

王佐的遗孀兰喜莲则说：毛委员，您记得吗？那天晚上在茅坪开会，我炖了鸡，您那时好瘦啊……言罢，兰喜莲泪如雨下。

毛泽东连连叹息，他当时郑重地说："王佐和袁文才两位同志，他们对于中国革命的胜利是有贡献的！"

那次接见之后的晚上，毛泽东夜不成寐，写下了《念奴娇·井冈山》。

其中有诗句曰：

犹记当年烽火里，九死一生如昨。独有豪情，天际悬明月，风雷磅礴。

王佐和袁文才，就是毛泽东所说的"贤人"，这两个大侠，是井冈山客家子弟眼中的"父老"，而丧失了"父老"的支持，红军也就无法在井冈山立足了。

王佐、袁文才被害后不久，红军不得不彻底放弃井冈山根据地。

上井冈山是九死一生，下井冈山，同样是九死一生。

在下山的途中，毛泽东亲历了他一生中最危险的战斗，那次，毛泽东亲自持枪参战——这是他人生中的第一次，也是唯一一次。

1929 年 2 月 10 日，是农历的正月初一，在距江西瑞金县城（现为瑞金市）约 60 里一个叫作大柏地的地方，红军与追剿他们的湘军主力展开殊死激战，在战斗最激烈的时候，毛泽东提枪亲率警卫排向敌军发起冲锋。

鏖战持续了一天一夜，直到 12 日下午，才全歼敌军。

离开了井冈山，红军能去哪里呢？毛泽东为红军选择的第二个落脚点是闽西，而像井冈山一样，那里同样是客家人的聚居地。

"客"就是无家可归的流浪者。"客家"的说法，可以追溯到北宋，宋代把人口划分为"客户"与"主户"，所谓"主户"就是有土地的地主，而"客户"则是无土地的佃户。北宋灭亡后，大量北方人口迁徙南方，由于平地早被当地人占据，这些迁徙的人口只能聚居于山区，他们被称为"客家人"。客家人由中原万里迁徙而来，他们是最能吃苦、最能战斗的汉族人。地主和官府是客家人天然的对立面，而客家文化是中国传统的异教。

1929 年 3 月，毛泽东指挥红军进入闽西长汀。在占领长汀之后，红军夺取了一个拥有新式缝纫机的军服厂，从那时起，衣衫褴褛、饥寒交迫的中国工农红军，终于第一次穿上了统一的军装。

同年 5 月，毛泽东指挥红军再占龙岩、永定，开辟了闽西红色根据地。

红军进入龙岩时，当地客家百姓涌上街头，想看看传说中的"朱、毛"是什么样子，结果，他们看到的是一支衣衫褴褛但斗志昂扬的军队，这支队伍当时只有一匹马，那匹马上驮着的却是个得了疟疾的小兵，而牵马的马夫则是军长朱德。

从 1929 年 3 月至 1934 年 10 月，红旗一直在闽西的红土地上飘扬，闽西根据地存在了 5 年，它是除陕甘宁外，共产党经营时间最长的红区。

从井冈山下来的红军能够迅速地占领闽西并站住脚跟，除了后来广为人知的闽西共产党人张鼎丞、邓子恢的呼应外，与又一位当地"父老"的帮助最有关系，这个人叫作傅柏翠。他的传奇，与广东海陆丰彭湃的故事极为类似。

傅柏翠，1896 年 9 月出生，小毛泽东三岁，是上杭蛟洋镇一个大财主的儿子，1914 年傅柏翠赴日本留学，1917 毕业于东京法政大学，而那个时候的毛泽东，正在湖南一师苦读泡尔生的《伦理学原理》，顾祖禹的《读史方舆纪要》。

留日期间，傅柏翠参加了孙中山的中华革命党。回国后，傅柏翠成为福建第一个开业律师，他劝说父亲把田地分给农民，并替穷苦人打官司，与官府衙门相对抗。在故乡上杭乃至整个闽西，傅柏翠一时颂声四起。

由于军阀混战，为保卫乡里，傅柏翠号召组织成立了一千多人的农民自卫团。军阀恨他、怕他，称他为"学生皇帝"，而老百姓敬他、爱他，称他为"闽西百姓的王"。

年轻的傅柏翠被闽西百姓视为"父老"，而他组织的农民自卫团，则是一支闽西子弟兵。

大革命期间，傅柏翠在上杭国民党党部工作，那个时候，他就提出要求加入共产党，但因为是大财主出身，他的入党申请被拒绝了。1927年大革命失败，傅柏翠再次向福建特委书记罗明提出入党申请，这一次，他的申请被批准了。

像彭湃一样，傅柏翠背叛了自己所属的阶级。1927年8月，在共产党到处被屠杀的关头，傅柏翠毅然加入共产党，他参加革命，出于毫无功利的目的，出自纯粹的信仰。

1927年9月，傅柏翠率部队迎接南昌起义的残部入闽，因此结识了周恩来和陈毅。1928年6月，傅柏翠发动上杭农民暴动，参与创立红七军。1929年3月，他再次张开怀抱，迎接井冈山下来的毛泽东和走投无路的红四军进入自己的闽西故乡。

傅柏翠对于中国传统文化和西学都有极为精深的了解，而当时的毛泽东被张国焘说成是混在土匪和草寇堆里的羽扇纶巾的"白衣秀才王伦"，能够在闽西这种地方遇到博古通今的傅柏翠，毛泽东自然大喜过望，他们立即互相引之为至交和知音，从此，擅长辞赋的毛泽东与傅柏翠经常在一起互相唱和，谈古论今。

虽然傅柏翠小毛泽东三岁，但毛泽东却一直尊称他为"闽西傅先生"，且终生没有改口。

傅柏翠极为钦佩毛泽东。初到闽西的红军连统一的军装也没有，而面目清瘦的毛泽东竟是穿着一身蓑衣来见傅柏翠的，于是，傅柏翠立即将自己的坐骑赠送给毛泽东。可惜那匹宝马认生，一下子就把毛泽东掀翻在水塘里，而当傅柏翠把湿淋淋的毛泽东从水塘里拉出来时，两人的手紧紧地拉在了一起。

进入闽西，红军方才第一次穿上了自己的军装，而且是每人两套，官兵一致。而遇到了傅柏翠，毛泽东则找到了无所不谈的知音。

正像刘邦当年入咸阳与当地"父老"约法三章一样，入闽之初，毛泽东、傅柏翠二人，互相酬唱，毛泽东诗兴大发，他写下了如下意气风发的诗句：

> 红旗越过汀江，直下龙岩上杭，收拾金瓯一片，分田分地
> 真忙。

在闽西，井冈山下来的红四军改编为纵队，第一纵队司令林彪，第二纵队司令胡少海，胡少海的父亲是湖南大地主胡沣藻，胡少海革命，就是革自己的老子的命，第三纵队司令伍中豪，而第四纵队司令则是傅柏翠——与胡少海一样，傅柏翠革命，同样也是革自己阶级的命。

1930 年 2 月，毛泽东率红军离开闽西进军赣南，而傅柏翠则留守闽西。毛泽东带走的是闽西子弟兵，在行军途中，毛泽东想起了傅柏翠，他写下的《减字木兰花·广昌路上》，原词起首二句原本是：

> 漫天皆白，雪里行军无柏翠。头上高山，风卷红旗过大关。

毛泽东后来说，这首词是"在马背上哼成的"，而毛泽东当时的坐骑，正是傅柏翠赠送的那匹宝马。

1957 年，在人们的反复建议下，毛泽东方才将"雪里行军无柏翠"一句，改为了"雪里行军情更迫"。

毛泽东与傅柏翠的友谊，由此可见一斑。

闽西上杭这个地方，出了两位姓傅的"父老"，他们对红军的成长与发展举足轻重，一位是傅柏翠，而一位，则是被习近平总书记称为"基督医生"的中央红色医院院长傅连暲。

　　那个时候，毛泽东结交的是"绿林""侠客"和"父老"，而在这些人背后，站起来的则是成千上万的子弟兵。

　　一条浩瀚的汀江，环绕着客家人美丽的家园。闽西曾经接纳了万里逃难的客家人，而1929年，闽西再次成为中国革命的摇篮，福建成为红军的"福地"和故乡，毛泽东的建军思想，就诞生在闽西这块英雄的红土地上。

第八章

古田与『星星之火』

国民革命的失败，对于国民党和共产党都是深刻的教训。

就国民党而言，大革命的失败证明了孙中山晚年迟到的觉悟：如果没有共产党帮助改造国民党，国民党只能是一个帮会，如果不按照苏联和共产党的方式建军，国民革命军就不能成为一支现代军队，而只能是一支军阀武装。

大革命失败，国民党立即陷入内讧。屠杀了共产党的蒋介石，手上的血还没揩干净，就在国民党的内斗中失利了。1927 年 8 月 13 日，蒋介石被汪精卫、白崇禧和李宗仁赶下了台，直到 1928 年才重新夺回了军事委员会委员长的职务。1929 年，蒋桂双方展开大战，1930 年，蒋介石、冯玉祥和阎锡山展开大战，1931 年 5 月，广州政府成立，汪精卫和孙科联手，再次迫使蒋介石下野。

实际上，在抗战之前，国民党军就从来在编制上没有统一过，而在败退台湾之前，国民党也从来没有在组织上统一过。

而共产党的军队在初创时期，它的主体一部分是农民起义军，而另一部分就是从国民党的军队里来的，在这支军队身上，也依然保留着国民党军队的习气。

因此，在创立红军时，毛泽东运用了中国传统思想的精华，而随后，他更力图用马克思主义的思想来塑造这支军队。

毛泽东希望红军成为一支有思想、会思考的军队，这就是所谓"思想上建军"。

所谓"有思想、会思考"，包括以下四个方面：第一，善于总结战争的规律。毛泽东认为，红军应该通过具体的战役，以总结战争的规律性。能够把战役、战术这种"看得见"的东西，通过思考上升为"战略"这种"看不见"的东西。第二，红军应该掌握中国社会发展的规律。第三，红军应该了解世界发展的规律。第四，红军应该善于运用上述这三种规律，来分析当前面临的形势。

上述四种规律，就是毛泽东所说的政治。

毛泽东后来说，党在军队里的工作，就是研究和思考战争的规律、中国发展的规律和世界发展的规律。因此，所谓"思想上建军"，表现在组织上，也就体现为党对军队的领导。

毛泽东说，党就是红军的"首脑部"。

因为在原国民革命军中，张发奎领导的第四军是最革命的，因此，在红军初创时，就采用了中国工农红军第四军的称号。而抗战时期，中共江南游击队整编形成的部队，之所以叫"新四军"，也是出于这样的考虑。

但是，当时的红四军，却很少对毛泽东所极端重视的这些"规律性"的东西进行思考。红四军是从失败中走出来的，部队四处转战，连停留整训的时间都没有，自然无暇思考毛泽东提出的那些"大问题"。而毛泽东说，这就不免使红军陷入了"游击主义"和"流寇主义"。

在当时的红军领袖们看来，红军的任务就是埋头打仗，是以打仗扩大红军的影响力，用今天的话来说，也就是以打仗来彰显红军的"存在感",对于红军斗争的目的究竟是什么,则非常茫然——而这就是毛泽东所谓的"纯粹军事思想"的统治。

毛泽东的特殊性在于,他是军人中的思想家,是思想家中的战略家,把战争升华为哲学,这是毛泽东的创造。

在毛泽东看来,由于没有掌握战争的规律、社会发展的规律,不思考世界发展的规律,红军的领袖们还不是马克思主义者,而只是一些"经验主义者"。

但是,让当时的红军理解毛泽东所说的"政治"是什么,却并不是一件容易的事。

毛泽东在红军中的地位并非从一开始就是非常稳固的,毛泽东的战友们当然也不都是善于思考、能谈古论今的傅柏翠,他们并不是与毛泽东在各方面都有着共同语言。

以至于到了20世纪80年代,当年红四军中林彪的下属江华还是这样说:那时毛泽东对于干部要求高,要求严,批评人也是很严厉的。对一些营团级负责干部的缺点错误,他也毫不留情地当面批评、训斥,常常使人难以接受,下不来台,因而有些同志对他是很有意见的。

这表明,毛泽东只是被人怕,而不是被人理解、被人懂。

伟大也要有人懂,毛泽东是孤独的,而这正是他一生的悲剧。

在闽西,毛泽东与他的战友们之间的分歧,围绕着前敌委员会这个组织,终于爆发了。

毛泽东非常重视红军总前委的建设,因为前敌委员会这个机构,并不是一个单纯的军事机构,它是一个统摄政治、军事、社会和经济为一体的领导机构,只有在前敌委员会的领导下,方才能够凸显红军的工作不仅仅是纯粹军事性的,而是政治性的。

在毛泽东看来,总前委应该体现的正是党对红军的领导;而总前委的任务，就是思考战略性的问题，就是为红军制定正确的思想路线。

毛泽东对于红四军中存在问题的批评，也主要体现在对于总前委的批评。

前敌委员会这个机构，原本是党中央指定设置的。1928 年 6 月 4 日，上海中央在给红四军的信中指定：由毛泽东、朱德，再加一名工人、一名农民的代表以及前委所在地方党部书记谭震林，5 人组成前敌委员会，毛泽东为书记，统辖红四军和湘赣地方党政工作。

但 6 月下旬，中央再来指示，任命杨开明为湘赣边界特委书记，毛泽东回到红四军担任政治部主任，只负责军队的工作，根据地的党政工作就不必再管了。

1929 年 5 月，中央再次指示，红四军成立临时军委，刘安恭为临时军委书记，这样，就出现了在军队中"前委"与"军委""特委"互相掣肘的问题。前敌委员会其实在党、军队和根据地都已经成了摆设。

于是，1929 年 6 月 8 日，在白砂召开的红四军前委扩大会议上，毛泽东第一次罢工了。

他在前敌委员会扩大会议上提出：总前委不"议政"，不研究思想路线、不思考"大问题"，以至于党在军队里成了纯粹的摆设，成了部队的附庸，自己不能担负这种不死不活的责任，毛泽东要求马上更换书记，让他离开前委。

当天夜里，林彪派江华给毛泽东送来一封急信，心机很重的林彪，坚决不赞成毛泽东离开前委，林彪认为，现在有人巴不得毛泽东离开前委，如果毛泽东自己闹罢工，这就等于授人以柄。

江华后来回忆说，毛泽东看了这封信之后，没有表态，只是说：信放这里，没有别的事了，你休息去吧。

江华说，那一夜自己一直不能入睡，而他后来才知道，收信人毛泽东和写信的林彪也都是辗转反侧，彻夜未眠。

6月14日，毛泽东给红四军第一纵队司令林彪复信，毛泽东告诉林彪：不要把个人的得失放在头里，而要把思想和政治的问题放在心上，自己要争的是思想路线上的是非，而不是个人的权位。

他还告诫林彪说，要学会多思考些"大事"，不要纠缠于个人得失这种"小事"。

林彪是毛泽东的爱将，但林彪自己却总喜欢说他是"毛主席的好学生"。

当毛泽东第一次发现这个人才时，林彪还是个连长，当时，林连长正在对他的士兵发表演讲，林彪说：蒋介石有枪就可以称王，我们也有枪，怎么就不能称王！

毛泽东闻言叹道：这个娃娃连长敢称王，很有想法，不得了呢！

而毛泽东毕生对这个"好学生"的最大不满，就在于林彪关键时刻总是"想法"太多，把个人权位的得失置于思想路线的思考之上。

"江山易改，本性难移。"毛泽东毕生对自己的这个"好学生"，爱甚而痛甚。

当然，林彪的担忧也从来就不是多余的。

当时的红四军将领，对于毛泽东所强调的战争的规律、社会发展的规律和世界历史的规律这种大问题，既缺乏理解也不感兴趣。在他们看来，毛泽东强调党对军队的领导，无非就是为了树立自己的"家长制"权威，而毛泽东强调"思想上建军"，实际上不过是贪恋"总前委书记"这个职务罢了。

1929年6月22日，红四军在龙岩城公民小学召开党的第七次代表大会，会议由陈毅主持，会议逐条批驳了毛泽东对于红四军中存在问题的批评，并认为毛泽东存在着严重的"家长制"作风，毛泽东是想把自己的意志凌驾在红四军之上。

大会最终选举陈毅、朱德、毛泽东、林彪、傅柏翠、伍中豪等 13 人为新的前敌委员会委员，选举陈毅为前敌委员会书记，会议决定：毛泽东离开红四军的领导岗位，到闽西休养，并指导地方工作。

毛泽东第一次被从红军的领导岗位上赶下来，这件事就发生在闽西的龙岩。

正是陈毅主持召开的"红四军七大"，撤销了毛泽东总前委书记的职务。

林彪的预见变成了事实。

会议结束后，毛泽东病倒了，他发了疟疾。

这一年的 8 月，毛泽东来到永定的金丰大山，住在一个小竹寮里，不过，病中的毛泽东却没有表现出丝毫的消极落魄，他写了一块匾额，挂在不足 10 平方米的小屋门上，命之曰：饶丰书房。

病中的毛泽东四处找书读，而且还找到了一本《模范英语读本》，于是，毛泽东经常在自己的"书房"里念英语。跟随毛泽东一起来到永定的湖南老乡曾志，曾经读过教会学校，她总是被毛泽东充满湖南口音的英语发音逗得忍俊不禁，而毛泽东则丝毫不以为意，继续大声地朗读，旁若无人。

这个时候，对毛泽东照顾最多的人还是傅柏翠，当得知毛泽东下乡时身上只有 5 块钱时，傅柏翠立即送来了 200 大洋，而毛泽东却说，现在部队正是用钱的时候，我只是休养，不需要钱，于是把钱退了回去。

毛泽东一生嗜书如命，对他而言，有书足矣。

1929 年 9 月，红军攻克上杭，在朱德主持下，红四军在上杭县城太忠庙召开了第八次代表大会。当时的毛泽东正发疟疾，全身浮肿，写信向大会请假，而"红四军八大"的代表却以为他是在闹情绪，他的假条没有得到批准，于是，重病的毛泽东被担架抬到了会场。

当时的毛泽东，境遇甚是可怜。

此时的红四军正值大胜之后，但是，对红军下一步的行动是什么，红军究竟该往何处去且如何发展，则莫衷一是。会场里的"骄兵悍将"们吵成一团，前敌委员会也拿不出一个行动方案，甚至连朱德也控制不了局面。

毛泽东关于红军即将陷入经验主义和纯军事主义的预言，终于成为现实。

在会场外的一棵大树下，朱德与躺在担架上的毛泽东进行了一次推心置腹的长谈，面对队伍中的乱象，朱德终于开始理解毛泽东关于在军队中进行党的建设的主张。

由于龙岩缺医少药，毛泽东的疟疾一直没有治好，于是，傅柏翠将毛泽东安排到了上杭的临江楼居住，并找来了一位西医给毛泽东看病。临江楼面对汀江，眼底风光如画，这是上杭城里最好的房子，在西医的调治下，毛泽东的疟疾在十多天后终于被治好了。

1929年10月11日，是农历重阳节，临江楼庭院里黄菊盛开，楼下的汀江霜花一片，大病初愈的毛泽东登高望远，触景生情，写下了著名的《采桑子·重阳》：

> 人生易老天难老，岁岁重阳，今又重阳，战地黄花分外香。
> 一年一度秋风劲，不似春光，胜似春光，寥廓江天万里霜。

而当时的共产国际却以为，毛泽东已经病死了。

1930年年初，共产国际的机关报《国际新闻通讯》发表了长达千字的讣告，其中说："据中国消息，中国共产党的奠基者、中国游击队的创立者和中国红军的缔造者之一的毛泽东同志，因长期患肺结核在福建前线逝世。""这是中国共产党、中国红军和中国革命事业的重大损失。毛泽东同志是被称之为'朱毛'红军的政治领袖。他在其领导的范围内完全执行了'共产国际六大'和'中共六大'的决议。""作为国际社会的一名布尔什维克，作为中国共产党的坚强战士，毛泽东完成了他的历史使命。"

这个讣告是有价值的，它肯定了毛泽东在国际共产主义运动中的地位和贡献，毛泽东后来历经挫折，但终究没有被彻底打倒，就与共产国际这次对他的"盖棺论定"有着一定的关系。

这表明：共产国际和斯大林不仅一直在注意和观察毛泽东，而且在斯大林的眼里，毛泽东的地位，开始变得日益重要起来。

而当时的毛泽东，对此当然完全一无所知，人生易老天难老，毛泽东大难不死，当时，他只是这样对曾志感慨说："我这个人命大，鬼门关都让我给闯过来了。"

1929年的9月，以向忠发、李立三和周恩来为首的中共中央，听取了专程来上海汇报工作的陈毅的报告，陈毅如实地汇报了红四军内部的争论，特别是队伍难带的苦恼。而中央则给红四军前委写了一封指示信，这就是著名的"九月来信"，信中肯定了毛泽东关于党对军队领导的思想，指示红四军按照中央的要求，正确对待毛泽东，正确理解毛泽东对红军存在问题的批评。

这表明：当时在上海的中共中央，是能够揣摩到毛泽东在共产国际心目中的地位的。

陈毅回到闽西后，立即召开了红四军前委会议，会议决定，由陈毅亲自前往毛泽东的住地，请他回到红四军复职。

在"文革"中，陈毅曾经对围攻他的红卫兵们坦然地说：你们说我反对毛主席，这当然是事实，我确实反对过毛主席，但是，当我知道反对错了的时候，就立即纠正了自己的错误。

而毛泽东晚年则感叹说，陈毅是个好同志，他是支持我的。

毛泽东还说过：要正确对待那些反对自己反对错了的人，一朝天子一朝臣，那个不好。

实际上，如果没有共产国际的支持，单凭陈毅的觉悟和上海中央的支持，毛泽东是不可能立即复职的。

1929年11月26日，毛泽东在陈毅的陪同下，回到红四军就任党代表。11月28日，毛泽东主持召开红四军前委扩大会议，针对部队所存在的松散情况，大家一致认为，红四军此时如果不加以整顿和训练，如果不通过整训统一思想，那么这个队伍就没有办法带下去了。

于是，会议决定，红四军在12月进行学习和整训，并准备召开红四军第九次代表大会。

回到红军队伍中的毛泽东，当天夜里立即给中央回信，信中说：现在大家已经实现了团结，我身体已好，请中央放心。目前唯一的问题是党员的理论水平太低，连政治常识都不具备。

而毛泽东给中央提出的要求是：请迅速把党的机关刊物寄来，并请代买一批理论书籍，当务之急，是必须加强对于党员的教育。红军必须一边打仗，一边学习、读书和思考。整党整军，必须从确立正确的思想路线入手。

闽西上杭有两个大的镇子，一个是傅柏翠的故乡蛟洋，一个则是古田。

1929年12月28日，经毛泽东提议，在上杭古田镇的和声小学召开了红四军第九次党的代表大会，这就是著名的古田会议。

和声小学原为廖家祠堂，祠堂的门口有一副气势磅礴的对联，上联是："学术仿西欧开弟子新知识"，下联为："文章宗北郭振先生旧家风"。

毛泽东选择这里作为开会的地点也是有深刻用意的，而毛泽东的用意就是：要把红军办成一所"大学校"。

古田会议是人民军队历史上第一次政治会议、思想会议，会议第一次在红军中广泛地讨论了中国革命战争的战略问题，研究了中国革命和世界革命的规律问题，以及党和军队的思想路线问题。

根据毛泽东的提议，古田会议的会址和声小学在会后更名为"曙光小学"。

正是从古田的曙光中出发，红军成为一支有文化、有思想的军队，成为一支用马克思主义思想武装起来的军队。

就是在古田，毛泽东办成了孙中山和蒋介石从来没有办成过的事——建立一支由正确的思想武装起来的军队。

"胜利从古田走来"，这就是因为思想从古田走来，"枪杆子"与"笔杆子"的结合，就是从古田走来。

在红军内部，第一次进行了严肃的批评与自我批评。

毛泽东在会议上历数了红四军中存在的各种问题，这包括：缺乏战略思考，陷入了单纯的游击主义；没有建设根据地的思想，而把自己等同于流寇；不了解社会和历史，仅凭单纯的军事观点办事。而这些错误思想的实质就是经验主义，在红四军中，就充满了这种非马克思主义、非无产阶级的思想。

简而言之，在毛泽东看来，当时的红军是一支不讲政治、没有思想的军队。

这样的队伍是走不远的。

而毛泽东提出，战争的规律、社会的规律、世界发展的历史规律——这些问题，在红军队伍里必须经常讨论，不仅军队的高级干部要讨论，连、排、班一级也要讨论。

正是为了经常性地讨论这样的问题，就必须把党的支部建在连上，把党的小组建在排和班上。

古田会议重新选举了前敌委员会，毛泽东当选书记，朱德、伍中豪、林彪和罗荣桓都当选了前敌委员会委员。但这一次，傅柏翠却因为家中有事不能与会，在选举时意外地落选了，而这次落选前委委员对傅柏翠造成了很大的打击，在某种程度上决定了他此后坎坷的命运。

一向反对毛泽东的红四军宣传科长杨岳彬也当选了候补前委委员，1934年，杨岳彬叛变投敌，做了叛徒。

古田会议结束后，元旦就要到了，心细的林彪给毛泽东送来了一张贺年片，敏锐好学的他身体力行，按照毛泽东的要求，立即就开始思考"大问题"了。

林彪给毛泽东提出了一系列的"大问题"，例如：怎样从世界形势出发思考中国革命的前途？如何看待中国目前的形势？什么是红军应该采取的战略？中国革命和红军的前途如何？

后来的林彪以在军中一贯"突出政治""突出毛泽东思想"而著名，而林彪第一次思考"大问题"、政治问题，就是在古田会议结束之后。

1930年1月5日，毛泽东给林彪回了一封长信，对他所提出的问题进行了全面细致的回答。

1948年12月，中国革命即将胜利的时刻，林彪向党中央提出，希望公开刊发这封闽西时代的通信。但是，心事细密的林彪当时还提出，公开刊行这封旧信的时候，不要提他的名字，而毛泽东心领神会，同意了林彪的意见。

于是，毛泽东为这封信重新拟了一个标题，这便是："星星之火，可以燎原"。

林彪为什么要提议公开发表这封尘封了 18 年的旧信呢？这里有两个原因。

在指挥三大战役期间，毛泽东要求各野战军首长一边打仗，一边搞调查研究，必须定期以书面报告形式讨论解放战争的战略问题。而当时的林彪借口打仗忙，很少提供报告。毛泽东为此专门致电批评林彪不讲规矩，并举例说：邓小平同志打仗也很忙，他那里的条件更为艰苦，为什么小平同志如此认真思考战略问题，为什么小平同志如此重视调查研究，而你却不能？

林彪随即便提供了他的战略报告，并且还把毛泽东在闽西时代写给他的那封旧信找了出来——而这就是在辽沈战役结束后，林彪要求公开发表毛泽东这封旧信的具体原因。

更重要的是这封信的现实意义，因为它讲述了民族国家与人民国家之间的区别与联系，民族战争与人民战争之间的区别与联系，国家战争与阶级战争之间的区别与联系，讲述了国家政权与阶级政权之间的区别与联系，预言了从民族解放战争到人民解放战争之间的必然发展。

这就是毛泽东在人民解放战争期间同意发表这封旧信的深刻用意所在。

在这封信中，毛泽东首先分析了中国与世界的形势。

毛泽东说，世界发展的基本规律就是不平衡性，帝国主义阵营也不是铁板一块，靠金融资本发财的老牌帝国主义国家，与靠产业资本发财的新兴帝国主义国家之间有矛盾，正是这种矛盾，为苏联这个红色政权的存在提供了可能性。

那么，中国的红色政权为什么能够存在呢？毛泽东说，这也是由于中国与世界发展的不平衡，中国是一个许多帝国主义国家互相争夺的半殖民地，不同的帝国主义国家在中国有不同的代理人，于是，"全世界只有中国存在着统治阶级内部长期互相混战的怪事"。

正是这种不平衡性，决定了中国的红色政权可能存在。这就是所谓的"东方不亮西方亮，黑了南方有北方"。

而这种"不平衡性"更深刻的地方在于民族矛盾与阶级矛盾的不平衡。从总的方面看，国家之间、民族之间的斗争，正在为阶级之间的斗争所取代，因此，殖民地、半殖民地人民的反抗斗争，与发达资本主义国家工人阶级反对资本家的斗争有着一致的目标和共同的利益，殖民地、半殖民地人民所反抗的不是自己的国家，而是帝国主义在这个国家的代理人。

中国不是没有政权，蒋介石政府就是一种国家形式的政权，根本的问题不在简单地夺取政权，而在于政权的阶级性质和政治性质。

红色政权的性质是劳动阶级政权，是人民政权，而不是一般意义上的国家政权，红色根据地存在的理由，不仅是推翻一个国家政权，建立一个新的国家政权，而是以阶级政权的性质超越国家政权这种形式，是以人民当家作主超越民族国家这种形式。从这个意义上说，当年的红军和后来的人民解放军并不是"国军"，而是工农阶级的武装，是人民子弟兵。

将国家政治转换为阶级政治，这就是红色政权、红色根据地存在的意义，而毛泽东说：只有建立红色根据地，"才能树立全国革命群众的信仰，如苏联之于全世界然。必须这样，才能给反动统治阶级以甚大的困难，动摇其基础而促进其内部的分解。也必须这样，才能真正地创造红军，成为将来大革命的主要工具。总而言之，必须这样，才能促进革命的高潮"。

其次，关于红军的战略。

毛泽东指出，由国家政治向阶级政治转换，由民族战争向阶级战争转变，由民族革命向人民革命发展，这是一种趋势。但是，当前政治斗争的主要形式，依然还是在国家和民族内部展开的，而阶级政治，从一个漫长的时期看去，依然还是包含在国家政治这个"母腹中的婴儿"，而在世界各地，阶级斗争还是新兴的、分散的、弱小的。中国既要争取民族独立，又要争取阶级解放，正是这种民族矛盾与阶级矛盾的"不平衡"的特点，决定了红军不可能立即取得全国的胜利，但是，红军却能够取得局部性的、"区域性"的胜利，能够取得武装割据和根据地的胜利。

也正是上述"不平衡"的特点决定了，红军不可能立即消灭强大的敌人，但却可以集中力量，消灭强大敌人的一部分，即尽可能地消灭"大一点的"敌人。

毛泽东认为，当前红军的战略应该是"防御中的进攻"，红军的战斗，既不是克大敌，也不是求小胜，而是在保存自己的前提下，消灭敌人的有生力量。

而红军应该采取的方法是："诱敌深入，集中优势兵力以歼灭敌人。"

尽管人们往往把毛泽东说成是"游击战的大师，"但毛泽东在这篇文章里明确地表示：他的军事思想绝不是"分兵"和"游击"，而是"集中"：

> 兵力集中的积极的理由是：集中了才能消灭大一点的敌人，才能占领城镇。消灭了大一点的敌人，占领了城镇，才能发动大范围的群众，建立几个县联在一块的政权。这样才能耸动远近的视听（所谓扩大政治影响），才能于促进革命高潮发生实际的效力。例如我们前年干的湘赣边界政权，去年干的闽西政权，都是这种兵力

集中政策的结果。

最后，关于革命和红军的前途。

共产党和红军肩负着双重任务，即民族革命的任务和人民革命的任务，前一个任务的目标是建立独立自由的新中国，后一个任务是建立社会主义制度。正是这种国际与国内矛盾的"不平衡"，决定了中国革命的前途既不是"速胜论"，也不是"失败论"所能概括的，中国革命的胜利是早晚要到来的，但是，却不会在一天到来。而争取革命的胜利，必须既满怀理想，又有进行持久战的准备。

像毛泽东的其他雄文一样，这篇高度理论化的文章，却以一种诗情澎湃的语言作为结尾，可见他当时的感慨万千：

> 所谓革命高潮快要到来的"快要"二字作何解释，这点是许多同志的共同的问题。马克思主义者不是算命先生，未来的发展和变化，只应该也只能说出个大的方向，不应该也不可能机械地规定时日。但我所说的中国革命高潮快要到来，绝不是如有些人所谓"有到来之可能"那样完全没有行动意义的、可望而不可即的一种空的东西。它是站在海岸遥望海中已经看得见桅杆尖头了的一只航船，它是立于高山之巅远看东方已见光芒四射喷薄欲出的一轮朝日，它是躁动于母腹中的快要成熟了的一个婴儿。

新中国、新世界乃是"母腹中的快要成熟了的一个婴儿"——这种诗情澎湃的说法，原本来自毛泽东青年时代的《伦理学笔记》批注中的一个比喻。在这里，毛泽东再次采用这个形象的比喻，深刻地描述了国家政治与阶级政治之间的关系——阶级政治始终包含在国家政治之中。

《星星之火，可以燎原》这篇文章，饱含深情、文采飞扬。就是在这篇文章中，毛泽东从世界历史发展的规律和中国社会的基本特征出发，对中国革命战争的战略问题进行了高屋建瓴的分析，在此基础上，提出了红军斗争的正确战术。

红四军内部的争论告一段落了，而在很长一段时间内，在当时的整个党和红军中，依然缺乏对毛泽东提出的那些问题的理解和认识。而这些问题就是：对世界发展的规律、中国社会发展的规律、革命战争的规律的认识——特别是对国际政治、国家政治与阶级政治之间的关系的思考。历史证明，要认识这些问题，中国共产党和红军付出了极为惨重的代价。

古田会议结束后，红四军立即开赴闽北，矛头指向赣南，以打破赣军对闽西根据地的围剿。

当时，贺子珍面临生产，于是，贺子珍留在了上杭蛟洋傅柏翠家，而毛泽东则率部去了江西。

在告别古田和闽西这块热土的时候，毛泽东留下了两句话，一句是给自己的——"离开闽西"，而一句则赠给留在闽西的傅柏翠和福建省委书记罗明——"巩固闽西"。

行军途中，恰逢元旦，毛泽东在马背上吟成《如梦令·元旦》一首：

> 宁化、清流、归化，路隘林深苔滑。今日向何方，直指武夷山下。山下山下，风卷红旗如画。

第九章

『战友乱发的流弹』

古田会议，标志着毛泽东中国革命战争的战略思想的形成。

但是，整整 7 年之后，即 1936 年的 12 月，毛泽东才把这一思想比较全面地讲述出来，而那时他讲课的地点已经是陕北的红军大学。毛泽东讲课的题目就叫"中国革命战争的战略问题"。

中国革命战争的特色是什么呢？

毛泽东回答说：

经过了一次大革命的政治经济不平衡的半殖民地的大国，强大的敌人，弱小的红军，土地革命——这是中国革命战争 4 个主要的特点。这些特点，规定了中国革命战争的指导路线及其许多战略战术的原则。第一个特点和第四个特点，规定了中国红军的可能发展和可能战胜其敌人。第二个特点和第三个特点，规定了中国红军的不可能很快发展和不可能很快战胜其敌人，即是规定了战争的持久，而且如果弄得不好的话，还可能失败。

这就是中国革命战争的两方面。这两方面同时存在着，即是说，既有顺利的条件，又有困难的条件。这是中国革命战争的根本规律，许多规律都是从这个根本的规律发生出来的。我们的十年战争史证明了这个规律的正确性。谁要是睁眼看不见这些根本性质的规律，谁就不能指导中国的革命战争，谁就不能使红军打胜仗。

"强大的敌人，弱小的红军"，这决定了中国革命的复杂性和残酷性，决定了革命不可能迅速地取得胜利；"中国政治经济发展的不平衡"，则决定了革命可以在敌人统治的薄弱环节取得突破和胜利，而在敌人力量集中的中心城市则不可能取得这样的突破和胜利；"人民的支持"，特别是在物质上、兵源上的支持，则是红军发展壮大、由弱变强的根本。

根据上述特点，毛泽东为红军制定了克敌制胜的战术，它又分为六条：

（一）积极援助红军的人民。

（二）有利作战的阵地。

（三）红军主力的全部集中。

（四）发现敌人的薄弱部分。

（五）使敌人疲劳沮丧。

（六）使敌人发生过失。

而在战斗时机的选择与捕捉上，必须以这六条为充分条件，也就是说只有在这六个条件全部满足的情况下，才可以迅速地向敌人发起进攻。

上述"四点六条"将"天理"与"时势"、革命理想与斗争策略紧密结合在一起。但是，像宋代的理学家一样，党内的教条主义者空谈天理，空怀理想而不顾时势。而机会主义者则见势忘理，终将丧失革命理想。天理只能在时势中展开，而革命的领导者应善于营造和发现时势，此可谓"理因乎时，势因乎时"。

1929—1933年，正是根据上述的"四点六条"，在短短四年的时间里，毛泽东使红军的战略建立在正确的思想政治路线的基础上。他指挥这支有思想、有战略的军队，战胜了数十倍于己的敌军，取得了四次反"围剿"的胜利。

在这四年的时间里，毛泽东开辟了"建立革命根据地，农村包围城市"的中国革命道路，领导创立了赣南、闽西两个红色根据地——即中央苏区，在此基础上，建立了中华苏维埃共和国，并当选中华苏维埃共和国中央人民政府主席，他由"毛委员"，第一次成为"毛主席"。

这四年，也是毛泽东一生中写诗最多、最好的时期。

这四年，铸就了毛泽东此后的形象：一位导师、一位统帅、一位诗人。

但是，对毛泽东而言，这四年也是他一生中最艰难的时期。

鲁迅曾经说过这样的话："死于敌手的锋刃，不足悲苦；死于不知何来的暗器，却是悲苦。但最悲苦的是死于慈母或爱人误进的毒药，战友乱发的流弹，病菌的并无恶意的侵入，不是我自己制定的死刑。"

而这四年中，毛泽东有数次就几乎死于"战友乱发的流弹"。

那些向他乱发流弹的战友，则是斯大林送给中国革命的"礼物"。

1928年3月下旬，苏联冒着巨大的风险，花费大量的金钱，把110名中共代表偷渡到莫斯科，在共产国际的直接指导下，召开了中共六大。

斯大林亲自参加了这次会议。斯大林认为，中国革命失败的根源，就在于中共的领导层是由软弱的知识分子组成的，而作为文人的瞿秋白，就是这样一个软弱的典型。因此，中共中央必须彻底改组。

根据斯大林的指示，中共六大选举了工人出身的向忠发担任党的总书记，李立三、项英、苏兆征等被选举为中央政治局委员。尽管中共四大、五大中央领导班子的四位主要成员：瞿秋白、张国焘、周恩来、蔡和森也进入了政治局，但新选出的中央委员会，绝大部分成员都是领导城市暴动的工人出身，以至于周恩来后来抱怨说，那简直是"暴徒一大堆"。

那些在国共合作期间被苏联"雪藏"起来的工人领袖，这一次终于被全部"解冻"了。

身在红军队伍中的毛泽东没有参加中共六大，只是被选举为中央委员。

而两年之后，共产国际却宣布毛泽东已经病死了。

1928年，斯大林竟然给中共发来了一个"党中央"，这在中共历史乃至人类历史上，几乎都算是一件奇闻。

共产国际帮助国民党建立了军队，而中国共产党的军队却是在大革命之后，独立自主建立起来的，共产国际没有帮助中国共产党建军，但是，共产国际却要求直接领导这支中国共产党独立自主建立起来的武装。

莫斯科派来的党中央负有领导中国革命的使命，但在此之前，中央的大多数成员却都没有去过中国的红色根据地，甚至也从来没有见过中国工农红军。

自中共六大起，苏联教条主义对于中共和中国红军的统治开始了。

以向忠发为首的新的党中央回国后，立即推行他们夺取大城市的盲动政策（即红军在外策应，发动城市工人起义），而向忠发的主要助手，便是当时的政治局常委、宣传部部长李立三。

李立三既有留法经历，又有留苏经历，凭着这样的出身，当年见到毛泽东羞涩得连话也说不出来的他，而今几乎是自然地就成了毛泽东的上级。

负责中央日常工作的李立三，从来没有去过苏区，甚至也没有见过真正的红军是什么样子。他明显地夸大了红军的力量，李立三坐在办公桌前为其颁发番号的那些"军"，往往连一个师的兵力都没有。

1930年7月，李立三命令全国红军向大城市发起总攻：毛泽东、朱德的红一军团进攻南昌，彭德怀的红三军团进攻武汉，邓小平、张云逸指挥广西红军进攻广州和长沙。以此形成"全国革命的高潮"。

根据中央攻打大城市，形成革命高潮的指示，红四军、红六军和红十二军整编为第一路军，这就是后来彪炳中国革命史册的红一军团。毛泽东任红一军团政委和前委书记，朱德为总司令。

1930年6月，红一军团各部向广昌集中，准备一举夺取九江和南昌。

然而，在进入江西之后，毛泽东却立即发现南昌、九江之敌皆强，这两处四面环水的大城市很难攻下，他的脑子迅速冷静下来，在分析了敌情之后，毛泽东修改了红军的战略。

在前敌委员会上，毛泽东提出：攻击大城市，无异于以卵击石，红军应该放弃攻打南昌、九江，转而攻击敌人薄弱的环节。

因湘军正驰援南昌，湖南空虚，于是，在南昌城下虚晃一枪之后，毛泽东遂突出奇兵，率军进入湖南，连克浏阳、醴陵。

红一军团的第一场胜仗就是攻克浏阳文家市。毛泽东一生有三次来到浏阳，第一次是1917年，毛泽东在省立第一中学学习时，徒步来浏阳进行调查；第二次则是在文家市集结秋收起义的部队，并把这支队伍带向井冈山；1930年，毛泽东再次来到文家市，这一次，他是率领红一军团来的，在文家市，毛泽东指挥红军消灭了国民党军的一个团。

随后，毛泽东更把"一省首先胜利"的观点，修改为在一省的"一部分"取得胜利的设想，具体来说就是占领吉安、瑞金这样的小城市及其周边的广大区域，并以瑞金为核心，建立红色根据地，实行武装割据。

毛泽东的红一军团所向披靡，到 1930 年年底，赣南与闽西根据地连成了一片，形成了当时中国最大的红色根据地，而这块根据地，就是后来的中央苏区。

但是，当得知毛泽东没有进攻南昌，而是率军走向了湖南之后，李立三即以中央的名义致信红一军团前委，尖锐地批评毛泽东："忽视城市，重视农村，完全反映了农民意识，犯了政治上机会主义的错误。"

1930 年 7 月 27 日，原本奉命攻击武汉的彭德怀，指挥红三军团以突袭的方式占领长沙。这一侥幸的胜利，给了李立三巨大的鼓舞，于是，他一面发出全国暴动的命令，一面要求苏联出兵东北和内蒙古，里应外合，配合中共夺取全国政权——这个发昏的计划所代表的，就是完整的"立三路线"。

红三军团仅占领长沙一个星期，就被迫撤出了，而被中央批评为"右倾机会主义"的毛泽东，则不得不率领红一军团与彭德怀的红三军团会合，再攻长沙。

红一军团、红三军团对长沙的合围持续了一个月，损兵折将，伤亡惨重，到 9 月 13 日被迫撤围。

而毛泽东本人则立即成为"立三路线"所造成的恶果的最大受害者。

红军撤出长沙之围后，恼羞成怒的湖南省主席何健马上就派一连兵去韶山挖毛泽东的祖坟，而这一年的 10 月，何健又派兵去板仓，抓捕了杨开慧和毛岸英。

李立三的盲动政策更令苏联和共产国际大惊失色，因为苏联的策略是在中国东北和内蒙古采取绥靖政策，全力保持与日本的关系，不触及日本在中国东北的利益，这样，苏联就可以全力以赴应对来自西方的压力。而李立三的"盲动"，却等于使苏联陷入东西两面作战的窘境之中。

在共产国际看来，李立三要求苏联出兵中国东北和蒙古，必然给日本进攻苏联以借口，李立三的计划不仅是"盲动"，简直就是发疯。

然而，李立三和向忠发却不像瞿秋白那样软弱，当共产国际拒绝了他们的要求之后，愤怒的李立三和向忠发大骂苏联自私自利，一点"国际主义"色彩都没有。而这种公然的"犯上"之举，是共产国际成立以来，特别是中共成立以来从来没有发生过的。

那个时候，苏联正在斯大林的指挥下开始大行肃反，凡是被怀疑为对斯大林的领导三心二意者，都成了肃反的对象。而当时的中共竟然敢不听话，自然令斯大林大为光火，他决定，对中国共产党也必须进行严厉的整肃。于是，共产国际决定立即把李立三叫到苏联"圈禁"起来，并派在苏联肃反中有功的米夫，作为共产国际的代表来到上海，再次改组中共中央的领导机构。

苏联的肃反，就是这样扩大到了中共党内和中国的苏区。

1930 年 9 月，米夫到来之前，中共中央在瞿秋白和周恩来的主持下，在上海召开中共六届三中全会，六届三中全会撤了李立三的职，同时又决定由中央直接派人、派机构去苏区，取代毛泽东领导苏区和红军。

中共六届三中全会还决定：中央成立两个派驻苏区和红军的机构，一个是中共苏区中央局，一个是苏区中央革命军事委员会。

1930 年 10 月，中共中央政治局会议决定：中共苏区中央局为中央派驻苏区的最高领导机构，由项英、毛泽东、周恩来、任弼时、朱德等9人组成中共苏区中央局委员会，任命刚刚从苏联回来的项英为书记，而在项英未到职期间，可暂由毛泽东代理书记。

同时，共产国际派刚从苏联回来的王稼祥进入中共苏区中央革命军事委员会，接替毛泽东，担任中央革命军事委员会总政治部主任。

1931年4月，项英、王稼祥和顾作霖到达苏区，参与苏区的领导工作。

但是，王稼祥一到苏区，就为毛泽东的战略思想所折服，转而成为毛泽东的坚定支持者。

毛泽东后来多次说过：苏联回来的人并不都糊涂，王稼祥和张闻天（洛甫），就是两个难得的明白人。

王稼祥与洛甫一样，都毕业于莫斯科红色教授学院，这两位红色教授是中国共产党领导层中职称最高的人，这两位读书人是较真的楷模，也是实事求是的楷模。他们在最关键的时刻支持了毛泽东，实际上，如果没有王稼祥和洛甫的支持，就没有遵义会议，就没有后来的毛泽东。

而项英从莫斯科回来后，并没有立即赴苏区到任。到任后，码头工人出身的项英，也觉得自己确实不熟悉红军和苏区的情况，不能掌握局势。

于是，1931年10月11日，中共苏区中央局联名致电临时中央，指出项英的"工作能力不够领导"，"决以毛泽东代理书记，请中央批准"。电报还建议：中共苏区中央局应该随红一军团行动，同时建议扩大中央局人数，以彭德怀、林彪、周以粟、曾山、陈毅等原在苏区的同志为中央局委员。

中央没有批准这封电报，而是指示：中央局的办公地点必须设在瑞金，负责苏区工作全局，不能随军行动，中央局的人数不必增加。中央还进一步指出，既然项英能力不够，那就派周恩来到苏区去。而那时的中央已经换人，王明和博古成为党中央实际上的领导者。

1931 年的 1 月 7 日，中共六届四中全会（扩大）在上海举行，原本连中央委员都不是的王明，在共产国际代表米夫的扶持下，直接进入中央政治局。没过多久，米夫同样是没有经过任何程序，就直接指定王明为中央政治局常委，并让王明与向忠发和周恩来一起主持中央工作。而与王明同样刚刚回到中国不久的博古，则被任命为中央委员，少共中央书记。

米夫是在苏联肃反中崛起的，他因为肃反有功，遂取代拉狄克担任了莫斯科中山大学的校长。这位校长在中山大学厉行肃反，打击了大批中国留学生，而他所依靠的便是所谓的"二十八个半布尔什维克"，王明、博古就是米夫当时的翻译，是"二十八个半布尔什维克"的首脑。

米夫、王明的崛起，还是要从中共六大说起，从中国劳动者共产主义大学说起。

1925 年，孙中山逝世后，苏联为了纪念这位伟大的资产阶级革命家，苏联决定在莫斯科创办中国劳动者共产主义大学，又称孙逸仙大学。当年 11 月 28 日，许多后来对中国革命产生巨大影响的人物，在大雪纷飞中来到莫斯科，成为这所大学的第一批学生，其中包括张闻天、俞秀松、王稼祥、伍修权、孙冶方、沈泽民等，当然，其中也包括后来把莫斯科中山大学搅得天翻地覆的王明（陈绍禹）。

在中山大学第一批留学生中，资历最深的，当属俞秀松，俞秀松是浙江诸暨人，他是上海第一个社会主义小组五个发起人之一，是中国社会主义青年团第一任书记，参加过黄埔军校的东征，坚定的革命品质和丰富的斗争经历，使俞秀松自然成为留学生中的核心骨干。

而米夫担任这所学校的校长之后，重用俄语出色的王明控制中山大学支部局，王明随之炮制了"江浙同乡会"事件，以打击反对他的大多数中国留学生，而他打击的主要对象，就是浙江诸暨出身的俞秀松。米夫听信王明一面之词，调动格伯乌（苏联国家政治保卫局）参与调查，造成12名学生被开除党籍、团籍，4人被捕。

这种对有不同意见的青年学生进行无情打击的恶劣作风，引起了巨大的不满，学生们义愤填膺地到中共驻共产国际代表团控诉，结果把当时负责代表团工作的瞿秋白、张国焘也牵连进来。

因为反对米夫和王明的作风，瞿秋白、张国焘被责令检查，他们也因此成为王明的政敌，而张闻天和王稼祥则因为立场不稳、出手不狠，被王明疏远，至于俞秀松等人，作为"江浙同乡会"的骨干，则成为王明的眼中钉。

就是这样一位靠整人起家的米夫，随后被斯大林委任为共产国际驻中国总代表。共产国际历任驻中国"钦差大臣"：马林、维经斯基、鲍罗廷、罗易、罗明纳兹，还都是有立场有信仰者，而独有这位米夫，却是个不折不扣的党棍。

到达上海后，米夫立即指定他在莫斯科教过的学生一起出席中共六届四中全会，而在当时，这些年轻人中还没有一个是中央委员，但他们却占了与会人数的三分之一。

这时的中共中央，就这样被苏联留学生把持。

如果一个人在二十几岁时就认为自己穷尽了世界上的真理，其结果将会是怎样的呢？

王明与博古，恰恰就是这样的人。

在中共六届四中全会上，时年27岁的王明和24岁的博古，作为莫斯科中山大学的留学生干部，竟然领导了中共中央，而此前他们几乎没有在中国工作过。中共六届五中全会后，26岁的顾作霖则当上了红军总政治部主任，而此前的他，竟从未经历过打仗。在巴伐利亚搞工人暴动的奥托·布劳恩（李德）则负责指挥红军，可他连中国话都不会说，而直到中央苏区丧失，布劳恩都是通过看地图认识这块红色根据地的。

　　毛泽东后来把中共六大后形成的错误路线概括为"冒险主义"和"逃跑主义"。因为那些人大概只会干两件事：形势好一点儿就冒险，形势一坏就逃跑。

　　希望这些人领导中国革命取得胜利，除非太阳从西边出来。

　　中共历史上所形成的最大的宗派，就是王明派。

　　1936年，毛泽东这样总结说：

　　　　中国共产党在革命战争中，除了犯过陈独秀右倾机会主义和李立三"左"倾机会主义两个错误之外，还犯过了下述的两个错误：其一，是在1931年至1934年的"左"倾机会主义，这个错误使得土地革命战争受到了极端严重的损失，得到了在第五次反"围剿"中不能战胜敌人反而丧失了根据地削弱了红军的结果。这个错误是在1935年1月扩大的中央政治局的遵义会议时纠正过来了。其二，是在1935年至1936年的张国焘右倾机会主义，这个错误发展到破坏了党和红军的纪律，使一部分红军主力遭受了严重的损失；然而由于中央的正确领导，红军中党员和指挥员战斗员的觉悟，终于也把这个错误纠正过来了。所有这些错误，对于我们的党、我们的革命和战争，当然是不利的，然而终于被我们克服，我们的党和我们的红军是从这些错误的克服中锻炼得更加坚强了。

　　不过，一旦考虑到纠正这些错误的代价，是毛泽东所说的"几十万英勇党员和几万英勇干部的流血牺牲"，一旦考虑到毛泽东的妻子、弟弟和妹妹就在这些牺牲者的行列里，那么，讲这番话的毛泽东的心情实在是我们难以想象的。

他必定是坚强者中的坚强者。

在中国政治史上，宗派问题，是个极大的问题。

中国的精英阶层历来是讲究"出身"的。自汉末到唐，统治集团皆由门阀士族构成。科举制度确立以来，在貌似平等的录取制度之下，出身何地，受何人选拔录用，乃至学风、文风上属于何种流派，均起着极为关键的作用。为了制止宗派主义，宋代的统治者将科考录用者一律称为"天子门生"，然而却绝不可能制止党争的蔓延。晚清虽然废除了科举制度，但是从那时起，是否有留洋经历，则成为判断出身的另一个重要指标。

如果说，旧时的士大夫靠八股晋升，那么，近代以来的知识分子则靠洋文和留学经历得显。

这种社会风气，也不可避免地渗透进了中国共产党内部。

用今天的话来说，在共产党内，毛泽东算是一个彻头彻尾的"土鳖"，他没有任何"海归"色彩。如果苏共一度被视为中共的"老子党"，那么毛泽东绝非"天子门生"。毛泽东固然思想深邃，战功显赫，在党内资历很深，这与他的"出身"恰成反差。但也正是这种巨大的反差，反而加剧了党内留学生派对他的排斥和打压。

迷信与"国际"接轨，使中国共产党付出了惨重的代价。

一个党、一个国家、一个民族，如果没有理论和文化的自信，其道路必然是曲折的。

中共六届四中全会，标志着王明宗派主义在党内统治的确立。这种宗派主义造成了中共中央的分裂，何孟雄、林育南、李求实等党内骨干强烈反对米夫破坏组织程序的做法，更反对王明、博古未经选举就进入党中央领导层。他们在上海三马路的东方旅社召开秘密会议商议对策，当会议召开时，国民党特务冲进来，与会者被一网打尽。中共城市骨干及家属 35 人悉数被捕。

何孟雄是李大钊的学生，是中共的老干部，大革命时代，他就与毛泽东一起领导过湖南的工人运动和农民运动。林育南则是中国工人运动和青年运动的领导人，时任共青团中央组织部部长，他是林彪的堂兄。李求实时任共青团中央宣传部部长、共青团中央南方局书记和共青团的机关刊物《中国青年》主编。

李求实又名李伟森，与他一起被捕的，还有作家柔石、冯铿、胡也频和殷夫。

柔石是当时中国最优秀的短篇小说家，而诗人胡也频则是作家丁玲的丈夫。得到胡也频被捕的消息后，丁玲这个弱女子在上海的凄风苦雨中四处无望地奔走，而几天后，她等到的却是胡也频等人在上海龙华警备司令部被枪杀的消息。

1931 年 2 月，何孟雄、林育南、李求实等 24 人，被国民党杀害于上海龙华。

其中柔石身中 10 弹，中国最杰出的小说家就这样被虐杀了。

令人悲愤的是：当他们被捕的消息传来，王明却说这是"咎由自取"，拒绝对他们进行营救。而当这 24 人被国民党杀害后，王明则指示说，人虽然死了，但还要对他们的问题继续追究。

这 24 人是被叛徒出卖的。与李立三一起长期领导工人运动的罗章龙坚持认为，是米夫、王明等借刀杀人，向国民党特务机关走漏了开会的地点，而这完全是叛变行为，于是，罗章龙宣布退出共产党，另立组织。

拒绝营救并在党的伤口上撒盐的是王明，拍案而起的却是党外人士鲁迅。

在巨大的愤怒中，鲁迅冒着杀头的危险，写下了《中国无产阶级革命文学和前驱的血》《为了忘却的纪念》，并着手搜集柔石和殷夫的遗稿，亲自编订，并作序出版：

天气愈冷了，我不知道柔石在那里有被褥不？我们是有的。洋铁碗可曾收到了没有？……但忽然得到一个可靠的消息，说柔石和其他23人，已于2月7日夜或8日晨，在龙华警备司令部被枪毙了，他的身上中了10弹。

原来如此！……

在一个深夜里，我站在客栈的院子中，周围是堆着的破烂的什物；人们都睡觉了，连我的女人和孩子。我沉重地感到我失掉了很好的朋友，中国失掉了很好的青年，我在悲愤中沉静下去了，然而积习却从沉静中抬起头来，凑成了这样的几句：

惯于长夜过春时，挈妇将雏鬓有丝。

梦里依稀慈母泪，城头变幻大王旗。

忍看朋辈成新鬼，怒向刀丛觅小诗。

吟罢低眉无写处，月光如水照缁衣。

但末二句，后来不确了，我终于将这写给了一个日本的歌人。

可是在中国，那时是确无写处的，禁锢得比罐头还严密。我记得柔石在年底曾回故乡，住了好些时，到上海后很受朋友的责备。他悲愤地对我说，他的母亲双眼已经失明了，要他多住几天，他怎么能够就走呢？我知道这失明的母亲的眷眷的心，柔石的拳拳的心。当《北斗》创刊时，我就想写一点关于柔石的文章，然而不能够，只得选了一幅珂勒惠支（Käethe Kollwitz）夫人的木刻，名曰

《牺牲》，是一个母亲悲哀地献出她的儿子去的，算是只有我一个人心里知道的柔石的纪念。

同时被难的4个青年文学家之中，李伟森我没有会见过，胡也频在上海也只见过一次面，谈了几句天。较熟的要算白莽，即殷夫了，他曾经和我通过信，投过稿，但现在寻起来，一无所得，想必是十七那夜统统烧掉了，那时我还没有知道被捕的也有白莽。然而那本《彼得斐诗集》却在的，翻了一遍，也没有什么，只在一首 *Wahlspruch*（格言）的旁边，有钢笔写的4行译文道：

"生命诚宝贵，

爱情价更高；

若为自由故，

二者皆可抛！"

又在第二页上，写着"徐培根"三个字，我疑心这是他的真姓名。

前年的今日，我避在客栈里，他们却是走向刑场了；去年的今日，我在炮声中逃在英租界，他们则早已埋在不知哪里的地下了；今年的今日，我才坐在旧寓里，人们都睡觉了，连我的女人和孩子。我又沉重地感到我失掉了很好的朋友，中国失掉了很好的青年，我在悲愤中沉静下去了，不料积习又从沉静中抬起头来，写下了以上那些字。

要写下去，在中国的现在，还是没有写处的。年轻时读向子期《思旧赋》，很怪他为什么只有寥寥的几行，刚开头却又煞了尾。然而，现在我懂得了。

不是年青的为年老的写纪念，而在这30年中，却使我目睹许多青年的血，层层淤积起来，将我埋得不能呼吸，我只能用这样的笔墨，写几句文章，算是从泥土中挖一个小孔，自己延口残喘，这是怎样的世界呢。夜正长，路也正长，我不如忘却，不说的好吧。但我知道，即使不是我，将来总会有记起他们，再说他们的时候的。

这是鲁迅的《为了忘却的纪念》的最后一部分。

鲁迅的这篇文章发表于 1933 年 4 月 1 日的《现代》杂志，当时的鲁迅，正在遭受国民党反动文人和"革命文学"左派的双重"围剿"。而那个时候的毛泽东，也正在江西苏区遭受王明路线的打击和整肃。

正如鲁迅所说的，"我失掉了很好的朋友，中国失掉了很好的青年"。

而随着"肃反校长"米夫的到来，中国共产党则失掉了很好的干部。

中共公开承认这一点，则是在 14 年之后的中共六届七中全会做出的《关于若干历史问题的决议》之中，其中这样说：

> 至于林育南、李求实、何孟雄等二十几个党的重要干部，他们为党和人民做过很多有益的工作，同群众有很好的联系，并且接着不久就被敌人逮捕，在敌人面前坚强不屈，慷慨就义。所谓犯"调和路线错误"的瞿秋白同志，是当时党内有威信的领导者之一，他在被打击以后仍继续做了许多有益的工作（主要是在文化方面），在 1935 年 6 月也英勇地牺牲在敌人的屠刀之下。所有这些同志的无产阶级英雄气概，乃是永远值得我们纪念的。

而这"永远的纪念"，比鲁迅的"为了忘却的纪念"，整整迟到了

11 年。

实际上，毛泽东也是在延安才读到鲁迅的这篇文章的，难以想象毛泽东读到这篇文章时怀有怎样的心情。他只是这样说：我在陕北，晚上睡不着，我就读鲁迅的书。我与鲁迅的心是相通的。

他还说：鲁迅的骨头是最硬的，鲁迅代表了殖民地半殖民地人民最可宝贵的性格。

在王明路线统治时期，毛泽东不仅失掉了最好的朋友，而且也失去了亲爱的小弟毛泽覃。

毛泽东一生饱读诗书、手不释卷，但是，他却像鲁迅一样看到了留学生出身的革命者的极大弱点——他们虽然头脑灵活、有知识，但缺乏革命的坚定性与意志力。

1967 年 5 月，毛泽东同一个外国军事代表团谈话时仍然认为："知识分子从来是转变、观察问题快，但受到本能的限制，缺乏彻底革命性，往往带有投机性。"

毛泽东与王明并无私怨，严格地说，王明本人并没有直接整过毛泽东，但是，王明不但借共产国际和斯大林之手，杀害了上海第一个社会主义小组成员俞秀松，而且，在中共党内，没有被王明整过的人是少数。

1949 年 3 月 13 日，毛泽东在中共七届二中全会的总结讲话中，面对面地批判了王明，同时表扬了王稼祥：

> 王明对党内"左"、"中"、"右"一齐打，打了"左"派（反立三路线）打"中"派（反周恩来、瞿秋白的"调和路线"），打了"中"派打"右"派，把老人打得差不多了。许多人讲篡党、篡军、篡政，是确有其事的，是从四中全会开始的，不是从五中全

会开始的，一直到王明在共产国际，到他从苏联回国，到六中全会。六中全会，一滴酒精使微生物缩小了。两个钦差大臣，一个是王明，1937年11月回来传达所谓"国际路线"；一个是王稼祥，1938年夏天回来也传达了国际路线，但他传达的和王明的"国际路线"不同。王稼祥带回来国际文件，成了一滴酒精，滴下去，微生物缩小了。

经中共六届四中全会一劫，中共元气大伤。原本就大权旁落的总书记向忠发，从此更加意志消沉、心灰意冷。

此时的中央做出了一个看似矛盾的决定：中央虽根据王明、博古的要求，坚决不同意毛泽东继续代理中共苏区中央局书记，但同时又决定，由毛泽东担任即将成立的中华苏维埃共和国中央临时政府主席。

而这个决定，是由当时的党中央总书记向忠发做出的，本该担任这个职务的是向忠发，而向忠发推辞了，他提议由毛泽东担任中华苏维埃共和国临时中央政府主席。

向忠发的考虑固然是，此时的毛泽东已经率领红军战胜了蒋介石的三次"围剿"，红军和根据地的力量都得到了极大的发展，在根据地，毛泽东的声望日隆；更为重要的是，向忠发认为毛泽东像自己一样，是久经考验的中共老干部，李立三被逐，何梦雄等人牺牲后，他再也不能听任王明放手打击中共的老干部了。

当时意志消沉的向忠发还做出了一个重要的决策：他反对把刚从苏联回国的张国焘派往江西苏区，向忠发认为，张国焘一向目中无人，何况张国焘当时是中央政治局常委，毛泽东则只是个中央委员，把张国焘和毛泽东放在一起，不利于开展工作。于是，在向忠发的坚持下，张国焘被派往了鄂豫皖苏区，而周恩来则被派往江西苏区。

向忠发的决策是英明的，张国焘到达鄂豫皖苏区后，为了树立自己的权威，立即力行肃反，大开杀戒，如果当时被派往中央苏区的是张国焘而不是周恩来，那么，中央苏区的命运、毛泽东的命运，就将会是另外一种结局。

1931 年 11 月，毛泽东在瑞金当选中华苏维埃共和国中央临时政府主席。

1931 年 12 月，周恩来到达中央苏区，就任中共苏区中央局书记。

周恩来就是这样与毛泽东走到了一起，当时，他是毛泽东的上级。

周恩来是肩负重要使命到达苏区的，其使命正是纠正毛泽东"消极怠工"、独断专行、右倾机会主义的错误，并立即执行中央攻打大城市的指示。

中央指示攻打的那个大城市是赣州。

赣州位于湘粤赣三省之间，战略地位极其重要，自古易守难攻。于是，到达苏区后，周恩来命令红军立即落实中央打赣州的指示。而此时，毛泽东的红军总政委职务已被周恩来代替，他留在了后方，没有随军行动。

进攻赣州 20 天之后，红军未能取得胜利，却陷入了援敌的包围之中，情况危急。项英冒雨来到瑞金毛泽东的住处，连夜传达中共苏区中央局决定：毛泽东紧急由后方瑞金赶赴前线，指挥红军继续攻打赣州。

但是，在紧急赶到林彪和聂荣臻的红一军团后，毛泽东却劝说林彪放弃打赣州，而回师闽西，打回红军的老家去。

就这样，红一军团立即跟着刚刚被撤职的"老政委"走了，红军从赣州敌人的包围中悄然撤退，再次由赣入闽，红旗又一次越过了汀江。

中央局接到红一军团放弃攻打赣州的电报时，毛泽东已经率领红一军团兵临龙岩城下了。

而周恩来得知毛泽东和红一军团自行改变了作战计划后，非但没有反对和制止，反而立即亲自赶往汀州，与毛泽东会合，并且留驻在那里，负责筹备给养。

周恩来这个中央局书记，就这样心甘情愿地当了毛泽东的"后勤部长"。

像王稼祥一样，周恩来一到苏区，就又被毛泽东带跑了。

而这一次，毛泽东准备攻打大城市。他要还临时中央以颜色，同时也给刚上任的周恩来一个交代。

而毛泽东选择的这个大城市，就是漳州。

漳州极为富庶，工商业发达，更是中国南方地区重要的贸易交通枢纽。

毛泽东的这一选择，极具战略视野。

"谋事在毛，成事在周。"漳州战役，是毛泽东、周恩来、王稼祥和朱德首次一起指挥作战。在遵义会议后形成的负责军事工作的"新三人团"——周恩来、毛泽东、王稼祥，首次聚首，其实就是在漳州城下。

而后来领导中国革命走向胜利的那个黄金组合，即毛泽东、周恩来、朱德组合，也正是在指挥漳州战役时首次形成的。

1932 年 4 月 20 日，红军攻克闽南重镇漳州，无论是瑞金还是后来的延安，与漳州相比，还都不能被称为城市。

15 年之后的 1947 年 11 月，晋察冀解放军攻克了石家庄。而党史上，一般把石家庄看作中共占领的第一个工商业城市和交通枢纽，实际上，漳州的现代化程度，并不比石家庄低，更是当时的赣州所不能比拟的。

一举占领漳州，是红军斗争史上一次巨大的胜利。

红军上下扬眉吐气，欢声雷动，而兴高采烈的毛泽东，则头戴凉盔帽，骑着一匹白马，神采飞扬地进入了漳州城。

漳州战役的一大成果，是缴获了两架飞机，年轻气盛的林彪虽然不会开飞机，却一定坚持要开开试试，经众人苦劝，方才罢休。

林彪一生周密谨慎，但对飞机可能失事这件事，竟毫无戒备。

漳州战役的又一成果是缴获了大量物资和银元，这些物资和银元，从根本上解决了中央苏区的财政困境。

一批机器被拆卸下来运到苏区，这使得苏区有了自己的工业基础。

而毛泽东个人在漳州战役中的最大收获，则是看到了久违的全国的报纸，获得了大量的图书。曾志回忆说，一打下漳州，毛泽东就让她帮着去漳州龙溪中学图书馆找书，他们竟然还找到列宁的著作《共产主义运动中的"左派"幼稚病》。最后，这些书装满了一卡车，运回了中央苏区。

当红军撤出漳州时，嗜书如命的毛泽东的马上驮满了书，而他自己则兴高采烈地跟在马后，随军步行。

但是，用兵如神的毛泽东也许并没有想到，在中央眼里，"漳州大捷"并不是一场巨大胜利，而是违抗中央命令的渎职行为，毛泽东违反了党纪和军纪，更违背了"真理"。他不仅是犯了严重错误，而简直是犯了罪。

1932 年 10 月，根据中央指示，在江西宁都召开了中共苏区中央局全体会议，史称"宁都会议"。出席会议的有来自后方的中央局成员任弼时、项英、顾作霖和从前方回来的周恩来、毛泽东、朱德、王稼祥。

这次会议的主题，就是批判毛泽东。

当时的顾作霖只有 24 岁，他担任过共青团中央书记，与曾经担任少共中央书记的博古一样，属于党内的"儿童团"。而这两个"初生牛犊"加一个曾在苏联学习过的项英，以为自己代表"国际"，就是代表真理。

会议认为，毛泽东一贯不执行攻打大城市的中央指示，犯了"消极怠工"的错误；而放弃攻打赣州，更发展到擅自更改红军作战计划的境地。毛泽东错误的根源在于他的右倾机会主义思想。只要毛泽东还在指挥红军，那么，大城市就打不下来，革命就不能胜利。

会议决定，必须开展"前所未有的反毛泽东倾向的斗争"。

会议提出，毛泽东必须完全离开红军，回到后方去做政府的工作，由周恩来负责领导红军作战。

周恩来明白谁才是真正能够指挥红军的人，他在会议上替毛泽东百般辩解，并提出了两个折中的方案："一种是由我负责，泽东助理；一种是泽东负责，我来监督。"而朱德和王稼祥也不同意毛泽东完全离开红军。

但来自后方的中央局成员则不依不饶，他们认为，毛泽东认错态度不好，因此，周恩来提出的这两个方案都不能接受。

陈毅后来说，在那次会议上，毛泽东遭受的是侮辱和羞辱，因为那些年轻的留学生看不起他。

最终毛泽东自己无奈地表态说，既然你们不信任我，看不起我，我也不能负责，那我就到后方去好了。

到此，毛泽东的中央革命军事委员会总政治部主任、红军总政委、中共苏区中央局代理书记和前敌委员会书记的职务，都被陆续撤销了，他只剩下中华苏维埃共和国中央临时政府主席和中央革命军事委员会委员这两个名誉职务——而在当时的党中央看来，那不过是十足的"虚职"。

就这样，毛泽东第二次被从红军的领导岗位上赶下来。

这一次，他是在打了大胜仗之后，反而遭到了撤职处分。

毛泽东再次病倒了。

宁都会议结束后，1932年10月，毛泽东到长汀福音医院养病，并探望在此住院分娩的贺子珍。在这里，毛泽东再次见到了福建省委书记罗明。与罗明在一起，毛泽东方才开始倾诉他心中的郁闷和委屈，他们在一起畅谈三次反"围剿"的经验。毛泽东告诉罗明说，如果仅靠江西苏区，没有闽西苏区的配合，红军很难战胜敌人的围剿，没有闽西，红军很难有回旋的余地。将来，即使江西苏区保不住了，如果闽西能保得住，红军好歹会有退路。现在闽西的工作，比任何时期都重要，只要闽西红旗不倒，还能够坚持正确的路线，党和红军就有希望。

事实证明，毛泽东预见到了红军和苏区的命运。第五次反"围剿"失败后，正是因为有闽西红军顽强地坚守住了苏区的南大门，红军才得以顺利撤离苏区，开始长征。

在那次住院期间，毛泽东还动员傅连暲医生跟红军走，正是毛泽东把傅医生由基督徒变成了马克思主义者，而长汀福音医院，则成为红军的第一所医院。

毛泽东就是这样无奈地离开了他亲手创立的红军，毛泽东也就是这样被屈辱地解除了武装，那时，甚至没有人敢去看他。好在，当时的他，还可以读书、写书，以书为伴。

陈毅后来曾说过："毛主席是一个……受过侮辱、冤枉和虐待的人……他被撤过职，受过党内审查，被宣布为机会主义者，蒙受耻辱，被送往后方休养。没有人去看望他，因为谁也不敢接近他。"

1933年5月，被剥夺了红军指挥权的毛泽东，在狂风暴雨中途经瑞金城外的大柏地。雨过天晴后，他想起了自己第一次提枪参战，在此地率领红军殊死战斗的情景，吟成了《菩萨蛮·大柏地》：

> 赤橙黄绿青蓝紫，谁持彩练当空舞？
> 雨后复斜阳，关山阵阵苍。
> 当年鏖战急，弹洞前村壁。
> 装点此关山，今朝更好看。

胜利来之不易，而一旦路线错误，失败就将是非常迅速的。

正如毛泽东在大革命时期所说的那样："革命党是群众的向导，在革命中未有革命党领错了路而革命不失败的。"

从那时起，毛泽东得了一个教训：搞中国革命，靠留学生不行，靠莫斯科中山大学不行，搞中国革命，共产党必须要办自己的大学，什么样的党内职务，都不如红军大学的教员重要，因为这关乎培养什么样的人的问题，关乎什么人在培养的问题。

毛泽东在写这首词后不久，在博古等人的指挥下，红军在第五次反"围剿"中陷入了全面的军事失利。而这首词，表达了毛泽东对于红军的深刻眷恋，更表达了他对于战况的焦虑和急于上阵杀敌的迫切心情。

毛主席与『毛派』

第十章

从红军的领导岗位上被赶下来之后，毛泽东开始专心致志地当起了"毛主席"，即中华苏维埃共和国临时中央政府主席。

1932 年年底，毛泽东把自己的工作重心，由军事转向了经济与社会，这也就是马克思所说的物质生产和社会再生产。

有一种长期流行的看法认为：毛泽东擅长政治，尤其是军事，而对于经济工作则不在行，毛泽东毕生的主要注意力集中在政治而不是经济方面。

但是，这恰恰是一种从根本上不懂经济的俗见。

毛泽东曾经这样说过，"战争是政治的延续"。实际上，经济也是政治的延续。

经济领域往往被理解为非政治的，因而是和平的，但毛泽东认为，这只是表面现象。现代世界不平等，首先是各民族、各国家在政治上的不平等，这种不平等，归根到底不可能因为发展经济而改变。与列宁不同，毛泽东认为帝国主义不仅仅意味着战争，因为经济攻击，乃是一种日益重要的帝国主义战争方式，比如利用国际能源和资本市场，对敌对国家的货币信贷制度和能源安全实施打击；利用国际法实行封锁禁运；

利用现代高科技手段使敌人的基础设施瘫痪；利用掌握的知识资源对敌人进行"洗脑"——这些手段表面上都是经济性的。从中，我们看不到战争也看不到政治，仅看到国际警察和维护和平，于是，对手如今也不叫敌人，而是被当作和平与国际秩序的挑战者。

经济只是以和平的方式进行的新形式的斗争，因此毛泽东说，和平是相对的。历史证明，一个没有政治能力的民族，便不可能真正具备经济能力。

像中国这样一个大国，如果在国际政治舞台上没有发言权，不能参与制定国际规则，那么，从根本上说经济是发展不起来的。

某些把政治与经济割裂开的"经济浪漫主义者"经常忘记：世界经济发展是有周期的，这就是所谓的"景气周期"。

20世纪20年代，经济学家康德拉季耶夫提出，现代经济运行中存在着波动，这种波动以50—60年为周期，这就是所谓的"康德拉季耶夫周期理论"。

任何经济理论、一国之经济政策，都不得不受到这种周期性的影响，都不得不去应对这种周期性。

一个没有政治自主性的民族和国家，难以成功应对周期性波动。实际上，中国改革开放的成就，也必须放到世界经济景气的周期中去看，这特别是指20世纪70年代初开始的美元的国际化和世界贸易的全球化进程，而这乃是20世纪80年代以来，中国经济快速增长的重要条件，是我们得以迅速发展经济的外部环境。

邓小平的伟大之处，正在于他高屋建瓴，正确地分析、把握了世界大势，不失时机地为中国的发展抓住了国际机遇。但他一贯强调，国际机遇只是外因，我们发展经济的根本保障是用马克思主义的方法正确地分析国内国际形势，坚定不移走自己的路，坚持四项基本原则。

这就是说：天理固然只能在时势中展开，但却不能只见势而忘理。

"经济浪漫主义者"们似乎也不知道：世界经济波动的周期，与世界霸权兴衰的周期是高度一致的。

按照康德拉季耶夫周期理论的描述，1920—1970年间，整个世界经济都处于下行的周期。20世纪中叶开始的"冷战"，既是美苏两霸分割世界市场的历史，也是老牌资本主义国家走向衰落的历史。1949年以来，长期积贫积弱的中国处在被孤立和封锁的条件下，在这样的周期里，毛泽东不但能够成功地建立起中国的国民经济框架，更能够全面整合亚非拉等第三世界的资源，为中国的发展营造了良好的周边环境，一举奠定了中国在国际秩序中的大国地位，从而为中国成功赶上世界经济景气的周期奠定基础，这无疑是既"得其理"，而又"造其势"。

正是经济学发展的历史告诉我们：在大环境不好、整个经济处于下行期的前提下，如何发展经济、改善民生，同时营造有利于我之国际形势才是衡量一种经济理论、经济政策成败的关键。

只有得其道，才能顺乎势。

经济封锁与禁运，这就是现代战争的基本形式，而打破敌人对于资源、资本、技术和人心的垄断，这就是我们的经济工作的实质。而从这个角度上说，毛泽东恰恰极为懂经济，他在江西苏区开创的经济理论与实践，奠定了一种崭新的经济学。而毛泽东的经济学与他的战争理论相比，毫不逊色。

在江西苏区时期，毛泽东的经济理论与实践的最大创造性就在于：他融合了中国传统的治理经验和现代金融思想，用于推动苏区的生产与贸易发展。

毛泽东这位"主席"上任伊始，当时苏区所面临的经济状况是怎样的呢？

1933年，毛泽东在苏区南部17个县经济建设大会上做了一个报告，这个报告的一部分，题为《必须注意经济工作》，深刻阐述了经济斗争是现代战争的重要组成部分的思想。其中这样说道：

> 过去有些同志认为革命战争已经忙不了，哪里还有闲工夫去做经济建设工作，因此见到谁谈经济建设，就要骂为"右倾"。他们认为在革命战争环境中没有进行经济建设的可能，要等战争最后胜利了，有了和平的安静的环境，才能进行经济建设。同志们，这些意见是不对的。抱着这些意见的同志，他们不了解如果不进行经济建设，革命战争的物质条件就不能有保障，人民在长期的战争中就会感觉疲惫。你们看，敌人在进行经济封锁，奸商和反动派在破坏我们的金融和商业，我们红色区域的对外贸易，受到极大的妨碍。我们如果不把这些困难克服，革命战争不是要受到很大的影响吗？盐很贵，有时买不到。谷子秋冬便宜，春夏又贵得厉害。这些情形，立即影响到工农的生活，使工农生活不能改良。这不是要影响到工农联盟这一个基本路线吗？工农群众如果对于他们的生活发生不满意，这不是要影响到我们的扩大红军、动员群众参加革命战争的工作吗？所以，这种以为革命战争的环境不应该进行经济建设的意见，是极端错误的。

当时苏区所面临的头等问题，实际上就是毛泽东所说的盐很贵，而且有时还买不到，同时谷价的波动十分剧烈。

于是，毛泽东认为，苏区面临的最根本的经济工作，就是立足生产，发展金融与商业。而经济工作不仅是生产，因为经济工作是包括金融、生产、贸易和消费的各个方面，抓经济工作，必须有整体的思路，必须处理好经济各个方面之间的关系。

苏区为什么必须发展商业呢？这就是因为苏区被敌人封锁，而最根本的两项生活资料或者两大商品——粮食和食盐都垄断在奸商的手里，奸商和敌人利用了这种封锁，从而在经济上剥削我们。

毛泽东这样分析道：

> 从出入口贸易的数量来看，我们第一个大宗出口是粮食。每年大约有300万担谷子出口，300万群众中每人平均输出一担谷交换必需品进来，不会是更少的吧。这笔生意是什么人做的？全是商人在做，商人在这中间进行了残酷的剥削。去年万安、泰和两县的农民5角钱一担谷卖给商人，而商人运到赣州卖4块钱一担，赚去了7倍。又看300万群众每年要吃差不多900万块钱的盐，要穿差不多600万块钱的布。这1500万元盐、布的进口，过去不消说都是商人在那里做的，我们没有去管过。商人在这中间的剥削真是大得很。比如商人到梅县买盐，一块钱7斤，运到我区，一块钱卖12两。这不是吓死人的剥削吗？像这样的事情，我们再不能不管了，以后是一定要管起来。我们的对外贸易局在这方面要尽很大的努力。

食盐与粮食的问题，究竟该如何管呢？毛泽东认为，这里的问题就在于流通渠道的不畅，也就在于流通领域里的垄断。因此，苏区政府必须参与到粮食和食盐的经营中去，以打破私商的垄断。

今天，人们经常援引亚当·斯密的观点来反对政府对于流通领域的干预，但恰恰是在《国富论》中，斯密强调指出，让私商、外国人控制英国的流通领域，最终会严重伤害英国的经济，因此，英国的商船，特别是殖民地运输贸易品的商船，必须由英国制造。而这一条，更必须以女王法令的形式去落实，因为这一法令可以从根本上保证英国军舰的制造能力，从而既推动英国制造业的发展，巩固英国的国防，并最终从根本上保证英国庶民的财富。

而这也恰是毛泽东的观点——要保护苏区的财富，那就必须组织起来，一盘散沙搞不了经济，要搞好苏区的经济，就必须完善经济结构、建立自己的经济组织。这种组织是金融组织，是生产组织，是消费组织，也是军事组织。

正是在毛泽东的倡议下，苏区成立了粮食调剂局和对外贸易局这两个重要机构，同时，毛泽东高度重视积累和投资，他主张发展合作社，普遍建立谷仓和备荒仓。而毛泽东上述的经济建设方略，均来自中国历史上的均输法、市易法和社仓法。这些经济改革与建设的方略，其实是桑弘羊、王安石、王阳明都曾经采用过的。

而"毛泽东经济学"的创新之处在于，它采用了现代金融的手段推动这些经济建设的方略。

早在安源路矿工人大罢工期间，毛泽东就在易礼容的协助下，发行了中国第一只由工人持股的"红色股票"。而在苏区，毛泽东则发行了300万元的经济建设公债。

关于公债的用途，毛泽东做了这样的说明：

> 300万元经济建设公债的发行怎样使用呢？我们打算这样使用：100万供给红军作战费，200万借给合作社、粮食调剂局、对外贸易局做本钱。其中又以小部分用去发展生产，大部分用去发展出入口贸易。我们的目的不但要发展生产，并且要使生产品出口卖得适当的价钱，又从白区用低价买得盐布进来，分配给人民群众，

这样去打破敌人的封锁，抵制商人的剥削。我们要使人民经济一天一天发展起来，大大改良群众生活，大大增加我们的财政收入，把革命战争和经济建设的物质基础确切地建立起来。

总体来说，苏区的经济工作应该如何布局呢？只有把苏区的财富组织起来，组织成资本，这样才能"卖得适当的价钱"。毛泽东这位政府的当家人这样说：

> 要大家懂得经济建设在革命战争中的重要性，努力推销经济建设公债，发展合作社运动，普遍建设谷仓，建设备荒仓。每个县要设立一个粮食调剂分局，重要的区，重要的圩场，要设粮食调剂支局。一方面要使我们的粮食，在红色区域内由有余的地方流通到不足的地方，不使有的地方成了堆，有的地方买不到，有的地方价格过低，有的地方价格又过高；一方面要把我区多余的粮食，有计划地（不是无限制地）运输出口，不受奸商的中间剥削，从白区购买必需品进来。大家要努力去发展农业和手工业的生产，多造农具，多产石灰，使明年的收获增多，恢复钨砂、木头、樟脑、纸张、烟叶、夏布、香菇、薄荷油等特产过去的产量，并把它们大批地输出到白区去。

苏区毛主席的《政府工作报告》非常简短，但却言简意赅地说到了如何组织起来，振兴苏区经济的要害。他当年的报告，对我们今天的经济工作依旧具有鲜明的指导意义。

相对于当时的国民党统治区，苏区经济的第一个优势就在于它的有组织性，尤其表现为建设健康的、为生产和贸易发展服务的金融组织。

中国第一次有了公共投资机制，有了人民金融，这就是在共产党领导的江西苏区。

而这充分表明：在中国和当时的苏区那样一种被封锁的条件下，在当时中国那样一种落后的情况下，毛泽东的经济思想却是极为超前的。毛泽东比我们更早地认识到，现代经济不是简单的商品经济和货币经济，而是信用经济——商品经济与货币经济的发展，必须建立在信用的基础上。因此，发行公债、掌握资本，这是组织经济的根本前提。

这也表明，毛泽东比许多马克思主义者都更为清醒地认识到，马克思所反对的是资本主义，而不是资本。马克思主义经济学的一个重要任务，就是使资本为人民服务、为劳动服务，摆脱和打破少数人垄断资本那样一种情况。

当时，领导苏区银行的是毛泽东的大弟毛泽民。

毛泽东进一步指出：资本是信用，信用的基础是人民的信任；人民的信任，是战胜敌人的铜墙铁壁。

除了经济工作特别是金融与商业工作之外，毛泽东在苏区极其重视的便是社会工作。

什么是社会工作呢？用今天的话来说，就是"民生"的工作，而用马克思的术语来说，就是指社会再生产领域里的工作，用毛泽东的话，这便是解决老百姓的生活问题。

马克思认为，人民的衣食住行构成了社会再生产领域，这是物质生产健康发展的条件。而资本主义制度的一个深刻弊端，就是把涉及老百姓基本生存的社会再生产领域当作榨取剩余价值的手段，从而瓦解了物质生产发展的社会基础。

毛泽东认为：苏区制度的优越性，就表现在它把满足普通劳动者的基本需求放在第一位。这就是他所谓："解决群众的生产和生活的问题，盐的问题，米的问题，房子的问题，衣的问题，生小孩子的问题，解决群众的一切问题。"——而这就是民生与社会工作的重要意义所在。

发展经济的目的，就是改善人民生活。1934 年 1 月，毛泽东在瑞金召开的第二次全国苏维埃代表大会上做报告，题为《关心群众生活，注意工作方法》，其中这样说：

> 领导农民的土地斗争，分土地给农民；提高农民的劳动热情，增加农业生产；保障工人的利益；建立合作社；发展对外贸易；解决群众的穿衣问题，吃饭问题，住房问题，柴米油盐问题，疾病卫生问题，婚姻问题。总之，一切群众的实际生活问题，都是我们应当注意的问题。假如我们对这些问题注意了，解决了，满足了群众的需要，我们就真正成了群众生活的组织者，群众就会真正围绕在我们的周围，热烈地拥护我们……要得到群众的拥护吗？要群众拿出他们的全力放到战线上去吗？那么，就得和群众在一起，就得去发动群众的积极性，就得关心群众的痛痒，就得真心实意地为群众谋利益，解决群众的生产和生活的问题，盐的问题，米的问题，房子的问题，衣的问题，生小孩子的问题，解决群众的一切问题。我们是这样做了么，广大群众就必定拥护我们，把革命当作他们的生命，把革命当作他们无上光荣的旗帜。国民党要来进攻红色区域，广大群众就要用生命同国民党决斗。这是无疑的，敌人的第一、二、三、四次"围剿"不是实实在在地被我们粉碎了吗？

毛泽东的这些话，自然是有感而发的，因为当时红军正在博古和李德的指挥下，以错误的"堡垒战"，对抗蒋介石在第五次"围剿"中采用的"堡垒战"。而在毛泽东看来：博古等人，根本就不知道真正的堡垒和铜墙铁壁是什么。

毛泽东说了如下的名言：

> 国民党现在实行他们的堡垒政策，大筑其乌龟壳，以为这是他们的铜墙铁壁。同志们，这果然是铜墙铁壁吗？一点也不是！你们看，几千年来，那些封建皇帝的城池宫殿还不坚固吗？群众一起来，一个个都倒了。俄国皇帝是世界上最凶恶的一个统治者；当无产阶级和农民的革命起来的时候，那个皇帝还有没有呢？没有了。铜墙铁壁呢？倒掉了。

> 同志们，真正的铜墙铁壁是什么？是群众，是千百万真心实意地拥护革命的群众。这是真正的铜墙铁壁，什么力量也打不破的，完全打不破的。反革命打不破我们，我们却要打破反革命。

在苏区的"毛主席"看来，民生工作针对的是民心，民心即天理，天理可以转化为时势。而那些善于抓经济工作的干部，那些善于做群众工作、关心民生的干部，才是共产党的好干部。于是，在他的《政府工作报告》里，毛泽东特别表扬了闽西的才溪乡和江西的兴国县的干部，称他们是抓经济的典型、改善民生的典型和社会工作的典范。

一大批好干部正是这样团结在了毛泽东的周围，也正是由于他们的辛勤工作，苏区的经济迅速发展，老百姓的民生得到了极大改善。而这些好干部包括：福建省委书记罗明，闽西苏维埃政府财政部部长傅柏翠，当然，也包括当时还十分年轻的瑞金书记邓小平等。

邓小平第一次与毛泽东接触，就是在党的八七会议上，当时担任中央秘书厅政治秘书的邓小平，负责大会的会务工作。那一年，邓小平23岁，他在会前三天就来到会场——汉口三教街41号，直到会议结束，送与会代表安全散去才离开，邓小平在这里一共待了 6 天。

在那次会议上，毛泽东发言说，当时的党中央执行的是一条"反党路线"——党中央竟然"反党"，这对所有与会代表，当然也包括邓小平产生了极大的震动。

八七会议选举苏兆征、向忠发、瞿秋白、罗亦农为临时中央政治局委员，毛泽东和邓中夏、周恩来被选为政治局候补委员。

八七会议是中国革命转折关头召开的一次具有决定意义的会议，会务组织者邓小平的干练和细致，给毛泽东留下了深刻印象，从此，毛泽东就不遗余力地重用邓小平，为他担当大任，不断创造机会和条件。

邓小平晚年曾经感慨说："我二十几岁就当大官了，不还是照样干！"

邓小平这里所指的，就是他 23 岁作为中央秘书厅政治秘书，负责了党的八七会议的会务工作。

但也就是这些人，随后却作为"毛派"，成为王明、博古打击整肃的对象。

在这个时期，毛泽东撰写了《关于纠正党内的错误思想》《反对本本主义》《必须注意经济工作》《我们的经济政策》和《关心群众生活，注意工作方法》等一系列重要文章，与党内的错误路线进行斗争。

1931 年 9 月，由于王明要去莫斯科担任中共驻共产国际的代表，周恩来将赴苏区，根据共产国际远东局的任命，由秦邦宪（博古）担任中国临时中央的"总负责"。

也就是在那一个月，日本人发动了九一八事变。

那个时期，张学良正在北京协和医院住院，事变当夜，刚刚康复的张学良在北京看戏，按照蒋介石的指示，他命令东北军刀枪入库，不做任何抵抗。

当时的蒋、冯、阎和桂系有一个共同的敌人，这个敌人就是张作霖，而日本人偏偏把张作霖搞死了，是日本人帮助蒋介石除掉了张作霖，张作霖之死，对蒋介石来说并不是坏事。

九一八事变爆发当天上午，蒋介石自南京下关码头乘"永绥"舰赴南昌行营指挥剿共。当得知九一八事变的消息后，在当天的日记中，他竟然感慨道：中华民族"决无存在于今日世界之道"。

> 内乱不止，叛逆毫无悔祸之心，国民亦无爱国之心，社会无组织，政府不健全，如此民族，以理论，决无存在于今日世界之道，而况天灾匪祸相逼而来之时乎。

蒋介石打共产党，因为他认定共产党是暴民；而日本人打中国，理由同样也是认为中国人是暴民。蒋介石在九一八事变时写下的话，倒像是为日本侵略中国找借口。

而中共六届四中全会后成立的中共中央局，此时则忙着打击毛泽东。

实际上，在当时的江西苏区，确有不少地方干部反对毛泽东的"诱敌深入"战略，因为那会使敌人破坏他们的家乡。1930 年 12 月，这种矛盾和分歧终于酿成了"富田事变"，这就是红二十军一个团的哗变。

当接到江西少共省委一封状告毛泽东的匿名信后，博古断言：毛泽东在苏区已经毫无威信，"诱敌深入"的战略更是完全错误的，那是在破坏苏区，中央必须立即撤销毛泽东的职务。

倒是刚刚从苏联回来的张国焘不赞成博古的意见，张国焘打心眼里就看不起博古，他以为仅凭江西少共省委的一封匿名信，并不能构成撤销毛泽东职务的理由。张国焘还举出反证说：福建省委给中央的信，则与这封匿名信意见相反，福建省委的报告说明，毛泽东的政策大得人心。

就这样，博古的意见被张国焘和周恩来否定了。这一次，博古没能撤成毛泽东的职，但博古却以为，毛泽东之所以在闽西受欢迎，就是因为毛泽东推行的是一条"富农路线"，而这恰恰表明毛泽东右倾。

1933年3月，博古率中共临时中央到达闽西龙岩。

随着博古的到来，毛泽东、红军和苏区干部的厄运，方才真正降临了。

当见到赶来迎接他的福建省委书记罗明时，博古劈头盖脸地质问说："你是省委书记，不在上杭省委机关上班，跑到龙岩来干什么？"

罗明回答："根据毛泽东同志的指示，省委必须经常下基层，最好是住在基层。"

博古闻之大怒："原来如此！怪不得中央的路线总是推行不下去呢。"

博古虽然年轻，但却是在斯大林发起的肃反运动中锻炼出来的，他不懂军事，不懂中国，但却很懂肃反。

除攻打大城市之外，中共六届四中全会形成的另一个重要决策是：在根据地大兴肃反。

肃反，才是博古从莫斯科取来的"真经"。

当时只有26岁的博古认为，只有通过肃反，才能够迅速提高自己在党和红军中的威望。

肃反依据的是极其荒谬的逻辑——谁反对领导，谁就是反党，谁就是反革命。而被毛泽东称为"闽西傅先生"的傅柏翠，就是因为脑袋上长着反骨，"一贯犯上"和不尊重、看不起"领导"，而被搞掉了。

古田会议意外落选后，傅柏翠离开红军，到地方工作。但是，他与闽西特委书记邓子恢意见有分歧，傅柏翠反对当时中央的土地分配政策，而主张把分配给个人的土地集中起来，搞农业合作社——他所谓的"共家团"。

毛泽东历来主张：没有物资储备，就没有发行货币和信用的基础。为了增加苏区的物资储备，他也支持发展农村合作社，他认为只有发展农村合作社，只有把土地、粮食和农副产品集中起来，才能形成发行和推销公债的坚实基础，也才有利于扩大手工业产品的出口，才能把苏区的产品卖出价钱，以换取根据地发展所需要的物资。

他在《必须注意经济工作》中说：组织经济，从根本上说就是"从组织上动员群众"。

> 首先是各级政府的主席团、国民经济部和财政部的同志，要把发行公债，发展合作社，调剂粮食，发展生产，发展贸易这些工作，经常地放在议事日程上面去讨论，去督促，去检查。其次，要推动群众团体，主要的是工会和贫农团。要使工会动员它的会员群众都加入经济战线上来。贫农团是动员群众发展合作社、购买公债的一个有力的基础，区政府和乡政府要用大力去领导它。其次，要经过以村子、屋子为单位的群众大会去做经济建设的宣传，在宣传中要把革命战争和经济建设的关系讲得十分明白，要把改良群众的生活，增加斗争的力量，讲得十分实际。号召群众购买公债，发展合作社，调剂粮食，巩固金融，发展贸易，号召他们为着这些口号而斗争，把群众的热情提高起来。假如不这样地从组织上去动员群众和宣传群众，即是说，各级政府的主席团、国民经济部和财政部不着力抓着经济建设的工作去讨论、检查，不注意推动群众团体，不注意开群众大会做宣传，那么，要达到目的是不可能的。

经济工作的根本目的，就是为人民服务，而不是为自己捞好处、求政绩。据此，毛泽东批评了两种倾向：第一种认为自己既然从经济工作中得不到好处，便消极怠工、不作为；第二种乃是为了出"政绩"，便采用官僚主义和命令主义的方式，侵害群众的利益。这两种倾向，一种是"不为"，一种是"胡为"，这两种倾向都必须遏制。

毛泽东说：

> 动员群众的方式，不应该是官僚主义的。官僚主义的领导方式，是任何革命工作所不应有的，经济建设工作同样来不得官僚主义。要把官僚主义方式这个极坏的家伙抛到粪缸里去，因为没有一个同志喜欢它。每一个同志喜欢的应该是群众化的方式，即是每一个工人、农民所喜欢接受的方式。官僚主义的表现，一种是不理不睬或敷衍塞责的怠工现象。我们要同这种现象作严厉的斗争。另一种是命令主义。命令主义者表面上不怠工，好像在那里努力干。实际上，命令主义地发展合作社，是不能成功的；暂时在形式上发展了，也是不能巩固的。结果是失去信用，妨碍了合作社的发展。命令主义地推销公债，不管群众了解不了解，买不买得这样多，只是蛮横地要照自己的数目字去派，结果是群众不喜欢，公债不能好好地推销。我们一定不能要命令主义，我们要的是努力宣传，说服群众，按照具体的环境、具体地表现出来的群众情绪，去发展合作社，去推销公债，去做一切经济动员的工作。

傅柏翠主张发展"共家团"，即合作社，是因为他认为基层的农村没有组织性，一家一户，分光吃尽，没有物资储备做基础，那就谈不上发行公债。如果不能发行公债，就不能解决苏区财政问题，不能解决投资问题。要发行公债，并使公债保值，就必须广建粮仓，仅仅停留在"打土豪、分田地"这个层次，是不能真正发展经济的。于是，他对于当时闽西特委强迫命令的"分田政策"感到不满。

傅柏翠坚持在他的家乡古蛟地区不分田，而是搞"共家团"。他说，农民好不容易组织起来，如果把田分了，那么赤卫队就没了，苏维埃也就没了，连苏区的小学，也办不下去了。据说，毛泽东所说的"要把官僚主义方式这个极坏的家伙抛到粪缸里去"这句话，本来就是傅柏翠的发明。

实际上，二十多年后，毛泽东批评邓子恢的"包产到户"时，他的立场与当年的傅柏翠是一致的。如果说有区别，那么区别只在于，在二十多年前的苏区，因为主张"农村集体化"被批判的人是傅柏翠；而二十多年后，因为反对集体化，被批判的人则变成了邓子恢。

当时的傅柏翠既因为注重经济工作被视为右倾，却又因为不赞成"分光吃尽"而被视为"左"倾。书生习气不改，由于对命令主义极端不满，傅柏翠逐渐对党的工作不再积极了。

而 1931 年年初红十二军召开的一次大会，则荒唐地改变了傅柏翠的命运。

那次会议的主题是纪念李卜克内西、卢森堡。对当时的红军战士来说，这两个德国人实在是太陌生了。红军战士已经习惯了喊"打倒资本家，天天吃南瓜"这样的口号，以至于当会议主持人介绍李卜克内西、卢森堡曾经是社会民主党领导人时，有几个战士突然振臂高呼"社会民主党万岁"。

那时苏区正按照中央的要求，跟着苏联搞肃反、大抓"社会民主党"分子，闽西"肃反委员会"立即将几个喊口号的战士逮捕，大搞"逼供信"。几个战士被诱逼，竟然"供认"傅柏翠是"闽西社会民主党特委书记"。

于是，闽西"肃反委员会"立即把傅柏翠领导的古蛟地区视为"社会民主党巢穴"，不承认那里是苏维埃根据地的组成部分，而且命令红军部队捉拿傅柏翠。1931年3月，闽西苏维埃政府调集红军和赤卫队开始向古蛟地区挺进。傅柏翠逃避不及，蛟洋的农民自卫军与苏维埃政府的军队发生冲突，傅柏翠率领自卫军躲进了山里。从此，他在上杭拥兵自治，脱离了党和红军。

"雪里行军无柏翠。"毛泽东一语成谶，而红军队伍里从此"无柏翠"。

第一个被当作"社会民主党"错误整肃的"毛派分子"是傅柏翠，而第二个被整肃的"毛派分子"，则是罗明。

博古率临时中央到达苏区后，立即展开了反对"罗明路线"的运动。

罗明是广东大埔人，闽西根据地形成后，罗明长期担任中共福建省委书记，他是彼时最坚定地支持毛泽东建立红色的根据地路线的党内高级干部。

整罗明，实际上就是整毛泽东，因为所谓"罗明路线"原本子虚乌有，"罗明路线"实际上就是毛泽东路线。正如毛泽东所说的：当时谁重视和注意经济工作，谁就会被说成是右倾，甚至是"社会民主党"。

1945年4月20日，中共中央召开了扩大的六届七中全会，通过了《关于若干历史问题的决议》，为"罗明路线"正式平反。

在随后不久举行的中共七大上，博古终于这样总结说："反对罗明路线，实际上是反对毛主席在苏区的正确路线和作风，这个斗争扩大到整个中央苏区和周围的各个苏区。更沉痛的是由于'左'倾错误、宗派主义干部政策，再加上一个错误的肃反政策，而使得许多同志，在这个时期中，在这个肃反下面被冤枉了、牺牲了，这是无可补救的损失。"

1933 年，作为"罗明路线"的头子，罗明被从省委书记的岗位拿下，调任苏区党校的教员。而他只是被整肃的"许多同志"中的一个。

与罗明一起遭到处理的党和红军骨干，还有毛泽覃、邓小平、谢唯俊和古柏。

谢唯俊是毛泽东在井冈山时期的老部下，在苏区，他也是重视经济和民生工作的典型。1933 年，他被从中共吉安县委书记任上撤职，遭受审查和关押。1934 年，谢唯俊参加了长征，在红军即将到达延安时，谢唯俊在三边地区中土匪埋伏牺牲，当时他只有 27 岁。

古柏是江西寻乌人，正是在古柏的协助下，毛泽东进行了著名的"寻乌调查"。正是在"寻乌调查"中，毛泽东提出要重视民生工作，重视群众生活。由于受毛泽东的牵连，古柏被从红一军团前委秘书长任上撤职，中央红军主力长征后，古柏被留在了当地。1935 年 3 月 6 日，古柏率领的游击队在广东龙川上坪鸳鸯坑被国民党军包围，他牺牲时年仅 29 岁。

毛泽东的小弟毛泽覃，是接应朱德、陈毅等南昌起义部队进井冈山的人，他被从中央秘书长任上撤职，红军长征后也被留在了江西苏区。1935 年 4 月 26 日，毛泽覃在瑞金红林山区被国民党军包围，牺牲时也只有 29 岁。

博古到达苏区一年之后，除了负责苏区银行工作的毛泽民之外，毛泽东身边的人几乎都被撤职查办，毛泽东成了不折不扣的"光杆主席"。

今天看来，罗明和傅柏翠比谢唯俊、古柏、毛泽覃还是幸运一些，因为他们俩毕竟都活了下来，只是命运坎坷而已。

罗明直到遵义会议后方才被毛泽东重新启用，但随即在娄山关战役中身负重伤，不能继续行军，不得不留在了当地。随后，罗明被国民党抓获，并立即被指认出是"罗明路线"的总头子罗明。在被关押了5年之后，罗明获释，他辗转新加坡回到了故乡广东，从此与党失去了联系。

新中国成立后，罗明夫妇一直在广东工作，默默无闻，鲜为人知。1950年在北京的一次会议上，杨尚昆遇见了罗明，觉得这位高个子的中年人很面熟，但却一时想不起他是谁，罗明见状上前与杨尚昆握手说："我就是'罗明路线'中的罗明啊！"

杨尚昆听了，感慨万千道："哎呀，罗明同志，我记起了，那时，你头上戴着顶大帽子，谁也不敢和你的名字连在一起呀。"

新中国成立后，毛泽东一直惦记着傅柏翠。他问福建省委书记张鼎丞："闽西傅先生在哪里，如果身体还好，叫他出来工作嘛。"

傅柏翠遂被任命为福建省人民法院院长和省政府委员。

1983年，古稀之年的傅柏翠做出了一个惊人的举动，他又一次递交了入党申请书。

1985年5月，中共福建省委为傅柏翠的"社会民主党"问题彻底平反。1986年1月，中共福建省委郑重批准傅柏翠重新加入中国共产党。

那一年，傅柏翠90岁。他终于再次回到了"红军队伍里"。

1993年1月30日，傅柏翠在福州逝世，享年98岁。

历史证明，"听毛主席的话"是要付出沉重代价的，当年那些跟随毛泽东的人，似乎注定了他们坎坷和牺牲的命运。在江西的"毛派分子"中，新中国成立后"三起三落"的邓小平算是最幸运的了，他最终成为中国共产党的第二代领导核心。

而直到晚年，邓小平还是语重心长地警告说："'左'的东西在我们党的历史上可怕啊！一个好好的东西，一下子被它搞掉了！"

中共六届四中全会形成的中共领导层，致力于以残酷斗争、无情打击的方式改造中国共产党，它不仅导致了中共白区组织的瓦解，更导致了苏区的丧失。

在 1931 年中共六届四中全会上形成的"王明路线"，是对中国革命危害最大、影响最为深远的路线。

这种错误路线在组织上的根源，是斯大林为了追求"百分之百的布尔什维克化"而进行的肃反。而斯大林肃反扩大化造成的后果，在几年后的卫国战争中暴露无遗。希特勒之所以能够势如破竹攻入苏联境内，一个原因就是大批红军优秀将领在肃反中被杀害了。

布哈林屈死时说过这样的话："同志们，要知道，在你们举着向共产主义胜利迈进的旗帜上，也有我的一滴血。"

而王明、博古和张国焘的肃反，则有过之而无不及。仅在张国焘主持的鄂豫皖苏区，就有超过五分之三的红军团以上干部，被当作反革命而杀掉。

所谓"影响深远"，从如下一个例子就可以看到。

红军长征到达吴起镇后，赶来向毛泽东汇报的红二十五军军长徐海东请示说："部队里还有 300 个 AB 团嫌疑分子，是在鄂豫皖苏区出发前划的，这些人究竟该如何处置？"

毛泽东愤怒地回答说："二万五千里长征都走下来了，还怀疑人家是反革命？统统改正！立即改正！赔礼道歉！全都搞错了！"

当徐海东向那 300 名干部传达毛主席的指示时，300 人一起抱头痛哭，而徐海东也不禁流下了热泪。

实际上，在当时苏区所有的"毛派分子"中，毛泽东本人的处境还算是最好的。他虽然已经彻底"赋闲"，但毕竟没有被完全打倒，他还是苏维埃临时政府的主席，还是中央革命军事委员会的委员——虽然那时军委开会基本上已经不再通知他了。

苏区的失败，不是经济的失败，不是民生的失败，不是群众工作的失败，更不是财政的破产，恰恰相反，苏区形成了一整套金融、生产、贸易、消费、民生的治理体系，苏区是当时中国治理得最好的区域。红军撤离苏区时，有大量的财产需要搬走，就说明了这一点——苏区很富，苏区的失败，绝不是因为经济崩溃。

苏区的失败，是在当时错误路线指导下党和军队建设的失败，是党的思想路线和军事路线的失败，它集中体现为军事冒险主义造成的失败。

在政治路线失败的地方，经济和社会工作搞得再好，也不能取得革命的胜利。

但是，正是由于以毛泽东为代表的一大批好干部忍辱负重地工作，苏区的经济和民生才得到了发展，苏区才赢得了对国民党经济斗争的胜利，老百姓才发自肺腑地拥护共产党，并把自己的子弟送到了红军的队伍里。

在普通老百姓眼里，毛主席就代表着共产党，就代表着那个"解决群众的生产和生活的问题，盐的问题，米的问题，房子的问题，衣的问题，生小孩子的问题，解决群众的一切问题"的共产党的形象。

老百姓是很务实的，老百姓又是很无私的。

1952年，中央慰问团代表毛主席重回江西看望苏区人民，一位86岁的老汉，步行80里山路赶来，非要见见慰问团团长。得知老人的两个儿子都在红军队伍里牺牲了，团长便问老人说："老人家，您需要我们帮助些什么？"老人说："不需要帮助，我就是想要一张毛主席像。"

这位瘦骨嶙峋的老人，临走前留下一句话说："替我捎信给毛主席，多多保重，毛主席一走，我们穷人就没指望了。"

以心换心，这就是毛泽东所说的铜墙铁壁，这就是毛泽东所说的共产党人的"活菩萨"。

多年之后，毛泽东在延安又说过这样的话："我们共产党人，要像念佛一样，时时刻刻地念着我们的人民群众啊！"

如果说有"毛派"，那么那些全心全意为人民服务的人便是"毛派"。

"毛派"不是"左"派，也不是右派。"毛派"是为人民服务派，是实事求是派。

在中共十一届三中全会上，邓小平这样总结说：解放思想，实事求是，团结一致向前看。

而邓小平本人，就是苏区时期最大的"毛派分子"之一。

第十一章

北斗在长征路上升起

1934 年 1 月 15—18 日，中共临时中央在江西瑞金召开六届五中全会，全会决定：博古（秦邦宪）、张闻天、周恩来、项英、陈云为中央书记处书记（即政治局常委），在这次会议上，博古当选为中共中央总负责。

　　当时的毛泽东奉命离开瑞金去于都"休养"，在八七会议上，已经当选为中央政治局候补委员的毛泽东，却没有资格参加这次会议，因为这次会议的一个主题，就是批判他"诱敌深入"的军事路线，而他的政治局候补委员职务，其实已经被博古取消了。

　　但是，连毛泽东本人可能也没有想到，在博古向共产国际报送政治局委员、候补委员名单时，共产国际力主增补毛泽东为中央政治局委员，并且指示：必须团结毛泽东，并尊重他的意见。

　　就这样，在中共六届五中全会上，不能出席会议的毛泽东却意外地当选为中央政治局委员，党内职务比八七会议更进了一步。中共六届五中全会选出的中央政治局委员排名是：博古、王明、张闻天、周恩来、项英、陈云、王稼祥、张国焘、朱德、任弼时、顾作霖、康生、毛泽东，毛泽东排名最后，而这体现出当时的党中央对执行共产国际关于团结毛泽东问题的指示，是何等的不情愿。

尽管如此，正是由于共产国际的力挺，毛泽东方才进入了中央政治局，这为他在后来的遵义会议上当选政治局常委，奠定了基础。

中共六届五中全会闭幕 10 天后，蒋介石发动了对中央苏区的第五次"围剿"。而在一年不到的时间里，红军便在第五次反"围剿"中全面失败，共产党随之丧失了最大的红色根据地——中央苏区。

博古把第五次反"围剿"的失败和中央苏区的丧失，归于敌人的强大和蒋介石所采取的层层推进的堡垒战术。

但问题的关键却在于，为什么红军采取了与蒋介石堡垒对堡垒、大炮对大炮的阵地战打法。

而这就是因为国共双方都是在德国军事顾问的指挥下，按照第一次世界大战欧洲战场的打法打阵地战。红军的德国顾问李德刚到苏区不久，他完全不了解欧洲与中国、德国与苏区在地缘地貌上存在天壤之别，更是盲目地把欧洲战争的模式搬到了苏区。

具体而言，欧洲大陆是世界上最平坦的一块大陆，在广袤的平原上进行战争，只能依靠坚固的堡垒和漫长的战壕，因此，深沟高垒，这就是第一次世界大战欧洲战场的基本形态。但是，中国是个缺少平原的国家，苏区位于中国东南山地的核心地带，在这里，丛山与丘陵构成了天然的堡垒，复杂的地形地貌，使苏区成为易守难攻的战争迷宫，毛泽东之所以坚持采用"诱敌深入"的战略，其原因就在于此。

平原上对垒的双方，一旦战线被对方攻破，则全盘崩溃，难再有回旋转换之余地。而在山地上作战则不然，双方战线犬牙交错，你中有我、我中有你，这就为打到敌人后方和内部去的运动战，创造了条件。

对毛泽东倡导的运动战吃得比较透的是林彪。

在广昌保卫战开始之前，林彪就曾上书批评博古错误的军事路线。

林彪指出，敌人的堡垒之间有巨大的空隙，红军完全可以利用这些空隙跳到敌人背后的外线去作战，只要运用毛泽东的运动战，第五次"围剿"完全是可以被打破的。

林彪认为，敌人的强大和蒋介石的堡垒战术根本不是反"围剿"失败的根本原因。

而毛泽东则进一步认为，战术上的错误是因为战略上的盲目，而战略上的失误则是由于博古对政治局势的判断是错误的。

在第五次反"围剿"期间，发生了驻守在福建的蔡廷锴部19路军的抗日反蒋事件。毛泽东认为，在日本大举侵华的背景下，无论国内还是国际的政治形势都发生了深刻变化，民族矛盾与阶级矛盾的不平衡发展预示着：民族矛盾正成为矛盾的主要方面。这个时候，红军完全可以联合抗日反蒋的力量，与蔡廷锴建立统一战线，从而保证苏区的南大门无虞，并借机使根据地向浙江方向发展。如果采用这种正确的战略，不仅可以打破第五次"围剿"，而且根据地还会进一步扩大。

而战术方面的错误，则更直接导致第五次反"围剿"的失利。

毛泽东认为，山地作战战线的犬牙交错形势，既决定了运动战的作战方式，更决定了矛盾着的双方始终处于运动和变化之中，在运动战中，强的一方并非每时每刻都强，弱的一方也并非每时每刻都弱，强与弱，不过是一种趋势，善战者在于掌握战争的趋势，故任何战役，捕捉战机是关键，首战是关键，首战决定全局大势，首战必须是有把握之战，选择首战，必须以我之强势对敌之弱势。

但是，第五次反"围剿"之首战，却是被动地选择了最强大的敌人，从而使得首战成为在各种因素皆不利于我军的情形下之浪战，终于铸成了败势。

毛泽东指出：

第五次"围剿",敌以堡垒主义的新战略前进,首先占领了黎川。我却企图恢复黎川,御敌于根据地之外,去打黎川以北敌之巩固阵地兼是白区之硝石。一战不胜,又打其东南之资溪桥,也是敌之巩固阵地和白区,又不胜。尔后辗转寻战于敌之主力和堡垒之间,完全陷入被动地位。终第五次反"围剿"战争一年之久,绝无自主活跃之概。最后不得不退出江西根据地。

上述第一次至第五次反"围剿"时期我军作战的经验,证明处在防御地位的红军,欲打破强大的"进剿"军,反攻的第一个战斗,关系非常之大。第一个战斗的胜败给予极大的影响于全局,乃至一直影响到最后的一个战斗。

只有第五次反"围剿"时全不知初战关系之大,震惊于黎川一城之失,从挽救的企图出发,北上就敌,于洵口不预期遭遇战胜利(消灭敌一个师)之后,却不把此战看作第一战,不看此战所必然引起的变化,而贸然进攻不可必胜的硝石。开脚一步就丧失了主动权,真是最蠢最坏的打法。

而第五次反"围剿"中最为愚蠢、最坏的决策则是:李德、博古竟然在以山地为主的苏区,选择了广昌这样一块平地与敌决战,从而把教条主义发展到了极致。

由于王稼祥在第四次反"围剿"时被敌机丢下的炸弹炸断了肠子,26岁的顾作霖接替了王稼祥的中国工农红军总政治部主任的职务,第五次反"围剿"中指挥作战的,其实是博古、李德和顾作霖,而周恩来主要分管后勤保障。

1934年4月10日,广昌战役爆发,顾作霖与博古一起亲临前线指挥,在战局最危急的时刻,顾作霖突然口吐鲜血,倒在了地上。激战了

18天之后，苏区的北大门广昌失守。5月28日，顾作霖因抢救无效牺牲。

在红军长征前，顾作霖被仓促地掩埋在苏区的土地上，而他的坟墓至今也没有找到。

红军只有在运动中才能捕捉战机，不能被动应战。在首战不胜的情况下，毛泽东主张不能与强敌打阵地战，而一旦遭遇阵地战，则必须速战速决，绝不能拖延，只有这样，才能避免"再而衰，三而竭"。但是，广昌保卫战却违背了这一宗旨，它是一场久拖不决的消耗战。顾作霖的牺牲是英勇的、壮烈的，但事实证明，打仗不能仅凭一腔热血，如果是那样，付出的代价也只能是热血。

年轻的总负责博古上任伊始，便跃跃欲试地要打一场大仗、硬仗，打一场正规战，以此显示自己的领导魄力和指挥能力，而他采用的办法便是"拒敌于国门之外"的阵地战，其结果却是葬送了中央苏区。

广昌保卫战失利，红军全线崩溃，在李德、博古看来，"拒敌于国门之外"已经不可能，战线一旦崩溃，则大势已去，红军只能选择全面放弃苏区。

而此时的毛泽东认为，尽管阵地战的失败导致了战线崩溃，但是，这并不意味着敌人就可以全盘占领苏区，更不意味着红军必须由军事冒险主义，迅疾转向逃跑主义。苏区山高林密，是战争的迷宫，敌人进来容易，出去难，因此，轻言放弃根据地为时尚早。

但是，当时毛泽东被剥夺了军事指挥权，不能参加决定党和红军命运的政治局常委会。毛泽东只是中央政治局委员和中央革命军事委员会委员，而当时的军委只是一个形式，于是，毛泽东只能眼睁睁看着红军走向绝境——由冒险主义迅速地转向逃跑主义。

最早从中央苏区突围的，是寻淮洲率领的红七军团的6000余人。1934年7月7日，这支部队在闽西连城突破了敌人的重围，但此番突围的目的却并不是长征和转移，而是调虎离山，转移蒋介石的视线。然而由于兵力过于单薄，他们的行动并没有达到调动敌人主力离开苏区的目的。

突围既然如此坚决，剩下的选择只有崩溃式的逃跑。就这样，"三人团"秘密做出决定，全面放弃苏区，1934 年 10 月，红军被迫仓促长征。

正像 1927 年春，在大革命高潮时预见到大革命的失败一样，毛泽东预见到，中国革命将再次遭遇像大革命失败那样的重大挫折。

1934 年 7 月 23 日，在通宵开会后，毛泽东于黎明时分登上了会昌城外的岚山岭，写下了《清平乐·会昌》：

> 东方欲晓，莫道君行早。
> 踏遍青山人未老，风景这边独好。
> 会昌城外高峰，颠连直接东溟。
> 战士指看南粤，更加郁郁葱葱。

正像当年凝视着井冈山一样，此时的毛泽东凝视着苍茫的南岳，他知道，红军将去往完全陌生的地方，除了再次到人民群众那里去发现良知之外，只能依靠红军自身坚定的政治信念与求生意志。除此之外，红军已经一无所有了。

诗人后来自注云："踏遍青山人未老：1934 年，形势危急，备长征，心情又是郁闷的。这一首《清平乐》，如前面那首《菩萨蛮》一样，表露了同一的心境。"

一个多月后，心情焦虑的毛泽东发了疟疾，一度病势危重，连续几日不省人事。

毛泽东差一点病死，但他却又一次奇迹般地复活了。

在长征开始前，由于离开了军队，苏区毛主席做的与军事有关的工作，就是在群众基础最好的闽西地方"扩红"。在苏维埃临时政府毛主席的动员下，有4万闽西子弟在长征开始前参加了红军。但他们却并没有全部参加长征，有两万人留了下来，当红军撤离苏区时，他们负责了阻击敌人的任务，毛泽东说，要撤退，必须首先考虑断后，而断后的任务，就这样落在了闽西子弟兵的身上。

最残酷的阻击战就发生在龙岩地区的连城县，这就是著名的"松毛岭战役"。在这里，两万红军固守了整整十天十夜，牢牢地守卫着苏区的东大门。今天，松毛岭上，当年鏖战的工事犹在，山中掩埋了无数红军的白骨。

1934年12月，一支两千人的闽西游击队在武平大山中被敌人包围，激战两日之后，游击队全军覆没。

80年后的2014年，福建省武平县大余乡一位农民，用进城打工的钱翻造了新屋。但是，自从他搬进两层楼的新居之后，就一天也没有睡过好觉。

因为每到夜里，他都会梦见一队队的红军，在屋前列队，向遥远的地方敬礼。

当地政府得知了消息，在屋后开掘，掘出了累累白骨。

这位农民，把他的新屋造在了红军游击队最后战斗的战场上。

据说当天大雨倾盆，发掘烈士遗骨的工作不得不停了下来。

"断头今日意如何？创业艰难百战多。此去泉台招旧部，旌旗十万斩阎罗。"

这是当年留守苏区的陈毅写下的诗。

经过了难以想象的苦斗，幸存的红军游击队在抗日战争期间改编为新四军。皖南事变后，曾经在闽西工作并担任过福建省委书记的刘少奇受命重建新四军并任政委，而在解放战争中，这支部队则壮大为华东野战军，即著名的陈毅、粟裕大军。

1934 年 10 月，中央红军的主力就这样离开了苏区。当时的情景，据说就像一首歌里唱的那样："千军万马江边站，十万百姓泪汪汪。"

歌词中更为悲凉、也更为令人肝肠寸断的是它开头："一送红军下了山，秋风细雨缠绵绵，山上野鹿声声哀号，树树梧桐叶落光……"

30 年后的 1964 年，当有人提议把这首《十送红军》编入大型音乐舞蹈史诗《东方红》时，周恩来却伤心地说：不好吧，当年红军离开苏区，哪有这么有秩序的送行啊，那是撤退和突围啊！

周恩来说了实话。实际上，长征是在秘密和极端仓促的情况下进行的，事先没有进行政治动员，别说苏区百姓，就是广大官兵也不知道要去哪里。

教条主义破灭了，在教条破灭的地方，教条主义者们终于不得不面对前所未有的残酷局面，一种苏联红军从来没有经历过、想象过的局面。毛泽东后来这样一语中的地说："长征是历史上的第一次。"

然而，在最后一刻，博古还在等待共产国际的指示，还在期盼苏联寄来苏区转移的经费，他依然对红军撤离苏区的突围地点犹豫不决。刚刚从疟疾中恢复过来的毛泽东在紧急时刻献出了打漳州时获得的金条和银元——他指示毛泽民立即把这些金条和银元分散到各个部队保管，从而解决了部队转移的经费问题。

同时，布置完断后任务的毛泽东，紧急骑马赶到瑞金，协助当时的军事"三人团"（这是一个为了转移而专门成立的最高军事机制，由博古、李德和周恩来三人组成）做出了红军主力从于都河撤退的决定，而博古只是在最后一刻才勉强同意毛泽东跟随红军长征——事实证明，这是他所做的所有决定中唯一正确的一个。

大病初愈的毛泽东，就这样拖着虚弱的身子踏上了长征路。而当毛泽东赶去通知贺子珍也被批准随中央纵队行动时，长征的队伍已经出发了。

在后来的历史叙述中，长征被描述为一部波澜壮阔的史诗。但实际上，长征是在根据地和红军斗争严重受挫的情况下被迫进行的，而当时的中央做出决定时的仓促和草率，便导致了长征伊始更为严重的挫折。

军事"三人团"做出全面放弃苏区的决定，是极为仓促秘密的，长征目的地的选择是错误的。在当时的军事"三人团"看来，红军的目的地可能有两个：一个是跳出敌人的包围圈，做一次大的战略迂回，最终再回到江西根据地；而另一个则是到湘鄂西去，与红二、红六军团会合。

实际上，一旦全面撤离，再回到中央苏区是不可能的，而去湘鄂西，则与蒋介石对红军动向的判断完全一致。于是，蒋介石在沿途精心布防，为红军设置了4道封锁线。而在毛泽东看来，走那条路，等于跳蒋介石挖好的陷阱，这一教条主义路线无疑就是让红军去送死，这是葬送革命。

对于红军从全面死守苏区，又突然转向全面放弃苏区这一点，甚至连蒋介石也感到难以理解。因此，蒋介石起初对于红军突围的真实意图举棋不定，对于红军是否全面放弃苏区也并无把握，只是当红军在汝城突破第二道封锁线，在延寿阻击战与红军全面遭遇后，蒋介石才从中发现了红一、三、五、九军团的全部番号，于是，蒋介石确定红军确实是放弃了中央根据地，而这成为蒋介石制定"追剿"方案的重要依据。

就这样，从突破第二道封锁线起，红军所陷入的，便是前有堵截、后有追兵、天上敌机轰炸，行动意图完全暴露在敌人火力下的最不利的局面。而在突破了三道封锁线之后，红军在第四道封锁线上伤亡惨重——这便是湘江战役。

指挥红军的李德，是一个在巴伐利亚领导城市暴动的德国人。他后来在《中国纪事》中这样回忆道："当红军刚刚到达广西北部的全州，准备从这里渡过湘江时，通过情报得知，蒋介石的三个师也刚刚到达这里，准备堵截红军。"于是，李德决定，红军应该放弃立即渡江，而从全州南部绕过去，然后再渡过湘江。

在独自观察了全州的地形之后，毛泽东强烈反对李德的建议，他主张趁敌人兵力不足、立足未稳，一举拿下全州，立即在此渡江，否则，后果不堪设想。当他的主张被"三人团"拒绝之后，毛泽东抱着一线希望，要求中央革命军事委员会集体投票表决红军这次最关键的行动。

然而，李德回忆说：

> 洛甫和王稼祥支持他（毛泽东）的意见，最后在军事委员会中进行表决，表决结果票数相等。朱德、周恩来和博古同意我的意见，朱德作为会议主席，他的一票起了决定作用。

就这样，毛泽东最后的一线希望也破灭了，而犹豫不决、拖延时间，这对红军的命运是灭顶性的。正是因为红军部队绕道用了两天多的时间，战斗时机完全丧失了。而等红军到达湘江边时，后面的追兵已经赶上，桂军从侧翼向红军发起进攻，而对岸的湘军则以密集的火力朝向红军。红军战士的鲜血染红了湘江，湘江变成了一条"红河"。

"昔闻湘水碧如染，今闻湘水胭脂痕。"

湘江一战，红军由出发时的 8.6 万人，锐减到 3 万人。

闽西子弟兵在湘江战役中担任了前锋的角色，两万将士大部分牺牲。

在毛泽东的动员下，闽西有4万人参加了红军，他们在长征开始时负责断后，而在湘江战役中又充当了前锋，故牺牲极为惨烈。新中国成立后授衔，龙岩却只出了两位将军，而这两位将军终生没有回乡。他们说，所有的人都牺牲了，自己活着回去，无颜面见闽西父老。

湘江战役失利，红军和中国革命到了生死存亡的关头。从某种意义上说，中央红军的主力已经在湘江战役中被消灭得差不多了。

红军逃过了湘江大劫，除了全军将士浴血奋战之外，还有一个重要原因，那就是桂系的白崇禧没有全面执行蒋介石的命令，以与红军决一死战。白崇禧的用意在于保存桂系实力，只要红军不进广西，其余的不关他的事。面对白崇禧的推诿，蒋介石不禁怒骂："你这还算是中国的军队吗！"

而对于共产党来说，湘江战役的另一个损失，便是丢失了与共产国际联系的密电码本，而中共自建党起就与共产国际保持的联系渠道，就此中断了。

而这时，博古、李德提出的主张却是拉着这支疲惫不堪的队伍冲向湘西，继续跳进蒋介石挖好的陷阱。

在《中国纪事》中，李德这样写道：当自己阐述这个主张的时候，毛泽东"粗暴且怒不可遏地"打断了他。毛泽东愤怒而坚定地指出："现在中央执行的，完全是一条被动逃跑的路线。"

毛泽东认为，红军应该在运动中主动寻求歼敌目标，这个目标也就是向西，向敌人力量薄弱的贵州冲去，而不是向北，向敌人强大的核心区冲去。

博古和李德反对毛泽东的主张，他们认为：贵州既没有红军，也没有根据地，那个地方是我们根本不熟悉的，我们连苗民的语言都不懂，去贵州，等于把命运交给了未知。而毛泽东的回答很简单：去湘西等于去送死，而选择未知总比送死要好。我们固然不熟悉贵州和苗民，但那个地方恰恰也是蒋介石所不熟悉的。

教条主义之所以导致革命失败，就是因为他们所遵循的那些教条恰恰是蒋介石充分了解和掌握的。而要想跳出蒋介石的"围剿"，首先就必须从自身的教条主义束缚中解放出来，就必须做出超常规的动作，必须使思想冲破牢笼，向敌人意料不到的地方前进。

毛泽东当时这样愤怒地说："事实证明，你们能想到的，蒋介石都想到了，现在你们该想一想，什么是蒋介石想不到的！"

李德说，拍案而起的毛泽东震慑了大家，像洛甫和王稼祥一样，周恩来也完全倒向了毛泽东一边，"本来连政治局常委也不是的毛泽东左右了政治局，他的意见就是这样被接受了"。

多年之后，李德还说："毛泽东把他的意见凌驾于党和红军之上，这是对党和红军的组织系统的公然破坏，是对共产国际的不敬。"

李德忘记了，如果不是毛泽东拍案而起，把自己凌驾于教条主义之上，党和红军可能在那个时候就不存在了。

按照毛泽东的意见，红军放弃了与红二、红六军团会师的计划，调头向西，进入了敌人力量薄弱的贵州。正如毛泽东所预见的那样，自长征以来，红军第一次没有遇到像样的抵抗，就迅速地占领了遵义城。

遵义是古代夜郎国的首都，著名的唐代诗人刘禹锡曾经被流放到这里。唐代的时候，遵义叫作朗州，取夜郎国旧都之意。

贵州也是王阳明被发配的地方，是他悟道的地方。

遵义是红军长征以来所占领的最大的一座城市。

毛泽东正是这样，从王阳明起家的江西永新，走到了王阳明悟道的贵州。而毛泽东在党内的"流放生涯"，也正是在遵义告一段落。

对于毛泽东来说，春节总是具有象征性的转折意义。

1929 年正月初一（1929 年 2 月 10 日），他亲自持枪参战，在瑞金附近的大柏地击溃追敌，为井冈山下来的红军开辟了闽西红色根据地。1930 年的春节前（1929 年 12 月 28—29 日），毛泽东主持召开了古田会议，古田会议决议形成了红军的建军思想。古田会议结束后，毛泽东写下了《星星之火，可以燎原》，系统地阐发了他的中国革命战争的理论。

1935 年 1 月，又是春节期间，大难不死的中国共产党在贵州遵义——中国古代的夜郎国首都，在王阳明悟道的地方，召开了中央政治局扩大会议。继古田会议之后，这次会议做出了著名的《遵义会议决议》。

在贵州这个地方，王阳明从儒家的教条主义束缚中摆脱出来，而共产党人也是在这个地方，从"左"倾教条主义的束缚中摆脱出来，伟大的觉悟在遵义发生。

这次会议批判了博古、李德的错误军事路线，选举毛泽东为政治局常委，并委托毛泽东协助周恩来负责军事工作。

早在 1932 年的宁都会议上，周恩来就提议由毛泽东协助自己负责军事工作。但是，周恩来的建议被当时的中共苏区中央局否定了，从那时起，毛泽东被夺去了军事指挥权。

而今三年过去了，周恩来当年的建议终于在遵义会议上被接受，毛泽东再次回到红军的领导岗位上，而这用了漫长的三年。其间付出的代价就是：红军丧失了 90%，而苏区几乎丧失了 100%。

遵义会议不是党的代表大会，也不是中央委员会会议，而只是在特定条件下召开的政治局扩大会议，故在组织上变动不大，博古依然还是中央总负责，他和李德只是交出了军事指挥权，改由周恩来和朱德担任军事指挥，毛泽东只有军事建议权，并无指挥权。而遵义会议最为"破格"的地方，就是选举毛泽东为中央政治局常委。这是毛泽东第一次当选中央政治局常委，从此以后，他就没有被从政治局常委会中选出去。

但是，在巨大的挫折面前，博古本人却难以承受精神和心理的压力。1935年2月5日，长征队伍到达川、滇、黔三省交界的"鸡鸣三省"村，洛甫代替焦虑不安的博古，担任了中央总负责。

洛甫知道，他自己是在中共山穷水尽的时候接了个"烂摊子"，洛甫更明白，在山穷水尽之际，挺身而出接下这个"烂摊子"的人实际上是毛泽东，因此，每收到作战电报，他便第一时间将电报交付毛泽东。

在遵义会议上，毛泽东提出：必须立即把消极逃跑的路线，变为主动出击的路线，即在运动战中，积极主动寻找消灭敌人的战机，而这就要求把运动战上升为"闪电战"和"突击战"，其主要方式就是运用精锐的小分队和突击队，在敌人战线的薄弱处，迅速打开一个缺口，然后大部队随即涌入。

由毛泽东第一次提出的"突击战"和"闪电战"的战术，彻底突破第一次世界大战所确立的战争模式。这种战术，后来成为第二次世界大战战胜方的根本法宝。

正是在遵义，伟大的军事创新产生了，这种军事创新，划出了人类战争史的新时代。

这是一个重大的转折。

运用突击战，红军在5天之内连克桐梓、娄山关，于2月28日再占遵义，击溃敌两个师又8个团，俘敌3000余人，取得了长征以来最大的胜利。仓皇疲惫的军心为之大振。

3月4日，中央革命军事委员会决定成立前敌司令部，朱德为总司令，毛泽东全面复出——担任前敌总政委。

3月12日，三渡赤水河途中，中央政治局决定成立由毛泽东、王稼祥、周恩来三人组成的指挥小组，应该说，正是从那时起，毛泽东终于能再次亲自指挥红军了。

也就是从那个时候起，红军便再一次成为令蒋介石不可捉摸、难以理解的"幽灵"般的存在。

遵义会议结束后一个月，红军血战娄山关。就是在这次战役中，罗明身负重伤，这位毛泽东早期的挚友，从此脱离了党、红军和毛泽东。

而自井冈山时期便一直追随毛泽东的警卫班班长胡昌保，为了掩护毛泽东，牺牲在他的怀里，卫士的鲜血洒满了毛泽东的衣襟。

在呜咽如诉的号角声里，毛泽东昂然上马。

在颠簸的马背上，临风而立的毛泽东脱口吟出那首壮怀激烈的词——《忆秦娥·娄山关》：

> 西风烈，
> 长空雁叫霜晨月，
> 霜晨月，
> 马蹄声碎，
> 喇叭声咽。
>
> 雄关漫道真如铁，
> 而今迈步从头越。
> 从头越，
> 苍山如海，
> 残阳如血。

这首词，是中华诗词中的千古绝唱，是中国文学和诗歌的珍宝。

这首词，历经风雨沧桑，被证明是中国共产党、人民军队，乃至中华民族命运的形象写照。

按照毛泽东的建议，会议决定红军继续西行，进入云南，在运动中主动歼敌，力争在四川北部渡过长江，与张国焘的红四方面军会合。毛泽东分析说：贵州和云南都没有红色根据地，但是那里也不是蒋介石的地盘，对敌我双方来说，这里都是不熟悉的险地。

两军相争勇者胜，置之死地而后生。改变敌我态势，在此一举。

"兵以诈立"，战争的要害在于迷惑敌人，这是孙子的哲学。毛泽东迷惑敌人的基本做法便是他的"偏师"战术，"赣水那边红一角，偏师借重黄公略"。1930 年 6 月，毛泽东率红一军团离闽入赣，他指示黄公略的红三军团做出攻打南昌的态势，而红军主力则占领瑞金等地，开辟大片根据地。

而在长征路上，红一军团则经常扮演中央红军"偏师"的角色。1935 年 3 月，红一军团包围了贵阳东南的龙里城，兵指贵州省会贵阳。当时蒋介石正在贵阳指挥"会剿"，闻讯大惊，紧急调滇军入黔保驾，而中央红军主力遂于 3 月 21 日夜四渡赤水，进入敌兵力空虚的云南。

在奔袭云南途中，贺子珍被敌机炸得遍体鳞伤，全身 17 处中弹。她苏醒后对赶来的毛泽民夫妇说："主席在指挥作战，不要告诉他，不要分他的心，把我寄放在附近老乡家里吧，将来革命胜利了，我们再相见吧！"毛泽东闻讯后跃马赶到，贺子珍在担架上握着毛泽东的手说："润之，把我留下，你们前进吧！"毛泽东默默无语，亲自抬起担架，决绝地向前走去。

无论在蒋介石还是党内教条主义者眼里，毛泽东都是不可理解的。在遵义会议上，凯丰曾说毛泽东打仗就靠两本书，一本是《三国演义》，一本是《孙子兵法》。而毛泽东反驳说："谁也不是靠书本打仗的，你说的《三国演义》我倒是看过，《孙子兵法》我还真没看过。"而凯丰坚持说毛泽东一定看过《孙子兵法》，毛泽东便说："可见你一定是看过了，我问你，《孙子兵法》共有几篇？第一篇的题目叫什么？"凯丰答不上来，其实他也没看过。于是毛泽东说："从那以后，倒是凯丰逼着我翻了翻《孙子兵法》。"

马克思主义与教条主义的区别，就在于马克思主义者敢于面对未知的世界。毛泽东在青年时代就说过："惊奇者，人类之生涯也。"长征，就是这样以巨大的勇气，向着未知的世界进发。

正是在运动战中，红军不断捕捉住战机，消灭了大量的敌人，得到了给养和补充，队伍得到了休息，在当地发展了党的组织。长征，使红军建立了流动的根据地。

从那时开始，长征，方才由无望的逃跑变成了一部奋进的史诗，真正变成了一部传奇。而其中最具有传奇性的，便是强渡金沙江和夺取大渡河上的泸定桥。

金沙江位于川滇藏交界处，自古就是汉族与少数民族的分界线。

而当红军在毛泽东的指挥下一路西行，接近人烟稀少的少数民族聚居区时，部队再次发生了动摇。一部分红军将领认为，毛泽东将把红军带入绝境，他们再次提出要更换军事领导人。

事实证明，金沙江并没有那么令人恐惧，"金沙水拍云崖暖"，刘伯承只是换上了国民党高级军官的服装，乘红军所掌握的唯一一条小船渡过了金沙江，就从对岸的川军那里换来了几条大船，而红军没费一枪一弹，就安然渡过了金沙江。

"大渡桥横铁索寒"，红军的绝境虽然没有出现在金沙江，但却出现在了大渡河。

大渡河水深流急，当地一个著名的说法是：云南人希望把木材运到对岸的四川，但却由于水流和乱石的撞击，木材在江心变成了碎片。

无论是从云南入川，还是从四川入滇，大渡河都是古来的绝境。深入到了这样的绝境，红军能够置之死地而后生吗？

当红军赶到大渡河的时候，发现川军和滇军以密集的火力封锁了河的东岸，而蒋介石的追兵离此只有一天一夜的路程。红军有一条渡船，一天最多只能渡过一个营的兵力，而此时，蒋介石的飞机已经赶来轰炸渡口，这条唯一的小船也不起作用了。

大渡河成为第二个湘江，这一次红军似乎是在劫难逃了。

1935 年 5 月 26 日清晨，毛泽东赶到安顺场渡口，这位衣衫褴褛、长发飘逸的戎马书生此时说：就在离红军渡河处以北 160 公里的地方，有一座铁索桥，叫作泸定桥。泸定桥横跨大渡河，是连接西藏和四川的要道。如果红军能够在 24 小时内夺取泸定桥，就会安然渡过大渡河。

此桥是康熙时代所建，而很少题字的康熙，还特意为这座桥题了"泸定桥"三个字。

康熙四十七年二月的《圣祖仁皇帝御制泸定桥碑记》写道，泸定桥"桥东西长 31 丈 1 尺，宽 9 尺，施索 9 条，覆板于上"。为了建桥，康熙亲自下令熔铁数十吨，这在当时是一项浩大的工程。建这座桥，为的就是把西藏与四川坚固地联系在一起，在雄才大略的康熙看来，泸定桥具有极为重要的战略价值。

然而，泸定桥与安顺场之间相隔 160 公里，道路极为艰险坎坷，于是，人类军事史上一次惊心动魄的长跑就此展开：由林彪率领的红一军团第二师和红五军团沿大渡河右岸迅跑，而由刘伯承、聂荣臻率领的红一军团第一师沿大渡河左岸飞奔。夜间，两只部队高举的火炬映红了大渡河水，如火龙般蜿蜒奔流。29 日，红一军团第四团 22 名勇士冒着枪林弹雨夺取了泸定桥。

飞夺泸定桥，作为人类现代军事史上最典型的一次运动战、突击战、闪电战，它的战略创新意义，至今为人们所深思。

《圣祖仁皇帝御制泸定桥碑记》的结尾说："事无大小，期于利民。功无难易，贵于经久……永葆勿坏，以期贻民无穷之利。"

经久不坏的泸定桥，为红军开辟了前进的大道。

"大渡桥横铁索寒"，泸定桥挽救了红军。而在最后一刻，是毛泽东的气魄与胆识挽救了中国革命。

"掌上千秋史，胸中百万兵。"1970 年 12 月，毛泽东与调任北京军区司令员的李德生谈话。

毛泽东问李德生："你看过顾祖禹的《读史方舆纪要》吗？这是一部军事地理参考书，要找来看看，先读有关华北的部分，你知道北京为什么叫燕京，北京最早的居民点在哪里？当北京军区司令员，要了解北京的历史地理，了解华北的历史地理。"

《读史方舆纪要》，这是毛泽东在湖南第一师范时最热爱的著作。罗章龙回忆说，青年时代的毛泽东几乎把这本书翻烂了，在第一师范时，毛泽东最喜欢的事情就是滔滔不绝地与人讨论《读史方舆纪要》。

《读史方舆纪要·四川》一部中，详细地介绍了金沙江上铁桥的来历，指出大渡河上的铁索桥，其实是清代在吐蕃"铁桥镇"的基础上修造的，并且还说先有泸定桥，后有泸定县，泸定县在，铁索桥便在。

渡过大渡河之后，中央红军随即翻越了终年积雪的夹金山。

6 月 17 日清晨，穿着夹衣夹裤的毛泽东喝下一碗热气腾腾的辣椒水，向冰雪覆盖的山上爬去。半山腰上，雪雹俱下，空气稀薄。毛泽东的警卫员戴天福因在过大渡河时患了疟疾，实在走不动了，躺倒在雪地里。毛泽东拉起他说："小戴啊，千万不能坐下啊，坐下就起不来了。

来，我背你走！"

此时，另一位警卫员吴吉清赶上来，抢先把戴天福背起，而毛泽东扔下手里的木棍，在后面托扶着，就这样，三人一起艰难地爬到了山顶。

翻过夹金山后，中央红军于1935年6月25日，在四川懋功两河口与张国焘的红四方面军会合。毛泽东与张国焘这两位多年未见的中共一大代表，在两河口镇重逢了。

到此，红军终于真正冲出了蒋介石围追堵截的包围圈；到此，红军方才战胜了蒋介石的"围剿"。

但是，共产党和红军的劫难还没有结束，因为他们随即就面临着与张国焘路线的斗争。

如果在中共历史上选一个最目无组织、目中无人的人，这个人毫无疑问就是张国焘。

张国焘，1897年出生，小毛泽东4岁。他的故乡萍乡，离毛泽东领导罢工的安源煤矿只有16公里。

张国焘是有骄傲的资本的。在中共党内，张国焘算是一个大知识分子。1916年10月，19岁的张国焘考入北京大学理科预科，是五四北大学生运动的主要领袖之一。据说，五四游行那天，北大校长蔡元培出面劝阻说：现在政府已经对北大很不满，如果你们再上街，我这个校长就真的当不成了。由于蔡元培挡在门口，学生便一时不能集结。

此时张国焘站出来大喊一声：学生上街是学生自己的事，与校长有什么关系！于是，张国焘就将蔡元培架到了一边，北大学生蜂拥而出。

1919年6月2日，张国焘因为上街演讲被捕，第一次尝到了"铁窗"的滋味。他被释放后，成为北大名人，经常出入李大钊的办公室，当维经斯基来北大找李大钊商议在中国建立马克思主义组织的时候，英文流利的张国焘参加了这次历史性的会晤。

在党的一大上，由于陈独秀、李大钊缺席，张国焘担任了会议主席，在莫斯科东方会议上，他又受到列宁的接见。在中共三大期间，他利用维经斯基反对马林，而在莫斯科担任共产国际中国代表期间，他敢于公开顶撞米夫，这是因为，张国焘早就把自己当作了"中共第一人"。

张国焘的目空一切是出了名的。他笑话一起领导学潮的北大国文门（文学系）的邓中夏具有"秀才"和"牧师"两重风格，是徒作大言、一本正经的学究。而在湘鄂西苏区，邓中夏差一点在肃反中被杀掉。

张国焘是中共一大的会议主席，但是，在他眼里，其他代表却都是漫画性的。张国焘在自己的回忆录中惟妙惟肖地写道：王尽美长着一对蒲扇般的大耳朵，但却对马克思主义一窍不通；董必武活像个老财东；陈潭秋总是一本正经，教师味十足；何叔衡则像个账房先生，"常常张开大嘴，说话表情都很吃力"；而毛泽东浑身充满了湖南的土气，好辩而言不及义。

陈独秀的私人代表周佛海是日本留学生，总算是浑身洋气，而张国焘的一个小故事就把这个人彻底打倒了。张国焘回忆说，中共一大期间，周佛海根本不是来开会的，而是带着一个叫杨淑慧的富家女私奔来上海，而中共一大结束之后，周佛海这个陈独秀委任的代理总书记，就被女方的父母打上了门。

总之，在张国焘的回忆录里，中共一大代表中，除了张国焘自己是一个真正的马克思主义者外，其余都是些滥竽充数的。

因此，每一任中共中央领导人都不在张国焘眼里。在中共三大上，张国焘因为反对自己的老师陈独秀，就嚷嚷着共产党北方支部必须独立行动；而在他眼里，中共五大的总书记瞿秋白，不但毫无能力，且独断专横；至于中共六大的总书记向忠发，则是个没头脑的粗人。中共六大结束后，张国焘留在莫斯科做中共驻共产国际的代表，他不但同王明等"二十八个半布尔什维克"打得天翻地覆，而且还认为另一位驻共产国际代表蔡和森是两面派。

张国焘在莫斯科期间，曾经遭受过米夫派的王明、博古的整肃，对此他记忆犹新、耿耿于怀。因此，1935年于懋功会合在一起的中央政治局委员中，有两位最为张国焘所蔑视，那就是博古和洛甫，而当博古批评张国焘称朱德"玉阶兄"、毛泽东"润之兄"，而不是称他们"同志"时，张国焘不屑一顾地对博古说："年轻人，你懂什么？我们革命的时候，还没有你呢！"

张国焘憎恶王明、博古这些人，与他们有个人恩怨。但在肃反方面，则有过之而无不及。张国焘被从苏联派到鄂豫皖苏区后，仅凭一堆假材料，就判定红四方面军政委曾中生和十一师师长许继慎是国民党改组派特务。张国焘在鄂豫皖主持的肃反，比博古在中央苏区主持的肃反强度更大。

更主要的是：在南昌起义之前，张国焘怀揣共产国际的电报指示赶到前敌指挥部，坚持说：如果不能争取到张发奎的支持，就不能起义。为此，张国焘在南昌与周恩来、谭平山拍了桌子，而谭平山一气之下说，如果张国焘反对起义，就把他杀掉。

张国焘一直认为，谭平山之所以敢口出狂言，就是因为受到了周恩来的怂恿，因此，张国焘与周恩来结怨甚深。

懋功会师的时候，红一方面军与张国焘领导的红四方面军实力悬殊，当时的红四方面军有4.5万人，两万多支枪；而红一方面军则只有一万人，平均每支枪里只有5发子弹。比起衣衫褴褛的中央红军，张国焘领导的红四方面军可谓兵强马壮。

两军会合后，老实厚道的朱德坦率地向张国焘介绍了红一方面军的情况，他叹息着说："现在一方面军是不能打仗了，它过去曾是一个巨人，现在全身的肉都掉光了，只剩下了一副骨头。这次真是走到绝路了。"

在懋功，处于强势的张国焘把个人英雄主义发展到了顶峰。两军会合后，召开了两河口会议，以确定红军的行动路线，两河口会议做出了红军北上，进行松潘战役的决定，当时，张国焘口头上赞成这个决议，但会后却对徐向前说：松潘敌弱，但生活贫瘠，还是南下川西南好，那样，粮食和给养都不成问题。

随后，在中央召开的芦花会议上，毛泽东在检讨反围剿军事路线的失败时，也批评了红四方面军，他说，红四方面军丢失鄂豫皖根据地，就是因为鄂豫皖执行的是与中央苏区一致的军事路线，先死守，后全面放弃，而且，红四方面军在根据地建设和党的建设方面，同样存在问题。

张国焘本来对毛泽东并无意见，但听到毛泽东在批评错误的军事路线时，竟然把他和四方面军也捎带上，不禁勃然大怒。张国焘说，一方面军根本就没有批评四方面军的资格，如果没有四方面军接应，一方面军如今还不知在哪里呢！

于是，正是在1935年7月18日于芦花（今黑水县）召开的中央政治局会议上，张国焘提出要立即改组红军的领导层，坚决要把周恩来拉下马。为了维护红军的团结，一贯忍让的周恩来让出了红军总政委的职务。

毛泽东坚决不赞成周恩来离开红军。在8月4—6日召开的沙窝会议上，在毛泽东巧妙的提议下，中央政治局决定恢复红一方面军总部，由周恩来担任司令员兼政委。但是，心力交瘁的周恩来随后就病倒了，他得了阿米巴肝脓肿，差点没能活着走出草地。

中央决定成立新的红军总司令部，张国焘任红军总政委。随后，张国焘又提出要改组中央革命军事委员会和中央政治局，而当这一要求没有被立即满足之后，张国焘便反对红军的北上路线。

多年之后，当张国焘自己回忆这一幕时，依然没有摆脱那种发号施令的腔调：

> 我说我们在西北的活动，可能有三个计划：一是以现在我们所占领的地区为起点，向川北甘南至汉中一带发展，以西康为后方，可以名之为"川甘康计划"；二是移到陕甘北部行动，夺取宁夏为后方，以外蒙古为靠背，这就是毛泽东所提出来的"北进计划"；三是移到兰州以西的河西走廊地带，以新疆为后方，可以名为"西进计划"。我提出资料，阐释这三个计划的优点和缺点，我说着的时候，大家都一边听一边在翻阅地图。

毛泽东反对张国焘的计划，他指出，西康地区气候高寒，物产贫瘠，根本不可能成为依靠的后方；而所谓向河西走廊进攻的计划，即使能够施行，也只能在到达陕甘宁之后才能考虑。因此，唯一可行的计划就是北上建立陕甘宁根据地。

正像张国焘不反对打到宁夏去"吃大米"的计划一样，毛泽东本来并不完全反对进攻河西走廊的计划，但令张国焘恼火的是有人敢于反对他提出的首选方案——到西康去建立根据地。张国焘原本要打击的对象是博古、洛甫、周恩来这些"共产国际派"，但是当他看到这些人此时都赞成毛泽东的"北进计划"时，张国焘转而集中力量打击毛泽东。

但恰恰是张国焘的嚣张帮助了毛泽东，正是出于对张国焘的强烈反感乃至恐惧，中央政治局这一次空前团结起来，一致反对张国焘。

因为周恩来病倒了，政治局常委决定，由毛泽东而不是张国焘代表中央政治局负责党的军事工作。

毛泽东第一次代表党中央负责军事工作，这件大事就发生在一个叫作芦花的地方，发生在长征路上。

1929年，毛泽东被从红四军前敌委员会书记任上赶下来。

1932年的宁都会议，毛泽东被从红一方面军总政委任上赶下来。

1935年的遵义会议使毛泽东在红军中复出，但他当时还只是协助周恩来负责军事。

1935年7月18日召开的芦花会议上，毛泽东取代了周恩来成为中央军事工作的负责人。这为毛泽东在一年半后当选中央革命军事委员会主席，铺平了道路。

"受任于败军之际，奉命于危难之间。"诸葛亮的这句话，放在长征路上的毛泽东身上，是最恰当不过了。

芦花会议也是中共在危急状况下召开的一次独立自主的会议，这次会议的意义，并不亚于遵义会议。

毛泽东能够不屈不挠地从宁都会议走到芦花会议，而不是被彻底打倒，如今想来，这也是有必然性的。

其一，毛泽东运用马克思主义的基本原理，正确地分析了当时世界的局势，正确地分析了中国社会发展的特殊历史规律，从而为党和红军制定了一条正确的思想路线。毛泽东之所以打不倒，首先是因为他代表了一条正确的政治路线。

其二，毛泽东立足于对世界形势和中国发展规律的认识，正确地提出了中国革命战争的战略。战略决定战术，正确的军事战略是红军以弱胜强、不断打胜仗的根本保障。而毛泽东没有被彻底打倒的第二个原因，归根结底就是他会打仗，就是他能够率领红军打胜仗。

还有一个原因也是非常重要的，那就是毛泽东不但不属于"苏联留学生派"，而且，自从中共建党以来，毛泽东就不属于任何宗派，正因为毛泽东从来没有卷入宗派斗争，于是，在张国焘再次把宗派斗争带到党内和红军之中的危急条件下，毛泽东便成为了党和红军团结的象征。

　　而除了路线正确、会打仗、获得了大多数同志的拥护之外，毛泽东能够在长征甫一结束，便成了名副其实的"毛主席"，还在于关键性的历史契机：周恩来的病倒和张国焘的嚣张。

　　正是这两件事凑在一起，才使得当时的中央政治局一致选择了毛泽东。

　　而在接下来的沙窝会议上，张国焘立即做出反击，他说，中央在苏区的路线是错误的，这已经为失败所证明，红四方面军的路线是正确的，现在也由现实力量的对比所证明，接着，他提出了一个以红四方面军为主的名单，要求按照这个名单改组中共中央。

　　张国焘原本要求增补9名红四方面军的干部进入政治局，结果是，沙窝会议只增补了徐向前、陈昌浩和周纯全三人进入政治局，这样，张国焘和红四方面军干部在政治局里依然还是少数，张国焘对此大为不满。

　　沙窝会议再次肯定了北上的路线，否定了张国焘"南下""西进"的主张。当时毛泽东说，不要再吵架了，现在我们是要消灭敌人，赶紧找块有粮食的地方，这样吵下去，肚子不答应啊！

　　沙窝会议结束后，毛泽东随右路军北上进入茫茫草地。

　　那是一个令人恐怖的未知世界，那是个无人区。

　　而毛泽东的警卫员吴吉清回忆说："一走进草地，情况就完全变了。天空像用锅底刷过一样，没有太阳；眼前是一望无边的茫茫草原，看不见一棵树，更没有一间房屋。"几天下来，由于没有粮食吃，毛泽东不得不下令，让副官处杀掉几匹马，把马肉分给伤病员吃。副官处也给毛泽东送来了一块马肉，而毛泽东看了看说："我不是伤病员，怎么给我马肉？快把这块马肉送给戴天福去！"

戴天福就是那个被毛泽东和吴吉清从夹金山上背下来的人，他在攻打漳州时入伍，是毛泽东的警卫员中年纪最小的一个。吴吉清按照毛泽东的命令，去休养连给戴天福送马肉，结果，却拿了两块马肉回来。毛泽东急问："你怎么会拿了两块马肉回来？"吴吉清垂泪说："戴天福也领到了一块马肉，他舍不得吃，说要把这条马肉送给主席。"毛泽东连声问："小戴呢？他人呢？"

吴吉清说："戴天福牺牲啦，他临终前，让我们好好照顾主席，跟着主席为穷苦人打天下。"

毛泽东拿着那块马肉，看了又看，怔怔地立在那里，泪水夺眶而出。许久许久，毛泽东面向南方，脱下了帽子，战士们也和毛泽东一起脱帽肃立。

"天高云淡，望断南飞雁。"遥望南方，毛泽东像是自言自语地说："天福同志啊，你看着我们继续革命吧！"

就这样，8月底，右路军全部走出草地，随即发动了包座战役，扫清了红军北上的障碍。9月1日，毛泽东、徐向前、陈昌浩联名致电张国焘，催促他们迅速出班佑，向右路军靠近。

而这个时候，已经在草地行进了三天的左路军，被一条叫噶曲的河拦住了去路，张国焘紧急开会，他说，河水这么大，根本过不去，当时，红四方面军的一个干部说，河又没涨水，可以过去，张国焘立即打了他一个耳光，于是大家都沉默了。

就这样，张国焘变卦了，他坚决不再赞成北上，他带领左路军由此南下，并且发报命令刚刚过了草地的右路军也立即南下，并"彻底展开党内斗争"。

中共党内对张国焘在鄂豫皖的肃反记忆犹新，他所谓"彻底展开党内斗争"究竟意味着什么，不言自明。

张国焘发给徐向前、陈昌浩的电报，被叶剑英看到了，他紧急把电报拿给了毛泽东，电文的内容是命令徐向前和陈昌浩立即南下，如果右路军中红一方面军人员不赞成，可以采取措施。

紧急关头，毛泽东率领中共中央和红一方面军的一部分继续北上，而红军这一次真正分裂了，包括朱德、刘伯承在内红一方面军的一部分主力留在了左路军，而右路军中的红四方面军则再过草地，选择了南下。

这一次，毛泽东带走的只是少数部队，那一天恰好又是九月九日，毛泽东后来说，那是他人生中最黑暗的一天。

张国焘随后在阿坝召开会议，宣告另立中央。

张国焘的南下计划被事实证明是错误的，南下的红军陷入了国民党军队的围追堵截。而西康地广人稀，非但不能成为战略屏障，更使红军完全暴露在敌人飞机的空袭之下。在损兵折将之后，张国焘被迫再次北上。随后，他提出的向河西走廊进军的"西进计划"，在中央支持下也实施了，但结局却更为悲惨。这一次，红军确实是被黄河拦住了去路，只有一部分兵力渡过了黄河，西征的红军被分割为两半，陷入马步芳、盛世才和蒋介石的三重打击之中，红四方面军的主力几乎全军覆没。

1931 年，中国共产党拥有近 30 万红军，掌握着中央苏区、鄂豫皖苏区、湘鄂边苏区、洪湖苏区、闽西苏区的大量人口。而到了 1935 年，中共却只剩下陕北一个根据地，其余的根据地全部丧失了。

这支出离疲惫的军队，还有能力打下一块新的根据地吗？

在毛泽东的领导下，红军为摆脱党内的教条主义束缚和国民党的

"围剿"，毅然投向了未知的世界——而他们完全没有料到，有一块未知的红色根据地在等待着他们的到来。这是历经磨难的中国共产党人所经历的一切出乎意料的结果中，最美好的一个。

陕甘苏区是共产党经营得最久的根据地。

1927年八七会议之后，中央派刘志丹、谢子长赴陕北创立根据地。这一年年底，他们在陕北创建了红二十六军。1933年，刘志丹在陕北照金与习仲勋会师。1934年11月，陕甘边苏维埃政府成立，习仲勋任主席，刘志丹任陕甘边革命军事委员会主席。

红军长征后，他们与中央断了联系，但却一直与以孔原为首的中共北方支部保持着联系。

在国民党的眼里，陕北的"习刘"，就等于中央苏区的"朱毛"。

阎锡山说："全陕北23县几无一县不赤化。"而国民党84师师长高桂滋则说得更加一语中的："现在陕北状况，正与民国二十年之江西情形仿佛。"

阎锡山和高桂滋的话，分别登在1935年7月23日和8月1日的《大公报》上。红军进入哈达铺的时候，红一军团侦察连连长梁兴初搜集到了大量的《大公报》。随后，红一军团第一师参谋长耿飚也从墙上揭下了一张8月1日的《大公报》，并把报纸送到了毛泽东手上。

到了这个时候，毛泽东方才知道陕北原来有一块与中央苏区面积一样大的根据地，知道陕北也有"朱毛"，而陕北的"朱毛"，就是"习刘"。毛泽东当时这样感叹说："梁兴初有大功啊，你这个侦察连长，一下子就抓回了两个军（指红二十五军和红二十六军），还给我抓回来了这么大一块根据地嘛！"

然而，与中央红军一样，陕北红军也经历了会师、反"围剿"、肃反。

1935年9月15日，从鄂豫皖苏区出发的红二十五军到达延川县永坪镇，率先完成长征。但是，红二十五军与陕北红军会师后，却根据中共北方支部的指示，立即开始进行肃反，时任红二十五军政治部主任、参谋长的戴季英，下令逮捕了刘志丹、高岗和习仲勋，并严刑拷打。

当毛泽东得知从鄂豫皖苏区先期到达陕北的红二十五军大兴肃反，把陕北根据地的领导人高岗、刘志丹和习仲勋当作反革命逮捕的消息后，他下令立即放人。毛泽东当时愤慨地说："杀头不能像割韭菜那样，韭菜割了还可以长起来，人头落地就长不拢了，如果我们杀错了人，杀了革命同志，那就是犯罪行为！"

而周恩来更是当面斥责戴季英说："刘志丹这样的'假革命'越多越好，而你这样的'真革命'越少越好！"

直到党的七届二中全会上，毛泽东对此事依然不能释怀。当时，他点名批评了在党的历史上犯了不能原谅的错误的人，而除王明、张国焘之外，就有戴季英。

习仲勋后来这样回忆道：

千里雷声万里闪。在这十分危急的关头，党中央派的先遣联络员带来了令人无比高兴的喜讯：毛主席来了！ 1935年10月，毛泽东率领中央红军进入陕甘边的吴起。他立即向群众和地方干部进行调查。当时陕甘边特委的龚逢春同志去迎接毛主席，向毛主席汇报了陕北苏区和红军发展的情况，又汇报了当时乱搞"肃反"，把刘志丹等红二十六军的干部抓起来的问题。毛主席马上下达指示：立即停止任何逮捕，所逮捕的干部全部交给中央处理，并指示王首道同志等去瓦窑堡办理此事。我们这100多个幸存者被释放了。毛主席挽救了陕北的党，挽救了陕北革命，出现了团结战斗的新局面。

"千里雷声万里闪"，"毛主席来了晴了天"，这不是歌词，因为这是事实，也是心声。

对于陕北红军来说，党中央终于来了！负责党的军事工作的人是毛泽东，是毛泽东下命令说，没有中央的指示，谁也不准处理陕北的干部。就是他的这个命令，挽救了陕北红军，而陕北红军，则为走投无路的红军提供了落脚点。

从中国历史大势来说，把落脚点放在西北，对于中共的发展具有决定性意义。中国的地势西北高东南低，中共在东南发展，始终要受到蒋介石的大本营——江浙沪宁地区的压制，难以舒展，而西北雄踞高处，登高望远，中共从此具有了面向全中国和欧亚大陆的广阔视野。

故司马迁说：天下大事，必作始于东南，收实功于西北。

选择西北，也不等于选择陕西、陕北，因为这更意味着选择山西。一旦得山西，则可以北控蒙古，东进东北，南下中原。

"天下形势必有取于山西"，为毛泽东所喜爱的《读史方舆纪要》说：

> 山西之形势，最为完固。关中而外，吾必首及夫山西。盖语其东则太行为之屏障，其西则大河为之襟带。于北则大漠、阴山为之外蔽，而勾注、雁门为之内险。于南则首阳、底柱、析城、王屋诸山，滨河而错峙，又南则孟津、潼关皆吾门户也。汾、浍萦流于右，漳、沁包络于左，则原隰可以灌注，漕粟可以转输矣。且夫越临晋，溯龙门，则泾、渭之间，可折棰而下也。出天井，下壶关、邯郸、井陉而东，不可以惟吾所向乎？是故天下之形势，必有取于山西也。

八年抗战期间，山西就是这样成为八路军的摇篮，抗战结束后，中共百万雄兵正是从山西走出，山西与陕西，对于中共龙兴起了决定性的作用。

西北是中国的龙兴之地，陕北是红军长征的终点，也是中国革命的新起点。

日出西天，如果没有陕北根据地的存在，红军的命运、中国革命的命运是不可想象的。

当 1935 年毛泽东率领中央红军历经千难万险到达陕北的时候，队伍的人数只有不到 8000 人，而这还不及他从井冈山带到闽西苏区的人数。

1945 年，毛泽东在中共中央党校发表演说，他这样感慨万千地说到了陕甘宁、晋察冀两个边区：

> 同志们，请你们要认识这个边区。不要总是"不好"，"不好"，"还是不好"！你叫它作"地广人稀，经济落后"，那也该承认。但是，你那个地狭人稠到哪里去了呢？上海在你手里，哪儿去了？你那个中央苏区哪儿去了？给了蒋介石了。只有这个根据地保留下来了。所有的根据地都丢了，只剩下一个陕北，就是这个陕甘宁边区。

> 这个地方作用非常大，怎样大？我说是中国革命的一个枢纽。我们经南方一转，好不容易转到这个地方，然后，我们才能由这个地方再走出去。好像这样的门啊（毛泽东把手指向党校窑洞的门)，所以我说这就是中国革命的起承转合，好像门的枢纽，能够一开一关。陕北这个地方，上面顶天下面立地，起承转合，所谓起，是从这个地方起，转，就是从这个地方转。万里长征，脚搞痛了，跑到这个地方休息一下，这个地方是我们的落脚点。说是落脚

点，就是说我们不是永远在这里住一生，生下儿子，儿子再讨老婆，再生儿子，不，不是的。同志们，我们要走出去，走到全中国去。同志们，这个地方既是我们的落脚点，也是出发点。

1935 年 10 月 19 日，红军到达陕北吴起，这标志着为时一年的长征结束了。

长征仅仅历时一年，但是，它却成为中国革命的象征。

长征是什么？

如果说长征是一次伟大的胜利，那么长征首先便是意志的胜利，是人类意志的赞歌。

毛泽东在青年时代说过，人类的目的在于自我意志的实现，在于把身体与精神能力发挥到极致，而实现自我意志的凭借就是国家政治组织。

他还说过，只有在逆境当中，人的意志才能真正呈现和发挥出来。

那个时候，他不可能想象什么是长征。

在人类历史上，还没有哪一批革命者面对过像长征这样的历史条件、客观环境：空前强大的敌人，如此悬殊的敌我力量对比，如此严重的错误路线，如此剧烈的内部分裂，以及如此严酷、恶劣的生存境遇，而这一切历史条件、客观环境，就如同一堵无边高墙冷漠地矗立在那里，它以铁一般的事实和血淋淋的残忍宣示着：在中国，革命是不可能的，红军的存在、共产党的存在统统是不可能的，革命与造反，是没有出路的。

长征中无数动人的故事，说明了红军的意志力是如何的顽强。而其中一个是关于著名的断臂将军余秋里的。

余秋里在长征途中左臂负伤，他就是晃荡着一只断了的胳膊走出草地的。为了止痛，他不断地往断臂上淋水，结果伤口腐烂生蛆。在拖着断臂行军 200 天后，他接受的治疗则是用锯条把断臂连骨带肉地锯下。

女战士周起义参加红军之前是裹了脚的，而她就是凭着一双小脚走下了两万五千里长征。当战友们看她实在走不动了，动员她留在当地，说待革命胜利后再来接她时，一路没有流过一滴眼泪的她，却号啕大哭。

廖承志则亲眼看到这样的情景：一位红军母亲分娩后，为了不拖累部队，把孩子抛入水中，而就在抛孩子的一瞬间，那个母亲也举身扑入水中，母亲和孩子一起消失在水中。

这就是长征。

长征就是这样写在了亚洲的原野上，写在了人类的历史上。

枯瘦的面容、智慧的目光、革命家的腿，毛泽东长征时代的形象，就是这样写在了革命的画卷里。

毛泽东认为，世界的本质就是矛盾和差异，矛盾和差异使运动不能停止，根据这样的观点，他创造了运动战的战争艺术，而正是长征把运动战发挥到极致，正是在运动中，红军不断消灭敌人、壮大自己，不断吐故纳新，日益精干与强大，长征使根据地成为流动的，使革命真正成为了波澜壮阔的"运动"。

长征是一次中国革命的"路演"，是一次"良知"的检阅。

于是，毛泽东在 1935 年 12 月召开的瓦窑堡会议上，这样讲到了长征：

> 讲到长征，请问有什么意义呢？我们说，长征是历史纪录上的第一次，长征是宣言书，长征是宣传队，长征是播种机。自从盘古开天地，三皇五帝到于今，历史上曾经有过我们这样的长征吗？

12 个月光阴中间，天上每日几十架飞机侦察轰炸，地下几十万大军围追堵截，路上遇着了说不尽的艰难险阻，我们却开动了每人的两只脚，长驱二万余里，纵横 11 个省。请问历史上曾有过我们这样的长征吗？没有，从来没有的。长征又是宣言书。它向全世界宣告，红军是英雄好汉，帝国主义者和他们的走狗蒋介石等辈则是完全无用的。长征宣告了帝国主义和蒋介石围追堵截的破产。长征又是宣传队。它向 11 个省内大约两万万人民宣布，只有红军的道路，才是解放他们的道路。不因此一举，那么广大的民众怎会如此迅速地知道世界上还有红军这样一篇大道理呢？长征又是播种机。它散布了许多种子在 11 个省内，发芽、长叶、开花、结果，将来是会有收获的。总而言之，长征是以我们胜利、敌人失败的结果而告结束。

长征又是中国共产党真正走向独立自主的开始。

在遵义会议之前，中国共产党历任党的领导核心都是共产国际指定的、陈独秀、张国焘、瞿秋白、向忠发、王明、博古，无不如此。而历次党的代表大会，首先便是学习贯彻落实共产国际指示的大会。而在长征路上，由于湘江战役丢失了与共产国际的联系方式，生死存亡的环境，逼迫中国共产党必须选择独立自主，必须选择实事求是，因此，长征路上召开的所有党的会议，都是独立自主、实事求是、充分发扬民主、维护党的团结的会议，而其中最伟大的就是遵义会议。

长征标志着唯物主义的马克思主义路线在中共的确立，标志着实事求是的原则在中共的确立。

长征使中共认识到：红军的第一要务是要吃饭，要消灭敌人，革命要有落脚点。如果没有饭吃，不能消灭敌人，没有落脚点；如果不能使革命生存发展，再高妙的理论，再崇高的权威，都必须为革命的生存让路。那些不能使革命向前的理论，都必须抛弃掉，就像抛弃和砸碎长征开始时所携带的那些坛坛罐罐一样。

长征之所以能够胜利，首先就是因为红军是历史上前所未有的、有坚强政治信仰与信念的军队。而长征沿途所受到的各族人民的支援，再次证明了良知在人民心中。

长征的胜利，是无数像戴天福这样的普通红军战士信念的胜利，他们也许不懂马克思主义的高深理论，但是他们明白，自己是为穷苦人打天下的，他们的死，不是白白地送死。

长征是天理的胜利，而没有天理，就没有奇迹，没有奇迹，就没有革命。

长征宣告：衣衫褴褛的红军，就是要推翻这个没有天理的旧世界。

长征是历史中的奇迹，是人间的天国，是对不可能的解放的永恒召唤，是无数过去对无穷未来的祝福。长征时的共产党人一无所有，如果有，那就是红军拥有革命者的意志，它使革命者神圣。

在长征路上，红军选择了毛泽东，这是因为毛泽东是艰苦奋斗的意志、灵活机动的战略、实事求是的原则以及为人民打天下的崇高信仰的象征。

毛泽东就是这样，成为了中国共产党和红军第一次独立自主选择的领袖。

正是长征证明，毛泽东的命运，与中国共产党、红军和革命的命运，竟然是如此的完全一致。

魏斐德（Frederic Wakeman Jr.）曾经如此感慨地指出：

> 于是，中国革命的历史就成为毛摆脱在野地位，摆脱在党内的

政见孤立和在延安黄土山沟的流放的斗争史。毛泽东扮演了一个先知的角色，但人们对他的预言重视得太晚，以致未能早日获取胜利。这样，毛泽东似乎独自开拓了革命，以至共产主义在中国的胜利成了他个人的胜利，20世纪的中国历史也就成了他的传奇。革命的命运就是他的命运，革命的实现就是他的自我实现。当我们进入自己设计的角色时，我们都成了自己虚构的东西，而毛泽东与大多数人不同的地方是，他的形象、经历与历史本身一致。

他的这些话，毫无任何夸张成分，因为这是被中国革命血的历史证明了的事实。

第十二章

血的哲学

1936 年 7 月 3 日，中共中央从瓦窑堡到达保安。

1936 年 12 月 7 日，中央革命军事委员会改组，毛泽东当选为中央革命军事委员会主席。

毛泽东终于成为名副其实的"毛主席"，那一年，他 43 岁。

一个多月后，即 1937 年 1 月 13 日，共产党中央机关再由保安移驻延安。

毛泽东当时幽默地说："我们要去住大城市喽！"

1937 年 4—8 月，毛泽东在延安抗日军政大学当起了教员，他教的课目叫"新哲学"。

刚刚结束了二万五千里的长跑，便在黄土高坡低矮的窑洞里，在陕北炽热而明亮的太阳下大谈哲学，红军又开始了思想的长征——因为毛泽东知道，中国革命要成功，中共就必须有自己的学校，而不能依靠莫斯科输送干部。

毛泽东说，他讲的"新哲学"，其实也就是马克思主义哲学。但实际上，毛泽东当时的讲授和思考，已经大大突破了人们对马克思主义的理解。因此，今天看来，他的确是在创造一种"新哲学"。

毛泽东为此撰写了长达6.1万字的《辩证法唯物论（讲授提纲）》，他每星期二、星期四上午授课，每次讲4小时，下午还参加学员讨论，前后一共授课110多个小时，三个多月从未间断。

毛泽东一生最喜欢的职业是教员，而这三个多月，使他终于如愿以偿。

毛泽东的课上人潮涌动，欢声笑语不断。而他哲学课上的听众，则是连纸和笔都没有的红军指战员，能够把枯燥的哲学讲到这个份儿上，充分说明毛泽东是怎样的一个好老师。

因为听众踊跃，课程安排又太紧，所以，毛泽东的备课任务非常繁重。毛泽东居住的窑洞炕上有一个白铁皮的箱子，那是他平时放文件用的，而每到晚上，毛泽东就趴在这个铁皮箱子上，在煤油灯下写他的讲稿，往往通宵达旦。

夜以继日，呕心沥血，加上烟熏火燎，毛泽东看上去成了一个黑脸的包公。

那时，毛泽东苏区时代的秘书郭化若从庆阳回延安，听说毛泽东的课非常轰动，便遗憾地对毛泽东说："可惜我不在延安，没听上您的课啊。"毛泽东闻言却连连叹息："你哪里知道，我折本啦，折了大本哩！"

见郭化若诧异，毛泽东便解释说："我准备了一宿的讲稿，结果上去半个钟头就讲没了。讲矛盾统一法则，我花了四天三夜，才准备好了讲课提纲，哪知半天都讲完了。岂不折本了吗？"

毛泽东备课之认真，可见一斑。

看到毛泽东备课写作十分辛苦，他的警卫员贺清华便跑了60里山路，买了一只鸡和一串辣椒。毛泽东吃饭时发现有鸡，便问是哪里来的，贺清华说，看您晚上写文章不睡觉，脸都黑了，所以就去搞了这个菜。毛泽东道："讲课、写文章是十分高兴的事，我并不觉得苦，再说现在大家都很苦吗，以后不许这样搞了。"

几天后的一个傍晚，贺清华跟随毛泽东散步。在一片荒地上，毛泽东停住了脚，指着一种枝干很高、长着圆叶、开着蓝花的野草说，这个叫冬苋菜，可以吃，以后买不到菜，就吃这个吧。

从那以后，贺清华和其他警卫战士就常去采冬苋菜。毛泽东看到碗里有这菜，便高兴地说："这是很好的菜嘛！"

吃的是草，挤出的是奶。咬得菜根，做得万事。

毛泽东三个多月的授课成果，凝聚为两篇划时代的著作——《实践论》与《矛盾论》，这两篇著作，标志着毛泽东以 20 世纪人类伟大思想家的形象，屹立于世界舞台。

那一年，毛泽东 44 岁。

而人们并不知道，这两篇影响了人类思想史的光辉著作，是毛泽东吃着野菜写成的。

1936 年 7 月，埃德加·斯诺在保安见到了毛泽东，几天之前，中共中央刚刚从瓦窑堡搬到了这里。毛泽东给他的第一印象是："面容消瘦、看上去很像林肯的人物，个子高出一般的中国人，背有些驼，一头浓密的黑发留得很长，双眼炯炯有神，鼻梁很高，颧骨突出。"

他还说，几乎算得上是衣衫褴褛的毛泽东，看起来是个有着深刻洞察力的"哲学王"。

斯诺是极其敏锐的，而那个时候，毛泽东既没有写《实践论》和《矛盾论》，他也还不是中央革命军事委员会的主席。

也就是在那一次，斯诺为毛泽东拍下了一张著名的照片。

1937 年，在延安低矮的窑洞里，海伦·斯诺第一次把这张照片送到了毛泽东的手上，她后来回忆说："我把照片交给毛泽东，他看后大吃一惊，几乎从椅子上摔下来。不过，他随即站起来说：'我不晓得我看起来会像这个样子！'"毛泽东之所以喜欢埃德加·斯诺，这是原因之一。

海伦·斯诺美貌绝伦，在好莱坞，她被误认为电影明星琼·贝内特，她的照片被陈列在橱窗里，登上了画报的封面。初到延安的海伦因为水土不服上吐下泻，但是，她还是因为见到了毛泽东而感到不虚此行："毛泽东身材高大，健壮有力。他风度翩翩，个性突出，是一位天生的领袖人物。他具有伟大思想家和雄辩家的魅力与风度，他的性格，有着磁石般的吸引力。"

而法国哲学家路易·阿尔都塞（Louis Althusser）在《保卫马克思》一书中则说，毛泽东的两篇著作《实践论》和《矛盾论》，把马克思主义和人类思想推向了全新的高度。

埃德加·斯诺在《漫长的革命》中，记叙了他在新中国成立后与毛泽东谈话时的情景。他说，当谈到《矛盾论》和《实践论》在西方世界产生的巨大反响时，我对毛泽东这样说：

> 当你在中国进行一场革命的同时，你也革了外国的"中国学"的命，现在出现了毛派和北京学派的各种派别。不久前我曾经出席过一个会议，教授们在争论着你对马克思主义究竟有没有首创性的贡献。会后我问一位教授，如果能够表明毛从未自己宣称有过任何创造性的贡献，那么这对他们的争论有没有影响？那位教授不耐烦地回答说："没有，的确没有影响。那完全是题外的问题。"

> 毛泽东笑了起来。他说，2000多年前，庄周写了一篇关于老子的不朽著作（《庄子》），后来出现诸子百家，争论《庄子》的意义。

毛泽东毫不在意自己是否对人类思想做出了"原创性的贡献",他也不太清楚围绕着他而进行的思想和学术争鸣究竟都在争些什么。毛泽东一生嗜书如命,可他既明白世界上的书是读不完的,更知道在一个知识泛滥和充斥着文字垃圾的世界上,死读书的害处。

王阳明说,这个世界的问题在于"文盛实衰",如果缺乏独立的精神、批判的思想,那么,世界上那些最朴素的道理,反而会被书本和文字所遮蔽。如果是那样,则会读书越多越愚蠢。

实际上,在写作《实践论》和《矛盾论》时,蜗居在黄土高坡的窑洞里的毛泽东几乎是没有什么书可读的。《实践论》和《矛盾论》这两本著作,像毛泽东的其他著作一样,既没有旁征博引,也没有采用晦涩难解的词汇。

《实践论》和《矛盾论》是世界上最朴素的书,但也是最深刻的书。因为那是鲜血铸就的中国革命史的思想升华。

青年时代的毛泽东曾经说过:"惊奇者,人类之生涯也。"哲学就来自对于世界的惊奇。

而人类历史上最为震惊的大事变,也就是所谓"李约瑟之谜",即"长期领先于世界的中国,何以在近代陷入积贫积弱"。而积贫积弱的中国,何以通过现代波澜壮阔的中国革命而走向伟大复兴。

人类历史上最波澜壮阔的革命,就是毛泽东领导的中国革命。莫里斯·迈斯纳(Maurice Meisner)说:"毛泽东所领导的,是人类历史上最伟大的革命,无论是法国革命、美国革命还是俄国革命,就其深度与广度,就其动员的人口而言,都远不能与毛泽东的革命相比。"

毛泽东自豪地说:"长征是人类历史上的第一次,从三皇五帝到于今,有过我们这样的长征吗?"

而震动世界的长征,不过是中国革命的一个缩影。

《实践论》和《矛盾论》所面对的，正是这场人类历史上前所未有的革命。

中国革命是一部史诗和传奇，而毛泽东则把史诗和传奇上升为哲学。

《实践论》有一个副标题："论认识和实践的关系——知和行的关系"。这里提出的范畴，既是西方的（认识和实践），也是中国的（知和行）；既是马克思的，也是王阳明的。

王阳明把"知"的问题，看作"行"的部分。他说："知者行之始，行者知之成，圣贤只一个功夫，知行不可分为二事。"

毛泽东认为，马克思主义也是如此，如果说马克思主义也是一种知识，那么，它就不是一般的知识，而是行动的知识，是实践的知识。

无论王阳明还是马克思，都主张知识只是实践的一部分，知易行难，实践高于理论，行动高于空说。而毛泽东引用列宁的话说明这一点：

> 列宁这样说过："实践高于（理论的）认识，因为它不但有普遍的性格，而且还有直接现实性的品格。马克思主义的哲学辩证唯物论有两个显著特点：一个是它的阶级性，公开申明辩证唯物论是为无产阶级服务的；再一个是它的实践性，强调理论对于实践的依赖关系，理论的基础是实践，又转过来为实践服务。判定认识或理论之是否真理，不是依主观上觉得如何而定，而是依据客观上社会实践的结果而定。真理的标准只能是社会的实践。实践的观点是辩证唯物论的认识论之第一和基本的观点。

毛泽东之所以把"实践"和"行"看作第一和基本的观点，他的这种对于人类思想史的"颠倒"，所针对的乃是中国士大夫的痼疾，也是中国共产党的缺点：中国的士大夫并不是读书不行，而是办事不行；中国共产党内许多人的缺点，也不在于没有知识、没有学问，而在于他们总是打败仗，从而造成革命的不断挫折。

《实践论》言简意赅，它讲了四个方面的问题：第一个问题是经验论，第二个问题是唯理论。毛泽东通过讲述这两个问题，对旧的认识论做了一个总结。

而《实践论》讲的第三个问题是"实践"——这就是马克思主义认识论的核心，是毛泽东所谓的"新哲学"、新认识论。

第四个问题，方才是毛泽东的独创，是毛泽东对于马克思主义和人类思想做出的"原创性的贡献"。

在这里，毛泽东提出：认识不仅是"解释世界"，也不仅是马克思所说的"改造世界"，认识是发现和面对一个前所未有的"新世界"。

如果用毛泽东青年时代的话来说，实践所面对的，乃是人类从未经历过之"奇境"。

对于毛泽东和共产党人来说，农村就是这样的奇境，战争就是这样的奇境，长征所经历的无一不是这样的奇境。毛泽东的《实践论》就是为因应这样的"奇境"，就是为因应人类此前从未经历过的世界而生的，用毛泽东的话来说就是：实践不是为了"实现预想的目的"，而是在"实践中发现前所未料的情况"。

近代中国所遭遇的是异常的时代，是反常的局势。

今天看来，对毛泽东的《实践论》的最好概括，其实就来自历史学家黄仁宇，他说：毛泽东是这样一个非凡的人物，"在异常的时代以极端的手段去对抗反常的局势"。

"数"是规律，"势"则是变化，如果马克思主义是"天理"，那么，这种"天理"却在教条主义者那里因为脱离"时势"而沦为空谈。而毛泽东的贡献在于创造时势和扭转时势。

《实践论》既继往开来，又标新立异，篇幅极短，但容量极大。

它讨论的第一个问题便是经验论：人类的知识来自经验，这就是感性认识。

在西方哲学史上，大卫·休谟的经验论，代表了人类认识论上的一次革命。大卫·休谟认为，认识来自感觉，由于每个人所处的角度、环境和地位均不相同，因此，他们对于事物和世界的感受是不同的。所谓"认识"无非是"意见"，而"意见"是从特定立场出发对自己经验的总结，它不可能是绝对的，人们围绕着不同"意见"进行的争执，因而也是不可能停止的。

世界充满差异，"一千个人眼里有一千个哈姆雷特"，感性认识无高下之分，也无对错之别。

康德说，正是休谟立足于感性经验的"怀疑论"，打破了"独断论"的迷雾。

《实践论》讨论的第二个问题是唯理论。而在西方哲学史上，唯理论是以康德的思想为代表的。

康德认为，人类先天有认识能力，这就是指逻辑推理、综合分析和判断能力，当然，这也就是毛泽东所说的"论理"能力。康德说：所谓"启蒙"、所谓人类思想的"觉醒"，也就在于发现这种能力，而人类思想的进步，也就在不断锻造和发扬这种能力，并运用这种能力，对纯粹的经验进行批判。

康德认为，如果仅仅依赖感性经验，人类永远不会发现地球围绕着太阳旋转，而"日心说"的发现，恰恰是哥白尼大胆地运用理性、计算和推理的结果。因此，康德把"理性的发现"，称为一次"哥白尼革命"。

于是，康德说：启蒙，就是大胆运用你的理性，就是运用你的理性去批判纯粹的经验。

毛泽东则批评党内和红军中的"经验主义者"们，只能认识那些"看得见的东西"，而不能"用脑子去想一想"，即通过理性思考，去认识那些"看不见的东西"，因而不会思考"战略问题"。而当毛泽东这样说的时候，其实与康德批判那些纯粹的"经验主义者"是一样的。

那么，认识究竟是来自"感觉"还是来自"理性"呢？

在西方哲学史上，围绕着"经验论"和"唯理论"的争论，双方各执一端，长期不能化解。

而《实践论》则认为：这二者就统一为"行"，就统一为实践。经验之重要，就因为经验的知识来自行，这就是"知者行之始"，而理论工作之所以重要，就是因为理论工作乃是对经验材料的分析加工，这当然也是一种行，而这就是"行者知之成"。令人惊叹的是，在《实践论》中，毛泽东只是用一个故事，就清楚地阐述了感性认识与理性认识之间的关系。这个故事讲的是"外面来的人"是怎样认识延安的：

> 原来人在实践过程中，开始只是看到过程中各个事物的现象方面，看到各个事物的片面，看到各个事物之间的外部联系。例如有些外面的人们到延安来考察，头一二天，他们看到了延安的地形、街道、屋宇，接触了许多的人，参加了宴会、晚会和群众大会，听到了各种说话，看到了各种文件，这些就是事物的现象，事物的各个片面以及这些事物的外部联系。这叫作认识的感性阶段，就是感觉和印象的阶段。也就是延安这些个别的事物作用于考察团先生们的感官，引起他们的感觉，在他们的脑子中生起了许多的印象，以

及这些印象间的大概的外部的联系，这是认识的第一阶段。在这个阶段中，人们还不能造成深刻的概念，做出合乎论理（即合乎逻辑）的结论。

社会实践的继续，使人们在实践中引起感觉和印象的东西反复了多次，于是在人们的脑子里生起了一个认识过程的突变（即飞跃），产生了概念。概念这种东西已经不是事物的现象，不是事物的各个片面，不是它们的外部联系，而是抓住了事物的本质，事物的全体，事物的内部联系了。概念同感觉，不但是数量上的差别，而且有了性质上的差别。循此继进，使用判断和推理的方法，就可产生合乎论理的结论来。《三国演义》上所谓"眉头一皱计上心来"，我们普通说话所谓"让我想一想"，就是人在脑子中运用概念以作判断和推理的工夫。这是认识的第二个阶段。外来的考察团先生们在他们集合了各种材料，加上他们"想了一想"之后，他们就能够做出"共产党的抗日民族统一战线的政策是彻底的、诚恳的和真实的"这样一个判断了。在他们做出这个判断之后，如果他们对于团结救国也是真实的话，那么他们就能够进一步做出这样的结论："抗日民族统一战线是能够成功的。"这个概念、判断和推理的阶段，在人们对于一个事物的整个认识过程间是更重要的阶段，也就是理性认识的阶段。认识的真正任务在于经过感觉而到达于思维，到达于逐步了解客观事物的内部矛盾，了解它的规律性，了解这一过程和那一过程间的内部联系，即到达于论理的认识。重复地说，论理的认识所以和感性的认识不同，是因为感性的认识是属于事物之片面的、现象的、外部联系的东西，论理的认识则推进了一大步，到达了事物的全体的、本质的、内部联系的东西，到达了暴露周围世界的内在的矛盾，因而能在周围世界的总体上，在周围世界一切方面的内部联系上去把握周围世界的发展。

这就是说，如果没有延安之"行"，外面来延安考察的人，就不可能形成对延安的印象，就不能对延安有具体的感性认识。而他们通过延安与西安的比较，通过思考延安与西安、重庆为什么不同，从而得出正确的结论，这当然也是"行"，只不过，这种"行"是要通过开会、讨论、辩论、宣传、写文章、作报告来"推行"而已。

因此，调查研究，跑路、亲为重要，开会写文章、学习理论也同样重要，毛泽东讲哲学，是从感性认识到理性认识说起的，他这样做，就是希望刚刚结束了二万五千里长跑的红军，立即开始一次思想的长跑。毛泽东讲哲学，是为了让在长征中"开动了两只脚"的红军，要进一步学会"开动脑筋"，要学会大胆地发现和运用他们的理性。因此，他把这种思想上的锻炼和长跑，称为一次"马克思主义的启蒙运动"。

那么，在人类思想史上，感性认识与理性认识的矛盾，究竟是怎样得到解决的呢？毛泽东说，这个矛盾就是由马克思来解决的。

因为马克思解决了这个问题，所以，马克思的哲学方才是"新哲学"。

《实践论》的第三个方面，就是从这个角度，说明了究竟什么是马克思主义哲学。

马克思指出，人类的活动不仅是认识活动，人类的活动主要是生产和交往，就人类的交往行为而言，阶级斗争、政治生活、科学和艺术，都属于人类的交往活动，这些活动，都是实践。

马克思认为，人类的认识活动，不仅是解释世界的活动，更是改造世界的活动，这就好比用木头加工椅子，椅子来自木头，但制作椅子的过程却是对木头的改造和否定那样，这种生产活动被称为"实践"。

而马克思主义的最大贡献，就是把人类的认识活动等同于实践，也就是人类的生产活动，即毛泽东所概括的：生产劳动、阶级斗争和科学实验。

毛泽东又说，生产活动绝不限于思想活动，思想活动只是一种特殊的生产活动，是在头脑中生产出人和世界，它所依据的生产资料，无非是人类的知识和经验，即它与工人做工、农民种地的区别，仅在于所采用的工具和加工的生产资料的不同。

在毛泽东看来，马克思也正是通过"改造世界"的实践论，超越了休谟和康德那种单纯的"解释世界"的认识论，从而也超越了此前的西方哲学：

> 首先，马克思主义者认为人类的生产活动是最基本的实践活动，是决定其他一切活动的东西。人的认识，主要地依赖于物质的生产活动，逐渐地了解自然的现象、自然的性质、自然的规律性、人和自然的关系；而且经过生产活动，也在各种不同程度上逐渐地认识了人与人的一定的相互关系。一切这些知识，离开生产活动是不能得到的。在没有阶级的社会中，每个人以社会一员的资格，同其他社会成员协力，结成一定的生产关系，从事生产活动，以解决人类物质生活问题。在各种阶级的社会中，各阶级的社会成员，则又以各种不同的方式，结成一定的生产关系，从事生产活动，以解决人类物质生活问题。这是人的认识发展的基本来源。
>
> 人的社会实践，不限于生产活动一种形式，还有多种其他的形式，阶级斗争，政治生活，科学和艺术的活动，总之，社会实际生活的一切领域都是社会的人所参加的。因此，人的认识，在物质生活以外，还从政治生活、文化生活中（与物质生活密切联系），在

各种不同程度上，指导人和人的各种关系。其中，尤以各种形式的阶级斗争，给予人的认识发展以深刻的影响。在阶级社会中，每一个人都在一定的阶级地位中生活，各种思想无不打上阶级的烙印。

马克思主义之所以是新的认识论，就是因为这种新认识论既不是经验论，也不是唯理论，而是实践论。实践论的实质，是把人类活动理解为生产活动。生产活动不仅是指物质生产，还包括社会再生产和意识形态的生产。认识，即意识形态的生产，是人类生产活动的一个组成部分。

这是毛泽东对马克思主义的最简洁而深刻的概括，在此前，的确还没有谁对马克思主义做过这样的概括。这种概括是惊人的，但也是准确的，实际上，马克思和恩格斯在《德意志意识形态》中的发现正是如此——把人类的一切活动描述为生产和交往活动，而那篇文章标志着马克思主义的诞生。

第四个方面，是毛泽东思想的独创性或原创性贡献。

马克思主义认识论与此前哲学的根本不同，就在于它们对待世界的态度之不同，这也就是所谓"解释世界"与"改造世界"的不同。

但是，毛泽东与马克思的不同则在于，毛泽东所面对和理解的"世界"本身就与马克思不同。

在毛泽东看来，我们面对的不是既成的世界，恰恰相反，我们面对的是变化的世界：在这样的世界上，"一切凝固的东西都化为乌有了"。

从这个意义上说，革命的领导者不是那些号称自己掌握了终极真理的人，而是那些善于发现新情况、解决新问题的人。

从根本上说，《实践论》就是一种处理变局、危机、革命的学说。真理是在变局中存在着的，对马克思主义来说，中国正是一个变局，是一块陌生的土壤。所以，毛泽东指出：实践这种认识活动的基本特点，主要的不是"实现预想的目的"，而是"在实践中发现前所未料的情况"。

马克思主义没有教给我们怎样组织发动农民，甚至没有教给我们怎样组织战争，更没有教给我们怎么完成长征。问题不在于我们如何运用既成的理论去改造世界，而在于变化着的世界逼迫我们去改造理论，创造历史，以形成新的理论。

规律是相对的，变化是绝对的。而《实践论》最为开创性和原创性的思想，也就体现在这里：

> 然而一般地说来，不论在变革自然或变革社会的实践中，人们原定的思想、理论、计划、方案，毫无改变地实现出来的事，是很少的。这是因为从事变革现实的人们，常常受着许多的限制，不但常常受着科学条件和技术条件的限制，而且也受着客观过程的发展及其表现程度的限制（客观过程的方面及本质尚未充分暴露）。在这种情形之下，由于实践中发现前所未料的情况，因而部分地改变思想、理论、计划、方案的事是常有的，全部地改变的事也是有的。即是说，原定的思想、理论、计划、方案，部分地或全部地不合于实际，部分错了或全部错了的事，都是有的。
>
> 真正的革命的指导者，不但在于当自己的思想、理论、计划、方案有错误时须得善于改正，如同上面已经说到的，而且在于当某一客观过程已经从某一发展阶段向另一发展阶段推移转变的时候，须得善于使自己和参加革命的一切人员在主观认识上也跟着推移转变，即是要使新的革命任务和新的工作方案的提出，适合于新的情况的变化。革命时期情况的变化是很急速的，如果革命党人的认识

不能随之而急速变化，就不能引导革命走向胜利。

客观现实世界的变化运动永远没有完结，人们在实践中对于真理的认识也就永远没有完结。马克思列宁主义并没有结束真理，而是在实践中不断地开辟认识真理的道路。

正是从毛泽东的《实践论》的角度来说，共产主义并不是一种大同理想，共产主义也只是人类所面对的前所未有的"奇境"，共产主义，首先意味着一种人类从来没有经历过的革命性巨变。

毛泽东青年时代在读泡尔生的《伦理学原理》的批注中说过：

人现处于不大同时代，而想望大同，亦犹人处于困难之时，而想望平安。然长久之平安，毫无抵抗纯粹之平安，非人生所堪，而不得不于平安之境又生出波澜来。然大同亦岂人生所堪乎？吾知一入大同之境，亦必生出许多抵抗之波澜来，而不能相处于大同之境矣。

而只有理解了毛泽东的《实践论》，我们才能理解马克思如下的话：

共产主义对我们来说不是应当确立的状况，不是现实应当与之相适应的理想。我们所称为共产主义的是那种消灭现存状况的现实的运动。这个运动的条件是由现有的前提产生的。

马克思创造了真理性的学说，而毛泽东则创造了一种局势，同时也创造了一种面对变局、扭转变局的学说。如果说马克思主义哲学是关于"天理"的学说，毛泽东的哲学则是关于"时势"——即变化的学说。

英雄造时势，毛泽东改变了中国历史长期走衰的大势。

黄仁宇这样说：

> （对于毛泽东，）传统中国史家的"褒贬"手法此处完全无法适
> 用，因为他有非凡的生涯。历史学家尤其还必须记住：他的妹妹、
> 两个弟弟、一个妻子和一个儿子都因为他而淡然赴死……我可以毫
> 不犹豫地说，毛泽东是个伟人，他有超强的行动能力和无比远大的
> 视野，这就好像我们看历史上那些伟人一样，例如拿破仑和恺撒，
> 我们可以崇拜他，也可能为他而悲伤，但却绝对不可以去模仿他。
> 因为他是这样非凡的人物，在异常的时代以极端的手段去对抗反常
> 的局势。

毛泽东本人极为重视《实践论》，但对于《矛盾论》，他的想法则
比较复杂。1951年在编辑《毛泽东选集》时，毛泽东曾经非常踌躇，
一度甚至不打算将《矛盾论》收入其中。

不过，在路易·阿尔都塞看来，毛泽东最伟大的著作便是《矛盾
论》，他甚至认为，《矛盾论》推翻和颠覆了整个西方思想史和哲学史。

矛盾是辩证法的基石，矛盾学说的集大成者便是黑格尔。马克思认
为，他自己从黑格尔那里继承的，就是矛盾和辩证法的思想。

但是，阿尔都塞却认为，毛泽东全盘颠覆了西方的矛盾论和辩证
法，因为毛泽东所说的"矛盾"，与古希腊哲学、黑格尔哲学乃至马克
思哲学中所说的"矛盾"，完全不是一个概念。

阿尔都塞这样说：

> 毛泽东于1937年撰写的《矛盾论》一文对于矛盾问题做了一

系列分析，在那里，马克思主义的矛盾观似乎与黑格尔的观点毫无关系。这部小册子的基本概念，如主要矛盾和次要矛盾、矛盾的主要方面和次要方面、对抗性矛盾和非对抗性矛盾、矛盾发展的不平衡规律等，在黑格尔著作中都是无从找到的。毛泽东的文章是根据中共党内反对教条主义的斗争写出来的，总的说来是一篇叙事文，在某些地方也采用抽象的方法。在叙事部分，他的概念与具体经验相适应。在抽象部分，这些含义丰富的新概念主要是对一般辩证法的具体说明，而不是马克思的社会观的历史观的必然蕴涵。

阿尔都塞是十分敏锐的。黑格尔所说的矛盾，实质上是对市民社会的肯定，即市民社会的不平等，相对于封建制度受束缚的"平等"而言，乃是一种进步，即相对于封建制度下受束缚的平等，市民社会的"不平等"，反而是一种平等，是向"更高意义上的平等"迈出的决定性一步。

而马克思所说的矛盾，则是对市民社会即资产阶级社会的否定，他认为，正是在市民社会的矛盾和不平等中，埋藏着向未来新社会发展的种子。但是，黑格尔和马克思所讨论的矛盾，确实都不是毛泽东所说的矛盾。

简而言之，毛泽东的矛盾，与黑格尔所说的矛盾毫无关系，同时，它也不是马克思所说的社会矛盾所能蕴含的。

毛泽东所说的矛盾，首先与刘禹锡所谓"天道"与"人道"之间的矛盾有关。天道与人道都主变化，但是，天道之变，指向的是弱肉强食的法则；人道之变，指向的是公平正义的秩序。决定人类社会发展的，不是天道，而是人道，用毛泽东的话来说便是，决定人类社会发展的根本原因在人类社会内部，不在自然环境和外在条件。

如果离开了"天与人交相胜"的思想，我们就不能理解《矛盾论》开篇所谈论的那个问题：决定事物发展的是内因，不是外因，我们也就不能理解毛泽东所说的"内因"和"外因"究竟是指什么。

其次，在《实践论》中，毛泽东已经指出，变化是第一位的，因此实践和"行"是第一位的，"知"不能脱离开"行"，而"行"与"知"的一个重要不同在于："行"所面对的总是具体的、特殊的事物，而不是抽象的、一般的事物。因此，"行"所处理和面对的，首先就是事物的差异性。

在毛泽东那里，所谓矛盾的普遍性，也就是指矛盾的特殊性，而所谓事物的差异性，就是说世界上没有完全相同的事物。毛泽东所说的"矛盾的普遍性"，其实也就是尼采所说的"世界上没有两片完全相同的树叶"。

我们与之打交道的每一个人、每一件事，都是不同的，这种不同构成了区别，而区别和差异，才是世界的本质：

> 首先是各种物质运动形式中的矛盾，都带特殊性。人的认识物质，就是认识物质的运动形式，因为除了运动的物质以外，世界上什么也没有，而物质的运动则必取一定的形式。对于物质的每一种运动形式，必须注意它和其他各种运动形式的共同点。但是，尤其重要的，成为我们认识事物的基础的东西，则是必须注意它的特殊点，就是说，注意它和其他运动形式的质的区别。只有注意了这一点，才有可能区别事物。任何运动形式，其内部都包含着本身特殊的矛盾。这种特殊的矛盾，就构成一事物区别于他事物的特殊的本质。这就是世界上诸种事物所以有千差万别的内在的原因，或者叫做根据。

在毛泽东看来，离开了对具体的事物的分析，离开了"不同质的矛盾，只有用不同质的方式才能解决"的态度，空谈矛盾，空谈世界是由矛盾构成的，这不但是没有任何意义的，而且，那就是"教条主义"的根源。

在毛泽东看来，中共党内的教条主义者并不是不承认矛盾，而是他们认为世界上只有一个矛盾，教条主义者们当然也承认世界是由矛盾构成的，但是，他们不承认"不同质的矛盾，只有用不同质的方式才能解决"。

教条主义者知道生产力决定生产关系、经济基础决定上层建筑、实践决定理论这样的大道理，但是，他们不知道，一个大的事物，在其发展过程中包含着许多矛盾，他们不懂得这些矛盾之间如何互相依存、互相对立、互相转化，从而构成了"变局"——变化着的局势。

当时的中国，既存在着中华民族与日本帝国主义之间的民族矛盾，也存在人民群众与蒋介石集团的阶级矛盾。在毛泽东看来，党内"左"倾教条主义的问题在于，他们认为"阶级矛盾"和"阶级斗争"是唯一的矛盾与斗争；而右倾机会主义的表现则在于，他们以国家、民族、党派之间的矛盾，取消阶级矛盾和阶级斗争，以伦理的、经济的标准代替政治标准。而真正的问题在于：阶级矛盾和阶级斗争内在于国家、民族、党派、经济和伦理之中，前者不能孤立地存在，只能以后者作为形式得到表现。

而这就叫作"一个大的事物，在其发展过程中包含着许多矛盾，这些矛盾之间是互相依存、互相对立、互相转化的"。

正由于我们处在多重矛盾互相决定的变局中，具体哪一种矛盾的地位更加重要，要依据当时的具体环境做出选择与判断。在民族矛盾空前严峻的时刻，蒋介石的"攘外必先安内"就是反动的政策，而一味强调阶级斗争，拒绝形成抗日民族统一战线，便是错误的路线。

生产力决定生产关系，这固然是马克思主义的一般真理，但是，自从有了人类组织以来，政治形式和国家政权在历史发展中便有决定性作用，因为政权形式可以影响并决定所有权形式、所有制形式、管理方式。例如，俄国的 1917 年和中国的 1945—1949 年之间，就是政治领域里的矛盾，而非经济领域里的矛盾，作为决定历史发展的主要矛盾。

而意识形态之所以是重要的，这是因为意识形态生产着特定的社会价值观和特定的人，并为经济和政治的发展提供目标和方向。

自 20 世纪中叶以来，发达资本主义国家在物质生产领域越来越不占优势，而与此同时，发达资本主义国家在生产方面的优势，已经转化为文化资本垄断和金融扩展——而这都属于马克思所说的"意识形态生产"的范畴。

毛泽东说：

> 有人觉得有些矛盾并不是这样。例如，生产力和生产关系的矛盾，生产力是主要的；理论和实践的矛盾，实践是主要的；经济基础和上层建筑的矛盾，经济基础是主要的：它们的地位并不互相转化。这是机械唯物论的见解，不是辩证唯物论的见解。诚然，生产力、实践、经济基础，一般地表现为主要的决定的作用，谁不承认这一点，谁就不是唯物论者。然而，生产关系、理论、上层建筑这些方面，在一定条件之下，又转过来表现其为主要的决定的作用，这也是必须承认的。当着不变更生产关系，生产力就不能发展的时候，生产关系的变更就起了主要的决定的作用。当着如同列宁所说"没有革命的理论，就不会有革命的运动"的时候，革命理论的创立和提倡就起了主要的决定的作用。当着某一件事情（任何事情都

是一样) 要做，但是还没有方针、方法、计划或政策的时候，确定方针、方法、计划或政策，也就是主要的决定的东西。当着政治文化等等上层建筑阻碍着经济基础的发展的时候，对于政治上和文化上的革新就成为主要的决定的东西了。我们这样说，是否违反了唯物论呢？没有。因为我们承认总的历史发展中是物质的东西决定精神的东西，是社会的存在决定社会的意识；但是同时又承认而且必须承认精神的东西的反作用，社会意识对于社会存在的反作用，上层建筑对于经济基础的反作用。这不是违反唯物论，正是避免了机械唯物论，坚持了辩证唯物论。

教条主义者们既不懂得实践面对的是出乎意料的结果、是变局，他们也不懂得研究矛盾，就是面对差异和差别，就是探求变化的根源。这样的人便不能真正理解何谓革命，因而也就不能正确地领导革命。

世界上没有不变的革命道路，最典型的例证莫过于1871年的巴黎公社运动和1917年的俄国十月革命。

这两次革命所处的历史情境是完全类似的，两次事变的起因，都是列强之间的战争，都是战争导致了帝国的垮台，法国和俄国都成立了临时政府，而两个临时政府也都控制不了局面，因而都产生了"双重权力"，在法国就是"巴黎国民自卫军"，在俄国就是"工农兵苏维埃"。

但是，除了这些相同之处外，巴黎公社和十月革命在三个方面所面对的矛盾又是根本不同的：第一，相对于俄国的克伦斯基临时政府来说，梯也尔的第三共和国政府力量比较强；第二，相对于领导十月革命的布尔什维克党，巴黎公社的领导集体十分弱小；第三，相对于马克思的隔岸指挥，列宁则是亲临斗争的第一线。

因此，如果只是看到矛盾的普遍性而不是特殊性，也就不能解释十月革命的胜利和巴黎公社的失败。

无数因素的彼此碰撞构成的矛盾体，从根本上说是无主宰的。而必然性不过是从事物发展的可能性中推演出来的，因此，必然性总是相对的，而可能性是绝对的。

马克思说：

如果"偶然性"不起任何作用的话，那么世界历史就会带有非常神秘的性质。这些偶然性本身自然纳入总的发展过程中，并且为其他偶然性所补偿。但是，发展的加速和延缓在很大程度上是取决于这些"偶然性"的，其中也包括一开始就站在运动最前面的那些人物的性格这样一种"偶然情况"。

什么是偶然性？偶然性不是历史虚无主义，而是指对于变化、变局的分析和正视。真理总是在变化中形成和发展的，离开了变化，真理就是教条。而马克思正是这样去除了黑格尔辩证法的"神秘的外壳"，而毛泽东则认为：空谈矛盾毫无意义，我们为什么要研究矛盾呢？因为矛盾是变化的依据，我们研究矛盾，乃是为了掌握时势与变局。

如果世界是由几个干瘪的"矛盾"教条支配，而这些教条又掌握在几个"先知"的手里，那么，这些矛盾的干瘪教条，便与"上帝的律令"没有什么不同，世界从而就会堕入神秘，而发展便不再是充满可能的了。

还有：在古希腊的矛盾观中，矛盾的双方是对等的、是均衡的，正如有正就有负，有作用力就有反作用力。但在毛泽东那里，矛盾是不对等、不均衡的，对立着的事物有大有小、有强有弱，因此，我们不但要看到主要矛盾和次要矛盾，而且更为重要的是：从变化的角度说，往往不是矛盾的主要方面居于变化的主动地位，而是矛盾的次要方面处于主动地位。而用毛泽东话来说就是"大是小变来的，强是弱变来的"，以小搏大、以弱胜强，这就是变化最为动人的地方，而这也是毛泽东的《矛盾论》超越西方矛盾学说的根本之处。

毛泽东不但拒绝了西方的"矛盾论"，他还认为那种"矛盾论"不过是一种机械的教条，它也构成了中共党内教条主义的根源。

毛泽东的《矛盾论》，是从教条主义的"矛盾论"的终点上开始思考的。

在《中国革命战争的战略问题》中，毛泽东提出了决定革命战争胜败的6个矛盾，他指出：这6个矛盾构成了彼此制约的网络，忽视其中哪一个，都会造成全局的失败。

如果不是这样，那就无法解释前四次反"围剿"的胜利和第五次反"围剿"的失败。

黑格尔和马克思都强调矛盾的斗争性和对抗性，但是，在毛泽东看来，对抗性只是矛盾发展的一种特殊形式，而不是矛盾的一切形式，对抗是一种局势，非对抗又是一种局势，"由联合走向对抗"是一种变化，比如从国共合作走向土地革命，就是这样的变化，而"从对抗走向联合"也是一种变化，如从土地革命走向团结抗日，就是这样的变化，未来社会主义社会的矛盾，同样也可能是由对抗走向合作与联合，问题是选择哪一种局势、哪种变化对革命者有利：

> 在矛盾的斗争性的问题中，包含着对抗是什么的问题。我们回答说：对抗是矛盾斗争的一种形式，而不是矛盾斗争的一切形式。
>
> 矛盾和斗争是普遍的、绝对的，但是解决矛盾的方法，即斗争的形式，则因矛盾的性质不同而不相同。有些矛盾具有公开的对抗

性，有些矛盾则不是这样。根据事物的具体发展，有些矛盾是由原来还非对抗性的，而发展成为对抗性的；也有些矛盾则由原来是对抗性的，而发展成为非对抗性的。

经济上城市和乡村的矛盾，在资本主义社会里面（那里资产阶级统治的城市残酷地掠夺乡村），在中国的国民党统治区域里面（那里外国帝国主义和本国买办大资产阶级所统治的城市极野蛮地掠夺乡村），那是极其对抗的矛盾。但在社会主义国家里面，在我们的革命根据地里面，这种对抗的矛盾就变为非对抗的矛盾，而当到达共产主义社会的时候，这种矛盾就会消灭。

毛泽东的《矛盾论》与其说是发展了黑格尔抽象僵化的矛盾学说，还不如说是创造了一种关于时势——矛盾运动的新学说。

在《漫长的革命》中，斯诺写道，他曾经问毛泽东说："从 1927 年起，你就为学习战争的艺术而非常忙碌，在 1937 年之前，你是否有时间读过黑格尔的著作？"

毛泽东说，他读过黑格尔的著作，在这以前还读过恩格斯的著作，但是，如果没有革命战争的经验教训，他是完全不可能写出《中国革命战争的战略问题》这种著作的。毛泽东后来说过，我的书哪里是我写的，那是从革命者的流血牺牲中得来的，那是血写的。

毛泽东的著作，包括他的《实践论》和《矛盾论》正是从流血牺牲的经验和教训中得来的，那是鲜血铸成的经典和丰碑。

第十三章

倚天抽宝剑

1936 年，西安事变爆发，以此为契机，抗日民族统一战线得以形成。

1937 年 8 月 25 日，中国工农红军改编为国民革命军第八路军。

这一年，除了在抗大上课和写哲学讲稿之外，还有一件令毛泽东高兴的事，这就是 9 月 25 日，林彪指挥的八路军——五师在平型关歼灭了日军 1000 多人，取得了全国抗战以来第一个歼灭战的胜利。

1938 年 4 月，国民党军则在台儿庄与日军会战中取得胜利，此役歼敌一万余人。

但噩耗却随即源源不断地传来：徐州会战失利，南京沦陷，日寇在南京进行了惨绝人寰的大屠杀，随后就是武汉保卫战失败。

对于抗战的前途，中国国内的舆论，急剧地从"速胜论"跌入了"亡国论"。

1938 年 5 月，毛泽东再次把自己关在了窑洞里，他九天九夜没有出门，除了一天两顿小米蔬菜粥，就是不停地抽着劣质的纸烟，埋头写作，以至于连棉鞋都被火盆烤着了，他也浑然不觉。手写热了，就握着凉石头降温。警卫员贺清华后来说："九天九夜不休息，就是铁人也要熬倒了啊，主席当时真是拼了命了。"

第十天，当窑洞门打开的时候，毛泽东整个人已经僵得不能动弹了，他连呼手疼，贺清华打来一盆热水，让毛泽东泡手，好久才缓过劲来。

毛泽东就是在这十天十夜里写成了《论持久战》。

冯玉祥得到这本书后，立即自费印了3000册，分送国民党要人。而当年帮助蒋介石策划"四·一二"政变，又在湘江战役中阻击红军的"小诸葛"白崇禧读后，更是大为叹服，他还从中归结出"积小胜为大胜，以空间换时间"这两句话，并以军委会的名义通电所有抗战部队。如获至宝的白崇禧把《论持久战》送给了蒋介石，而这一次，竟然连蒋介石也不能不赞同毛泽东的战略思想了。

这就是因为，在《论持久战》中，毛泽东把运动战由"闪电战"和"突击战"，发展为游击战，彻底抛弃了第一次世界大战"阵地战"的主要的战争方式，如果说第二次世界大战引发了军事革命，而这种军事革命，就是以《论持久战》的诞生为标志的。

什么是战争呢？首先，战争是在法律崩溃的地方发生的，法律是秩序和妥协的产物，而战争则意味着秩序的崩溃和妥协的不可能。面临着你死我活的战争，作为弱者的人民必须认识到：法律不能保护自己，只有不顾一切进行反抗，才能保护自己。

现代战争法，是依据海战和空战制定的，在那里（均质化的空间里）没有人民，更没有人民的房屋、田舍与家园，因为在海洋和天空上进行对抗的，就是现代化的武器和技术化的职业军人。

但是，陆地战争就完全不同了。在陆地上，侵略者践踏的是人民的田舍、焚毁的是人民的家园、屠杀和强暴的是我们的父老乡亲。人民是在自己的家园上，是在自己的土地上，是为了保卫自己而战斗，这种战斗依据的是大地的法则，而不是海战与空战的法则——毛泽东因此概括说：我们是以大地的名义在战斗，我们进行的就是山地和丛林里的游击战。

以无规则的超常规战争对抗常规战争，以人民战争对抗国家战争，以依靠山地和丛林的游击战，对抗武装到牙齿的敌人的正规军——以大地法对抗所谓的"国际法"。毛泽东说：我们就是要以这样的办法，与中华民族的敌人血战到底——打到敌人的后方去，打到敌人的心脏去，打他个鱼死网破，打他个落花流水，打到最后一个人，父亲死了还有儿子，儿子死了还有孙子，子子孙孙无穷匮也，直到把敌人彻底消灭干净。

1963 年，当越南战争如火如荼的时候，卡尔·施密特在《游击队理论》中这样感慨地写道：

> 毛泽东是当代革命战争最伟大的实践者，同时也是革命战争最伟大的理论家。他的某些作品"在今天是西方军事学校的必读物"。毛泽东自 1927 年以来便积累了共产党的行动经验，随后利用 1932 年日本人的入侵，系统地阐发了民族的同时又是国际的内战的所有现代方法。始于 1934 年 10 月的长征，跋涉二万五千里，损失惨重，从华南直抵蒙古边界，积累了一系列游击战战绩和游击队经验，其结果是，中国共产党组合成为一个以游击队员为核心的农民和士兵政党。
>
> 毛泽东的游击队理论的思想基础简洁有力。战争的意义就在敌对关系。战争是政治的继续，所以，政治始终包含着——至少从可能性上看——敌对关系的成分……问题只在于，敌对关系是否可以受到限制和规范，即敌对关系是相对的还是绝对的……对于从游击队方面思考问题的毛泽东而言，今天的和平只是一种实际的敌对关

系的表现形式。即便在所谓冷战中，也仍然存在敌对关系。因此，冷战并非半战半和，而是实际的敌对关系以不同于公开暴力的另类手段进行的与事态相适应的活动。只有软骨头和幻想家才可能对此视而不见。

在政治的一边站着法律，而另一边则站着战争。战争是流血的政治，而法律不过是不流血的战争。被压迫者不能对法律抱有幻想，只有"软骨头"才对法律抱有幻想。

今天，伟大的抗日战争已经结束了，但是，围绕着这场战争的争论却远没有真正结束。

有一种观点则认为，抗日的主力是国民党，国民党一直处于正面战场，而共产党不过是在敌后"打冷枪"。今天，甚至还有某些冠冕堂皇的"文明人"认为：那种在日本人背后打枪的行为，是为"国际法"所不容许的"恐怖主义"行径。

从台儿庄战役、枣宜战役、长沙会战来看，国民党是抗日的。但是，国民党对于战争的理解却是肤浅的，由于中日军事力量对比之悬殊，国民党坚持与日本人打正规战，而按照这样的打法，抗战绝不可能胜利，这已经为国民党的屡战屡败所证实。

国民党自始至终把抗日战争理解为国家之间的战争。他们天真地以为，国家之间的战争应该遵循国际法、应该服从国际战争公约，而正是基于这种荒谬的理解，战争就不再是敌我之间你死我活的较量，而是遵照国际规则进行的博弈。在这种博弈中，敌人消失了，剩下的便是"对手"，据说对手也是"人"，而不仅仅是敌人。所以，蒋介石一边与日本人打仗，一边竟然还赞叹着日本人的所谓"守规矩"。

正是基于这种荒谬的理解，"九一八"事变爆发后，国民党政府想到的不是战斗和抵抗，而是诉诸国际联盟和国际法的仲裁。也正是由于这种荒谬的理解，今天某些中国人对于南京大屠杀的认识，依然停留在控诉日寇在南京违反了战争法和国际法。

而这绝不是毛泽东所理解的战争。

毛泽东所理解的抗日战争不仅是国家之间的战争，从根本上说，这是人民战争和阶级战争。日本军阀和统治阶级，就是中国人民的阶级敌人，从这个意义上说，中国与日本之间的对立，是政治对立，而不是法律上的公堂对簿。敌对的政治关系，不可能通过法律诉讼和忏悔、宽恕得以解决。而对于敌人的反抗，便不应受任何规矩、规则的限制，以为法律能够代替、制止和限制战争，这就是一种愚昧。只有摆脱了这种愚昧，才能真正做到地不分南北，人不分老幼，才能认识到无论采用任何手段，凡消灭敌人与野兽的战斗，都是正义的行为。

人民战争、反抗侵略的正义战争，从根本上说，是无规则、超常规战争。

毛泽东教导中国人民：必须以反常规的、超常规的战争形式——人民战争和政治战争，打败敌人的正规战争，必须以人民战争代替国家之间的战争。

1956 年秋，前日本关东军参谋本部课长、前日本陆军航空本部总务部长远藤三郎，在北京见到了他毕生最崇敬的对手毛泽东。

远藤三郎，1893 年 1 月 2 日出生于日本山形县，15 岁入日本士官学校，随后留学于法国陆军大学，在日本统治集团中，他被称为"有思想的军人"。

山形，以出宝刀而闻名，就在那一次会见中，远藤三郎把祖传的宝刀献给了毛泽东。

宝刀出自 14 世纪日本镰仓时代的"国匠"来国光之手，是远藤少年时代加入军校时，外祖父赠送给他的传家宝。

鲁思·本尼迪克特在其名著《菊与刀》中说：对日本人来说，象征天皇制度的菊花，象征武士道精神的宝刀，这是日本文明的根本，是必须用生命来守护的圣物。

这是出乎意料的举动，是日本军人所行的前所未有的大礼。

那一天，远藤三郎特意穿了一件毛式中山装，迈着军人步伐的远藤，看起来与毛泽东手下的那些"兵"们无异。

远藤三郎说，毛泽东改造了中国，而毛泽东思想则改造了他这个日本人的世界观、东亚观。

而在此之前，远藤三郎却像大多数日本军人一样，坚信日本人是优等种族、是根本不服气的。他认为，无论在军事、现代化程度还是国力上，日本都远强于中国，日本充其量是先败于美国，再败于不讲信用的苏联，日本根本不是败于中国。

在远藤三郎看来，日本的战败，是纯粹军事战略上的失败，而不是道义上的失败。

所谓军事战略上的失败，其关键在于日本在"大陆政策"与"海洋政策"之间没有做出清晰的判断与选择。

发动侵略战争之初，日本战略的制定者是石原莞尔。

按照石原莞尔的设想，如果日本在占领中国东三省之后全力进攻苏联，那么，在德国和日本东西夹攻之下，苏联很难不被打败。而如果以朝鲜、伪满洲国和日本本土为基地，假以 20 年的长期准备，再全力与美国争夺太平洋，那么，日本占领西太平洋，与美国"划洋而治"也绝非是不可能的。

石原莞尔起初的设想就是如此：以"日、鲜、满一体化"为前提，实现"第二次产业革命"，这包括在远东建设一个年产 2000 万吨钢铁的大熔炉，计划年生产飞机一万架，将人造石油作为研发重点，大量生产飞机、汽车、船舶、工业机械，其中还包括打通朝鲜海峡海底隧道，建设一条从日本出发、经中亚而达欧洲的新干线计划。

而要实现这个计划，需要 20 年的时间。石原莞尔原本设想完成第二次产业革命之后，日本再举兵指向西伯利亚和太平洋。

但是，在远藤看来，由于"没有头脑"的东条英机代替了石原莞尔，这个宏大的计划搁浅了。而且，直到战败，日本的战略依旧还是在"大陆"与"海洋"之间徘徊，而在整个战争中，日本的最高统帅部都没有形成自己清晰的战略。

这就是他所理解的日本战败的真正原因。

在他看来，日本之战败，就是由于东条英机这种毫无头脑的人的瞎指挥。

1947 年 2 月，远藤作为战犯被关进了东京的巢鸭监狱。由于长期反对东条英机，他的罪责被减轻了。一年后，他被释放。从此，远藤三郎在琦玉县以耕田为生，除了种地之外，远藤三郎平日闭门不出，苦苦思考着日本战败的原因，直到他读到了毛泽东的《论持久战》。

读到了《论持久战》，远藤三郎的思路从此轰毁，他说自己"觉悟在一夜之间"。

那么，在这"一夜之间"，远藤三郎究竟觉悟到了什么呢？

毛泽东的《论持久战》起码从三个方面击中了日本战略的要害，也击中了远藤三郎的要害。

第一，毛泽东在《论持久战》中指出，中日之间的较量绝非单纯的军事较量，因为从根本上说，这是一场政治较量。

在"战争和政治"这一部分中，毛泽东指出：日本要搞帝国主义，而中国要摆脱半殖民地而实现民族独立，这两条政治道路是完全针锋相对的，日本要实现帝国主义，则非灭亡中国不可；中国要实现独立，则非打倒日本帝国主义不行，因此，中日两国在政治上互为不容妥协的敌人。

毛泽东申明了一种学说，这就是"国际政治"，而日本帝国主义就是中国在国际政治领域内的头号敌人。中日战争便是这种政治较量的继续，战争是流血的政治，政治则是不流血的战争。

关于中日战争的政治性质，毛泽东这样写道：

> 政治发展到一定的阶段，再也不能照旧前进，于是爆发了战争，用以扫除政治道路上的障碍。例如中国的半独立地位，是日本帝国主义政治发展的障碍，日本要扫除它，所以发动了侵略战争。中国呢？帝国主义压迫，早就是中国资产阶级民主革命的障碍，所以有了很多次的解放战争，企图扫除这个障碍。日本现在用战争来压迫，要完全断绝中国革命的进路，所以不得不举行抗日战争，决心要扫除这个障碍。障碍既除，政治的目的达到，战争结束。障碍没有扫除得干净，战争仍须继续进行，以求贯彻。例如抗日的任务未完，有想求妥协的，必不成功；因为即使因某种缘故妥协了，但是战争仍要起来，广大人民必定不服，必要继续战争，贯彻战争的政治目的。因此可以说，政治是不流血的战争，战争是流血的政治。

中华民族要实现自由独立，首先就必须在世界范围内认清谁是我们的敌人。而孙中山虽然提出过中国革命的目标就是实现民族的完全独立，但是，他却没有看到，中国实现这一政治目标的最大障碍就是日本帝国主义，而抗战的当务之急，就是明确地告诉全中国人民谁是我们最大的敌人。

因此，在"抗日的政治动员"这一部分中，毛泽东全面论述了，为什么全面的政治动员是抗战胜利的关键：

> 如此伟大的民族革命战争，没有普遍和深入的政治动员，是不能胜利的。抗日以前，没有抗日的政治动员，这是中国的大缺陷，已经输了敌人一着。抗日以后，政治动员也非常之不普遍，更不说深入。人民的大多数，是从敌人的炮火和飞机炸弹那里听到消息的。这也是一种动员，但这是敌人替我们做的，不是我们自己做的。偏远地区听不到炮声的人们，至今还是静悄悄地在那里过活。这种情形必须改变，不然，拼死活的战争就得不到胜利。决不可以再输敌人一着，相反，要大大地发挥这一着去制胜敌人。这一着是关系绝大的；武器等等不如人尚在其次，这一着实在是头等重要。动员了全国的老百姓，就造成了陷敌于灭顶之灾的汪洋大海，造成了弥补武器等等缺陷的补救条件，造成了克服一切战争困难的前提。要胜利，就要坚持抗战，坚持统一战线，坚持持久战。然而一切这些，离不开动员老百姓。要胜利又忽视政治动员，叫作"南其辕而北其辙"，结果必然取消了胜利。

毛泽东接着指出，政治动员，就是"必须使每个士兵每个人民都明白为什么要打仗，打仗和他们有什么关系"。必须使每个中国人知道，只要有日本帝国主义在，就不可能有独立自由的新中国。他说：

> 什么是政治动员呢？首先是把战争的政治目的告诉军队和人民。必须使每个士兵每个人民都明白为什么要打仗，打仗和他们有

什么关系。抗日战争的政治目的是"驱逐日本帝国主义，建立自由平等的新中国"，必须把这个目的告诉一切军民人等，方能造成抗日的热潮，使几万万人齐心一致，贡献一切给战争。其次，单单说明目的还不够，还要说明达到此目的的步骤和政策，就是说，要有一个政治纲领。现在已经有了《抗日救国十大纲领》，又有了一个《抗战建国纲领》，应把它们普及于军队和人民，并动员所有的军队和人民实行起来。没有一个明确的具体的政治纲领，是不能动员全军全民抗日到底的。其次，怎样去动员？靠口说，靠传单布告，靠报纸书册，靠戏剧电影，靠学校，靠民众团体，靠干部人员。现在国民党统治地区有的一些，沧海一粟，而且方法不合民众口味，神气和民众隔膜，必须切实地改一改。其次，不是一次动员就够了，抗日战争的政治动员是经常的。不是将政治纲领背诵给老百姓听，这样的背诵是没有人听的；要联系战争发展的情况，联系士兵和老百姓的生活，把战争的政治动员，变成经常的运动。这是一件绝大的事，战争首先要靠它取得胜利。

第二，《论持久战》指出，中日之间的较量，也不仅是现代化程度的较量，而且还是意志的较量，能救中国的，只有中国人民的求生意志，中国人是为了求生而反抗，生存还是灭亡，这就是底线，中国没有退路。日本是强国，日本打中国，是顺势而为，中国是弱国，中国反抗是逆境求生，在逆境求生中，中国反而能够焕发出巨大的能量。

关于意志的较量，战后日本的思想家西顺藏这样说：

　　近代化的日本不断侵略中国……而被侵略的中国，正是在近代化方面一片空白的、活生生的人民因为"人需要生存"而起来抵抗……终于凝聚了强大的力量打败了近代化的日本……此时的中国人民是赤手空拳的人民大众，无论是用固有的传统武器，还是用外来的近代文化都无法保卫自己。

而在"兵民是胜利之本"这一部分中，毛泽东则讲了军心、民心的优势与装备优势之间的关系：

> 革新军制离不了现代化，把技术条件增强起来，没有这一点，是不能把敌人赶过鸭绿江的。军队的使用需要进步的灵活的战略战术，没有这一点，也是不能胜利的。然而军队的基础在士兵，没有进步的政治精神贯注于军队之中，没有进步的政治工作去执行这种贯注，就不能达到真正的官长和士兵的一致，就不能激发官兵最大限度的抗战热忱，一切技术和战术就不能得着最好的基础去发挥它们应有的效力。我们说日本技术条件虽优，但它终必失败，除了我们给以歼灭和消耗的打击外，就是它的军心终必随着我们的打击而动摇，武器和兵员结合不稳。我们相反，抗日战争的政治目的是官兵一致的。在这上面，就有了一切抗日军队的政治工作的基础。军队应实行一定限度的民主化，主要的是废除封建主义的打骂制度和官兵生活同甘苦。这样一来，官兵一致的目的就达到了，军队就增加了绝大的战斗力，长期的残酷的战争就不患不能支持。

随后，毛泽东再次论述了他的基本观点，中国走向衰落的基本原因，就在于人民没有组织，社会没有组织能力，一旦把人民组织起来，那么，中国的社会结构就会发生根本改变，日本的封建武士组织，就不能与中国广大的群众组织相抗衡。

于是，他再一次站在这样的立场上批判了蒋介石反人民的观点：

战争的伟力之最深厚的根源，存在于民众之中。日本敢于欺负我们，主要的原因在于中国民众的无组织状态。克服了这一缺点，就把日本侵略者置于我们数万万站起来了的人民之前，使它像一匹野牛冲入火阵，我们一声唤也要把它吓一大跳，这匹野牛就非烧死不可。我们方面，军队须有源源不绝的补充，现在下面胡干的"捉兵法"、"买兵法"，亟须禁止，改为广泛的热烈的政治动员，这样，要几百万人当兵都是容易的。抗日的财源十分困难，动员了民众，则财政也不成问题，岂有如此广土众民的国家而患财穷之理？军队须和民众打成一片，使军队在民众眼睛中看成是自己的军队，这个军队便无敌于天下，个把日本帝国主义是不够打的。

只要人民组织起来，只要有一支人民的军队，"这个军队便无敌于天下，个把日本帝国主义是不够打的"——这里的关键不是改造、改编共产党的军队为"国军"，而是改造国民党的军队，使其能够与人民站在一起。

第三，《论持久战》指出，中日之间的较量，也并非两个国家之间的较量，而是全球战略的较量。

"琉台不守，三韩为墟。辽海燕冀，汉奸何多！"日本处心积虑，占琉球、占中国台湾、占朝鲜，封闭了中国的出海口，但是，它这样步步紧逼，也威胁了美国在太平洋上的利益；而日本吞并中国东北，同时也在大陆方向上对苏联构成了严重威胁。仅从表面上看，日本固然是把中国孤立起来了，但是，从全球战略上看，日本本身已经空前孤立。目前，中国只是与日本作战，而在不远的将来，日本将不得不与中美苏同时作战。

《论持久战》指出，相对于中国，日本固然在军事、现代化程度和国力上都占据优势，但是，这种优势是表面的。实质上，日本在政治动员、人心向背和全球战略三个方面，都处于劣势，正是从政治动员、人心向背和全球战略三个方面看，日本必败，中国的抗战必胜。

远藤三郎后来在《日中十五年战争与我》一书中这样说：读到了毛泽东的《论持久战》，我才知道日本的根本短处究竟是什么，日中两国、两军之间的差异究竟在哪里，特别是——我这个日本将军，方才第一次真正明白了"日本的战略"实际上是什么。

如果说，直到战败，日本的决策层还在争论日本的战略究竟是什么的话，那么，早在1938年5月，毛泽东在《论持久战》中，就已经准确地概括了日本的战略，而这个战略就是："中间突破、两翼齐飞"。

毛泽东指出：日本的战略，便是以整个中国为基地，向"大陆"和"海洋"两个方面展开。而他用几十个字，就一举概括了日本的战略实质："为了南攻南洋群岛，北攻西伯利亚起见，采取中间突破的方针，先打中国。"

知彼知己，百战不殆。在毛泽东看来，日本的战略并非不清晰，恰恰相反，日本的战略一开始是深谋远略、非常清晰的：柿子拣软的捏，首战找弱敌打，从中路突破，进攻最弱势的中国，然后以中国为基地，逐步向两翼展开——这本是极为精明的战略。

在毛泽东看来，这一战略成败之关键，不在远藤之流所谓的"两翼"，而在日本能否突破"中间"。

然而，百密一疏，在这个精心的战略布局中，日本唯一没有想到的是中国会抵抗，而且会如此长时间、如此持久、如此顽强地抵抗。

正是中国的顽强抵抗，使日本陷入了首战不利的兵家大忌；正是中国的长期抵抗，使日本陷入久拖不决的战争泥潭中。从此以后，日本只能是步步被动，再也不能采取主动的战略。

日本的战略困境，并不是由于起初战略规划上的模糊，而是由于陷入中国之持久战这个"大泥潭"之中的结果。

日本看起来是输在了"两翼"，但实际上却是输在了"中间"。

因此，根本的问题就在于：日本为什么竟然没有想到中国会抵抗，而且会如此顽强持久地抵抗。

远藤三郎去世前一年，日本战后最杰出的思想家竹内好，出版了他的名著《近代的超克》。在这部著作中，竹内好深刻地思考并回答了究竟什么是"抵抗"这个问题。

竹内好说：日本没有想到中国会抵抗，而且会如此顽强持久地抵抗，这就是因为日本自己从来不懂得"抵抗"究竟是什么，日本不但不知道什么是抵抗，而且，日本还把中国对西方强权的抵抗，视为亚洲式的保守、落后和"不开化"。

"日本精神"中所缺乏的，正是对强者的抵抗。

竹内好指出，面对西方的冲击，近代以来的日本与中国的表现是完全不同的，他把日本称为"转向型"，相反地把中国称为"回心型"。所谓"转向型"是说：面对西方的压力，日本没有经过抵抗，就立即放弃了自我，而转向了西方。但是，中国却把这种压力变成了内在自我变革的动力，从而在抵抗强权的过程中，重新创造出一个新的中国，走出了一条中国道路。

简而言之，日本的近代化，也就是放弃自我，转向西方，全盘西化；而中国却在抵抗中，开始了自我变革，从而开辟了一条内发性的、革命式的近代化道路，而这条道路，就是以毛泽东思想为标志、为媒介的。

他写道：

> 回心源于保持自我，转向始于放弃自我，回心以抵抗为媒介，
> 转向没有媒介。

竹内好说，日本没有"媒介"，就是指日本只是追随别人，而没有
自我，日本没有毛泽东思想，日本连鲁迅这样的人物都没有。

日本之所以自夸比中国优秀，无非是因为自以为是"西方的好学
生"，但是，这样的所谓"好学生"，却是为鲁迅所不齿的"弱者"和
奴才。

而这就是日本甫一战败，那些俯首帖耳的良民们，就涌上街头，热
烈欢迎美国占领军的原因。

竹内好引用鲁迅的话，来说明什么是"抵抗"和"亚洲的抵抗"。

鲁迅这样说："勇者愤怒，抽刃向更强者；怯者愤怒，则抽刃向更
弱者。"

在竹内好看来，日本恰恰就是这样的真正的弱者、怯者。自明治
维新以来，日本就是西方列强的奴才，日本自己不但在西方面前不抵
抗，而且，吉田松阴等"明治志士"们，反而提出了所谓"得失互偿
论"——即"失之于欧美，补偿于邻国"，这当然就是"怯者愤怒，则
抽刃向更弱者"。而福泽谕吉的《脱亚论》，不过是把这种最可悲的弱
者、怯者粉饰为强者、勇者的"遮羞布"而已。

那么，中国与日本的最大不同是什么呢？竹内好简短地概括说：这
就是"中国抵抗"。

《近代的超克》出版于1983年，回顾20世纪前半叶的历史，竹内
好感慨地说：中国抵抗的是什么呢？不好说中国抵抗的仅仅是日本，因

为中国抵抗的，乃是弱肉强食的世界法则。如果说日本把弱肉强食当成了天道，那么，中国所坚持的，乃是真正的"人道"，这就是毛泽东所说的"人定胜天"。

日本人不能理解毛泽东所谓人民战争是"超常规"的论断，就是因为日本只认西方价值为普世价值，把西方的规则当作世界规则，当作"常规"、当作"人道"。但是，却忘记了西方的价值并不普适，西方所标榜的"天道"，违背了"人道"，因为西方的自由、平等只适用于西方的市民社会，并不包括西方的无产阶级，更不包括世界上的殖民地人民。中国的反抗，则是要求把自由、平等推行到世界上生活着的所有人之中，而这才是真正实现普世价值，这才是真正的人道和人道主义。

另一位日本思想家丸山真男则说，无论西方和日本都不代表普世价值，实际上，代表普世价值的是中国革命，因为日本和西方的现代化是自上而下的，而中国革命是自下而上的，它的目的就是把自由、平等推行到最下层的人民当中。

丸山真男这样比较中国与日本的现代化进程说，日本的现代化不但没有引发内部的社会革命，反而加剧了日本社会的封建结构；而中国的现代化进程则是在反抗帝国主义的同时，进行着内部的社会革命：

> 中国由于旧的统治阶级对新的局面缺乏适应能力而遭到了帝国主义列强的蚕食，但也正因为此，反而使反对帝国主义支配的民族主义运动不得不同时承担起变革旧社会的政治体制的任务……反帝运动和社会革命的结合……成为中国民族主义的一贯传统。而日本呢？打倒德川体制、掌握了统一国家权力的，仍然是封建势力本身。只不过他们由于需要对抗西欧各国的压力而迅速地消解了国内多元的封建分权制，将权力统合于天皇的权威之下……实现了自上

而下的近代化……民间的民族主义运动除了一、二特例之外……不但没有和社会革命相结合，反而和反革命、反民主主义相结合了。

"中国抵抗"——这就是一个日本思想家，对以毛泽东和鲁迅为代表的中国精神的最精准概括。它一举说到了《论持久战》的核心。

"河出潼关，因有太华抵抗，而水力益增其奔猛；风回三峡，因有巫山为隔，而风力益增其怒号"，"世界一切之事业及文明，固无不起于抵抗决胜也"。这是毛泽东青年时代的名言。

面对强权，拔刀而起、奋而抵抗，这就是毛泽东的性格、鲁迅的性格，是中华民族最宝贵的品格。

让我们跟随着日本思想家的求索，再次回到《论持久战》那震撼了远藤三郎的最关键的一部分吧。

在这里，屹立在黄土高坡上的毛泽东，一举回答了日本的战略是什么，以及什么叫"中国抵抗"的问题。

在中华民族面临亡国灭种的最危险的时候，毛泽东这样告诫我们：

中国不抵抗，日本就不费一弹安然占领中国，东四省的丧失，就是前例。中国若抵抗，日本就向着这种抵抗力压迫，直至它的压力无法超过中国的抵抗力才停止，这是必然的规律。日本地主资产阶级的野心是很大的，为了南攻南洋群岛，北攻西伯利亚起见，采取中间突破的方针，先打中国。那些认为日本将在占领华北、江浙一带以后适可而止的人，完全没有看到发展到了新阶段迫近了死亡界线的日本帝国主义，已经和历史上的日本不相同了。

我们说，日本的出兵数和进攻点有一定的限制，是说：在日本一方面，在其力量基础上，为了还要举行别方面的进攻并防御另一方面的敌人，只能拿出一定程度的力量打中国打到它力所能及的限度为止；在中国一方面，又表现了自己的进步和顽强的抵抗力，不能设想只有日本猛攻，中国没有必要的抵抗力。日本不能占领全中国，然而在它一切力所能及的地区，它将不遗余力地镇压中国的反抗，直至日本的内外条件使日本帝国主义发生了进入坟墓的直接危机之前，它是不会停止这种镇压的。

日本国内的政治只有两个出路：或者整个当权阶级迅速崩溃，政权交给人民，战争因而结束，但暂时无此可能；或者地主资产阶级日益法西斯化，把战争支持到自己崩溃的一天，日本走的正是这条路。除此没有第三条路。

那些希望日本资产阶级中和派出来停止战争的，仅仅是一种幻想而已。日本的资产阶级中和派，已经做了地主和金融寡头的俘虏，这是多年来日本政治的实际。日本打了中国之后，如果中国的抗战还没有给日本以致命的打击，日本还有足够力量的话，它一定还要打南洋或西伯利亚，甚或两处都打。欧洲战争一起来，它就会干这一手；日本统治者的如意算盘是打得非常之大的。

当然存在这种可能：由于苏联的强大，由于日本在中国战争中的大大削弱，它不得不停止进攻西伯利亚的原来计划，而对之采取根本的守势。然而在出现了这种情形之时，不是日本进攻中国的放松，反而是它进攻中国的加紧，因为那时它只剩下了向弱者吞剥的一条路。那时中国的坚持抗战、坚持统一战线和坚持持久战的任务，就更加显得严重，更加不能丝毫懈气。

在这里，毛泽东既没有寄希望于美国和苏联，更没有寄希望于"日本人民"和日本的"中和派"，毛泽东寄希望的，是中国人自己。而

《论持久战》这一部分的小标题，就叫作《兵民是胜利之本》。

在远藤三郎看来，毛泽东这醍醐灌顶的论述说明了：正是中国的持久抵抗救了苏联，如果不是日本陆军被中国牵制并被极大地削弱，那么，日本原本早就可以挥师北上，而那个时候，在西线穷于应付希特勒的斯大林，还能够阻止日本的进攻吗？

他的结论是：根本不可能。

也正是中国的持续抵抗救了美国，如果日本能够顺利占领中国本土，那么，日本就有足够的力量进行 20 年的准备，并依据广阔的大陆、新型的产业政策与美国争夺海洋霸权。那时美国还能从海上对日本进行封锁吗？

显然也不可能。

更为关键的是：中国的持续抵抗，实际上也救了日本，救了日本人民。如果日本顺利地占领中国，那么，日本就将进行"两翼齐飞"的战略，即同时进攻苏联和美国。如果是那样，那么战争的规模将无限地扩大，全人类将为战争付出更大的代价，而日本最终将会失败得更惨。

日本之所以一直不承认道义上的失败，就是在远藤三郎乃至石原莞尔等"有思想的军人"看来，日本发动战争的根本目的，就是力图以"东方价值"批判"西方价值"。

但是，读了《论持久战》之后，远藤三郎方才知道什么是真正的"东方价值"。

远藤三郎后来这样说：真正的"东方价值"，就是抵抗强权，武的意义是"止戈"，"止戈"才是军人的道德，即"武德"，真正的"东方价值"，应该是以"人道"对抗和改造弱肉强食的"天道"，而这就是《论持久战》中所指出的"为永久和平而战"。

正是受到毛泽东所谓"为人类永久和平而战"论断的启发，第二次世界大战结束后，远藤三郎最早提出了这样的建议：建立联合国维持和平部队。也正是基于这样的理由，他反对日本的天皇制，因为"天皇"代表的所谓"天道"，就是弱肉强食。所谓日本皇军，就是一支反人道的军队。

远藤三郎差不多长毛泽东一年，但是，他却这样说：在他（毛泽东）面前，我好像是一个后辈见到前辈一样，心中充满了惶恐与感激。

这种话，田中角荣首相也说过，但是在差不多 10 年之后。

在那次会见中，远藤三郎对毛泽东这样说："我为谢罪而来，很抱歉，我这么晚才读到您的著作，觉悟得太晚了！您是我的先生。"

他还说："我们日本军人，再也不与中国打仗了。"

毛泽东则说了如下著名的话："不需要道歉，你们也是我们的先生，我们要感谢你们。正是你们打了这一仗，教育了中国人民，把一盘散沙的中国人民打得团结起来了。所以，我们应该感谢你们。"

远藤三郎当即把祖传的宝刀举过头顶，以 90 度鞠躬的大礼，呈给了自己的偶像——"掌上千秋史，胸中百万兵"的毛泽东。

谈笑间樯橹灰飞烟灭，不战而屈敌百万雄兵。

在中南海四壁皆书的朴素书斋里，毛泽东接受了远藤三郎的诚意，并回赠了一幅自己的湘潭同乡齐白石的画作，上面更有毛泽东的亲笔题词："承远藤三郎先生惠赠珍物，无以为答，谨以齐白石画一幅为赠"。

以水墨艺术缴获了屠刀，这就是"人定胜天"，这就是以"人道"战胜了"天道"。

1963 年，卡尔·施密特又说了与远藤三郎类似的话：西方和美国阅读毛泽东太晚了，以至于如今陷入了越南战争的泥潭中不能自拔。

"陆地与海洋"这个问题岂止困扰着日本，而且也困扰着全人类那些最发达的头脑、最强悍的心灵。

猛士决战，岂止在疆场。毛泽东与远藤三郎当年关于全球战略的对话，对于今天的我们，依然具有深刻的启发意义。

1919 年，英国战略家哈尔福德·约翰·麦金德提出了"陆权论"。

他指出：欧亚大陆是世界的核心，是"世界岛"，而一切海洋国家，都处于边缘。"谁统治了东欧，谁就能主宰心脏地带；谁统治了心脏地带，谁就能主宰世界岛；谁能统治世界岛，谁就能主宰世界。"

正是基于这样的陆权理论，英国、德国和苏联，先后展开了对欧亚大陆——特别是其核心地带的争夺。

与麦金德不同，第二次世界大战期间，美国战略家尼古拉斯·斯皮克曼，则依据他的"三海战略"，提出了"海权论"。

斯皮克曼指出：地中海是控制欧亚大陆和非洲的要塞，加勒比海是大西洋和太平洋之间的要冲，而中国南海则是印度洋和太平洋的咽喉，谁控制了这三个"海"，谁就将控制世界。

麦金德把欧亚大陆视为中心，把海洋视为边缘，但斯皮克曼则反其道而行之，他指出：只要以边缘包围中心，便可以瓦解中心。

冷战期间，以美国为首的"北约"，正是根据这样的战略，包围并瓦解了苏联。

但是，冷战结束后，美国却转而追随麦金德的陆权战略，再次兴兵西亚和中亚。最终，今天的美国则困在了阿富汗和伊拉克战争之中。

历史有着惊人的相似：当年，陷入了陆地与海洋之间的徘徊而顾此失彼的是日本；而今，同样陷入了陆地与海洋之间的徘徊而顾此失彼的则是美国。

如果远藤三郎活着，他也许会说：这就是历史的循环，这就是宿命和报应。

陆地与海洋，"海权论"与"陆权论"，难道是命定地对立着的一对矛盾吗？

比麦金德和斯皮克曼更早也更深入地思考了陆地与海洋的，是中国人魏源。

《南京条约》签订后，魏源发愤写下了伟大的战略著作《圣武记》。

面对英军从东南海上来的危局，魏源提出了这样天才的构想，他指出：一味地固守东南沿海，与敌决胜于海上，这是错误的战略，而正确的战略，应是打到敌人后方——英属印度去。

英国人的战略是从海洋攻向大陆，而我则应反其道而行之——从陆地攻向海洋。

正是根据这样的战略，魏源把视野转向了欧亚大陆，转向了新疆、西藏和云南。

因为新疆、西藏与云南，这是通向英属印度和印度洋的走廊。也正是根据这样的战略，魏源更把视野转向了与广西、云南、西藏接壤的缅甸、泰国和越南，因为缅甸和泰国，是从孟加拉湾到南海的咽喉，只要锁住这个咽喉，英军便有去无回；而越南则是南海的支柱，只要从广西、云南一线稳住越南，则南海自然就有了屏障。

正是魏源这一天才的构想，把欧亚大陆与海洋——印度洋和太平洋融合为一体，从而一举超越了陆地与海洋的对立。

因此，魏源指出：大陆就是海洋，陆权就是海权。而如果用今天的说法，这便是"一带"，便是"一路"。

故魏源说："志在大陆，即所谓志在海洋也。"

而继承了魏源这一伟大战略思想的人，当然就是毛泽东。

现代中国军队，共有三次出境作战：一次是抗战期间出兵缅甸，一次是抗美援朝，一次则是抗美援越。

这就是因为——缅甸、朝鲜和越南，乃是集海权与陆权为一体的全球战略枢纽。为这三个枢纽而战，便既是争夺海权，也是争夺陆权。

如果丢失了这三个枢纽，那就既谈不上陆权，更谈不上海权。

1935 年 10 月，在写作《论反对日本帝国主义的策略》一文之前，毛泽东写下了著名的《念奴娇·昆仑》。

这首词，以包纳四宇的气魄，阐述、发挥并总结了魏源所开创的战略思想，把陆地与海洋融合为一体：

横空出世，莽昆仑，阅尽人间春色。

飞起玉龙三百万，搅得周天寒彻。

夏日消溶，江河横溢，人或为鱼鳖。

千秋功罪，谁人曾与评说？

而今我谓昆仑：不要这高，不要这多雪。

安得倚天抽宝剑，把汝裁为三截？

一截遗欧，一截赠美，一截还东国。

太平世界，环球同此凉热。

何谓海洋？海洋就是夏日消融的大陆。何谓大陆？大陆就是江河横流的海洋。

海洋与大陆不是对立的。

海权与陆权，本是一体。

"横空出世，莽昆仑"，魏源和毛泽东，就是这样勾勒了世界地缘政治的全新宏图，并一举超越了单纯的"陆权论"和"海权论"。

当年曾经穷凶极恶的远藤三郎，之所以心悦诚服地献出了他祖传的宝刀，那不过是因为他见识了毛泽东的"倚天抽宝剑"。

正是在"倚天抽宝剑"的毛泽东面前，洪水一样蜂拥而上的强敌，无望地退却了。

1963年，卡尔·施密特从毛泽东的《矛盾论》视野，深刻阐释了这首词，他说：

> 毛泽东的环境本身也有一个内在矛盾，这个矛盾将一个无空间限制的全球共同的绝对敌人——马克思主义的阶级敌人，与一个可划分地域的、中国和亚洲在抗击资本主义的殖民主义时的实际敌人结合起来。
>
> 在毛泽东的具体处境中，各种类型的敌对关系交汇在一起，上升为绝对的敌对关系。与白人殖民剥削者的种族性敌对关系、与资产阶级的阶级敌对关系、与同一人种的日本入侵者的敌对关系、在长期的激烈内战中日益增长的与自己民族弟兄的敌对关系，并没有互相抵消或者制约，而是在具体情况下得到证实和加剧。

只要世界还是那个弱肉强食、以强凌弱的世界，所谓"国际法"就没有现实的基础，这个世界就依然还是"政治的世界"而非法治世界，而所谓国际法，往往就是强权欺凌弱者的借口。

"政治是不流血的战争，战争是流血的政治"，在这样的世界上求发展，中华民族需要血性。

今天，"倚天抽宝剑"的毛泽东如果依然健在，他会怎样教诲我们呢？

毛泽东没有离去。因为战无不胜的毛泽东思想，还在指导着他亲手缔造的人民军队。

虽然毛泽东离开了我们，但是，他给我们留下了包纳四宇的《念奴娇·昆仑》。

"中国出了个毛泽东，这是中国共产党的伟大骄傲，是中国人民的伟大骄傲。"

朴素的政治，朴素的文明

第十四章

1942 年，太平洋战争全面爆发，苏德战争相持不下，而中国的抗战，也进入到了战略相持阶段。世界历史的大转折，就此开始。

　　在以《论持久战》回答了日本为什么必然要失败之后，毛泽东开始思考这样一个问题，即曾经长期领先于世界的中国和中国文明，为什么会在近代陷入积贫积弱、落后挨打的境地。

　　中国的历史何以兴衰更迭，而绵延的中华文明，何以会陷入周期性的腐败？

　　那时的蒋介石，其实也在思考同样的一个问题。这个问题，也就是震动世界历史的"李约瑟之谜"。

　　"多少人在追寻那解不开的问题，多少人在深夜里无奈地叹息，多少人的眼泪在无言中抹去。"

　　这一谜团，深深地困扰着中华民族无数志士仁人。

　　1943 年，蒋介石出版了由陶希圣捉刀代笔的著作《中国之命运》。抗战期间的蒋委员长在重庆正襟危坐，一本正经地做起了学问——他从明代的崩溃开始反思中国历史。

　　蒋介石说，中国文明的基础是道德，即他所谓的"四维八德"。中国衰落的根源，就在于道德的崩溃。从历史上看，这种崩溃有两次：一次是明亡之后，清朝入主中原；另一次是近代以来，西方文化裹挟帝国主义和共产主义，对中国进行洗脑。凡此两变，非但导致中国亡国，更导致中国亡天下。

简而言之，中国之失败，首先就在于士大夫阶级丧失了"气节"。

《中国之命运》还认为，中国美好的基层治理，也被夷狄思想所毒化了。蒋介石说，中国有家族而本无阶级，皇权之下，万民平等，郡县之下，又实行乡村自治。所谓阶级观念，不过是元、清入主中原以来主奴观念的变种。阶级思想，不是中华文明的造物，毋宁是夷狄思想的流毒。

今天看来，蒋介石的理论也有一定的独创性。

学术界有一种说法，即"崖山之后无中华"，也就是说，南宋被蒙古所灭后，中华文明就衰落了。不过蒋介石则认为，蒙古鞑虏毕竟为明朝所驱逐，元不足道。

实际上，明朝被女真所亡之后，中华文明方才真正走向了衰落。

在蒋介石看来，今日之中华民国决不能重蹈明亡之覆辙，故当务之急，就是找到明亡的原因。

那么，明亡的原因究竟何在呢？蒋介石认为明朝灭亡的原因，在于它"一败于外寇，二败于流寇"，即一败于清朝，再败于李自成。

而蒋介石指出，当今之中国同样如此。当今之"外寇"就是日本帝国主义，而所谓"流寇"究竟是谁，则不言自明。

那么，中国如何才能避免衰落的命运，而明朝怎样才能不亡呢？

1940 年，钱穆在《国学大纲》中这样说："若先和满，一意剿寇，尚可救。"而傅斯年也认为，明朝要避免灭亡，那就必须采取"先和满，再剿寇"的政策。

而这就是中国当时"大儒"们的意见，说白了，与汪精卫的政策没有什么本质的差别。在当时的语境下，这无疑就是说：国民党应该先与日本妥协和谈，然后一意消灭共产党。

而蒋介石在《中国之命运》中所阐释的，其实也是同样的一种主张。

蒋介石的观点从来就不是孤立的，而《中国之命运》中提出的观点之所以具有代表性，就是因为在人类陷入第二次世界大战的炮火、中华民族面临亡国灭种的危急关头，蒋介石的观点代表了当时中国精英阶层的主张乃至"共识"，代表了中国上层精英人士对于人类命运的"反思"。

而这种"民国史学"，流毒至今。

1944年，是明亡三百周年，而自1942年以来，通过反思明朝灭亡的教训，来思考中国衰亡的原因，以寻求人类的出路，便成为当时中国思想界最重要的话题。

而在当时的中国思想界，敢于与蒋介石以及诸位"大儒"们公开唱反调的，尤推郭沫若的《甲申三百年祭》。

郭沫若的《甲申三百年祭》认为，明朝既非亡于"外寇"，也非亡于"流寇"，而是亡于自身的腐败和贫富分化。

明末陕西的大饥荒和农民起义的大爆发，就是当时阶级分化的表现。

郭沫若的文章说到了国民党的痛处。

抗战期间的国民党究竟有多腐败呢？仅从其货币政策上，便可以清楚地看到。

1946年，毛泽东的同乡齐白石卖了200张画，换回捆捆法币，但这些天文数字的法币，却连10袋面粉也买不到。

1942 年，鉴于中国的法币发行量已经达到了 1937 年的 32828 倍，国民政府已毫无信用可言，于是，美国决定给予中国 3 亿美元援助贷款，以拯救即将破产的法币。随后由于形势严峻，美国遂不得不于 1942 年 2 月 2 日，宣布将对华贷款提高到 5 亿美元。而国民党政府先是决定将这笔美元存在美国，随时用于结汇，以稳定汇市，随后，却又决定将此贷款用于购买美国货物，来华生利。

于是，国民政府就这样自己做起了战时投机生意，而这笔贷款的相当部分，便沦为当局经办者自行购物、特别是在美国投资不动产的资本，此即所谓"发国难财"一说的由来。

经济学家马寅初不过提出要对这笔"国难财"征税，不料此论一出，马寅初反被政府囚禁于重庆歌乐山。马寅初的《通货新论》一书，即为囚禁时所做。当时，他这样感慨地说：国民政府口头上奉的是孙中山先生"天下为公"的宗旨，实际执行的是"地上为私"四个大字。

郭沫若在《甲申三百年祭》里的名言是：面对天下饥荒，人民陷入水火，"聚敛"的是官家，而"救灾"的却是"寇家"，于是，朝廷是在"用兵剿寇"，而百姓却是"望寇剿兵"，人心所向，明朝亡。

说到"气节"二字，蒋介石政府能否代表中国的"气节"呢？郭沫若的言下之意是：蒋介石政府所代表的，不过就是官僚资本，是官商勾结而已。抗战以来的历史证明，最没有气节的，就是这些达官显贵。

郭沫若的文章发表之后，国民党当局却立即组织叶青、陶希圣等在《中央日报》撰文，予以高调挞伐。蒋介石一生，起码被郭沫若"坑"了两次，而且都是"坑"在了节骨眼上。蒋介石有充分的理由恨郭沫若。

第一次是 1927 年 4 月 1 日，原国民革命军司令部政治部宣传科长，时任蒋介石"大秘书"的郭沫若，发表了其奋笔疾书的《请看今日之蒋介石》，公然以一支笔对抗蒋介石的屠刀，一举揭了蒋总司令老底的这篇檄文是这样开头的：

> 蒋介石已经不是我们国民革命军的总司令，蒋介石是流氓地痞、土豪劣绅、贪官污吏、卖国军阀、所有一切反动派——反革命势力的中心力量了。
>
> 他的总司令部就是反革命的大本营，就是惨杀民众的大屠场。他自己已经变成一个比吴佩孚、孙传芳、张作霖、张宗昌等还要凶顽、还要狠毒、还要狡狯的刽子手了。他的罪恶书不胜书。

郭沫若的这篇文章与毛泽东的《湖南农民运动考察报告》，都发表于蒋介石发动"四一二"反革命政变的前夜。

1928年2月24日，为逃避蒋介石的追杀，郭沫若化名"吴诚"，只身一人亡命日本。

第二次就是1944年，重庆《新华日报》连载了郭沫若为明亡300年而做的《甲申三百年祭》，他再次以一支笔，给蒋家王朝唱了挽歌。这一次蒋委员长忍无可忍。1946年2月，蒋介石手下的特务，终于在较场口把郭沫若痛打了一顿。

1936年10月，鲁迅病逝于上海，远在日本的郭沫若写下了这样的挽联："孔子之前，无数孔子，孔子之后，一无孔子；鲁迅之前，一无鲁迅，鲁迅之后，无数鲁迅。"

欢迎郭沫若文章的是延安，毛泽东后来给郭沫若写信这样说："你的史论、史剧大有益于中国人民，只嫌其少，不嫌其多。"

郭沫若仅长毛泽东一岁，而毛泽东却一直尊称之为"郭老"。

比起一度跟着汪精卫跑，差一点就投降了日本人的陶希圣这些文人，郭沫若才是真正有气节的。

平心而论，蒋介石是能够识人的。为他代笔《中国之命运》的陶希圣，堪称杰出的思想家；而他的秘书中，除郭沫若是文化巨匠之外，起码还有两位算得上是出类拔萃的文化人，一个是陈布雷，一个则是徐复观。

1938 年 10 月至 1946 年 11 月，国民政府军事委员会先后派遣了 6 批军事联络参谋到延安，以督察八路军（第十八集团军）之军政。1943 年 5 月，徐复观以第十八集团军少将高级联络参谋的身份来到延安，他恰好目睹了延安整风的高潮。

回到重庆后，徐复观写了长篇报告，向国民党最高当局汇报了他在延安的所见所闻，阐述了延安为什么会发生"整风运动"，以及国民党与共产党之间的根本不同在哪里。

徐复观指出，蒋介石所说的"四维八德"的承载者，就是乡绅和读书人，蒋介石没有看到的是，如今并不是道德败坏了，而是承载着旧道德的那个阶级败坏了，他们不但与中国社会已经完全脱节，而且沦为了中国社会的破坏性力量。

他说，国民党与共产党有两大不同。第一个不同，就是共产党立足于基层的农村组织，而国民党与中国基层是完全脱节的，因此只能称得上一个"半吊子"组织，国民党的县级政权基本掌握在土豪劣绅手中，"县政府以上者为乡愿政治，县政府以下为土劣政治。不仅不能形成国防、经济、文化凝为一体之坚实社会，并亦不能与现实之军事要求相适应"。

而延安整风的目的之一，恰恰就在于从最基层组织中国社会，使得社会高度地有组织化，又使社会组织军事化：

中共之秘诀，在于以农民党员为发展组织之对象，故其组织能深入社会里层。党之组织深入于社会里层之后，第一步先以各种方式变社会为绝对之战斗体，由此战斗体中以产生军队，发展军队，于是军队遂能与社会结为一体。我方则因党未能在广大之社会生根，故政治亦不易在社会生根，因之军事力量也无法在社会生根，而浮出社会之上。是故在其选定之时间内向我攻击，则如潜水艇之攻击武装商轮，在其控制之空间内以行防御，则能深藏于九地之下。

徐复观形象地指出，中共所行之法，即商鞅之法，行久必效；而国民党如今之处境，就如同当年面对着正在壮大的秦国的六国。

在徐复观看来，中共整风的目的之二，就在于改造知识分子，目的是使知识分子与中国现实和中国的民众相结合，从而解决中国社会上下脱节的问题。在他看来，这一条尤其需要国民党汲取。

因为"国民党的组成分子，已经完全是脱离了广大社会群众的知识分子，这种知识分子，只有争权夺利才是真的，口头上所说的一切道理都是假的。因此，要以民主的力量打破当时的几个特权圈。要以广大的农民农村为民主的基础，以免民主成为知识分子争权夺利的工具。一切政治措施，应以解决农民问题、土地问题为总方向、总归结"。

他在报告中说：

党团为国家民族之大动脉，新血轮。然血液之循环，若仅及半身而止，则必成半身不遂之人。今日现象，中央有党团，至省而实际效能已减，至县则仅有虚名，县以下更渺然无形无影，党团之活动，亦成为半身不遂之活动。故奸伪可以控制社会，会门可以控制社会，土劣可以控制社会，迷信团体可以控制社会，而本党团反不能以独力控制社会。此其故，在本党党员团员之成分，仅以知识分子为对象，于党团之组织，自然仅以上层为对象：故本党今后组织之方向，必须为书生与农民之结合，以书生党员领导农民党员。于是党之组织乃能深入农村，党部乃有事可做。农村与都市乃能成为一体，智力乃能与体力冶为一炉。

在延安期间，徐复观与毛泽东有五次长谈，每次谈话都是向毛泽东请教历史问题，而不涉及当前之政治。他因此得到了"延安精神"的真传。

徐复观的报告立即获得了蒋介石的高度重视，蒋介石于 1943 年 11 月 17 日深夜紧急召见徐复观，并将他写的这份报告批转国民党要员们认真学习，而报告上布满了蒋介石的圈点和评语。

1945 年 5 月，徐复观调任侍从室机要秘书，成为蒋介石的智囊。

晚年的徐复观，成为海外"新儒家"的旗帜。在流亡美国期间，他曾经这样说："我们虽然身在海外，虽然反对共产党，但是我们非常爱我们自己的国家，非常希望共产党做得好。我们的国家，现在不错，是站起来了。这个站起来，在我们的脑子里面，当然第一功劳，是毛泽东，没有他的气魄，没有他的号召力，没有他的组织能力，那是不可能的。"

与徐复观前后脚造访延安的是梁漱溟，他怀着满腔的疑问，到延安去会中共领导人，与毛泽东前后进行了八次谈话。当时的梁漱溟坚持中国有个人、有家族而无阶级，既无阶级，何来阶级斗争？而直到 20 世纪 50 年代，梁漱溟方才坦承：原来中国是松散的原子化社会，人各行其是而彼此不相交，毛泽东的理论如原子加速器，使松散的原子化社会因彼此碰撞而凝聚为一体，从而焕发出惊人的能量。"原来集团引起斗争，斗争促成集团。集团实与斗争相连，而散漫则与和平相关。"

毛泽东思想使原子化的中国凝聚成为"集团"，它把一个能量耗散的机制，凝聚为能量加速的机制。

其实，蒋介石知道国民党腐败，他也知道国民党的问题不仅仅是腐败；他知道共产党廉洁，他也知道共产党的法宝不仅仅是廉洁。

而蒋介石更知道，中国社会正在散漫中耗尽最后的能量，虽说消除腐败不容易，可改造中国人散漫的积习则更难。

实际上，在当时的中国，只有共产党领导的陕甘宁边区是唯一的一块净土。陈嘉庚先生造访延安后，对比国民党统治区，他感慨地说，延安有"十没有"："这里一没有贪官污吏，二没有土豪劣绅，三没有赌博，四没有娼妓，五没有小老婆，六没有叫花子，七没有结党营私之徒，八没有萎靡不振之气，九没有人吃摩擦饭，十没有人发国难财。"

这"十没有"，原本是1940年2月1日，毛泽东在延安民众讨汪大会的讲演中颇为自豪的讲话里面总结的，而爱国华侨领袖陈嘉庚1940年5月到延安，他亲眼看到了延安的情况，不禁发自肺腑地说："我一向以为，能救中国的人还没有出生，现在我才知道，这个人已经出生了，而且已经50多岁了，他就是中国共产党的领袖毛泽东先生。"

而当时的延安实在是太穷了。在日本和国民党军队的双重封锁之下，延安穷得连毛泽东也是一日两餐，两餐又常是一稀一干，基本没有菜，甚至吃盐也很困难。抗日名将续范亭在延安与毛泽东吃了一顿饭，难过得流下泪来。

但是，就是这样一个大家连饭也吃不饱的延安，却被当时中国和世界上的仁人志士视为"圣地"，这究竟是为什么呢？

朱德当时写过这样一首诗："历年征战未离鞍，赢得边区老少安。

耕者有田风俗厚，仁人施政法刑宽。实现民主真行宪，只见公仆不见官。"

延安没有物质生活的腐败，延安"只见公仆不见官"，而这就是延安作风吗？这就是使延安成为"圣地"的原因吗？

在毛泽东看来，仅有这些还是远远不够的，而这还远远不是"延安作风"的实质。

那么，中国的根本问题是什么呢？简而言之，就是一盘散沙，人人得以欺之。

中国精英集团的根本问题何在呢？就在于他们脱离群众、脱离实际、脱离现实社会，并且陷入了宗派主义、窝里斗不能自拔。

下层一盘散沙，上层宗派横行，袖手清谈，不切实际，上下脱节，从而瓦解了中国社会。

在毛泽东看来，中华民族的历史实在是太曲折了，中国近代的遭逢实在是太沉痛了。要避免中国和中国文明陷入周期性腐败，那就必须从根本上解决两个问题：一是中国历史上，上层与下层完全脱节的问题；二是中国社会领导力量在精神和思想作风上的贫乏、无能、懈怠和麻痹问题。

在毛泽东看来，物质生活上的腐败，那只是"看得见的"腐败与堕落，而更加危险的腐败，却是思想方式的腐败，行为作风的腐败，乃至于说话方式——文风的腐败。

中华民族若要在灭顶之灾中真正警醒，那就必须从根本上破除这样的腐败。

"往事越千年"——毛泽东就是这样在陕北的黄土高坡上，总结了中国历代兴亡的周期律。

中国开化最早，文明领先，但是，这样的文明古国却反复地被那些

"蛮夷"们打败，这里的根源究竟是什么呢？

毛泽东说，这里的根源，就在于中国人长期以来对于"文明"的形式主义理解。

文者，纹也。在中国历史上，文明被理解为雕饰，正是对于这种繁文缛节的形式主义追求，束缚了"文明化"的中国人，使他们对于"文明"的追求，脱离了文明的现实基础与实质。

那么，什么是文明的现实基础与实质呢？毛泽东说，就是战斗与生产，就是"又战斗来又生产"的广大人民群众。

"文明化"的中国，为什么会反复地被野蛮的夷狄所打败呢？

这就是因为夷狄们身上代表着文明的实质：战斗与生产。而对于文明的形式主义追求，却脱离了这个实质。

与文明的中原相比，夷狄的长处恰就在于其"陋"，而"陋"就是朴素，就是思想作风、生活作风、文风上的朴素。

延安的朴素不仅是物质上的朴素，还是精神上的朴素。延安代表了朴素的文明、朴素的政治，延安代表了中华文明最宝贵的东西。

这才是延安作风的实质。

这再次令人想起王阳明龙场悟道时的名言：

> 昔孔子欲居九夷，人以为陋。孔子曰："君子居之，何陋之有？"
>
> 嗟夫！诸夏之盛，其典章礼乐，历圣修而传之，夷不能有也，则谓之陋固宜。于后蔑道德而专法令，搜抉钩鏊之术穷，而狡匿谲诈，无所不至，浑朴尽矣！夷之民，方若未琢之璞，未绳之木，虽粗砺顽梗，而椎斧尚有施也，安可以陋之？

毛泽东认为，儒家之缺点，就在于儒家对于文明的理解是形式主义的，它认为文明就是"礼仪"，而在当时，这种礼仪就是维护周王朝统治的封建制度。正是这种形式主义的文明，造成了中国的分裂。

蒋介石同样也是如此，他对于中国的政治、军事、经济发展变化的历史一窍不通，他拒绝承认阶级斗争、生产斗争和科学实验是文明的基础，反而把中国所面临的问题归结为抽象的"道德"、"气节"问题。这种对于文明的形式主义理解，是中国精英阶层的痼疾。

毛泽东之所以反对儒家而推崇墨法两家，乃是因为墨家与法家的思想比较实际，是建立在生产与战斗的基础上。在毛泽东看来，"皮之不存，毛将焉附"，儒家追求的不过是文明的形式而已，而墨法两家，追求的则近乎文明的实质。

怎样改变中国基层一盘散沙的局面呢？无他，就是组织农村、组织农民。组织农民的根本方式无他，就是武装农民，而这就是所谓"秦法政"。

而中国西北，原本就是中国墨法思想兴起的地方。秦的兴起，就源于墨法思想的指导，这里的核心就在于"农战"二字，就是使农民成为"耕战之士"，成为又战斗来又生产的战士。

儒家与法家的区别在于：儒家所谓的士，就是摇唇鼓舌之士，游手好闲之士，而法家所谓的"士"，就是农民士兵，二者区别，无非在此。

墨法两家，成于魏、归于秦。墨翟、孟胜、吴起、商鞅这些人之所以艰辛辗转，四处碰壁，这主要就是由于当时"魏康楚富，齐淫吴巧"，即发达地区民风奢华，文明积习太深，听不进批评意见，更不愿展开自我批评，特别是墨子所倡导的"艰苦奋斗"（摩顶放踵，以利天下）这一条，在文明发达的地区，非但难行，而且难听（极不悦耳）。而这便是庄周对于墨子命运的感叹："其生也勤，其死薄，其道大觳，使人忧，使人悲，其行难为也……墨子虽独能任，奈天下何！"

能够接受墨法思想的，最终证明是被文明核心区视为"戎狄"的秦。正因为秦在七国之中开化最迟，正是因为秦之"陋"，尚不存在六国那样庞大的既得利益阶层、贵族世家集团，因此，墨法"官无常贵，而民无终贱"，"有为则上，无能则下"的平等政治主张，方才能够在秦地得以实行。正因为贵族、世家的力量还没有形成，正因为"不党父兄，不偏富贵，不辟颜色"乃是秦的民风，以致"王亦不爱其家"，故"上同而下不周比""王子犯法，与庶民同罪"的户籍—连坐制度，方才能够在秦地顺利推进。而更为重要的是，正因为秦开化最迟，百姓极其不善言辞文饰，不存在一个靠巧言令色、舞文弄墨发达起来的智识阶级，故商鞅那一套以"农战"立国的思想，方能够在秦地大受欢迎。

而与当时的中原相比，秦其实也不过就是个"边区"。

吴起自鲁赴魏，又去魏适楚，而商鞅亦自中原最发达的魏亡命入秦，他们来到"边区"，所献出的强国之策，首先就是对华而不实、只说不练的中原文明弊端的诊断和分析。在文明反思的基础上，他们方才转而倡导一种埋头苦干、只练不说的新文化品质——于是，开化最迟、民风淳朴的戎狄秦地，便这样成为他们培植新文明的试验田。

这便是秦人艰苦奋斗精神的起源，这更是秦走向富强的动力。

商鞅在《商君书·农战》中，曾这样比较"境外"的秦地与"境内"的中原文明：

国去言，则民朴；民朴，则不淫。民见上利之从壹空出也，则作壹；作壹，则民不偷营；民不偷营，则多力；多力，则国强。今境内之民皆曰："农战可避而官爵可得也。"是故豪杰皆可变业，务学《诗》、《书》，随从外权，上可以得显，下可以求官爵；要靡事商贾，为技艺，皆以避农战。具备，国之危也。民以此为教者，其国必削。

这就是说，由于中原地区文明发达，方才养成了盘根错节的贵族世家势力，方才铸成了导致阶级分化的富豪大贾集团；正因为文明发达，方才重用巧言令色、只说不练的智识阶层。而此三者具备，固可谓文明之成就，却也正是"求荣取辱""政怠宦成"的开端，是"人亡政息"——国家危亡的征兆，是文明走向异化的开始。

作为"戎狄"的秦，之所以能据天下之雄图，都六合之上游，最终统摄四海，扫荡群雄，正是秦人的生活朴素、务实使然。秦人正是以朴素的"又战斗来又生产"、以南泥湾开荒般的"农战"精神，最终战胜了中原文明之骄奢淫逸。

秦的改革蓝图，其实就来自中原精英对于自身文明弊端的自我批评。这种自我批评，最终演化成"西戎"之秦对于中原文明所进行的"武器的批判"。

荀子说："凡用兵攻战之本，在乎一民。"所谓"一民"，就是用战斗和生产来统一人民的思想与意志。《荀子·疆国》亦曾赞美秦的朴素民风：

应侯（范雎）问孙卿子曰："入秦何见？"

孙卿子曰："其固塞险，形势便，山林川谷美，天才之利多，是形胜也。入境，观其风俗，其百姓朴，其声乐不流污，其服不佻，甚畏有司而顺，古之民也。及都邑官府，其百吏肃然，莫不恭俭、敦敬、忠信而不楛，古之吏也。入其国，观其士大夫，出于其门，入于公门；出于公门，归于其家，无有私事也；不周比，不朋党，偶然莫不明通而公也，古之士大夫也。观其朝廷，其朝闲，听决百事不留，恬然如无治者，古之朝也。故四世有胜，非幸也，数也。"

而两千多年后，陈嘉庚先生所看到的"十没有"的延安，岂不与当年荀子入秦之所见略同吗？

而所谓"只见公仆不见官"的延安，不也就是荀子文中所谓"古之吏""古之士大夫""古之朝"吗？

徐复观所谓延安的有组织化、一体化，不就是荀子所谓的把人民从最基层组织起来的办法——"一民"吗？

而在中共七大报告《论联合政府》中，毛泽东以五个排比段落，谈到了组织农民，乃是建立一个新中国的必由之路：

农民——这是中国工人的前身。将来还要有几千万农民进入城市，进入工厂。如果中国需要建设强大的民族工业，建设很多的近代的大城市，就要有一个变农村人口为城市人口的长过程。

农民——这是中国工业市场的主体。只有他们能够供给最丰富的粮食和原料，并吸收最大量的工业品。

农民——这是中国军队的来源。士兵就是穿起军服的农民，他们是日本侵略者的死敌。

农民——这是现阶段中国民主政治的主要力量。中国的民主主义者如不依靠三亿六千万农民群众的援助，他们就将一事无成。

农民——这是现阶段中国文化运动的主要对象。所谓扫除文盲，所谓普及教育，所谓大众文艺，所谓国民卫生，离开了三亿六千万农民，岂非大半成了空话？

而后面这段话，可以看作现代中国的《商君书》：

> 土地制度获得改革，甚至仅获得初步的改革，例如减租减息之后，农民的生产兴趣就增加了。然后帮助农民在自愿原则下，逐渐地组织在农业生产合作社及其他合作社之中，生产力就会发展起来。这种农业生产合作社，现时还只能是建立在农民个体经济基础上的（农民私有财产基础上的）集体的互助的劳动组织，例如变工队、互助组、换工班之类，但是劳动生产率的提高和生产量的增加，已属惊人。这种制度，已在中国解放区大大发展起来，今后应当尽量推广。
>
> 这里应当指出一点，就是说，变工队一类的合作组织，原来在农民中就有了的，但在那时，不过是农民救济自己悲惨生活的一种方法。现在中国解放区的变工队，其形式和内容都起了变化；它成了农民群众为着发展自己的生产，争取富裕生活的一种方法。
>
> 中国一切政党的政策及其实践在中国人民中所表现的作用的好坏、大小，归根到底，看它对于中国人民的生产力的发展是否有帮助及其帮助之大小，看它是束缚生产力的，还是解放生产力的。消灭日本侵略者，实行土地改革，解放农民，发展现代工业，建立独立、自由、民主、统一和富强的新中国，只有这一切，才能使中国社会生产力获得解放，才是中国人民所欢迎的。

农战——从基层武装农民，这就是秦、汉、唐之所以强大的制度原因。故唐的制度贡献，不在科举，而在府兵。

唐太宗李世民的伟大之处，恰在于他一扫江左风气，而将均田制与府兵制结合起来，使唐代制度的基础，得以重新建立在"农战"——朴素的农民士兵身上。隋唐两个王朝都脱胎于鲜卑西魏，相对于中原贵族制度而言，夷狄的日常生活无非游牧和战斗，即生产和斗争。以生产和斗争为底色的北国制度，较之以精致的吹牛拍马为显学的中原文明来说，显然更为实际；比较中原等级森严的繁文缛节来说，夷狄的生活显然更为朴素；比较"未窥六甲，先制五言"（即孩子尚未学会数数，便先学会了作诗）的中原教育来说，在游牧骑射中形成的夷狄的人格显然更为自然、健全。汉以来日益贵族化的中国社会，正是因为夷狄的加入，方才获得了伟大复兴。

抗战期间，陈寅恪做《隋唐制度渊源略论稿》，其中大肆赞美关陇府兵之制，他所佐证的，不正是延安作风对于盛唐气象的继承吗？

那么，中国精英集团的缺陷又在哪里呢？毛泽东认为，根本就在于他们理论脱离实际，生活脱离群众，这两个"脱离"，造成了中国社会上下脱节，最终铸成了中国社会的瓦解。

中国开化最早，文明悠久，宋代以降，随着东汉以降出版业的兴盛，读书人成堆。但是，头脑发达伴随着的却是动手能力的下降，知性的发展却伴随着情感与意志的退化，在意志力方面，中原的士大夫反而不如夷狄。而过度地追求文明的形式，就是文明的异化。

而毛泽东在青年时代所做的《致黎锦熙信》中说过：中国士大夫一贯"以读书为上，办事为下"，以为"农、工、商业"，皆为小人之学，系为小人所设，而"大人"所不为也。殊不知小人是世界上的多数，"而世上经营，遂以多数为标准"。故中国的学问脱离国计民生，士大夫的能力，反而不如他们所鄙视的小人与夷狄。

在毛泽东看来，对于形式主义的文明的追求，在六朝时期达到了高峰，而舍本逐末的结果，必然是求荣取辱。

而隋立国之初，李谔曾这样抨击六朝文明：

魏之三祖，崇尚文词，忽君人之大道，好雕虫之小艺。下之从上，有同影响，竞聘文化，遂成风俗。江左齐、梁，其弊弥甚……竞一韵之奇，争一字之巧。连篇累牍，不出月露之形，积案盈箱，唯是风云之状。世俗以此相高，朝廷据兹擢士。禄利之路既开，爱尚之情愈笃。于是闾里童昏，贵游总丱，未窥六甲，先制五言……以傲诞为清虚，以缘情为勋绩……构无用以为用也。

毛泽东很欣赏这段话。他认为，"文风"的问题，就是作风的问题，更是统治阶级堕落的表现。因为将两汉和魏晋文明推向高峰的固然是贵族和豪族，而毁灭了这个文明的同样是贵族和豪族：他们尔虞我诈、骄奢淫逸，"以傲诞为清虚，以缘情为勋绩"——自己打败了自己，舍本逐末、舍实就虚——而这就叫作"文明异化"。

像王阳明在龙场悟道一样，毛泽东希望共产党人能够在延安觉悟天下兴亡之大道。

实际上，历代中国改革家，都提出过与毛泽东类似的看法，其中，王安石就是如此。关于学术脱离政治，王安石曾经这样说：

朝廷礼乐刑政之事，未尝在于学。学者亦漠然自以礼乐刑政为有司之事，而非己所当知也。学者之所教，讲说章句而已。讲说章句，固非古者教人之道也。

王安石的感慨是很深的。因为宋代以来，随着出版业的发达，也形成了空谈泥古的士大夫作风。宋真宗所谓"书中自有黄金屋""书中自有颜如玉""书中自有千钟粟"，更把读书当作了一门生意。而士大夫阶级的无能与腐败，就因此而铸成。

宋代建国，始终面临着辽、金、西夏的强大压力，而这就不能不迫使中原的士大夫精英们，对于自身文明的文弱、享乐、滥情痛加反省，在宋人所做的自我批评中，以王安石、叶适为最深刻。王安石曾指出：人皆以为夷狄愚昧迷信，不知中原士大夫文明的迷信，实则比夷狄尤甚，夷狄不过迷信鬼神，但并未脱离骑射，即经济与军事；而中原则迷信文词，正是这种对于文饰、文词的形式主义迷信，使得科举考试成为制造大量废物的荒谬仪式。士大夫是个完全脱离生产与战斗的阶层，而宋人竟以为凭借口诵经文，妙手文章，便可退辽金十万铁骑——这种脱离生产和斗争的文化与其说是文明，倒不如说是天大的愚昧。

于是，他创办三舍（外舍、内舍和中舍），命学生全部寄宿其中，以观其才德，并于校内建立操场，供学生练习骑射。又制定保甲、保马之法，令农民学习马术武艺，先以自卫，终以服役官府，以期逐步恢复唐的"府兵"、秦的"农战"。但是，宋代的疆域处于中原和江南最为富裕的地区，宋更是历史上士大夫文化最发达的朝代，王安石在《上仁宗皇帝言事书》中说：任职江南东路的见闻，使他认识到"举国奢靡，全民腐败"的现实。宋代的士大夫文明，不但与生产和经济活动相脱离，也与治国理政完全脱节，这样的社会，这样的文明，几乎彻底丧失了自我批评和自我改造的能力。王安石之所以感慨宋代最大的失败在教育，叹息"变成法易，变世风难"，这就是因为在"文明发达到了糜烂程度"的地区实行变法和改革，他遇到了当年商鞅在魏时所遭遇的同样问题：改革者不仅需要改造制度，而且还需再造文明。而王安石的命运，自然也就难免要重复墨子式的悲剧："其道大觳，使人忧，使人悲，其行难为也……虽独能任，奈天下何！"

"学生也是这样，以学为主，兼学别样，即不但学工、学农、学军，也要批判资产阶级。"而毛泽东这里的深意，则是史家不可不知的。

而王安石之后，又有人焉。

张居正的《陈六事疏》，其首在"省议论"，其重在"核名实"；王阳明在《传习录》中称："知者行之始，行者知之成，圣学只一个功夫，知行不可分作两事。"这些痛切反省都表明：崇虚文、鄙实践，与现实生产活动完全脱离的士大夫，完全不足以与战斗和生产相联系的夷狄相对抗。

而这一切都说明：文饰是虚伪的渊薮，立足于生产和战斗的实干才是诚实的品格。而华夏士大夫文明的悲剧，正可概括为"只说不练"、眼高手低的悲剧，华丽的士大夫文明脱离生产与斗争的悲剧，便是清末郭嵩焘的感叹："故夫士者，国之蠹也。"

16 世纪以降，西欧之所以能实现迅速崛起并最终超越中国，其中一个重要原因就是：现代西方文明乃是建立在知识与实践、科学与生产活动的密切联系之上的，现代文明的主体——企业家与工人都是从行会师傅中分化而来的。因此，重视生产、科技和实践，便是现代科学文明的特点。与之相对，中国的士大夫文明却鄙视动手、鄙视实践，更鄙视劳动和劳动者，于是，从这样一种浮华的士大夫文明中，也就不可能产生出观察和实验的偏好，因而，也更不能产生出现代科技文明。

戊戌变法之际，严复在《上皇帝万言书》中曾这样感慨地说：

> 国之富强，民之智勇，臣愚不知忌讳，不敢徒以悦耳之言欺陛下，窃以为无一事及外洋者。而其所以获全至今者，往者以外人不知虚实故耳……故中国今日之大患，在使外人决知我之不能有为，而阴相约纵，以不战而分吾国。使其约既定，虽有圣者，不能为陛下谋也。

热爱和平、珍惜生命、享受生活、热衷消费、说学逗唱、皆大欢喜——这是中国千余年士大夫文明之花繁盛的基础，但是，这也就是武将畏死、文臣贪财、见利忘义、醉生梦死、吹牛拍马、敷衍塞责、举国腐败的渊薮。而这便是极其残酷的文明辩证法，是文明异化的残酷逻辑。

中国的士大夫阶级，只是附丽在中国社会之上的一张皮，他们与社会的基础——政治、经济、军事完全脱离，他们从根本上忘记了四个字——实事求是。

20世纪50年代末，毛泽东读王勃《秋日楚州郝司户宅饯崔使君序》一文时，信笔写下了以下批语："青年人比老年人强，贫人、贱人、被人看不起的人，地位低下的人，大部分发明创造，占70%以上，都是他们干的。30%的中老年而有干劲的，也有发明创造。这种三七开的比例，为何如此，值得大家深深地想一想。结论就是因为他们贫贱低微，生命力旺盛，迷信较少，顾虑少，天不怕，地不怕，敢想敢说敢干。"

毛泽东发现了这样一个历史的逻辑：中国文明发展的历史、人类文明演进的历史，也就是"文明的实质"——战斗与生产，战胜"文明的形式"的历史，就是那种脱离战斗与生产的文风、作风和学风遭到武器的无情批判与淘汰的历史。

所谓"实事求是"，就是在战斗与生产中寻求文明的实质。这个逻辑，毛泽东坚持了一生。

1964年2月13日，毛泽东在一个关于减轻学生负担的批示中说："旧教学制度摧残人才，摧残青年，我很不赞成。孔夫子出身没落奴隶主贵族，也没有上过什么中学、大学，开始的职业是替人办丧事，大约是个吹鼓手。人家死了人，他去吹吹打打。他会弹琴、射箭、驾车子，也了解一些群众情况。开头做过小官，管理粮草和管理牛羊畜牧。后来他在鲁国当了大官，群众的事就听不到了。他后来办私塾，反对学生从事劳动。明朝李时珍长期自己上山采药，才写了《本草纲目》。更早些的，有所发明的祖冲之，也没有上过什么中学、大学。美国的富兰克林是印刷所学徒，也卖过报。他是电的大发明家。英国的瓦特是工人，是蒸汽机的大发明家。高尔基的学问完全是自学的，据说他只上过两年小学。"

在毛泽东看来，正是对于文明的形式主义追求，害了中国文明，毁灭了华而不实的士大夫阶级，而这种学风、作风和文风的腐败，也不可避免地传递给了中国现代知识分子。

据国民党教育部统计，抗战前全国专科以上学校学生共有42922人，至1940年减少到3万余人。抗战开始后，大量知识分子奔赴延安，陕甘宁边区有文化人约4万，其中高等教育程度者近万人，延安处处有学校，延安成了著名的"文化城"。

然而，要复兴中华文明，仅仅靠读书是不行的，要根绝对于文明的形式主义理解，就必须把文明建立在生产与战斗这个实质之上。

而所谓"艰苦奋斗"，无非是说"文明"绝非表面的文饰，君子敏于行而讷于言，真正的文明起源于不言不语。伟大的文明，就是埋藏在行动（生产与战斗）中的朴素精神。

"自力更生、艰苦奋斗"，这是血的教训，是医治文明衰败症的苦药，是撬动"天下兴亡周期律"的杠杆。

"自力更生、艰苦奋斗"和"实事求是"，这才是延安作风的实质。

除了脱离实际之"虚文"之外，中国的精英分子还有什么缺点呢？

这个缺点就是"党争"和"宗派主义"。

王阳明指出，正是对于文明的形式主义追求，造成了读书人为了追

求虚名而"文人相轻",这就是党争的根源。而正是为了对抗这种风气,王阳明方才提出了这样的见解:

> 天下之所以不治,只因文盛实衰,人出己见,新奇相高,以眩俗取誉。徒以乱天下之聪明,涂天下之耳目,使天下靡然争务修饰文词,以求知于世,而不复知有敦本尚实、反朴还淳之行。

在中国历史上,"宗派主义"的另一个说法,其实就是"朋党"或者"党争"。

所谓"朋党",大盛于北宋。由于王安石的改革诉诸《周礼》,于是,这就使得熙宁以降,围绕着具体改革方略的争论,转变为围绕着儒家经典真义的争论。

欧阳修做《朋党论》,他便以为"君子"们争的是"大义",而"小人"争的是利禄,故"小人无朋,惟君子则有之"。

然而,正是"党争"造成了统治集团内部的分化与内讧,"党争"更是导致北宋瓦解的一个重要原因。

故雍正在《御制朋党论》中说,"朋党"就是结党营私,其名曰追求"大义",实则是追求自己的私利。对于官员而言,这就是把小集团的利益,置于国法之上,置于道义之上。党争是大私,是官场痼疾,党争一日不去,天下则难见公道与公平。

徐复观因此告诫蒋介石说:中国的知识圈里没有民主,只有"党争"和"派性",民主应该是打破"特权圈"的力量,而不能沦为知识分子争权夺利的工具。

尽管中国历代改革者都曾不同程度地通过揭示中国精英分子的痼疾,以探索中国瓦解的根源,但是,只有毛泽东站在历史唯物主义的高度，一语中的地把这种痼疾概括为：主观主义、宗派主义和党八股。

这种概括深刻精辟，一举成为对中国历史的深刻总结，也是历史上无人能够匹敌的。

正是为了重建中国政治，正是为了重建中华文明，1941 年 5 月，毛泽东在延安高级干部会议上，做《改造我们的学习》报告，发动了整风运动。

毛泽东指出，重建中华文明，重建中国政治，必须从以下三个方面入手。

首先，必须批判主观主义。

中国历来有着世界上最庞大的读书人阶层，中国上层精英的根本问题不是不学习，而是理论脱离实际，生活脱离群众。

知识脱离实际，学术脱离政治，这是中国精英阶层的痼疾，也是毛泽东所说的"学风问题"。

"冰冻三尺非一日之寒"，"学风问题"由来已久。

马克思指出，所谓人类的自由意志，不过就是指人类的生产与交往活动，因此，知识活动应该从生产与交往的人出发，不能从理想的、想象的人出发。而毛泽东说：什么是知识？难道读了几本书，就可以说是有知识吗？难道读书人就算是知识分子了吗？那种束缚人行动的知识，能叫知识吗？

而毛泽东如下的话，只有放在中国历史极为沉痛的教训之中，只有从历史唯物主义的高度，才能得到真正的理解：

　　什么是知识？自从有阶级的社会存在以来，世界上的知识只有两门，一门叫作生产斗争知识，一门叫作阶级斗争知识。自然科学、社会科学，就是这两门知识的结晶，哲学则是关于自然知识和社会知识的概括和总结。此外还有什么知识呢？没有了。

我们现在看看一些学生，看看那些同社会实际活动完全脱离关系的学校里面出身的学生，他们的状况是怎么样呢？一个人从那样的小学一直读到那样的大学，毕业了，算有知识了。但是他有的只是书本上的知识，还没有参加任何实际活动，还没有把自己学得的知识应用到生活的任何部门里去。像这样的人是否可以算得一个完全的知识分子呢？我以为很难，因为他的知识还不完全。

什么是比较完全的知识呢？一切比较完全的知识都是由两个阶段构成的：第一阶段是感性知识，第二阶段是理性知识，理性知识是感性知识的高级发展阶段。学生们的书本知识是什么知识呢？假定他们的知识都是真理，也是他们的前人总结生产斗争和阶级斗争的经验写成的理论，不是他们自己亲身得来的知识。他们接受这种知识是完全必要的，但是必须知道，就一定的情况说来，这种知识对于他们还是片面性的，这种知识是人家证明了，而在他们则还没有证明的。最重要的，是善于将这些知识应用到生活和实际中去。所以我劝那些只有书本知识但还没有接触实际的人，或者实际经验尚少的人，应该明白自己的缺点，将自己的态度放谦虚一些。

有什么办法使这种仅有书本知识的人变为名副其实的知识分子呢？唯一的办法就是使他们参加到实际工作中去，变为实际工作者，使从事理论工作的人去研究重要的实际问题。这样就可以达到目的。

而所谓的"主观主义"，其根源，就在于中国的读书人、上层精英生活脱离群众，就在于中国的上层与下层是完全脱节的。就在于"知"与"行"是完全脱节的。

因此，要使中华民族团结起来，就必须首先在读书人中反对"主观主义"这种学风。

其次，必须反对"宗派主义"。

毛泽东认为，打着马克思主义的旗号，压服党内同志，轻视人民群众，这就是宗派主义。中国共产党名曰一党，而实质上没有党派的利益，中国共产党必须始终把人民的利益置于党派的利益之上：

> 宗派主义的残余，在党内关系上是应该消灭的，在党外关系上也是应该消灭的。其理由就是：单是团结全党同志还不能战胜敌人，必须团结全国人民才能战胜敌人。中国共产党在团结全国人民的事业上，20年来做了艰苦的伟大的工作；抗战以来，这个工作的成绩更加伟大。但这并不是说，我们所有的同志对待人民群众都有了正确的作风，都没有了宗派主义的倾向。不是的。在一部分同志中，确实还有宗派主义的倾向，有些人并且很严重。
>
> 我们的许多同志，喜欢对党外人员妄自尊大，看人家不起，藐视人家，而不愿尊重人家，不愿了解人家的长处。这就是宗派主义的倾向。这些同志，读了几本马克思主义的书籍之后，不是更谦虚，而是更骄傲了，总是说人家不行，而不知自己实在是一知半解。
>
> 我们的同志必须懂得一条真理：共产党员和党外人员相比较，无论何时都是占少数。假定100个人中有一个共产党员，全中国4.5亿人中就有450万共产党员。即使达到这样大的数目，共产党员也还是只占1%，99%都是非党员。我们有什么理由不和非党人员合作呢？对于一切愿意同我们合作以及可能同我们合作的人，我们只有同他们合作的义务，绝无排斥他们的权利。一部分党员却

不懂得这个道理，看不起愿意同我们合作的人，甚至排斥他们。这是没有任何根据的。马克思、恩格斯、列宁、斯大林给了我们这样的根据吗？没有。相反地，他们总是谆谆告诫我们，要密切联系群众，而不要脱离群众。中国共产党中央给了我们这个根据吗？没有。中央的一切决议案中，没有一个决议说是我们可以脱离群众使自己孤立起来。相反地，中央总是叫我们密切联系群众，而不要脱离群众。所以，一切脱离群众的行为，并没有任何的根据，只是我们一部分同志自己造出来的宗派主义思想在那里作怪。因为这种宗派主义在一部分同志中还很严重，还在障碍党的路线的实行，所以我们要针对这个问题在党内进行广大的教育。首先要使我们的干部真正懂得这个问题的严重性，使他们懂得共产党员如果不同党外干部、党外人员互相联合，敌人就一定不能打倒，革命的目的就一定不能达到。

　　一切宗派主义思想都是主观主义的，都和革命的实际需要不相符合，所以反对宗派主义和反对主观主义的斗争，应当同时并进。

　　而第三个要反对的，就是"党八股"。所谓"八股"，就是教条主义在文风上的表现。

　　毛泽东更认为，中国有两个八股，一个是"旧八股"，一个是"新八股"或者"洋八股"。而"新八股"、新教条是五四运动的产物，它向右发展为资产阶级的思想，而向"左"则发展为党内的教条主义，即机械地、僵化地对待马克思主义。

　　中国共产党进行革命的目的，不仅是要打倒封建主义、打倒资本主义和帝国主义，也要打倒党内的教条主义。而这在文风上，就必须同时打倒"旧八股""洋八股"和"党八股"。

如果历史上的许多人对于中国文明的理解是形式主义的，那么，五四运动以来许多人，则把文明和文化理解为抽象的西方文明和西方文化，而他们对于西方文明、文化的理解，同样脱离了对西方政治、经济和社会的分析，他们对于西方文明的理解同样是形式主义的。他们不知道，西方的思想和文化，都是为了解决当时的问题而产生的。

毛泽东深刻剖析了现代中国教条主义产生的根源：

从历史来看，党八股是对于五四运动的一个反动。

五四运动时期，一班新人物反对文言文，提倡白话文，反对旧教条，提倡科学和民主，这些都是很对的。在那时，这个运动是生动活泼的，前进的，革命的。那时的统治阶级都拿孔夫子的道理教学生，把孔夫子的一套当作宗教教条一样强迫人民信奉，做文章的人都用文言文。总之，那时统治阶级及其帮闲者们的文章和教育，不论它的内容和形式，都是八股式的，教条式的。这就是老八股、老教条。揭穿这种老八股、老教条的丑态给人民看，号召人民起来反对老八股、老教条，这就是五四运动时期的一个极大的功绩。五四运动还有和这相联系的反对帝国主义的大功绩；这个反对老八股、老教条的斗争，也是它的大功绩之一。但到后来就产生了洋八股、洋教条。

我们党内的一些违反了马克思主义的人则发展这种洋八股、洋教条，成为主观主义、宗派主义和党八股的东西。这些就都是新八股、新教条。这种新八股、新教条，在我们许多同志的头脑中弄得根深蒂固，使我们今天要进行改造工作还要费很大的气力。这样看来，"五四"时期的生动活泼的、前进的、革命的、反对封建主义的老八股、老教条的运动，后来被一些人发展到了它的反对方面，产生了新八股、新教条。它们不是生动活泼的东西，而是死硬的东西了；不是前进的东西，而是后退的东西了；不是革命的东西，而是阻碍革命的东西了。这就是说，洋八股或党八股，是五四运动本来性质的反动。

正如毛泽东所说的那样，对于什么是知识、什么是文明的错误理解，对于文明的形式主义追求，不仅害了中国文明，害了现代中国知识分子，也害了中国共产党，害了中国人民。它更造成了党内教条主义的统治，而党内的错误思想，既是中国历史糟粕在党内的反映，也是五四新文化运动缺点的反映。

毛泽东说：

> 但五四运动本身也是有缺点的。那时的许多领导人物，还没有马克思主义的批判精神，他们使用的方法，一般地还是资产阶级的方法，即形式主义的方法。
>
> 他们反对旧八股、旧教条，主张科学和民主，是很对的。但是他们对于现状，对于历史，对于外国事物，没有历史唯物主义的批判精神，所谓坏就是绝对的坏，一切皆坏；所谓好就是绝对的好，一切皆好。这种形式主义地看问题的方法，就影响了后来这个运动的发展。五四运动的发展，分成了两个潮流。一部分人继承了五四运动的科学和民主的精神，并在马克思主义的基础上加以改造，这就是共产党人和若干党外马克思主义者所做的工作。另一部分人则走到资产阶级的道路上去，是形式主义向右的发展。但在共产党内也不是一致的，其中也有一部分人发生偏向，马克思主义没有拿得稳，犯了形式主义的错误，这就是主观主义、宗派主义和党八股，

这是形式主义向"左"的发展。这样看来，党八股这种东西，一方面是五四运动的积极因素的反动，一方面也是五四运动的消极因素的继承、继续或发展，并不是偶然的东西。我们懂得这一点是有好处的。如果"五四"时期反对老八股和老教条主义是革命的和必需的，那么，今天我们用马克思主义来批判新八股和新教条主义也是革命的和必需的。如果"五四"时期不反对老八股和老教条主义，中国人民的思想就不能从老八股和老教条主义的束缚下面获得解放，中国就不会有自由独立的希望。这个工作，五四运动时期还不过是一个开端，要使全国人民完全脱离老八股和老教条主义的统治，还须费很大的气力，还是今后革命改造路上的一个大工程。

如果我们今天不反对新八股和新教条主义，则中国人民的思想又将受另一个形式主义的束缚。至于我们党内一部分（当然只是一部分）同志所中的党八股的毒，所犯的教条主义的错误，如果不除去，那么，生动活泼的革命精神就不能启发，拿不正确态度对待马克思主义的恶习就不能肃清，真正的马克思主义就不能得到广泛的传播和发展；而对于老八股和老教条在全国人民中间的影响，以及洋八股和洋教条在全国许多人中间的影响，也就不能进行有力的斗争，也就达不到加以摧毁廓清的目的。

毛泽东批判地总结中国历史，批判地总结五四运动以来的中国现代史，最终还是为了批判地总结中国共产党的历史，具体地说，是为了批判长期统治中共的王明路线。

1939年，刘少奇在马列学院做有关《论共产党员的修养》的演讲，首次公开批判王明。他认为：诸如王明这些人虽然读了点儿书，但他们的问题是修养不够，他们在精神境界上不但不能望马克思、列宁之项背，而且与中国历史上的圣贤也相差千里。

而在毛泽东看来，王明等人之所以修养不够，是因为他们根本不知道什么叫修养、什么叫圣贤。

这些人自以为读了几本苏联的书就可以号称有马列主义修养，他们根本就不懂得，一个人的修养，只能从阶级斗争、生产斗争和科学实验中来，只能从人民群众中来，离开了这个实质，就无所谓共产党人的修养。

这些人得到的充其量是马克思主义的形式、词句，丢掉的是马克思主义的实质，他们的书，完全脱离了中国革命的实质，这样的书是十分有害的。

在中国乃至世界上，究竟什么人才能、才配称为圣贤呢？

蒋介石以为朱子、王阳明是圣贤，王明以为斯大林是圣贤，但是，在毛泽东看来，人人皆是圣贤，圣贤就是人民群众。

而比起人民群众，历史上那些所谓"圣贤"都是很渺小的。

1944 年 9 月 5 日，中央警卫团一个普通战士因炭窑崩塌而牺牲，他的名字是张思德。尽管李克农特别指示就地安葬张思德，不要惊动工作繁忙的毛泽东，但毛泽东当天就知道了这个消息，当时，他沉痛地说了这样的话："天在下雨啊！怎么能把他一个人孤零零地留在山里？！必须把张思德同志运回来安葬，今晚我不睡，我就是要等着他回来。"

当张思德的遗体运回来后，毛泽东亲自给他穿上了自己的一双新鞋，然后说："开个追悼会吧，我去讲话！"

在追悼会上，毛泽东说，张思德同志是为人民的利益而死的，他的死比泰山还要重。

只有全心全意为人民服务的人才是圣贤，因此，张思德就是圣贤，白求恩才是圣贤。毛泽东在中共七大闭幕词《愚公移山》中说，人民群众不仅是圣贤，而且是上帝。

而比起张思德、白求恩、比起受苦受难的广大人民群众，蒋介石、王明这些人不过是小丑，他们怎么配称圣贤？

的确，在 20 世纪 40 年代这历史大转变的关头，忙着以写书、出书来确立自己"道统"的人，不仅是蒋介石，另一个汲汲于此道者便是王明。

1940 年 5 月，王明又一次再版了他写于 1930 年 11 月、初版于 1931 年 2 月，名为《两条路线》的小册子，而这本小册子 1932 年 3 月再版时，改名为《为中共更加布尔塞维克化而斗争》。当年的王明，正是凭着这个小册子，进入了中共最高领导层。

世界上有这样几种为统治确立合法性的方式：一种是凭血缘承继的，一种是靠暴力征服的，还有一种则是靠金钱买卖的。马克思着重分析了后一种确立统治合法性的方式，并将此称为"资产阶级市民社会"的统治方式。

但古往今来还有一种最常见的统治方式，那就是通过装扮成某种学说、思想和"真理"的合法继承人，来确立自己的正统和统治地位，而这就是所谓通过垄断"意识形态霸权"以实行统治——毛泽东和安东尼奥·葛兰西，重点分析和批判了这种统治方式。

而王明在党内所要确立的，就是这样一种统治。

年轻的王明在中共党内本无资历，而他掌握的最大的资本，就是思想理论的资源。王明是中共驻共产国际的代表，是斯大林的"钦差大臣"，此人记忆力甚好，他用很短的时间就熟练地掌握了俄文，对马恩列斯的一些著作，能够倒背如流。

王明在其著作的三版序言中说："每个忠诚的辩证唯物主义和历史唯物主义者，不能把昨日之是，一概看作今日之非；或把今日之非，一概看作异地之非；或把异地之非，一概断定为此地之是。"

所谓"不能把昨日之是，一概看作今日之非"，这无非是说：今天，不能把六届四中全会形成的王明路线，看作是错误的。"或把今日之非，一概看作异地之非；或把异地之非，一概断定为此地之是"，而这就是说：不能把中共的错误，看作莫斯科瞎指挥的结果，即使莫斯科自己承认瞎指挥，中共自己也绝不能这样承认。

高举着辩证唯物主义和历史唯物主义的大旗，王明做出的却是诛心之论。

戴震的名言是：今之儒者，"以理杀人"。而王明就是这样的"今之儒者"，王明的肃反，就是"以理杀人"。

对于王明的"厉害"，对于王明的肃反，中共党内是记忆犹新的。

1937 年 11 月 29 日，王明从苏联回到延安，毛泽东亲自到机场恭迎，陕北公学大操场万人欢呼。而毛泽东说，这是"喜从天降"。

但这未必代表了中共高层的一般态度。高岗后来则愤愤不平地这样说："什么喜从天降，是祸从天降！"

"无事家中坐，祸从天上来。"王明的再次"自天而降"，的确不能不使人忆起 1931 年 1 月米夫等人给中共"空降"下来一个党中央。

但当时的高岗，却无论如何是不敢当面笑骂王明的。

因为王明这次途经新疆时，还谈忘记把自己的"政敌"俞秀松诬陷为"托派分子"，并唆使盛世才将俞送到苏联去审判。而得到王明到来的消息，惊魂未定的张国焘索性选择叛党，因为他害怕王明跟他"新账老账一起算"。

与王明同机到达的还有康生、陈云、曾山、孟庆树（王明的夫人）。

1937 年 12 月 9 日至 14 日，中共召开政治局会议，王明、康生、陈云被增选为书记处书记，与洛甫、毛泽东组成"五大书记"。王明虽然没有被推为"总书记"，但他却在会上表现得不可一世——王明那时的气势，甚至超过了他在中共六届四中全会上初出茅庐时的表现。

"十二月会议"结束后，中央政治局成员合影，王明居中而坐，如众星捧月，而毛泽东则低调地站在了后排的最边上。

然而，王明错误地估计了形势，他忘记了今天的中共中央，已不是当年上海的那个地下组织，而如今的毛泽东也已不是红一军团的政委了。

"十二月会议"决定筹备召开中共七大，整整一年前，即1936年12月7日，毛泽东当选中央革命军事委员会主席，所以，在这次会议上，毛泽东顺理成章地成为中共七大筹委会主席。

实际上，连共产国际也看懂了这样的事实：如今再按照苏联的意志来改造、"整肃"中共，硬搞一套，已是完全不可能的了，而如果王明坚持这样做，那只能是自取其辱。

"十二月会议"召开半年后，1938年6月11日，共产国际代表团举行会议，讨论中国共产党的问题，会议通过了支持毛泽东领导的决定。正在苏联养病的王稼祥受命返回中国，传达会议决定。行前，季米特洛夫特别叮嘱他说："应该告诉全党，支持毛泽东为中国共产党领导人，他是在实际斗争中锻炼出来的领袖。其他人，如王明，不要再争领导人了。"

9月14日，在中央政治局会议上，王稼祥如实传达了上述指示，这次"九月会议"决定召开中共六届六中全会。而当时在武汉中共长江局的王明却拒绝回延安，而是要求在武汉或西安开会。

"钦差大臣满天飞"，面对王明的霸道，毛泽东也火了，他质问道："共产党的中央全会，为什么要在国民党的地盘上开会？他就是抬我去，我也不去！"

最终，中共六届六中全会在延安召开，会议决定撤销长江局，任命王明为中央统战部部长、中央妇女运动委员会主任。

然而，王明却继续采取攻势。1942年年底刘少奇回到延安，王明批评刘少奇不公道，提出要让全党一起来评理，而王明的道理简而言之就是：中共六届四中全会制定的路线没有错，错的倒是遵义会议以来的路线。

仿照《联共（布）党史》，王明立志要为中共编一部《春秋》，而他的书所采用的也是"春秋笔法"。

在三版序言中，王明写道："本书所记载着的事实，是中国共产党发展史中的一个相当重要的阶段，因此，许多人要求了解这些历史事实，尤其在延安各学校学习党的建设和中共历史时，尤其需要这种材料的帮助。"

这就是要算历史账。

而毛泽东的道理也很简单：王明要算历史账，那就算历史账。中共六届四中全会的路线给党和红军造成了灭顶之灾，你王明竟连一句反省的话都没有，你倒是有了理了？

究竟什么是检验真理的标准呢？难道是书本吗？难道是王明搬弄的那些马克思主义词句吗？

难道抛开中共六届四中全会以来党所遭受的巨大挫折，空谈马克思主义基本原理，就可能标榜自己代表马克思主义了吗？

于是，毛泽东也开始编历史书——他后来所说的"党书"，他把中共六大以来反映党的政治路线的主要文件集中起来，编订成册，而这就是《六大以来》。毛泽东的秘书胡乔木后来说："在编辑的过程中，毛主席愈来愈深入地从中找出他要提出的问题——两条路线的问题……毛主席对四中全会时国内领导人的批评，主要是讲为什么拱手把中央的领导权交给王明，王明走了，又把中央的领导权交给了博古。他最不满意的就在这里。"

毛泽东自己则这样说：

> 到了 1941 年 5 月，我作《改造我们的学习》的报告，毫无影响。6 月后编了党书（指《六大以来》），党书一出许多同志解除武装，才可能召开 1941 年 9 月会议，大家才承认 10 年内战后期中央领导的错误是路线错误。1941 年 9 月会议是一个关键，否则我是不敢到党校去作整风报告的，我的《农村调查》等书也不能出，整风也整不成。

1941 年 9 月 8 日至 13 日，中共中央召开政治局扩大会议，讨论党在土地革命时期的政治路线问题，这就是毛泽东所说的"9 月会议"。参加会议的 28 人先后发言，洛甫、博古、王稼祥、李维汉作为当事人，批判了中共六届四中全会上形成的错误路线，鉴于惨痛的教训，他们深刻地检讨了自己的错误。在那次会议上，王明陷入了彻底的孤立。

王明率先提议要算历史账，而这笔账最终却不可避免地算到了他自己头上。

10 月 7 日，毛泽东偕王稼祥、任弼时找王明私下交谈，以表团结之意。但在第二天书记处会议上，王明却提出：政治局扩大会议偏离了主题，必须立即停止讨论苏维埃后期的错误问题，以专门检查中央目前的路线。

中央书记处拒绝了王明的建议，而是坚持继续"算账"。10 月 22 日，王明突然宣布自己有病，不能参加政治局会议了。

与王明不同，洛甫是明智的，洛甫明白：王明要算账，这完全是自取其辱，王明嚷嚷着要算老账，不可避免地要把自己也算进去。于是，1942年1月26日，洛甫提出要下基层搞调查研究，率"延安农村工作调查团"下乡去了。

1943年3月，洛甫调查归来，那个时候，"历史账"已经算得差不多了。而王明却向洛甫继续宣传中央路线有错误的观点，他还对洛甫说："这次整风，主要是整我们这些从莫斯科回来的同志，尤其是你和我。"

毛泽东听到此言，在会上直言不讳地说：

> 王明对洛甫说"整风是整你和我"，这话又对又不对。说是对的，首先要揭破教条宗派，要"整"。王明、博古、洛甫，对这些同志要"将军"，要全党揭露。说是不对的，还要把一切宗派打坍，打破各个山头，包括其他老干部、新干部。

于是，经过这一轮"算账"，不仅王明自取其辱，连洛甫这个党中央的总负责人也当不成了。

留学生们把学来的马列主义当作了自己的私有财产，延安整风就是一场全党的马克思主义启蒙运动，就是要公开留学生们借以吓人的那些"私有财产"。

延安整风确实是从"算账"开始的，但"整风"不是算个人的小账，"整风"是算中国五千年历史和几十年中国革命史的大账。

1941年5月以来，毛泽东带领共产党算了两本历史账，一本是五千年中国历史的账，一本是中国近现代史、特别是中共党史的账，而逼着毛泽东算账的，一个是蒋介石，另一个就是王明。

那时的毛泽东，在思索着鸦片战争、戊戌变法、辛亥革命和五四运动。

而浮现在他眼前的，却更是大革命失败，杀人如草不闻声，是革命者内部的肃反，是斯大林的瞎指挥，是错误路线给党带来的灭顶之灾，是衣衫褴褛的红军，是红军鲜血染红的湘江，而在他们背后，则是水深火热中的人民大众。

那时的毛泽东，更在思索着五千年中国历史。

中华民族如果不想在这场数千年未有的大变局中灭亡，那就必须建立起朴素的政治、朴素的文明。

所谓"算账"，也就是要清算数千年来中国的精英阶层，对于"文明""道德"和"修养"的形式主义理解，就是要算一算中华民族和中国共产党安身立命的"本钱"究竟是什么。

毛泽东说，"自力更生，艰苦奋斗"和"实事求是"，这就是延安精神的两个根本点，而文明的实质就是"君子敏于行而讷于言"。

这也就是说，所谓文明绝非形式主义的文辞，文明的实质就是阶级斗争、生产劳动和科学实验。

正是基于对于什么是真正的文明的这种理解，毛泽东分别为自己的两个女儿取名为"敏"与"讷"。

1964 年 12 月 26 日，是毛泽东 71 岁生日，那一天，他极其例外地举办了一次寿筵。遇到这难得的机会，女儿李敏也想为父亲祝寿，而毛泽东当时却对大家说："李敏要同我来，我说你不下乡，你没有资格来。李讷好，李讷下去搞'四清'了。"

毛泽东希望自己的女儿人如其名。

中国共产党自建党以来，就是一个以知识分子为领导主体的党。很长时期以来，党把苏联和共产国际的指示当作了"圣旨"，从大革命时期的依靠资产阶级、放弃革命的领导权，到第二次国内革命战争时期的

"为百分之百的布尔什维克化而斗争"，再到抗日战争时期的"一切服从统一战线"，这种忽左忽右，使中共成为毛泽东所说的"秧歌政权"，更使党经历了极为惨痛的失败，而其根源就在于，党没有思想和理论自信，党没有自己的思想理论自主性。

近代中国丧失独立性，这不仅是物质上的，更是思想和精神上的。反映在党内，这就集中体现为主观主义、教条主义对于党的统治。

主观主义、教条主义的一个根源，就是迷信外国、迷信洋人，而这是殖民地半殖民地现实状况在党内精神生活上的反映，它集中表现为党内的许多人不了解中国的历史，而把中国的历史说得一团漆黑。

毛泽东说：

> 不论是近百年的和古代的中国史，在许多党员的心目中还是漆黑一团。许多马克思列宁主义的学者也是言必称希腊，对于自己的祖宗，则对不住，忘记了。认真地研究现状的空气是不浓厚的，认真地研究历史的空气也是不浓厚的……对于自己的历史一点不懂，或懂得甚少，不以为耻，反以为荣。特别重要的是中国共产党的历史和鸦片战争以来的中国近百年史，真正懂得的很少。近百年的经济史，近百年的政治史，近百年的军事史，近百年的文化史，简直还没有人认真动手去研究。有些人对于自己的东西既无知识，于是剩下了希腊和外国故事，也是可怜得很，从外国故纸堆中零星地捡来的。
>
> 几十年来，很多留学生部犯过这种毛病。他们从欧美日本回来，只知生吞活剥地谈外国。他们起了留声机的作用，忘记了自己认识新鲜事物和创造新鲜事物的责任。这种毛病，也传染给了共产党。

当然，中国历史也绝不像蒋介石的书中所说的那样，是一片光明，而正如瞿秋白在《多余的话》中所痛陈的那样：中共这样一个以知识分子为领导主体的党，当然也保留着中国士大夫阶级的一些缺点。而在毛泽东看来，士大夫阶级在中国是一个特殊的阶层，所谓理论脱离实际、生活脱离群众、八股文风，这些都是士大夫阶级的痼疾。

中华民族欲求自新，欲求真正之解放，就必须批判地总结自己的历史，批判地总结自己的文明。

批判地总结中国的历史，系统地总结中国革命的经验教训，这是摆在毛泽东和共产党面前的艰巨任务。

毛泽东对中国历史的反思，与蒋介石这样的"学术票友"完全不同，即绝非局限于明代一隅，更不是局限于儒家一门。而毛泽东对于中华文明的理解，也非一切"大儒"的学术所能涵盖。毛泽东的思索深入到中华文明内部，涵盖上下五千年，包纳华夏与四夷。

毛泽东最后这样总结说：

> 主观主义、宗派主义和党八股，这三种东西，都是反马克思主义的，都不是无产阶级所需要的，而是剥削阶级所需要的。这些东西在我们党内，是小资产阶级思想的反映。中国是一个小资产阶级成分极其广大的国家，我们党是处在这个广大阶级的包围中，我们又有很大数量的党员是出身于这个阶级的，他们都不免或长或短地拖着一条小资产阶级的尾巴进党来。小资产阶级革命分子的狂热性和片面性，如果不加以节制，不加以改造，就很容易产生主观主义、宗派主义，它的一种表现形式就是洋八股，或党八股。

1942 年，面对着人类血战前行的历史，面对着中华民族的空前危机，毛泽东向中国共产党人和中国人民指出了再造文明、重整乾坤的道路。而他的出发点，就是造就一支中华民族解放和人类解放的先锋队，而造就这样一支先锋队，就必须从改造我们的学习、整顿党的作风和反对"党八股"入手。

毛泽东说，我们的历史有糟粕，但也有精华；有腐败，但也有朴素；有黑暗，但更有光明。历史虚无主义是站不住脚的，真正的问题在于能够正确区分，究竟哪些是糟粕、腐败和黑暗，哪些是精华、朴素与光明。

在我们的历史上，有埋头苦干的人，有拼命硬干的人，有舍身求法的人，这是中国的脊梁。而如果只是夸夸其谈，不懂得什么是实事求是，中国共产党是不可能领导中国革命走向胜利的。

只有懂得了中国历史，才能真正理解毛泽东的整风。

只有懂得什么是文明，才能真正明白毛泽东思想对于中华文明的伟大复兴的意义。

只有懂得了什么是朴素的政治、朴素的文明，我们才能真正读懂毛泽东那首最著名的词：

> 北国风光，千里冰封，万里雪飘。
>
> 望长城内外，惟余莽莽；大河上下，顿失滔滔。
>
> 山舞银蛇，原驰蜡象，欲与天公试比高。
>
> 须晴日，看红装素裹，分外妖娆。
>
> 江山如此多娇，引无数英雄竞折腰。
>
> 惜秦皇汉武，略输文采；唐宗宋祖，稍逊风骚。
>
> 一代天骄，成吉思汗，只识弯弓射大雕。
>
> 俱往矣，数风流人物，还看今朝。

1943 年 3 月 20 日，中央政治局会议推选毛泽东为政治局主席，中央书记处主席，连任中央军事委员会主席。中央书记处由毛泽东、刘少奇、任弼时组成。

毛泽东第一次成为中国共产党的主席。那一年，他 50 岁。

1942 年 7 月 8 日，王稼祥发表《中国共产党与中国民族解放的道路》，第一次正式、公开提出"毛泽东思想"，文章指出：

> 中国民族解放整个过程中——过去现在与未来——的正确道路就是毛泽东同志的思想，就是毛泽东同志在其著作中与实践中所指出的道路。毛泽东思想就是中国的马克思列宁主义，中国的布尔塞维主义，中国的共产主义。

此后，在毛泽东的带领下，中国共产党仅仅用了 6 年的时间，就夺取了中国革命的胜利。

从中共七大到十九大，毛泽东思想都被写进了《中国共产党章程》，只有一次例外，那就是中共八大。

第十五章 『观世音』

1942 年年初，造访延安的作家萧军问毛泽东说：共产党究竟有没有自己的文艺政策呢？

　　毛泽东回答说：现在忙着打仗，种小米，文艺政策重要，可是实在是顾不上呢。

　　萧军说：应当有个文艺政策，否则争论不休，没有标准，难明是非。

　　毛泽东不禁鼓掌说：你这个建议很好！

　　最初提出中国文艺中存在着根深蒂固的去政治化倾向的，并不是毛泽东，而是被视为鲁迅嫡传弟子的萧军。因此，他方才向毛泽东提议说：文艺应该有政治方向，共产党应该有文艺政策。

　　萧军能够把文艺提高到政治的高度去认识，这令毛泽东对他刮目相看。

　　这次谈话后，毛泽东便先后找了艾青等人，请他们帮助收集、了解延安文艺界的情况，而艾青也对毛泽东说："开个会，你出来讲讲话吧！"

　　毛泽东似乎有些吃惊："我讲，会有人听吗？"

艾青肯定地说："至少我是爱听的。"

而直到这年的 4 月底，萧军看毛泽东那边还是没有动静，就再给毛泽东去了一封信，说他已经等不及了，要准备离开延安到三边去了。

4 月 27 日晚，毛泽东致信萧军："准备本周六开会，请你稍等一下出发，开完你就可以走了。会前我还想同你谈一下，不知你有暇否？我派马来接你。月报 1–14 期收到，谢谢你！"

信很短，但极为周到。而当时的萧军以傲慢著称，他曾经放言说："鲁迅是我父亲，毛泽东只是我大哥。"毛泽东听到后不但没有不快，更在这位"鲁迅的学生"面前，坦陈了自己在党内被整以及遭受委屈的历史。萧军闻之大为不平，毛泽东反而劝萧军说："一个人没受过十年八年的委屈，就是没受够教育啊！我们干革命，就要受得了委屈，受得了委屈，方才能安身立命啊！"事后，萧军写出《论同志之"爱"与"耐"》，送《解放日报》发表，毛泽东特意打电话给舒群，建议文章照发，但要删掉自己的名字。这充分说明，毛泽东与作家是以心换心的，对待作家的态度是亲切而尊重的。

同一天，中共中央宣传部代理部长凯丰向 100 多名作家发出请柬："为着交换对于目前文艺运动各方面问题的意见起见，特定于 5 月 2 日下午一时半在杨家岭办公厅会议室内开座谈会，敬希届时出席为盼。"

这封请柬同样写得简短、客气而周到，体现了整风之后，共产党人文风的巨变。

1942 年 5 月 2 日下午一时，毛泽东步入延安杨家岭中央办公厅会议室，他比规定的开会时间早到了半个小时。毛泽东先是与到会的各位作家逐一握手寒暄，然后落座，当时的人们注意到：毛泽东穿的棉袄破了，一抬手，胳膊肘上就露出了棉花。

开会前，毛泽东先给大家吃了这样的"定心丸"，他说："敌人一时不会打过来，娃娃也不必送给老乡，开会期间大家有肉菜吃，所以，可以畅所欲言，安心讨论文艺问题。"

著名的延安文艺座谈会就是这样召开的，而在炮火连天的战争期间召开文艺座谈会，这在人类历史上，是极其少见的。

毛泽东参加了延安文艺座谈会全部三次会议讨论，其间，他偶尔幽默地插话，但更多的时间是听会、思考，并埋头记录。

5月23日晚，是最后一次会议，应作家们的要求，毛泽东为会议做总结讲话。

那天晚上，晚霞还笼罩着延安的天际，而杨家岭小广场上的一盏汽灯却早早地点亮了，作家们围绕在这盏汽灯下，他们看到毛泽东从杨家岭住处的山坡上走下来，因为坡陡路滑，毛泽东怀里还夹着讲稿，所以走得小心翼翼。而版画家罗工柳当时就坐在讲桌前，细心的他留意到，直到开始讲话前，毛泽东还在自言自语地说："这个总结可是不好做呢！"

谦虚低调的毛泽东，就是在那一次讲出了一篇经典。

毛泽东一开始讲话，就立即抓住了作家们的心，全场鸦雀无声，偶尔听众中会爆发出会心的笑声。毛泽东一口气讲三个小时，结束时全场起立，长时间地鼓掌，人们久久不愿散去，毛泽东自己说："真没有想到，大家这样鼓掌，我都不好意思了。"

诗人何其芳回到鲁迅艺术学院，兴奋得一宿都没有睡着，与大家讨论到天亮。

毛泽东对讲稿进行了精心的整理，一年后，他方才把改好的稿子送给了《解放日报》，报纸排版后，毛泽东在清样上删去了562个字，同时又加上了562个字，一字不多，一字不少。

这就是著名的《在延安文艺座谈会上的讲话》。

毛泽东的讲话共分五个部分。

这篇讲话最为独特的地方是：全文五个部分，统统都是由"我们"开头的，而其中的三个部分的开头第一句话，分别是："我们的文艺是为什么人的"，"我们的文艺既然是为人民大众的，那么，我们就可以进而讨论一个党内关系问题"，以及"我们延安文艺界中存在着上述种种问题"。

处处以"我们"开头，这表明，毛泽东这是在向自己人交心，他把延安的作家们看作是自己人。

而既然有"我们"，就必然有"他们"，"我们"与"他们"是对立的，正因为有了"他们"，"我们"才能够成立。

正像《毛泽东选集》中的第一篇文章《中国社会各阶级的分析》从"谁是我们的敌人？谁是我们的朋友？"开头一样，毛泽东的这篇讲话，则是从什么是"他们的文艺"，什么是"我们的文艺"，"我们的文艺"与"他们的文艺"的不同说起的。

不破不立，在讲述"我们的文艺"之前，毛泽东首先说明了什么是"他们的文艺"。

而《在延安文艺座谈会上的讲话》之所以能够立即抓住作家们的心，首先就是因为这一点。

那么，什么是"他们的文艺"呢？所谓"他们的文艺"，就是封建主义的文艺、资产阶级的文艺和汉奸的文艺。

毛泽东说：

> 诚然，为着剥削者压迫者的文艺是有的。文艺是为地主阶级的，这是封建主义的文艺。中国封建时代统治阶级的文学艺术，就是这种东西。直到今天，这种文艺在中国还有颇大的势力。文艺是

为资产阶级的，这是资产阶级的文艺。像鲁迅所批评的梁实秋一类人，他们虽然在口头上提出什么文艺是超阶级的，但是他们在实际上是主张资产阶级的文艺，反对无产阶级的文艺的。文艺是为帝国主义者的，周作人、张资平这批人就是这样，这叫作汉奸文艺。在我们，文艺不是为上述种种人，而是为人民的。我们曾说，现阶段的中国新文化，是无产阶级领导的人民大众的反帝反封建的文化。

毛泽东在发表讲话前，曾经认真参考了列宁发表于 1905 年 11 月 13 日的《党的组织和党的出版物》一文，毛泽东的讲话中，也多次引用了列宁这篇文章。毛泽东的讲话与列宁的文章，遵循了同样的叙述逻辑，这个逻辑就是：在"他们的文艺"之外，努力创造"我们自己的文艺"。

列宁所说的"他们的文艺"有两种：一种是为沙皇的统治服务的文艺，一种是为资产阶级赚钱服务的文艺。因此列宁说，我们必须创造一种新的文艺，这种文艺是对"被亚洲式的书报检查制度和欧洲的资产阶级所玷污了的写作事业的改造"。

列宁提倡的新文艺，是建立在"两个超越"的基础上的文艺——它同时要超越"落后的亚洲写作"和"先进的欧洲写作"，同时要超越"警察的监督"和"买卖关系"的束缚。

于是，列宁这样说：

我们绝不是宣传某种划一的体制或者宣传用几个决定来解决任务。不，在这个领域里是最来不得公式主义的。问题在于使我们全党，使俄国整个觉悟的社会民主主义无产阶级，都认识到这个新任务，明确地提出这个新任务，到处着手完成这个新任务。摆脱了农奴制的书报检查制度的束缚以后，我们不愿意而且也不会去当写作上的资产阶级买卖关系的俘虏。我们要创办自由的报刊而且我们一定会创办起来，所谓自由的报刊是指它不仅摆脱了警察的压迫，而且摆脱了资本，摆脱了名位主义，甚至也摆脱了资产阶级无政府主义的个人主义。

因此，列宁所谓的"自由的报刊"，是指其在以下两个方面是自由的，即既摆脱了书报检查制度的束缚，也不是资产阶级买卖关系的俘虏——既摆脱了警察的压迫，也摆脱了资本的束缚，摆脱了名位主义，甚至也摆脱了资产阶级无政府主义的个人主义。

毛泽东同样如此。他说，作家感到不自由，是因为他们遭受到了双重压迫，一种是书报检查制度的压迫，一种是资本家的剥削。大家跑到延安来，不仅是因为延安的小米比较好吃；大家跑到延安来，一方面是因为长期受到国民党书报检查制度、国民党监禁与屠杀的压迫；同时，大家跑到延安来，更是因为文艺家们在上海的亭子间里，受到出版资本家的剥削和压榨。总之，大家跑到延安来，就是为了寻找自由、光明，寻找自由的文艺和自由的创作。

那么，文艺家们理想中的自由和自由写作究竟是什么呢？相当一部分作家认为，这就是表现自我、表现内心、表现普遍的人性。

而这种观点与出版商、资本家的观点，不是很相似吗？

毛泽东认为，这就是小资产阶级的观点，而这种小资产阶级的观点与大资产阶级的观点并不遥远，这种小资产阶级的观点是在大资产阶级压迫下所产生的一种幻觉，这种幻觉终究是不能持续很久的。

《在延安文艺座谈会上的讲话》发表一年后的 1944 年，霍克海默和阿道尔诺写下了《启蒙辩证法》这部杰出的理论著作，与《在延安文艺座谈会上的讲话》一样，《启蒙辩证法》也是在战争中产生的，这两篇著作论述的主题是相似的：思考并回答什么是资产阶级文艺。

《启蒙辩证法》揭示出 20 世纪资本主义生产方式的巨变，这就是文化的资本化——即文化生产成为资本主义生产活动的重要组成部分：

> 最有实力的广播公司离不开电力工业，电影工业也离不开银行，这就是整个领域的特点，对其各个分支机构来说，它们在经济上也都互相交织在一起。所有行业都这样紧密地联系在一起，而且，人们一旦把注意力集中起来，就会忽略不同企业和技术分支部门之间的界限。

文化是在资本投资支配下的工业生产，在这里，起支配作用的是投资商和制造商，并不是作家。由于文化的资本化，由于文化成为资本投资和工业生产的纽带，成为资本主义生产的重要组成部分，所以，在当代资本主义条件下，所谓个人的文艺，所谓文艺表现作家的个性，这已经是完全不可能的了。

霍克海默和阿道尔诺指出：所谓"表现内心"，正是启蒙的产物，因为它来自康德所说的"内心的道德法则"，而《启蒙辩证法》则指出，而今这种道德法则就是市场的法则：

> 康德认为，心灵中有一种秘密机制，然而今天，这种秘密机制已经被揭穿了。如果说这种秘密机制所针对的是所有表象，那么哲学表象却是由那些可以用来支持经验数据的机制，或者说是文化工业计划好的了。

简而言之，所谓的"心灵中的秘密机制"——启蒙主义最神圣的东西，如今一点儿也不神秘了，在康德那里它不过就是计算和推理能力，而在资本支配下的文化生产中，它不过就是对成本得失的精密计算而已。

而所谓"人性"，不过就是通过概率计算而得出的平均数而已：

> 在概率计算中，意识形态屏蔽了自身。尽管表面看来，快乐工业总是在不遗余力地追求着天赋，然而在快乐工业面前，所有人都没有那么幸运，除非有的人赢了彩票，有的人凭借高官厚禄，能够做到这些……不过，只有一个女孩子才能赢得幸运彩票，只有一个男孩子才能获得奖金，如果算起来，所有人都有同样的机会，然而每个人的胜率却都是非常小的，不管对男孩子来说，还是对女孩子来说，他（或她）最好都要对自己忽略不计，准备去分享别人的胜利，也许每个人之间并没有什么不同，但最终还是不一样的。

既然在资产阶级文化生产中，所谓的普遍人性，不过是文化制造商算出来的平均数。而这种虚假的人性，掩盖的恰恰是真实的人性，它制造了人人平等的概率假象，但掩盖的是现实社会里人欺压人的真实。

就这样，人的问题由一个政治问题，变成了一个商业问题——毛泽东与霍克海默和阿道尔诺都揭示了这种致命的转变。他们都认为，所谓的"小资产阶级"，就是还沉浸在虚假的内心、自我、普遍人性的梦幻里的人们，他们不知道所谓内心、自我和普遍人性，已经沦为了资产阶级精心设计的骗钱的工具与广告。

正因为小资产阶级们没有看穿这种骗局，所以，他们就不知道什么是真正的人性。他们以为自己是在谈人性，实际上，当人性已经成为一门生意的时候，他们不过是在谈买卖。

于是，毛泽东说：

> 例如一方面是人们受饿、受冻、受压迫，一方面是人剥削人、人压迫人，这个事实到处存在着，人们也看得很平淡……
>
> "人性论"。有没有人性这种东西？当然有的。但是只有具体的人性，没有抽象的人性。在阶级社会里就是只有带着阶级性的人性，而没有什么超阶级的人性。我们主张无产阶级的人性，人民大众的人性，而地主阶级资产阶级则主张地主阶级资产阶级的人性，不过他们口头上不这样说，却说成为唯一的人性。有些小资产阶级知识分子所鼓吹的人性，也是脱离人民大众或者反对人民大众的，他们的所谓人性实质上不过是资产阶级的个人主义，因此在他们眼中，无产阶级的人性就不合于人性。现在延安有些人所主张的作为所谓文艺理论基础的"人性论"，就是这样讲，这是完全错误的。

毛泽东当然没有像《启蒙辩证法》的两位作者那样旁征博引，但是，他与霍克海默及阿道尔诺一样，认为广大文艺家们之所以还存在着"小资产阶级思想"，就是因为他们还沉浸在"启蒙"的大梦里没有醒来。

故毛泽东这样说：

> 我们的工作，就是要向他们大喝一声，说："同志"们，你们那一套是不行的，无产阶级是不能迁就你们的，依了你们，实际上就是依了大地主大资产阶级，就有亡党亡国的危险。

《启蒙辩证法》这样的著作已经表明，资产阶级的文化生产对于作家而言，乃是一种新形式的压迫与剥削，对于人类的文化则是一种新形式的摧残。在毛泽东看来，中国实际上的确存在着这样的危险，那就是打倒了帝国主义和封建主义，而其结果是得到了资本主义。但是，世界历史表明，资本主义的道路是根本走不通的。中国的文艺，它的未来绝不能走那样一条路。

毛泽东是高瞻远瞩的，他指出，如果沿着启蒙的文学那条路照走下去，中国最可能建立的便是《启蒙辩证法》中所批判的资产阶级文学。而列宁告诫俄国人说："摆脱了农奴制的书报检查制度的束缚以后，我们不愿意而且也不会去当写作上的资产阶级买卖关系的俘虏。我们要创办自由的报刊而且我们一定会创办起来，所谓自由的报刊是指它不仅摆脱了警察的压迫，而且摆脱了资本，摆脱了名位主义，甚至也摆脱了资产阶级无政府主义的个人主义。"而毛泽东则指出，摆脱了统治阶级的文学之后，我们也绝不能走向市场的文学、拜金的文艺，走向资产阶级的文艺——这一点，现在就必须向作家们讲清楚。

毛泽东指出，封建主义、资产阶级、汉奸的文艺，便是"他们的文艺"，是与"我们的文艺"对立着的；而"小资产阶级的文艺"则可能把我们带到歧途；"我们的文艺"，就是无产阶级领导的、人民大众的文艺，是不懈地反对上述潮流的新文艺。

郭沫若当年曾经说，《在延安文艺座谈会上的讲话》"有经有权"，所谓经，就是指毛泽东的讲话预言了中国文艺发展的命运。而这种"经"的部分，是不会过时的。

毛泽东说，作家当然要实现自我，但须知实现自我，必须凭借一定的社会运动和社会组织，这样的社会运动，就是中国人民求解放的运动。而自己一个人发牢骚是不行的，一个人关起门来发牢骚，那是不能实现自我的。

作家需要投身到社会运动和社会组织中去，而人民的运动，也迫切需要作家们来表达自己的痛苦、信仰与激情。

作家在寻找人民，人民也在寻找和呼唤着作家。

列宁说，要建立我们的新文艺，首先必须处理好党与文艺的关系。

列宁说，党与自由的文艺之间的关系，就是"言论自由"与"结社自由"之间的关系。每个人都有言论自由，但是结社也是自由的，你有言论自由，但党作为"自由结社"，为了维护"结社自由"，可以与散布反党观点的人分手：

> 每个人都有自由写他愿意写的一切，说他所愿意说的一切，不受任何限制。但是每个自由的团体（包括在党内），同样也有自由赶走利用党的招牌来鼓吹反党观点的人。言论和出版应当有充分的自由。但是结社也应该有充分的自由。为了言论自由，我应该给你完全的权利让你随心所欲地叫喊、扯谎和写作。但是，为了结社自由，你必须给我权利同那些说这说那的人结成联盟或者分手。

列宁的观点斩钉截铁，那就是：党员作家不能反党，如果反党，那就请你从党的组织里出去，这样，你就可以享受你的自由了。

而与列宁比起来，毛泽东则要苦口婆心得多了。与列宁不同，毛泽东把党的组织、党的出版物的提法，改为了"人民的运动"和"人民的文艺"。

毛泽东说，大家到延安来拥护共产党、追随共产党，不是为了升官发财，而是因为共产党全心全意为中国人民谋求自由与解放，因此，作家们服从的不是共产党，因为共产党也是人民群众的小学生，只有人民才是我们的观世音。

于是，只要摆正了自己与人民群众的关系，那么，党与作家的关系，党与文艺的关系就很好解决了。

与列宁的提法相区别，毛泽东说延安当时真正要解决的问题，并不是什么党与文艺、党与作家的关系问题，我们开座谈会，所要真正解决的问题，其实是我们这些人与人民的关系问题，是为人民服务以及怎样服务的问题。这个问题不仅在作家里面存在，而且，在党员作家中，在党里面，也是严重地存在着的，我们开座谈会，其实质就是要解决这个问题。

这个问题为什么是难以解决的呢？因为精神的根本问题，尤其是文艺的根本问题，不仅在知识，不仅在认识，而更在情感。

因为在知识上，在口头上，大家都主张为人民服务，但是，在情感上却并不然。对于服务人民这件事，大家并不是在思想上转不过来，而是在感情上难以接受，这是因为大家在感情上"不爱人民"——毛泽东说："不爱他们的感情，不爱他们的姿态。"正因为在感情上没有转过来，所以，大家写的东西就不生动、不感人、不动人，既然连自己都感动不了，那就不可能感动老百姓。

毛泽东在青年时代即认为，人的精神生活由两部分组成，一部分是情感与意志，一部分为知识与理性。泡尔生的《伦理学原理》说：

> 精神生活，亦有两方面，意志及知识是也。意志之动，为冲动、为感情、知识之动，为感觉、为知觉、为思维。

而毛泽东在旁批注道："此处感情属于意志"。

精神的转变不仅是理论上的转变、知识上的转变，更是情感上的转变。毛泽东说，由于情感没有转变，所以大家的头脑里还是一个"小资产阶级的独立王国"。

那么，为什么在思想上整风之外，还要开一次文艺座谈会呢？毛泽东说，这是因为文艺从根本上说就是情感的艺术，开文艺座谈会，就是为了解决感情的问题。只有在思想上通了，而感情上也通了，那么精神和灵魂才会焕然一新。

革命运动，不仅是追求真理、践行真理的活动，也是一切把人民从情感上、意志上、信仰上加以提高的运动，在后一方面，文艺的作用是巨大的，不可替代的。

毛泽东说：

在今天，坚持个人主义的小资产阶级立场的作家是不可能真正地为革命的工农兵群众服务的，他们的兴趣，主要是放在少数小资产阶级知识分子上面。而我们现在有一部分同志对于文艺为什么人的问题不能正确解决的关键，正在这里。

我这样说，不是说在理论上。在理论上，或者说在口头上，我们队伍中没有一个人把工农兵群众看得比小资产阶级知识分子还不重要的。我是说在实际上，在行动上。在实际上，在行动上，他们是否对小资产阶级知识分子比对工农兵还更看得重要些呢？我以为是这样。

有许多同志比较地注重研究小资产阶级知识分子，分析他们的心理，着重地去表现他们，原谅并辩护他们的缺点，而不是引导他们和自己一道去接近工农兵群众，去参加工农兵群众的实际斗争，去表现工农兵群众，去教育工农兵群众。有许多同志，因为他们自己是从小资产阶级出身，自己是知识分子，于是就只在知识分子的队伍中找朋友，把自己的注意力放在研究和描写知识分子上面。这种研究和描写如果是站在无产阶级立场上的，那是应该的。但他们并不是，或者不完全是。他们是站在小资产阶级立场，他们是把自己的作品当作小资产阶级的自我表现来创作的，我们在相当多的文学艺术作品中看见这种东西。他们在许多时候，对于小资产阶级出身的知识分子寄予满腔的同情，连他们的缺点也给以同情甚至鼓吹。对于工农兵群众，则缺乏接近，缺乏了解，缺乏研究，缺乏知心朋友，不善于描写他们；倘若描写，也是衣服是劳动人民，面孔却是小资产阶级知识分子。他们在某些方面也爱工农兵，也爱工农兵出身的干部，但有些时候不爱，有些地方不爱，不爱他们的感情，不爱他们的姿态，不爱他们的萌芽状态的文艺（墙报、壁画、民歌、民间故事等）。他们有时也爱这些东西，那是为着猎奇，为着装饰自己的作品，甚至是为着追求其中落后的东西而爱的。有时就公开地鄙弃它们，而偏爱小资产阶级知识分子的乃至资产阶级的东西。这些同志的立足点还是在小资产阶级知识分子方面，或者换句文雅的话说，他们的灵魂深处还是一个小资产阶级知识分子的王国。

这样，为什么人的问题他们就还是没有解决，或者没有明确地解决。这不光是讲初来延安不久的人，就是到过前方，在根据地、八路军、新四军做过几年工作的人，也有许多是没有彻底解决的。要彻底地解决这个问题，非有十年八年的长时间不可。但是时间无论怎样长，我们却必须解决它，必须明确地彻底地解决它。我们的文艺工作者一定要完成这个任务，一定要把立足点移过来，一定要在深入工农兵群众、深入实际斗争的过程中，在学习马克思主义和学习社会的过程中，逐渐地移过来，移到工农兵这方面来，移到无产阶级这方面来。只有这样，我们才能有真正为工农兵的文艺，真正无产阶级的文艺。

这些话，是整个讲话的主旨，是讲话的核心。

延安，旧称肤施，意思是"肤肉恩施"。传说尸毗王在此地看到老鹰追逐小鸽，遂割肉饲鹰，救出鸽子。这就是割肉贸鸽的故事。如今清凉山上依然有胜迹可寻。

是陕北养育了走投无路的红军，是陕北人民养育了几乎山穷水尽的共产党人。

什么是对人民群众的感情呢？

毛泽东说："人民是我们的观世音，我们共产党人，没有人民群众该怎么办啊？我们要像念佛一样，时时刻刻念着我们的人民群众啊！"

当毛泽东离开延安去重庆谈判时，枣园的百姓蜂拥而至，他们喊着："毛主席不能走，毛主席不能离开延安。"

当毛泽东从重庆归来时，延安万人空巷，父老乡亲在机场翘首以盼，他们奔走相告："菩萨保佑，咱们的毛主席好好地回来哩！"

当共产党撤离陕北时，王家坪的房东一遍遍地问毛泽东："主席，咱们延安的小米好吃不好吃，咱们延河的水可甜？"

在转战陕北途中，毛泽东到一个老乡家讨水喝，他惊异地发现，灶台上挂着的竟然是他的画像。毛主席问女主人说："大嫂啊，你家怎么不供灶王爷啊？"

大嫂说："祖祖辈辈供灶王爷，还是被人家欺负，毛主席来了，咱们穷人才不受欺负了，咱们穷人也成了人了，咱们不挂灶王爷，要供就供咱们毛主席！同志，你们从延安来吧？借问咱的毛主席，他可好？"

当时那位大嫂，并没有认出进来讨水的人，就是毛泽东本人。

"旧社会把人变成鬼，新社会把鬼变成人。"

"咱们穷人也成了人了。"

《在延安文艺座谈会上的讲话》发表后不久，延安鲁迅艺术学院的师生排出了大型歌剧《白毛女》。

1945 年 6 月，中国共产党第七次全国代表大会在杨家岭中央大礼堂召开期间，《白毛女》在此首演。

泪水合着掌声，叹息伴着喝彩。

当台上的大春牵着喜儿的手走出漫长阴暗的山洞，东方的太阳冉冉升了起来。

悠远的合唱仿佛从历史深处响起，全场震动、全场欢呼：

> 太阳出来了，太阳出来了。
>
> 太阳，太阳！光芒万丈，万丈光芒。
>
> 上下几千年，受苦又受难，如今盼到出了太阳！
>
> 太阳就是毛泽东！太阳就是共产党！

而毛泽东却说，不，太阳是人民群众。

毛泽东这样教诲中国共产党人和一切追求人类进步与解放的作家们说：

> 中国人民正在受难，我们有责任解救他们，我们要努力奋斗。要奋斗就会有牺牲，死人的事是经常发生的。但是我们想到人民的利益，想到大多数人民的痛苦，我们为人民而死，就是死得其所。

在中共七大上，毛泽东做了这样的闭幕词，他说：

中国古代有个寓言，叫作"愚公移山"。说的是古代有一位老人，住在华北，名叫北山愚公。他的家门南面有两座大山挡住他家的出路，一座叫作太行山，一座叫作王屋山。愚公下决心率领他的儿子们要用锄头挖去这两座大山。有个老头子名叫智叟的看了发笑，说是你们这样干未免太愚蠢了，你们父子数人要挖掉这样两座大山是完全不可能的。愚公回答说：我死了以后有我的儿子，儿子死了，又有孙子，子子孙孙是没有穷尽的。这两座山虽然很高，却是不会再增高了，挖一点就会少一点，为什么挖不平呢？愚公批驳了智叟的错误思想，毫不动摇，每天挖山不止。这件事感动了上帝，他就派了两个神仙下凡，把两座山背走了。现在也有两座压在中国人民头上的大山，一座叫作帝国主义，一座叫作封建主义。中国共产党早就下了决心，要挖掉这两座山。我们一定要坚持下去，一定要不断地工作，我们也会感动上帝的。这个上帝不是别人，就是全中国的人民大众。全国人民大众一齐起来和我们一道挖这两座山，有什么挖不平呢？

青年时代的毛泽东在《讲堂录》中曾经这样概括中国数千年治理之失败：

> 人民与国家之关系，不过讼狱、纳赋二者而已，外此无有也。故曰：日出而作，日入而息，凿井而饮，耕田而食，帝力何有于我哉！惟无关系也，故缺乏国家思想、政治思想。

国家视百姓如草民、草芥，而百姓视国家如无物、寇仇。这就是中国社会一盘散沙之根源。

"旧社会把人变成鬼，新社会把鬼变成人。"从三皇五帝到如今，唯有毛泽东这位主席方才这样告诉黎民百姓：你们也是人，是与统治者完全平等的人，你们不是草芥。于是，老百姓要地，共产党就给他地；老百姓要公道，共产党就给他公道；老百姓要打扁担、要骂娘，甚至要"雷劈了毛泽东"，共产党就请他们打扁担，请他们结结实实地骂娘，直到老百姓认为扁担打得太重了，娘骂得太过分了——如同丁玲的《太阳照在桑干河上》中那个侯忠全老头子，感叹说，"我这不是在做梦吧"，这时毛泽东又告诉他说，你不仅是人，你就是新中国的主人。平头百姓也许不知道什么是马克思主义、共产主义，但他们知道，跟着毛主席走就对了。这是最朴素的真理。

当家徒四壁的井冈山、延安、太行人民，以仅有的 5 颗鸡蛋、一筐红枣、半条驴腿支援共产党的时候，当"妻子送郎上战场，母亲叫儿打东洋"这人民的呼声响彻大河上下的时候，困扰中国数千年的一盘散沙的死循环，终为之焕然顿解，"数千年未有之大变局"，终因之而逆转。

当一个出身农民的士兵高举炸药包高呼"为了新中国，前进！"时，当一个不到 15 岁的农家女面对铡刀慷慨陈词"怕死不当共产党"时，毛泽东率领的共产党人的奋斗感动了上帝。

第十六章

赶考

抗战期间，蒋介石本人成为中国战区的统帅。蒋介石政府也得到了世界反法西斯阵线的承认，除了得到了美国的支持，更得到了苏联的承认与支持。

当然，这不是没有代价的。

1945 年，几乎与中共七大同时，国民党六大在重庆召开。国民党六大结束之后，以行政院长兼外交部部长宋子文为首，包括蒋介石的儿子蒋经国，以及钱昌照、胡世泽在内的国民党高级代表团一行，立即前往莫斯科，行前拟有一份"对苏交涉方针"，而其核心不是蒙古问题，更不是东北问题，而是"中共问题"。

而对这一切，中共则完全被蒙在鼓里。因为 1945 年 2 月，周恩来还从重庆通报延安：苏联坚定地支持民主运动和组织联合政府的方针。但实际上，由于毛泽东的《论联合政府》是中共创党以来第一份没有经过苏联审阅的报告，所以，苏联对这个报告并不感兴趣。

苏联与国民党谈判，完全是背着中共进行的，中共事先并不知道谈判的内容，以至于直到 1947 年 7 月 22 日，毛泽东还致函王震说："宋子文赴苏会谈 10 余天尚未解决问题"，毛泽东所说的问题，是指随着美苏联合，国民党的政策如何调整问题；而事实上，宋子文第一次赴苏就已经基本解决了问题——而这个问题竟然就是中共地位合法性问题。

与几乎所有的人的估计相反，苏联与国民党的谈判一开始就否定了中共七大关于成立民主联合政府的政治主张，承认蒋介石政府为中国唯一合法政府，共产党并不能代表中国，这使国民党探到了苏联的底牌。双方的谈判因而立即取得了突破性进展。

7月7日，蒋介石致电宋子文："务望注意我之要求与目的：一，东三省领土主权之完整；二，苏联今后不再支持中共及新疆之匪乱"，因为第一条建立在承认苏联在东北拥有特权的基础上，形同虚设，故所有关键，即在蒋介石反复强调的第二条，蒋介石说："惟苏联今后不再支持中共及新疆之匪乱，必须真切明了，毫无隐饰，必须有具体之结果。"

7月9日，中苏第四次会谈，宋子文直接提出了蒋介石的三项条件，表示在满足三项条件的前提下，中国政府同意外蒙古独立。对此苏联方面十分满意。

1945年8月14日，在外蒙古与中国的边界尚未划定的情况下，国民党代理外交部部长王世杰就与莫洛托夫签订了《中苏友好同盟条约》，从此，外蒙古从中国分离出去。新中国爆炸原子弹之后，美国为了阻挡新中国恢复在联合国的合法席位，积极推动蒙古加入联合国，而当时在联合国握有否决权的台湾当局，竟然对美国唯命是从，紧跟美国投了赞成票。

没有材料显示中共最终得到这个消息后的反应是什么，甚至没有确切的材料说明中共具体是在什么时候得到这一消息的，我们只能说：对于中共来说，这不是什么惊天动地的消息。因为自从大革命以来，苏联实际上支持的就是国民党，鲍罗廷帮助国民党建党建军，以至于走到了取消中国共产党的地步，苏联战后选择支持国民党，这不过就是常态。

实际上抗战胜利后，国民党和共产党都主张建立一个统一的中国。而双方的区别仅在于：这样的中国，究竟是个什么样的中国。

蒋介石在《中国之命运》里说，这样的中国，也就是使今天的中国，回到明亡之前的中国，甚至也可以说，回到宋代的中国。

实际上，连蒋介石自己都不相信，这样的中国是可能的。那么，蒋介石真正希望的究竟是什么样的中国呢？

马寅初说，这就是号称"天下为公"，实则"地上为私"的中国，郭沫若说，这就是"官逼民反"的中国，而徐复观说，这乃是上层靠知识分子，下层靠土豪劣绅的中国，而毛泽东则归结说，那就是一个官僚买办资产阶级和"四大家族"、土豪劣绅统治的中国。

而共产党所期望的中国，则是一个通过土地改革把农民组织起来的中国，是一个摆脱了帝国主义的掠夺，能够发展工业化的中国，是一个发展现代文化，而不是文化复古的中国，是一个人民当家作主的中国。毛泽东在《论联合政府》中说，这样的中国，这就是新中国。

关于怎样统一中国，毛泽东选择了说理的方式，他之所以冒着生命危险去重庆，就是去讲这篇关于新中国的道理。

而蒋介石没功夫与毛泽东说理，他干脆地说：你不缴枪，那就战场上见吧！

战争还没开始，其实蒋介石就输了理，但他却认为这根本无所谓，重庆谈判期间，他对毛泽东的《沁园春·雪》的评价是：诗写得不坏，但打仗不是靠写诗！

蒋介石以为，自己有钱有枪，有美国和苏联的承认和支持，共产党不过就是一群土匪而已。

他大错特错了。因为如今的共产党，早已经不是当年的共产党了。

共产党兵少，但是，共产党的军队却掌握着世界上最先进的战争艺术，通过长征和抗日战争，共产党的军队已经把运动战发展为突击战、闪电战和游击战，第二次世界大战已经证明，决定战争胜负的并不是兵力的规模。

通过延安整风，中国共产党已经克服了束缚它的主观主义和宗派主义，共产党已经成为了一支战斗队、宣传队和工作队，而这是四分五裂的国民党根本不能比拟的。

共产党人不但想到了胜利，而且，他们太渴望胜利了。

在 1945 年 6 月 11 日的中共七大闭幕词中，毛泽东提出了这样的口号：

> 下定决心，不怕牺牲，排除万难，去争取胜利。

但是，无论毛泽东还是共产党人，的确都没有想到胜利会来得这样快。

1945 年 2 月，毛泽东在中央党校的演讲中这样感慨万千地说：

> 同志们！我们奋斗了二十四年，革命还没有胜利，这是因为我们的国家太大了。国家太大就出现一个革命的长期性。国家太大了敌人太多了，三次革命都没有胜利，北伐战争没有胜利，国内战争没有胜利，抗日战争也还没有胜利，总而言之还没有胜利。开党校干什么？办八路军、新四军，100 万党员，就是要胜利。
>
> 现在到了这样的时候，有可能胜利。中国的客观条件，国际形势，国内形势，有胜利的可能。就是不要缺乏主观条件，什么叫主观条件？就是我们要不要胜利，我们的思想有准备没有，要不要胜利，问我们刚刚出生只有这样高的三岁的小孩，他也要胜利。就

是没有本钱，就是我们有没有思想上的准备。

毛泽东和共产党固然渴望胜利，他们固然看到了胜利的可能性，但是，那毕竟只是可能性。在当时的毛泽东看来，革命者的"本钱"还是不够的，而革命者对于胜利，在主观上也还没有做好充分的准备。

如果必须与国民党全面开战，中国共产党将选择怎样的打法呢？

用今天的话来说，毛泽东当时选择的打法就是：集中力量占领二线城市，因为所谓二线城市，就是核心城市的"呼吸、肠胃、排泄系统"，一旦这些地方被占领，核心城市就不可能支持下去。

这一打法有几个好处：第一，二线城市比核心城市容易攻克；第二，对核心城市围而不打，可以最大程度地保护这些城市；第三，这样牺牲最小。

解放战争开始前，共产党已经取得了一些小的胜利，今天看来，这些胜利，对于后来战争之全局，起到了重要作用。

1945年9月10日，上党战役打响，那时，毛泽东还在重庆与蒋介石谈判。在刘伯承指挥下，共产党打垮了长治的阎锡山精锐部队，共产党占领长治，由山西通往中原的大门洞开。

与此同时，八路军山东军分区分别从陆海两路进入辽东半岛，而林彪则从延安登上最后一班撤离延安的美国军事观察团的飞机，到达河北一个简易的机场，从那里他骑马奔向东北，与从山东出发的部队会合于锦州。

1946年4月，林彪指挥部队占领了联系长春与沈阳的咽喉四平，并与国民党郑洞国部展开激战。

长治、四平都是小城市，但是，它的战略地位极为重要。

1946年6月26日，李先念率部实现了从国民党30万大军的包围中突出的"中原突围"，而这一天，标志着解放战争的开始。

而与此同时，其他根据地的共产党军队，也同时从国民党的包围中突破出来。

这一次，共产党采取的是与五次反围剿完全相反的战略战术。

蒋介石集中兵力进攻共产党的根据地，这一次，共产党却没有固守根据地，恰恰相反，从战争一开始，共产党的军队就四出根据地，各路大军，出其不意地向国民党军后方奔杀过来。

1947 年 6 月，刘伯承和邓小平指挥部队南下进入中原，千里跃进大别山，与李先念的突围互相策应。而与刘伯承、邓小平南下同时，陈毅和粟裕指挥的部队，也突破了国民党军对苏南根据地的包围，向苏北和鲁南发起进攻。

中共的目标是徐州和蚌埠，打下徐州，京沪联系中断，打下蚌埠，武汉就成了孤城——而蒋介石对这两件天大的事，却依然还是没有真正上心，因为他的心思还在陕北，依旧还在毛泽东那里。

终于，蒋介石期盼的好消息终于传来了——1947 年 3 月 18 日，胡宗南部攻入延安，而就在胡宗南的先头部队离延安还有 7 公里时，毛泽东与中共中央悄然撤离。

实际上，当蒋介石在 1947 年 3 月对延安发起大规模进攻的时候，毛泽东还是做了最坏的打算的。他把中共中央一分为三，由刘少奇、朱德领导中央工委，向太行转移；由叶剑英领导中央后委，向山西临县转移；而他和周恩来、任弼时则组成中央前委，留在陕北与胡宗南的大军周旋。

所谓最坏的打算就是：即使中央被打掉一个，还有两个，留下火种，星星之火可以燎原。

毛泽东是在 1947 年 3 月 18 日傍晚离开延安的。他乘坐美军留下的一辆吉普车，经过数天的行程到达绥德县的田庄。之后弃车步行，与中央前委折而向西，迷惑了胡宗南的部队。胡宗南以为他们会一直向东行进渡过黄河，到达山西的安全地区。然而，毛泽东却转而向西，迎着胡宗南追击的部队走去，最危险的时候，毛泽东与胡宗南的部队仅隔一道山沟。

为了躲避国民党的空中监视，中央前委只在夜间行进，直到抵达安塞县的王家湾。4 月 13 日至 6 月 7 日，毛泽东一直停留在这里。当国民党利用无线电追踪技术追踪到王家湾之后，中央前委又转移到了附近的小河村，并在这里召开了著名的"小河会议"。

毛泽东就是这样再次做起了前委书记，他化名为李得胜，而这是毛泽东一生中唯一一次使用化名。

但这个化名只用了一个多月，1947 年 5 月，当毛泽东指挥蟠龙战役时，他抄起电话便说：我是毛泽东！

1947 年 5 月 14 日，新华社播发消息，公开宣布：毛泽东与中共中央还在陕北。

蒋介石闻讯大喜。

他下令说：要全力以赴消灭毛泽东和中共中央，能活捉最好。只要消灭了毛泽东和中共中央，则共产党必然群龙无首，陷入混乱，重回一盘散沙，共产党的崩溃指日可待。他还这样告诉美国大使司徒雷登说：最晚当年（1947 年）的 10 月，就可以消灭共产党了。

毛泽东料到，在这个世界上，最一心一意地惦记着他的人，其实就是蒋介石。而为了抓到或者消灭他本人，蒋介石会把什么都置之于九霄云外的。

知蒋者，毛也。

蒋介石动员了 26 万精锐之师进攻延安，而共产党在陕北的军队只有 2.6 万人，双方兵员比例为 10∶1。胡宗南动用了 4 个半机械化旅追踪毛泽东，而毛泽东率领的所谓"中央纵队"却只有 4 个连。

毛泽东再次采用了"诱敌深入"的战术，但是，这一次的"诱饵"，却是毛泽东本人。毛泽东又一次运用了他的"偏师"战术。当年是"偏师借重黄公略"，而这一次，毛泽东本人则做了共产党和解放军的"偏师"。

大智大勇的毛泽东，舍下自己的一条命，率领一支人数只有 4 个连，没有一件重武器的小分队，做了解放战争的"诱饵""偏师"，为共产党的军事行动争取了时间。而蒋介石却只顾盯着毛泽东，竟却忘记了全中国。

蒋介石断言：只要毛泽东留在陕北，他就插翅难飞。

那时的蒋介石，朝思暮想的就是一朝陕北传来捷报：生擒或者打死了毛泽东。

蒋介石的心思全在陕北的毛泽东身上，他确实把什么都忘了。

当蒋介石全神贯注地注视着中国西部的时候，东部战场却率先传来了令他出乎意料的消息：1947 年 5 月，蒋介石的爱将胡宗南占领延安的两个月之后，他的另外一个爱将张灵甫，却被陈毅和粟裕的华东野战军击毙，而国民党最精锐的整编 74 师，则在山东临沂的孟良崮全军覆没。

那时的张灵甫，就已经在用一套轻便的铝合金桌椅办公，74 师装备的现代化程度由此可见一斑。孟良崮战役结束之后，这套精致的铝合金家具，被粟裕作为礼物送给了朱德，而它至今还摆放在西柏坡朱德的故居里。

早餐必喝牛奶咖啡、行军时用铝合金家具办公的张灵甫，竟然被吃着山东煎饼卷大葱的粟裕消灭了，这怎么可能呢？陈毅和粟裕的军队不过是从新四军整编而来，在皖南事变中，那支军队不是不堪一击吗？他们怎么可能在一瞬之间便消灭了张灵甫全部美式装备的机械化部队呢？

在当时的蒋介石看来，粟裕不过是方志敏手下的一个幸存者，他不过就是个年轻的游击队员而已。

蒋介石藐视陈毅，更藐视粟裕，于是，他不思悔改，而是更加全心全意地盯着那带着4个连在陕北"散步"的毛泽东。

而孟良崮战役爆发的同时，毛泽东便指示林彪向南满发起攻击，并命令陈谢、刘邓、陈粟三大野战军会师中原。

对毛泽东的刻骨仇恨冲昏了蒋委员长的头脑。固执己见，害了心胸狭窄的蒋介石。蒋介石甚至把两个"中国之命运"的决战，理解为他个人与毛泽东之间的博弈。

有地有枪有钱，还有美国人的支持——蒋介石手里有一把好牌。

没钱缺枪缺地，连延安也丢了——毛泽东手里几乎没有牌。

但毛泽东手里有人，虽然在人数上不能与蒋介石的数百万大军相比，但毛泽东手下的人，却是知道为什么而战，为谁打仗的人。

蒋介石集团看起来什么都不缺，但是，它缺的是精神，缺的是政治。

有了具备政治品格的人，没有地也可以有地，没有政权也可以有政权。

一批没有精神品格的势利之徒组成的乌合之众，有地也会丧失，有政权也会丢掉。

毛泽东这样总结说："存地失人，人地皆失。存人失地，人地皆存。"

双方开战一个月之后，毛泽东便在靖边县王家湾为新华社撰写社论——《蒋介石政府已处在全民的包围中》，他预言说："中国事变的发展，比人们预料的要快些。"

正如毛泽东所预见的那样，1947 年 3 月至 8 月这短短 5 个月里，全中国的战局发生了倾斜式的变化。

而当蒋介石意识到这种变化时，他觉悟得已经太晚了。

1947 年 7 月 21 日至 23 日，毛泽东在转战陕北的途中，于靖边县小河村主持召开了中共中央扩大会议，这就是著名的"小河会议"。就是在这次会议上，毛泽东首次提出，从 1947 年 7 月算起，准备用 5 年时间打败蒋介石。但是，毛泽东又说，这个计划不对外宣布，我们还是要准备长期作战，准备 5 年、10 年甚至 15 年，我们不像蒋介石那样，先说几个月消灭我们，不能实现就又说再过几个月。

会后合影时，站在毛泽东身边的是两个天真的儿童，其中一个笑开了花的，便是当年中央办公厅副主任伍云甫的幼子伍绍祖，后来人们问伍绍祖说，你当时怎么会站在毛泽东身边，怎么还就乐成了那样？

而伍绍祖则不假思索地说：因为马上就要胜利了嘛！

正像毛泽东所说的那样，当时，"我们刚刚出生只有这样高的三岁的小孩，他也要胜利"。

1948 年 9 月 8 日，中国共产党在西柏坡的中直机关食堂召开了中央政治局扩大会议，史称"九月会议"。这次会议，是抗战胜利以来到会中央委员最多的一次中央全会，也是自 1947 年中共中央撤离延安后召开的第一次政治局会议，而随后的中共七届二中全会，也正是在这个烟熏火燎的食堂里召开的。

就是在那次会议上，毛泽东方才第一次对外公开宣布：要用 5 年的时间打败蒋介石、推翻国民党的反动统治。但是，毛泽东当时又再次强调说，这只是一种可能性。

毛泽东是极其慎重的。而即使从 1947 年 7 月小河会议算起，毛泽东的这个预计，他说的这种"可能性"，与后来的事实相比，也显得大为保守了。

蒋介石死死地盯着毛泽东，而这个时候的毛泽东最惦记的人，却是刘少奇。

1947年6月，拖着胡宗南在陕北转圈的毛泽东致电刘少奇、朱德，指示中央工委必须在6个月里全力做好如下三个工作：（一）将晋察冀军事问题解决好；（二）将土地会议开好；（三）将财经办事处建立起来。

在毛泽东看来，这三件事比天还大。而他留给中央工委的时间并不多——只有6个月。

1947年7月，毛泽东在转战陕北途中召开小河会议的时候，刘少奇率领中央工委在西柏坡正式办公。

7月17日，在刘少奇的主持下，中国共产党全国土地会议在西柏坡召开，经过一个多月的讨论，会议通过了《中国土地法大纲》。刚刚在山西临县结束了土改工作的毛岸英参加了这次会议，他是全国土地会议上最年轻的代表。

这一年的10月8日，毛泽东给毛岸英写了一封信。信中，毛泽东肯定了儿子关于必须制止土改中的极"左"倾向的建议。

毛岸英经常问父亲说："我怎样做你才能满意呢？"而在这封信里，毛泽东这位严父少有地夸奖儿子"有进步"，并且这样说："一个人无论学什么或做什么，只要有热情，有恒心，不要那种无着落的与人民利益不相符合的个人主义的虚荣心，总是会有进步的。"

毛泽东是在马背上阅读儿子的来信的。就在写这封信的十几天前，毛泽东留下了一张著名的照片：他骑在马上，衣扣敞开，露出里面的毛衣，帽子后倾，露出宽阔的额头，跟在毛泽东马后的，是警卫排长闫长林，前面牵马的是王振海，后面坐在马上的人则是江青。

马背上的毛泽东气定神闲，仿佛是在度假远足。

为了确认这张照片的拍摄时间与地点，美国著名历史学家周锡瑞分别于 2013 年和 2014 年两次重走毛泽东转战陕北的道路，他最终确认，这张照片拍摄于 1947 年 9 月 23 日，当时的毛泽东正在由张家崖窑到神泉堡的路上，具体地点叫马背梁峁。

那张照片是在白天拍摄的，这说明：那时的毛泽东摆脱了胡宗南的追击，他已经处于相对安全的境遇，而那个相对安全的所在，就叫神泉堡。

10 月 10 日，在神泉堡，毛泽东发布了两个极为重要的文件。

这一天，毛泽东为中国人民解放军总部起草的《中国人民解放军宣言》发布，这个宣言第一次提出了"中国人民解放军"的全称，也第一次以宣言的形式发出号令："打倒蒋介石，解放全中国。"

同日，中共中央在陕北神泉堡向全国公布《中国土地法大纲》。

真正把中国基层农村组织起来的，就是土地改革。土地改革，标志着中国共产党在中国最广大的农村，建立起坚如磐石的依靠力量，同时，它也标志着中国社会的重建从此有了真正的根基，而这个根基，就是前所未有的组织起来的农村和农民。

正是由于丧失了这个基础，蒋介石政权便如水中浮萍一般，再也无法掌握自己的命运，而也正是由于建立了这个基础，共产党的胜利才有了真正的保障。

土地改革，彻底改变了中国社会的基本结构。随着土改的完成，中国基层几千年来一盘散沙的局面，就此结束了。

1950 年，毛泽东回顾土改时这样说：

我们已经在北方约有一亿六千万人口的地区完成了土地改

革，要肯定这个伟大的成绩。我们的解放战争，主要就是靠这一亿六千万人民打胜的。

共产党靠 1.6 亿农民打胜了解放战争，而这 1.6 亿人民是中国最贫穷的，但也是最富有的。

在河北平山，流传着这样一首支前歌：

最后一碗饭，送去做军粮；最后一尺布，用来做军装；最后的老棉袄，盖在了担架上；最后的亲骨肉，含泪送上战场。

送亲骨肉上战场，就是为了"保家卫田"，如果不去打仗，那么蒋介石来了，农民就连牛马也做不成了。

带头唱响这首歌的人是邓颖超。

中共中央候补委员邓颖超，时任中共平山县委副书记，主持平山土改工作。每次到老乡家访贫问苦，都是她走在前面，因为她是个亲切和善的女同志。

邓颖超这位中央候补委员，就是这样住在了房东老大娘家的炕头上，帮他们推碾种谷，和他们共话春华秋实。

中国数千年来"官不下乡"的传统，就此打破了。

燕赵多慷慨悲歌之士。平山县是冀鲁豫解放区的中心，1937 年，栗再温等在此开辟抗日根据地，令日寇闻风丧胆的"平山团"，全由平山子弟兵构成。

1947 年 11 月，晋察冀野战军攻克华北重镇石家庄，这标志着中央工委完成了毛泽东布置的又一项任务："将晋察冀军事问题解决好。"

"平山团"担任了攻打石家庄的先锋队。这支战无不胜、攻无不克的部队，1949 年随王震进入新疆，现驻扎在阿克苏地区。

石家庄解放具有三个重要意义：一是使晋察冀和晋冀鲁豫解放区连成一体，京津因之成为孤城；二是为城市攻坚战提供了经验；三是使石家庄成为中共管理城市的"实验田"。

就这样，到 1947 年年底，中央工委在刘少奇的领导下，胜利完成了毛泽东布置的三项任务中的两项：（一）将晋察冀军事问题解决好；（二）将土地会议开好。

当时的刘少奇得了严重的胃病，人瘦得不成样子，而他却总是通宵工作。

中共全党上下、全军上下，几乎没有一个是不拼命的。毛泽东后来这样决绝地说：我们靠的就是坚忍。陕北我们只剩下一个县，蒋介石说我们只能吃树叶。吃树叶就吃树叶，我们就是吃树叶，也要打倒旧社会。

1948 年 3 月 22 日，毛泽东率领中央前委到达佳县——佳县，就是《东方红》诞生的地方。

《东方红》在佳县诞生，如今，毛泽东就要从这里离开陕北，离开《东方红》的故乡了。

1948 年 3 月 23 日，毛泽东在吴堡县川口东渡黄河，从此告别了他生活了 13 年的热土陕北。

回首陕北 13 年，毛泽东面对滚滚长河，感慨万千，他当时说：陕北人民真金子！

蒋介石最终没有抓住毛泽东，而在不到一年的时间里，他却丢掉了华北和东北的绝大部分。

是因为胡宗南太笨吗？是他对蒋"有二心"吗？

绝不是的。

中央办公厅政策研究室主任师哲一路跟随毛泽东转战陕北，他讲了这样一个真实的故事：毛泽东一行离开天赐湾不久，胡宗南的军队抓住了一个老汉和他的小孙女，逼问毛泽东的去向。老汉一言不发，国民党就把老人绑在树上，用马鞭猛抽，小女孩吓得大哭，但关于毛泽东的去向，老人和孩子最终也没有吐露一个字。

这就是陕北人民，这就是毛泽东所说的真金子。

1947 年 3 月 25 日，撤离延安数天后，毛泽东在子长县王家坪听任弼时讲述了刘胡兰英勇就义的事迹。

山西省文水县云周西村妇救会秘书刘胡兰，为保守党的机密牺牲在敌人的铡刀下。

这个 15 岁的农家女，以一句话捍卫了入党誓词：怕死不当共产党。

毛泽东为刘胡兰而动容，他慨然为这个 15 岁的女共产党员题词——"生得伟大，死得光荣"。

人民才是真正的铜墙铁壁。人民就是共产党的活菩萨。

3 月 26 日，毛泽东跨过晋陕黄河，到达晋绥边区领导机关所在地山西兴县蔡家崖，在那里，他挥毫为即将创办的《光明日报》题词——"光明在前"。

光明在前，新中国的曙光，终于出现在地平线上了。

1948 年 4 月 1 日，毛泽东在晋绥干部会议上发表重要讲话，他要求立即纠正土改中的"左"倾错误。

毛泽东说：土改是政治，因此，必须分清谁是敌人，谁是朋友，如果分不清这个问题，那就会前方打仗，后方起火。

毛泽东指出：土改中的"左"倾错误，其表现有三个方面：第一，"把许多并无封建剥削或者只有轻微剥削的劳动人民错误地划到地主富农圈子里去，错误地扩大了打击面"；第二，侵犯了工商业；第三，不经审判、不经法律手续，就乱抓人，有的地方出现了乱打乱杀。

毛泽东说，土改必须讲政策，革命更必须讲政治。所谓"群众想怎么来就怎么来"，那就是"胡来"。

如果是那样，我们共产党人，与李自成究竟还有什么区别？

毛泽东声色俱厉地说，以上三种"左"的错误，必须立即纠正。

毛泽东在这里批评的，主要就是康生。而当时的毛岸英，就在康生领导的山西临县郝家坡土改工作队里。康生是把少年时代的毛岸英和毛岸青一路从法国护送到苏联的人，但是，在郝家坡土改中，第一个造了康生"左"倾路线的反的，却是毛岸英。毛岸英认为，康生把中农、富农当作敌人的做法，违背了党的土地政策，也违背了党的政治路线。

后来，毛泽东这样幽默地说到了毛岸英的"犯上之举"：三娘教子，现在成了子教三娘了。

政策与策略是党的生命，毛泽东说：必须与那些破坏党的政策和革命的原则的错误倾向作斗争，而无论这个人是谁。

什么是共产党的土地政策呢？中共的土地政策，其实就是党的政治路线的反映。

《在晋绥干部会议上的讲话》结尾，毛泽东这样强调：

> 让我再说一遍：
>
> 无产阶级领导的，人民大众的，反对帝国主义、封建主义和官僚资本主义的革命，这就是中国的新民主主义的革命，这就是中国共产党在当前历史阶段的总路线和总政策。
>
> 依靠贫农，团结中农，有步骤地、有分别地消灭封建剥削制度，发展农业生产，这就是中国共产党在新民主主义的革命时期，在土地改革工作中的总路线和总政策。

《在晋绥干部会议上的讲话》，是中国革命的纲领性文献。

毛泽东对晋绥地区的干部说：李自成是农民起义军，我们是马克思主义者，马克思主义者必须善于做阶级分析，而土改中的"左"倾路线，是完全背离马克思主义原则的。

于是，像当年撰写《中国社会各阶级的分析》一样，此时的毛泽东发出号召，必须一边土改，一边整党，一边改造中国，一边与党内的错误倾向作斗争。

1948 年 5 月 26 日，毛泽东率领中央前委到达西柏坡。从这一年的 9 月开始，毛泽东用 308 封电报，指挥了辽沈、淮海和平津三大战役。

而西柏坡的中央军委作战指挥室，只有一部电话、两张地图、三张桌子。

凡是到那里去过的人，都会油然而生这样的感慨：从此之后，世上的人们，再也不能将办不成事情归结为客观条件不好了。

而此时的蒋介石当然也在调兵遣将，但是，蒋介石那时所发出的与其说是"命令"，还不如说是哀求，蒋介石一面封官许愿，一面哀求他的下属能够"精诚团结"，救党国一命。

但是，这种哀求，如今已经不起任何作用了。

旧中国的上层社会是一个盘根错节的利益集团，他们没有政治，没有原则，他们看得见的只是利益。但是，历史的巨变反复告诉我们：在变局到来的时候，最不可靠的就是利益。旧中国的上层结构，其实是最脆弱的。

一时间，飞鸟各投林。白茫茫大地真干净。

国共两军的区别在于，国民党军是靠利益纠合在一起的，而共产党的军队却是靠政治信念组织起来的。

一支没有意志的军队，不过是乌合之众，而一个没有政治信念的党，必将灭亡。

这是蒋介石兵败如山倒的真正原因。

而当一群势利之徒，面对着一支正义之师的时候，其结果就是：毛泽东用3个月零10天的时间以及308封电报，便横扫了蒋介石数百万大军。

在全盘失去了中国的基层之后，蒋介石统治集团的上层也树倒猢狲散，土崩瓦解了。

1947年10月10日，毛泽东起草了《中国人民解放军总部关于重新颁布三大纪律八项注意的训令》。

自1927年毛泽东第一次在井冈山颁布"三大纪律，六项注意"算起，整整20年过去了。当年衣衫褴褛、走投无路的中国工农红军第一师，如今已经壮大为摧枯拉朽的中国人民解放军。20年弹指一挥间，20年没有变的是信念、是革命的意志。而"三大纪律八项注意"就是信念与意志的体现。

"天若有情天亦老，人间正道是沧桑。"

三大战役结束，又逢元旦。

1948年12月30日夜，北国飞雪，悄然覆盖了西柏坡的农家小院，雪落长河，寂然无声。

在1949年的新年即将到来的时候，毛泽东挥毫写下了《将革命进行到底》。

那个时候，毛泽东的主要注意力已经不再集中于蒋介石所代表的那个旧世界了，他开始全神贯注地思索怎样建设一个新中国、怎样缔造一个新世界。

于是，这篇文章以这样一句话开头：

中国人民将要在伟大的解放战争中获得最后胜利，这一点，现在甚至我们的敌人也不怀疑了。

而这篇文章，则是以一系列繁重的工作计划结尾的：

一九四九年中国人民解放军将向长江以南进军，将要获得比一九四八年更加伟大的胜利。

一九四九年我们在经济战线上将要获得比一九四八年更加伟大的成就。我们的农业生产和工业生产将要比过去提高一步，铁路公路交通将要全部恢复。人民解放军主力兵团的作战将要摆脱现在还存在的某些游击性，进入更高程度的正规化。

一九四九年将要召集没有反动分子参加的以完成人民革命任务为目标的政治协商会议，宣告中华人民共和国的成立，并组成共和国的中央政府。这个政府将是一个在中国共产党领导之下的、有各民主党派各人民团体的适当的代表人物参加的民主联合政府。

这些就是中国人民、中国共产党、中国一切民主党派和人民团体在一九四九年所应努力求其实现的主要的具体的任务。我们将不怕任何困难团结一致地去实现这些任务。

几千年以来的封建压迫，一百年以来的帝国主义压迫，将在我们的奋斗中彻底地推翻掉。一九四九年是极其重要的一年，我们应当加紧努力。

如同那波澜壮阔的伟大乐章的最后音符，毛泽东的这篇文章把千钧之重，落在了薄羽之轻之上，使它显得更重："一九四九年是极其重要的一年，我们应当加紧努力。"

"雄关漫道真如铁，而今迈步从头越。"这是诗一样的文字，是铁一般的规划。

毛泽东到达西柏坡之后，中央工委利用沕沕水发电，使西柏坡成了中国共产党第一个有电的指挥所。

《将革命进行到底》是毛泽东在电灯下写的文章，而此前，他绝大部分文章都是在油灯下写就的。

毛泽东和共产党，从此要去创造一个社会主义的、现代化的中国了。

搞现代化，最难的题目是什么呢？

有人说，搞现代化就是发展经济，更准确地说，就是发展市场经济、商品经济。

这话对，但也不十分对，对于1949年的中国来说，它甚至是十分的不对。

黄仁宇说：如果没有政治有组织地推动，农业发展的剩余绝不会自动扩展到工业领域；经济力量在原则上可以变为军事力量和国家力量，可是当中却必须有组织与结构。

一言以蔽之，组织经济的力量，就是政治。黄仁宇简明地说到了中国经济发展的真正瓶颈究竟是什么。

要发展现代工业产业，关键在于必须把包括农业在内的社会剩余，有组织地加以有效投资，而这里的前提有三个：第一，社会必须有组织；第二，必须具备有效的投资工具；第三，治理者必须有信用。

而1500年来，中国所缺乏的，恰恰正是这三个根本条件，它又集中体现为中国数千年来没有国家主权货币。

中国现代化的根本瓶颈究竟在哪里呢？这个瓶颈，就在于社会发展的组织力量之阙如，就在于资本之阙如。

中国自明代起就有十大商帮，中国的市场很大，中国也不是没有商品经济，但是，中国发展了上千年的商品经济，其结果便是毛泽东所说的："现在我们能造什么？能造桌子椅子，能造茶壶茶碗，能种粮食，还能磨成面粉，还能造纸，但是，一辆汽车、一架飞机、一辆坦克、一辆拖拉机都不能造。"

中国不缺商品市场，中国缺的是资本。

所谓要素市场，一是指资源，二是指资本。

所谓资源，包括土地和矿产，中国有土地、有矿产，但在 1949 年之前，中国是半殖民地半封建社会，这些资源不属于中国人民。

中国没有资本——中国没有使市场升级的资本，甚至没有向生产发展投资的工具。以旧中国最好的发展时期 1931 年至 1936 年为例，每年消费和投资率分别为：104.1% 和 −4.1%，97.5% 和 2.5%，102% 和 −2.0%，109.1% 和 −9.1%，101.8% 和 −1.8%，94% 和 6.0%。其中 4 年的投资率都是负数。因此，时任美国国务卿艾奇逊在 1949 年 8 月 5 日《中国与美国的关系》白皮书中说：离开了美国的援助，中国不会得到任何投资，中国庞大的人口将消费掉可怜的生产剩余，然后共产党只能饿死。

中国革命的胜利，使中国的资源回到了人民手里，从而解决了困扰中国发展要素短缺的问题。

毛泽东回答说，艾奇逊是在做梦，恰恰相反，没有了帝国主义的掠夺，中国人民会过得更好。

而接下来要解决的，就是资本短缺的问题。

西方经济学所面对的是资源稀缺的问题，而没有面对过资本稀缺的问题。而"资本为零"，这就是新中国建立时面对的局面。

对于建设一个现代国家来说，最难的就是组织现代生产与交换，而这里的关键就是货币。

货币问题，是中国历史上极为重要的问题。

中国历代闭关政策之核心，尤在保存货币，唐以来，皆有"金银铜铁货不得下海""不得出边"之禁令，这就是因为中国是个缺乏贵金属的国家，且贵金属正是铸币的原材料。

1567 年（明隆庆元年）开始实行的大规模进口美洲白银政策，把中国推向了一个新时代。它促进了海外贸易的发展，使东南沿海地区日益成为中国经济的中心，但是，这也使得中国经济日益依附于海外白银的供应，更使得买办商人逐步取代地主阶级，成为中国社会的支配性力量。

而从 1567 年的白银大规模进口，到鸦片战争的纹银大规模外流，这前后共计 270 年时间，正是在这段时间里，中国走过了宗族革命和宗族国家的旧时代，开始面临着现代民族革命和社会革命的新时代，面临着现代国家建设和社会建设的新问题。在这个新的革命时代里，买办阶级、帝国主义和地主阶级一起，成为中国革命的主要对象。

"货币革命"，这原本就是孙中山革命理想中的重要组成部分，但是，直到 1931 年国民党四大，国民党政府方才实现了"废两改元"，即废弃银两，改用国家自铸之银元。而直到 1934 年 1 月国民党四届四中全会，国民政府方才决定废弃金属货币，发行国家信用货币。而迫于当时的情况，国民政府决定：法币汇率与英镑挂钩，为了照顾美国的利益，又采用了银本位制。

国民党治下的中国一盘散沙，社会毫无组织性，故税收极为困难，根本无法做出明确的财政预算，因此，国民政府只能是借靠英美两国的钱来发行法币，对待百姓，只是拉伕派捐。这样，国民党发行的法币，就不仅不是组织中国经济的手段，更沦为了帝国主义剥削中国的工具。

当法币不能支撑的时候，国民党又尽收全国之黄金、外汇而发行金圆券，而国民党政权的崩溃，是与金圆券的迅速崩溃紧密联系在一起的。

毛泽东直面了中国历史上最难的考题，而这个最难的题目，就是创立现代财经和金融制度，而其核心，也就是为中国创造历史上第一个信用货币。

毛泽东成功了。

毛泽东和共产党成功地创造了中国历史上第一个信用货币——人民币。

共产党手里没有黄金，也没有外汇，共产党的货币不以黄金和外汇为准备金，而是以根据地的资源——粮食、棉花、煤炭为后盾发行。黄金、外汇不能当饭吃，而没有粮食，人就活不下去，没有煤炭，工厂便不能开工。

正是人民币的创造，为中国的现代化奠定了基础，这是千秋伟业。

而毛泽东之所以能够做到这一点，就是因为他的革命成功地把中国基层组织起来。中国共产党在进行土地改革的同时，在中国基层建立了严密的组织，从而极大地使中国农村的生产力焕发出来；更把农业的剩余组织了起来，从而形成了中国历史上立足于基层的最严密的经济核算体制。

1949 年 3 月 13 日，毛泽东在中共七届二中全会第二次全体会议上总结发言，题为《党委会的工作方法》，其中第七条即"胸中有'数'"。

胸中有"数"。这是说，对情况和问题一定要注意到它们的数量方面，要有基本的数量分析。任何质量都表现为一定的数量，没有数量也就没有质量。我们有许多同志至今不懂得注意事物的数量方面，不懂得注意基本的统计、主要的百分比，不懂得注意决定事物质量的数量界限，一切都是胸中无"数"，结果就不能不犯错误。

毛泽东说，中国共产党必须学会的最大的本领之一，就是"胸中有'数'"，即靠数字说话，要管理好一个现代化国家，就必须做到这一点。

除了组织社会的本领之外，中国共产党比中国历史上一切治理者高明的地方，就在于中国共产党本身拥有巨大的信用，而这种信用，就来自人民对中共的信任——而这种信任，在 1948 年达到了高潮。

社会的有组织性、执政者所拥有的高度信用，为货币的发行奠定了极为坚实的基础。现在所需要的，就是立即建立一个有效的现代金融制度和财经制度。

而这就是毛泽东交代给中央工委的第三个任务，也是最重要的任务："将财经办事处建立起来。"

1947 年 5 月，以董必武为主任的华北财经办事处筹备处，在邯郸冶陶镇召开华北财经会议。会议决定，立即着手进行统一全国货币、发行国家主权货币的工作。

会议决定：新的人民币将与帝国主义国家的货币完全脱钩，不以贵金属为准备金，而以解放区的收支和中国共产党、人民政府的信用为担保。

1947 年年底，第一套人民币票版设计完成，它遵循了世界各国将开国领袖像印在本国银行钞票上的惯例。而当绘有毛泽东主席头像的第一套人民币设计票版报请中央审查时，毛泽东却否定了这种设计，他说："票子是政府发行的，不是党发行的，现在我是党的主席，而不是政府的主席，因此，票子上不能印我的像。"

毛泽东之所以反对印他的像，大概还有两个原因：一是毛泽东平生最不爱摸的东西就是钞票，二是他反对宣传个人。

于是，董必武又组织人员重新设计，最终确定了以反映解放区劳动生产建设为票面的原则。

1948 年年初，董必武在西柏坡普通得不能再普通的农家小院里，写出了极不普通的 6 个大字："中国人民银行"。

1948 年 4 月 12 日，华北解放区的冀南银行与晋察冀边区银行迁至石家庄市中华北大街 11 号小灰楼内，实行联合办公。

1948 年 12 月 1 日，这在中国历史上乃至世界金融史、货币史上，都是一个重要的日子。这一天，中国人民银行总行在石家庄中华北大街 11 号宣告成立，并公开发行了第一套人民币。

2015 年 12 月，国际货币基金组织宣布人民币为世界第三大储备货币。自人民币诞生起，这只用了短短的 67 年。这是人类金融史上前所未有的奇迹。

历史学家黄仁宇说：成功发行人民币，是共产党对中国历史的最大贡献之一。

从此之后，中国就能够运用货币手段，使社会剩余有组织地投资于工业和产业，从而建立起中国的现代国民经济体系，而中华民族复兴大业，则因此而奠定。

黄仁宇还说，从此后所余者，无非两点：第一，如何保持共产党的唯一信用地位；第二，在技术上不断改善中共组织社会经济的能力，特别是如何建立一个涵盖金融、保险和法律为一体的现代社会服务机制。

毛泽东既没有为第一套人民币题字，他更拒绝了在货币上印上他自己的头像。

毛泽东关心的是：人民币是信用货币，而共产党怎样保持自己的信用呢？

毛泽东说，共产党的信用就来自人民的信任，要保持这种信用和信任，没有别的办法，只有全心全意为人民服务，只有保持艰苦奋斗的优良传统与作风。

人民币是组织现代经济的手段，而共产党怎样才能不断改善自己组织中国社会经济的能力呢？

这种能力只能来自谦虚谨慎地学习，只能来自在批评与自我批评中不断改正自己的缺点，只能靠在实践中不断学会我们过去不会的东西。

此时的毛泽东清醒地认识到，中国要搞的不仅是现代化，而且更是社会主义的现代化。

什么是社会主义呢？马克思说，社会主义的实质，就是劳动人民的自主的、自由的联合。但是，这种联合在人类历史上却从来没有完整地出现过。

历史上有的，只是劳动人民被动的、屈辱的联合，这种联合只是统治阶级压迫所造成的一种被动的结果，简而言之，只是在统治阶级的残酷压迫甚至是屠杀之下，劳动者方才不得不联合起来，以求得生存。

而一旦这种统治者施加的高压态势得到缓解，劳动者阶级的联合便随之松散，一旦革命和造反取得胜利，劳动者的联合便也开始瓦解，革命者的共同体最终便会走向解体。

一旦劳动者的联合走向松散，革命者的团结被瓦解，新制度得以存在的基础便会动摇、丧失。

历史上充满着无数这样血的教训。

为什么搞社会主义这样难呢？

因为社会主义者所面对的，是人类历史上最后一种也是最成熟的一种利益集团统治方式——资本主义和资产阶级的统治方式。

在资产阶级之前，人类历史上一切统治方式的基础，归根结底就是暴力，而资产阶级的统治不仅基于暴力，更是金钱买卖，是极为精巧的利诱。

而在金钱买卖和公平交换的法则面前，劳动者阶级最经常、最一般的表现就是：为了眼前的小利，而放弃了自己阶级和人类解放的长远、根本利益。

毛泽东这样感慨地说："可能有这样一些共产党人，他们是不曾被拿枪的敌人征服过的，他们在这些敌人面前不愧英雄的称号；但是经不起人们用糖衣裹着的炮弹的攻击，他们在糖弹面前要打败仗。"

中共进城前，上海的资本家中流传着这样的说法：中共打天下 100 分，搞经济不及格。而毛泽东闻之十分不屑，他说：打天下没那么容易，搞经济未必就难成了那样。"我们能够学会我们原来不懂的东西。我们不但善于破坏一个旧世界，我们还将善于建设一个新世界。中国人民不但可以不要向帝国主义者讨乞也能活下去，而且还将活得比帝国主义国家要好些。"

在毛泽东看来，革命的关好过，过现代化的关也不难，但是，最难过的是社会主义这一关。

究竟什么是革命胜利之后最大的危险呢？

革命胜利之后最大的危险，并不是我们搞不了经济、搞不好经济，而是在艰苦斗争和敌人的屠刀下凝成的劳动者阶级的联合会散掉，是革命者的共同体会因为内部的争权夺利而瓦解，而在眼前的、短期经济利益的诱惑下，阶级的利益、民族的利益、革命的利益会被拱手出卖。

在血战中凝成的劳动者的联合，团结、紧张、严肃、活泼的党风，在革命胜利之后面临的最大的危险，并不是被敌人的暴力所击溃，而是被貌似公平的商品和金钱交换关系所瓦解。

在毛泽东看来，在武力上打败反动派，发展中国的经济，这都只不过是万里长征走完了第一步，而搞社会主义，最终实现共产主义，才是真正的万里长征。

历史证明，在中国这样的国家，如果不搞社会主义，如果劳动者"不能以联合的劳动条件去代替劳动受奴役的经济条件"，那么，经济很难发展起来，即使发展起来，其成果最终也会被葬送。

1949 年 3 月 5 日至 13 日，中国共产党七届二中全会在西柏坡中央机关伙房举行。

会前，中央警卫部队紧急拆除了伙房内的炉灶，中央办公厅主任杨尚昆，则把几面鲜红的党旗挂在了四壁，如此方才挡住了烟熏火燎的痕迹。

从东北赶来的林彪带来了一张虎皮，铺在了主席台上，成为整个会场里最值钱的陈设。

毛泽东当时却这样批评说：林彪同志，我看你是山大王还没当够呢！

这个朴素的伙房，成了世上最壮丽的会场。

中共七届二中全会与会者中，习仲勋是最年轻的一位，36 岁的习仲勋当选了中央候补委员。

乌兰夫是唯一的少数民族中央候补委员，那时他的名字是云泽。

李立三和罗迈是毛泽东在湖南一师时的校友，而蔡畅、罗迈则是除毛泽东外，另外两个新民学会成员。他们都当选了中央委员，出席中共七届二中全会的中央委员有 34 位，而蔡畅是唯一的女性中央委员。

当中国革命走向胜利的时候，出席中共七届二中全会的中央委员中，当年的中共一大代表只剩下了两个：一个是毛泽东，另一个是董必武。

中共七届二中全会不是一次欢庆胜利的会议，中共七届二中全会是一次批评与自我批评的会议。

刘少奇在 3 月 12 日大会报告发言《关于城市工作的几个问题》中，率先带头就土改工作中的"左"倾错误，做了坦诚的自我批评。

一直拼命工作，当时已经被胃病折磨得几乎垮了的刘少奇，丝毫没有提及自己的功劳，而是带头做了自我批评。那些从前线回来，一身硝烟的战将们，更是没有讲述自己的一分功劳。

唯一为自己辩解和评功摆好的人，竟然就是王明。

3 月 13 日，毛泽东在会议总结时，集中批评了王明提出的"毛泽东主义"的提法，毛泽东说，已经有了马克思列宁主义，"如再搞一个主义，那么世界上就有了几个主义，这对革命不利，我们还是作为马克思列宁主义的分店好"。

毛泽东还为党立了这样几条规矩，他说：

> 力戒骄傲。这对领导者是一个原则问题，也是保持团结的一个重要条件。就是没有犯过大错误，而且工作有了很大成绩的人，也不要骄傲。禁止给党的领导者祝寿，禁止用党的领导者的名字作地名、街名和企业的名字，保持艰苦奋斗作风，制止歌功颂德现象。

3 月 5 日，在中共七届二中全会上，毛泽东做了主报告。

毛泽东向全会历数了中国的"家底"："中国的工业和农业在国民经济中的比重，就全国范围来说，在抗日战争以前，大约是现代性的工业占百分之十左右，农业和手工业占百分之九十左右，"而如今连这个比例也达不到了。

毛泽东说，"我们还有百分之九十左右的经济生活停留在古代"，而我们的工作就是要尽可能快地把这个比例颠倒过来，并在很短的时间里把中国建设成一个社会主义的现代工业国。

今天看来，毛泽东是否兑现了他在 1949 年 3 月，在那个烟熏火燎的伙房里对历史做出的承诺呢？

严肃的资产阶级学者高度肯定毛泽东时代的经济成就。

莫里斯·迈斯纳用一系列"毛泽东的反对者们"提供的数字说明了这个问题：

> 毛泽东逝世后，一些评论家关于毛泽东主义经济遗产的著作，没有详细叙述那个时代的成就，而大谈那个时代的"不合理之处"和"不平衡状态"。不过，这些著作却披露了：在毛泽东时期，工业总产值增长 38 倍，重工业总产值增长 90 倍。从 1950 年到 1977 年，工业产量以年平均 13.5% 的速度增长；如果从 1952 年算起，那就是 11.3%。这是全世界所有发展中国家和主要发达国家在同一时期取得的最高增长率；而且，中国工业产量在这个期间增长的步伐比现代世界历史上任何国家在迅速工业化的任何可比期间所取得的工业增长步伐都快。毛泽东时代，工业产值占工农业总产值的比重从 30% 增加到 72%，这反映了中国已经从一个主要是进行农业生产的国家引人注目地变成了一个比较工业化的国家。

迈斯纳说出了一个简单而深刻的道理：相对于农业、手工业、轻工业来说，搞重工业是最难的。现代市场经济与一般的市场经济的根本区别在于，前者是以要素市场的建立为前提的，只有建立起强大的资源和资本供给体系，现代市场经济才能得到发展。

正是新中国前 30 年所建立起来的强大的资源和资本供给体系，为后 30 年商品经济的发展奠定了真正的基础。

如果没有电、没有土地、没有交通运输，如果没有人民币为核心的投资体系，市场经济可能吗？

1949 年，中国的工业能力在世界上排名 71 位，而 1976 年，中国的工业能力已经上升为世界第 5 位。

但是，毛泽东本人却把这种经济成就看得很淡。

1973 年 11 月 2 日夜，80 岁的毛泽东在中南海游泳池住处会见了时任澳大利亚总理惠特拉姆。惠特拉姆问：主席是怎样把一个弱小的中国迅速地改变为世界性力量，世界大国的？毛泽东却这样说："我做的事很小。中国到现在还是一个贫穷的国家，用美国总统的话讲叫作'潜在力量'，发展中的国家。可见我的工作不行啊！"

而用钞票和 GDP 去衡量毛泽东的成就，是对这个拒绝把自己的头像印在钞票上的伟人的最大亵渎。

毛泽东关心的从来就不是蝇头小利，他始终忧思如海地凝视着一个阶级的根本利益，一个民族的长远利益。

用资产阶级的标准去衡量一个马克思主义者的成就，那更近乎一个笑话。

1840 年以来，中华民族陷入了数千年未有之大变局中，不但不具备应对这种变局的实力，而且也缺乏指导行动的道理和理论。如果没有中国共产党，中华民族的命运不可想象。而如果没有毛泽东，中国共产党的命运也不可想象。

毛泽东不是被时代创造出来的，恰恰相反，毛泽东创造了一个新的时代、新的世界。

就像星星之火，毛泽东点燃了中华民族，使我们的民族无论在精神上还是身体上，无论在思想方面还是意志方面，都发生了"燃烧"和"爆炸"，焕发出巨大的能量。

毛泽东代表了中华民族和中国共产党最宝贵的精神品格，或者说，为了实现人类伟大的精神和品格，他缔造了这个国家、这个党，并赋予其伟大的精神与品格。

毛泽东在青年时代说过：人的精神世界由理智和意志构成。

1949年，当中国革命胜利的时候，他又说：共产党人的精神，由两个方面构成——在批评与自我批评中不断学习和"改造我们的学习"，在艰苦奋斗中不断磨炼和提升我们的意志。

这种精神品格就是创造历史的强力意志，正是这种强力意志，使中国人民站起来了！

也许，早在1949年的春天，毛泽东就已经预言了自己的生前身后事。

1949年初春，在一间烟熏火燎的伙房里，毛泽东以这样的话作为他的报告的结尾，他更以这样的话，预言了中国共产党的命运，他说：

> 我们很快就要在全国胜利了。这个胜利将冲破帝国主义的东方战线，具有伟大的国际意义。夺取这个胜利，已经是不要很久的时间和不要花费很大的气力了；巩固这个胜利，则是需要很久的时间和要花费很大的气力的事情。
>
> 资产阶级怀疑我们的建设能力。帝国主义者估计我们终究会要向他们讨乞才能活下去。
>
> 因为胜利，党内的骄傲情绪，以功臣自居的情绪，停顿起来不求进步的情绪，贪图享乐不愿再过艰苦生活的情绪，可能生长。因为胜利，人民感谢我们，资产阶级也会出来捧场。敌人的武力是不能征服我们的，这点已经得到证明了。资产阶级的捧场则可能征服我们队伍中的意志薄弱者。
>
> 可能有这样一些共产党人，他们是不曾被拿枪的敌人征服过

的，他们在这些敌人面前不愧英雄的称号；但是经不起人们用糖衣裹着的炮弹的攻击，他们在糖弹面前要打败仗。我们必须预防这种情况。

夺取全国胜利，这只是万里长征走完了第一步。如果这一步也值得骄傲，那是比较渺小的，更值得骄傲的还在后头。在过了几十年之后来看中国人民民主革命的胜利，就会使人们感觉那好像只是一出长剧的一个短小的序幕。剧是必须从序幕开始的，但序幕还不是高潮。中国的革命是伟大的，但革命以后的路程更长，工作更伟大，更艰苦。这一点现在就必须向党内讲明白，务必使同志们继续地保持谦虚、谨慎、不骄、不躁的作风，务必使同志们继续地保持艰苦奋斗的作风。

我们有批评和自我批评这个马克思列宁主义的武器。我们能够去掉不良作风，保持优良作风。我们能够学会我们原来不懂的东西。我们不但善于破坏一个旧世界，我们还将善于建设一个新世界。中国人民不但可以不要向帝国主义者讨乞也能活下去，而且还将活得比帝国主义国家要好些。

青年时代的毛泽东曾经说过：世上各种现象只有变化，并无生灭成毁也，生死也皆变化也。

"天若有情天亦老，人间正道是沧桑。"而中国历史上最为深刻、最为剧烈的沧桑巨变，就发生在 1946 年 6 月至 1949 年 3 月之间。

在这短短的三年不到的时间里，旧中国的统治结构，如坍塌般轰然倒下；而在旧世界的废墟中，新中国如光芒万丈的太阳，喷薄而出，跃出了东方。

"其兴也勃焉，其亡也忽焉。"

中国历史上有过多次改朝换代。然而，新的统治力量却都没有摆脱黄炎培所谓"天下兴亡周期律"，最终不可避免地走了"政怠宦成""求荣取辱"的老路。

这一次不同了，经历了波澜壮阔的革命，中国人民发现了自己的"良知"——信仰、情感与意志，拿起武器的人民本身就是君主，从此他们不再需要君主了。

中国人民从最基层被空前地组织起来、动员起来，他们要当家做主站起来——而这是历史上的第一次。

这一次不同了，更是因为这场革命所要推翻的，并不是哪一家、哪一姓，在这场革命面前，数千年的封建统治，100多年来的帝国主义统治，官僚和士大夫阶级的痼疾要被彻底地扫荡。

数千年的大梦，一朝之间就要觉醒了。

数千年的老调子，一朝之间就要唱完了。

数千年的压迫制度，一朝之间就要土崩瓦解了。

中国历史上从来没有过这样的胜利，人类历史上，从来没有过这样天翻地覆的革命。

只是在当时，无论胜利者还是失败者，都没有想到这巨变来得如此迅疾，如迅雷不及掩耳而已。

1949年3月23日，毛泽东率领中共中央离开西柏坡，向北京进发。

当时，他若有所思地对卫士闫长林说：又是3月啦，好像一到3月，我们就要有行动呢！

闫长林则欢天喜地地说："是啊！主席，前年3月，我们离开了延安；去年3月，我们离开了陕北；今年3月，我们要去北京啦！真没想到，胜利来得这么快啊！"

毛泽东幽默地说："连你都没想到，那蒋介石就更没想到喽！"

的确，蒋介石完全没有想到自己会失败，他更没有想到失败到来得如此迅疾而彻底。于是，他的后半生在咀嚼着失败的苦果的同时，没有一天放弃复辟、翻盘和"反攻大陆"的梦想。

　　蒋介石一辈子都没有想通，因为他代表的是一个旧的治理体系。他想不通的是"人民"怎么能够当家做主，官与民、上层与下层的地位怎么能够颠倒，他想不通自己所代表的精英阶级，怎么会沦为了流寇和匪类，他蒋某人怎么会沦为历史的笑话。

　　他想不通，小老百姓怎么会有"精神"，良知和大道怎么会在草民心中。

　　1949年3月24日，毛泽东夜宿河北唐县淑闾村。1939年11月12日，白求恩大夫在河北唐县以身殉职，九天后，毛泽东在延安发表了《纪念白求恩》，白求恩逝世的地方，就这样成为中国共产党中央由农村根据地进入北京的最后一站，不知有没有历史学家注意到这令人惊骇的机缘，注意到天命轮回的启示与警醒，毛泽东说，共产党能否执政，取决于能否感动上帝，而上帝就是中国的老百姓。

　　整整40年前，16岁的毛泽东挑着简单的行李，开始了他人生第一次远行，离开韶山冲，去邻县湘乡，就读于湘乡东山高等小学堂。

　　当时，他的担子上一头是书和简单的行囊，另一头是供几天吃的口粮。

　　40年天翻地覆，40年弹指一挥间。

　　而这一次，两辆卡车就装下了中共中央的全部家当。这些历经磨难的革命者，从那一刻起，成为世界上最朴素的国家领导人。

　　遥望北京，毛泽东说："我们要赶考去了。"

　　当时他还这样说："李大钊同志要是活着，该多好啊！大钊同志是个好人啊！没有李大钊同志引路，我还不知道在哪儿呢！"

1918 年 6 月，25 岁的毛泽东第一次来到北京，而在北京大学，他遇到了李大钊，也第一次接触到马克思主义。

"三十一年还旧国"，遥望远方，毛泽东这样自言自语，"牺牲了多少好同志啊，我们这些人，不过是幸存者。"

1949 年 3 月 25 日下午 5 时，昔日长发飘逸的书生毛泽东，回到了古都北京。他随即出颐和园，至西苑。阳春三月，沙场点兵。

在北国漫天浩荡的黄沙里，当年的毛委员向四野的装甲部队挥手敬礼——而这支部队的前身，就是红一军团。

经历了漳州战役、广昌战役、湘江战役、平型关战役和辽沈战役，如今，红一军团再次集合起来，向老政委毛泽东报到。

冒着硝烟炮火，红一军团一路高举红旗，前赴后继地走来了——"毛泽东的旗帜迎风飘扬"。

起来，饥寒交迫的奴隶，起来，全世界受苦的人，满腔的热血已经沸腾，要为真理而斗争！

旧世界打个落花流水，奴隶们起来，起来！不要说我们一无所有，我们要做天下的主人。

历史没有终结，而今才是迈步从头越的时刻。

那一年，毛泽东 56 岁。

在中国革命取得胜利的时候，毛泽东并没有把自己想象为一个胜利者。而直到临终前一刻，他也没有做出这样的想象。

毛泽东青年时代写过：

大风卷海，波澜纵横，登舟者引以为壮，况生死之大波澜何独不引以为壮乎！

而这不正是他晚年悲壮心态的写照吗？

如果毛泽东今天还在，他也许会这样问我们：

我们的党是否还像当年那样保有初心，是否还信仰人民，把人民作为观世音？

我们的军队，是否还是古田时期那个以马克思主义思想武装起来的、战无不胜、攻无不克的人民军队？

我们的党，是否像延安时期那样，克服了主观主义、宗派主义和党八股的恶习？

资产阶级和封建主义的反动思想，是否渗透进了战斗的中国共产党？

我们的党和军队，会腐败吗？

在党和人民的事业面对危机与挑战的时候，我们是否还能像遵义会议时候那样，像在草地上那样，勇敢地站出来，纠正党的错误？

晚年的毛泽东，经常阅读《法兰西内战》中最为慷慨悲壮的段落，读起它，毛泽东不禁泪流满面：

工人阶级知道，他们必须经历阶级斗争的不同历史阶段。他们知道，以自由的联合的劳动条件去代替劳动受奴役的经济条件，只能随着时间的推进而逐步完成（这是经济改造）；他们不仅需要改变分配，而且需要一种新的生产组织，或者毋宁说是使目前（现代工业所造成的）有组织的劳动中存在着的各种生产社会形式摆脱掉（解除掉）奴役的锁链和它们目前的阶级性质，还需要在全国范围内和国际范围内进行协调的合作。他们知道，这一革新的事业将不断地受到既得利益和阶级自私心理的抗拒，因而被延缓、被阻挠。他们知道，目前"资本和地产的自然规律的自发作用"只有经过新条件的漫长发展过程才能被"自由的联合的劳动的社会经济规律的自发作用"所替代，正如过去"奴隶制经济规律的自发作用"和"农奴制经济规律的自发作用"之被替代一样，但是，工人阶级同时也知道，通过公社的政治组织形式，可以立即向前大步迈进，他们知道，为了他们自己和为了人类开始这一运动的时刻已经到来了。

用马克思的话来说，毛泽东是想让他的战友们知道：古希腊的"自由人的联合体"之所以昙花一现，是因为它受到了"奴隶制经济规律的自发作用"的束缚，正如资产阶级政治领域的陷落，是因为它为"资本和地产的自然规律的自发作用"所束缚并替代；毛泽东想让中国人民知道，社会主义事业必须经历不同历史阶段；毛泽东想让中国人民知道，这一革新的事业将不断地受到既得利益和阶级自私心理的抗拒，因而被延缓、被阻挠，甚至被背叛。但是，毛泽东更想让他的战友和人民知道，通过人民共和国和人民当家做主这种政治组织形式，我们可以立即大步迈进；他想让中国人民知道，为了他们自己和为了人类开始这一运动的时刻已经到来了。

没有经受过挫折与牺牲的道路不是伟大的道路；没有遭受过怀疑的信仰不是真正的信仰。

此时此刻，当在静夜里写完这本几乎不可能完成的书的时候，我想，我们究竟能对以毛泽东为代表的中华民族的志士仁人们说些什么呢——如果他们在聆听？

世界说需要燃烧，于是，他们燃烧着，像星星之火，也像导火的绒绳。

是啊，生命只有一次，当然不会有凤凰的再生。

当冬天到来的时候，您是冰封悬崖上一支报春的腊梅。

然后，就有大树下如泪水般的雨声。

我们应该向敬爱的您讲起爱。

我们应该向光荣者讲起光荣。

生何灿烂，死而无憾。花谢还开，长河不断。我兮何有，谁与安息？日月经天，何劳寻觅。

"三年以来，在人民解放战争和人民革命中牺牲的人民英雄们永垂不朽！三十年以来，在人民解放战争和人民革命中牺牲的人民英雄们永垂不朽！由此上溯到一千八百四十年，从那时起，为了反对内外敌人，争取民族独立和人民自由幸福，在历次斗争中牺牲的人民英雄们永垂不朽！"

策　　划：孔　丹　黄书元　李学谦
责任编辑：王　燕　孔　欢
责任校对：方雅丽
装帧设计：瞿中华

图书在版编目（CIP）数据

重读毛泽东，从 1893 到 1949 / 韩毓海　著 .
　— 北京：中国少年儿童出版社，2017.12（2024.6 重印）
ISBN 978 - 7 - 5148 - 4400 - 9

I.①重…　II.①韩…　III.①毛泽东（1893 - 1976）- 生平事迹
　IV.① A751

中国版本图书馆 CIP 数据核字（2017）第 294759 号

重读毛泽东，从 1893 到 1949

CHONGDU MAOZEDONG CONG 1893 DAO 1949

韩毓海　著

人民出版社
中国少年儿童新闻出版总社　出版发行

（100706　北京市东城区隆福寺街 99 号）

北京中科印刷有限公司印刷　新华书店经销

2017 年 12 月第 1 版　2024 年 6 月北京第 12 次印刷
开本：710 毫米 ×1000 毫米 1/16　印张：30.75
字数：379 千字　印数：98,001 - 103,000 册

ISBN 978 - 7 - 5148 - 4400 - 9　定价：76.00 元

邮购地址 100706　北京市东城区隆福寺街 99 号
人民东方图书销售中心　电话（010）65250042　65289539